김석우(金錫佑)

1990년 서강대학교 사학과를 졸업하고 동 대학원에서 박사 학위를 취득하였다. 현재 원광대학교 역사교육과에 재직 중이다. 전공 분야는 중국 고중세 시기 사학사와 환경사이며, 현재 위진남북조 시기 재해와 환경사에 관하여 연구하고 있다. 저서로『자연재해와 유교국가: 漢代의 災害와 荒政 연구』(2006)가 있으며, 논문으로「魏晉南北朝 시대 환경사에 관한 예비적 고찰: '黃霧'와 疫病, 국가 水利 사업을 중심으로」(2018) 등이 있다.

두예 춘추학에 대한 새로운 이해

'보정체제'의 관점에서 본 두예 학문

서강대학교
인문과학연구소
인문연구전간

———— 56

두예 춘추학에 대한 새로운 이해

'보정체제'의 관점에서 본 두예 학문

김석우

지음

일조각

Humanities Monographs No. 56
Research Institute for Humanities
Sogang University

A new understanding of Du-Yu's Spring and Autumn Studies

— from the perspective of the regent ruling system —

by

Kim, Suk Woo

ILCHOKAK

Seoul, 2019

머리말

이 책을 쓰게 된 계기는 오래전에 있었다. 박사 과정에 입학하여 첫 학기에 읽어야 할 책 가운데 『춘추좌씨전』이 있었다. 그때 수업 준비를 위해 이런저런 자료를 보다가 우연히 청대 학자 초순焦循이 쓴 『춘추좌전보소春秋左傳補疏』를 알게 되었다. 도서관에 올라가 『속수사고전서續修四庫全書』에 실려 있는 그 원문을 찾아 읽어 보았는데, 그러면서 서진 시기에 저술된 두예의 『춘추좌씨전』 주석이 매우 흥미로운 이야기를 담은 것임을 알게되었다. 그 후 마음 한구석에 언젠가는 두예의 주석을 연구해 보았으면 하는 생각을 품었다.

초순은 두예 주석을 매우 부정적으로 평가하였다. 조위 왕조의 관료 집안에서 태어난 두예는 조위시대에 권력을 찬탈한 사마씨司馬氏 집단과 손잡았으며 사마씨가 세운 서진에서 중요한 관료로서 활동하였다. 황제 권력을 신성시한 청대 학자들은 이러한 반역적 행위를 용납할 수 없었고, 두예의 학문도 그러한 척도로써 이해하였다. 특히 초순은 두예가『춘추좌씨전』을 곡해하여 자신의 불효不孝와 불충不忠을 가리려 했고, 두예의 춘추학이 훗날 널리 선양된 이유도 권력 찬탈자들에게 유용한 논리를 제공했기 때문이라고 주장하였다. 그 뒤 많은 사람들은 그의 주장에 따라 두예를 이해하였고, 두예 학문을 높이 평가하는 사람들조차도 두예의 정치적 처신에 대해서는 의도적으로 논의를 피하게 되었다. 이러한 경향은 오늘날에도 이어지고 있다.

하지만 열전 등 관련 자료 어디에서도 두예가 그러한 문제로 갈등을 겪은 흔적은 보이지 않는다. 필자는 초순의 주장이 과연 사실에 부합한 것인지 커다란 의문을 갖게 되었다. 또한 두예가 살았던 때의 국가 권력이 청대의 그것과 많이 달랐다는 점이 고려되어야 한다고 생각하였다. 서진 왕조가 수립되기 전 사마의司馬懿 등은 '보정輔政'의 지위로 통치권을 행사하였으며, 그러한 모습은 한 왕조 이래 수대隋代에 이르기까지 반복적으로 등장한 권력 형태였다. 그 기간 동안 권력은 황제의 '친정'보다는 유력 대신의 '보정'에 의해 행사되는 일이 많았다. 학계에서는 그러한 권력 형태가 '보정체제輔政體制'라는 말로 개념화된 바 있다. 그와 같은 역사적 상황을 고려한다면, 보정 권력과 손잡은 두예의 처신은 불법적이거나 비윤리적이지 않았으므로 변명해야 할 이유가 없는 행동이었다. 따라서 필자는 초순의 두예 비판이 당시 상황에 대한 이해 부족에서 비롯되었다고 생각하였다.

보정체제론의 관점에 서면 두예 학문에서 그동안 주목되지 않은 점들을 부각할 수 있다. 대표적인 것이 '『춘추』의 시작'에 대한 논의이다. 두예는『춘추』가 은공에서 시작된 이유가 무엇인가라고 묻고, 은공이 섭정 혹은 보정으로 나라를 다스린 현군賢君이기 때문이라고 답하였다. 그러나 이러한 주장은 보정체제가 작동하던 시대에나 받아들여질 수 있었으며, 황제 독재 정치가 정착된 송대 이후에는 도리어 비난의 표적이 되었다. 은공의 섭정은 부당한 일이고 그의 치세는 난세의 출발점으로 간주되었다. 두예는 황제 지배의 이념보다 보정 정치라는 역사의 실태를 더욱 중시한 것으로 보이며, 이는 역사적 사실에 입각하여 경전을 해석하려는 그의 학문적 태도와 합치된다. 이처럼 사실을 중시하는 태도는 그의 저술 전체에 걸쳐 확인되는 주석 체계를 통해서 드러나며, 이 점에서 두예 주석은 경학보다 역사학적 성격을 가졌다고 볼 수 있다.

이 책 제목을 "두예 춘추학에 대한 '새로운 이해'"라고 단 이유는 이상과 같이 전제군주의 이념이 아닌 보정체제의 관점에서 두예의 학문을 바라보겠다는 뜻을 표한 것에 있다. 그럼으로써 초순이 덧씌워놓은 이미지를 벗겨내고 두예와 그의 학문을 당대의 역사적 맥락 속에서 이해해 보고자 하였다. 두예는 현실 정치에서 영향을 받으면서도, 그러한 제약 위에서 역사적 사실의 추구라는 방법으로 진리를 탐구했던, 평범하면서도 뛰어난 인물이 아니었을까 한다. 그의 노력은 위진남북조시대에 역사학이란 학문 분야가 '자각'되고 발전하게 되는 과정의 일단을 연 것으로 보인다.

처음 초순의 글을 정리하여 발표한 것은 박사학위를 받기 전인 2002년 초의 일이다. 여러 선생님과 동료 대학원생들이 함께 간 엠티 자리였다. 이제는 기억도 흐릿해진 옛일이지만, 몇몇 장면은 어제 일처럼 생생하다. 여러 선후배 선생님들의 따뜻했던 말씀과 관심에 감사드린다.

처음 관련 글들을 학회에서 발표할 때, 위진남북조시대 사학사에 조예가 깊으신 이윤화 선생님은 여러 말씀과 함께 주요한 자료를 소개해 주셨다. 조병한 선생님은 경학과 사학 연구에 관하여 많은 것을 알려 주셨고, 초순에 관한 논문에 대해서도 격려의 말씀을 해주셨다. 학부 시절부터 글쓰기를 비롯하여 많은 가르침을 주신 홍승기 선생님은 사상사와 사학사 연구에 대한 관심을 북돋아 주셨다. 초순의 글을 처음 만난 것은 은사 김한규 선생님의 수업 때였다. 중국 고대 정치의 실태에 대한 선생님의 거시적이고 구조적인 이해는 이 글을 쓰는 데 중요한 기초였다. 비록 보잘것없는 내용을 담은 책이지만, 글을 마무리하면서 여러 선생님들의 가르침에 깊은 감사의 말씀을 올린다.

2016년 연구년일 때 들쑥날쑥 발표했던 글들을 모아 한 차례 정리할 수 있었다. 필자가 재직하고 있는 원광대학교 역사교육과 교수님들의 따뜻한 도움이 없었다면 불가능한 일이다. 이 책은 서강대학교 인문과학연구소의 지원을 받아 출간되었다. 출판을 주선해주신 최기영 선생님께 감사드린다. 소현숙 선생님은 중분적요를 고치는 데 많은 도움을 주셨다. 일조각 편집부에서는 어수선한 글을 바로잡고 많은 조언을 해주셨다. 이러한 도움이 없었다면 이 책은 나올 수 없었을 것이다. 깊은 감사의 말씀을 드린다.

지난 봄 세상을 떠나신 어머니의 안식을 기원하며 이 책을 그분께 올린다.

2019년 1월
김석우

8

차례

일러두기

이 책에 나오는 인물들의 생몰연도는 張舜徽 主編,『三國志辭典』, 濟南: 山東敎育出版社, 1992; 劉乃和 主編,『晋書辭典』, 濟南: 山東敎育出版社, 2001을 기준으로 삼았다.

서론

두예杜預는 조위曹魏 문제文帝 황초黃初 3년(222)에 태어나 서진西晉 무제武帝 태강太康 5년(284) 63세가 된 해에 죽었다. 그가 태어난 해는 한漢 왕조가 무너지고 조위 왕조가 수립된 지 2년이 흐른 뒤였다. 44세 때인 265년에는 조위가 멸망하고 서진 왕조가 개창되었다. 서진이 280년 천하를 다시 통일하고 4년이 지난 뒤 두예는 세상을 떠났다. 이처럼 그는 왕조 교체와 천하 통일 등 커다란 사건들을 직접 경험하였다.

두예는 경조京兆 두씨 가문 출신이다. 전한의 어사대부 두연년杜延年(?~기원전 52)이 먼 조상이라 하지만, 명확히 확인되는 집안사람은 조부 두기杜畿(163~224)부터이다. 두기는 후한 말 하동군태수河東郡太守로서 조조曹操(155~220)를 도왔으며, 그의 아들이자 두예의 부친인 두서杜恕(198~252)는 조위 정부에서 황문시랑黃門侍郎, 유주자사幽州刺史 등 여러 관직을 지냈다. 두 사람은 모두 『삼국지』에 입전立傳되어 자신들의 행적을 역사에 남겼다.

두예는 이러한 집안에서 태어났지만 36세의 늦은 나이에 관리가 되었다. 그 까닭은 부친 두서가 죽기 전 관직에서 쫓겨나 유배지에서 생을 마감했기 때문으로 추정된다.

두예가 처음 얻은 관직은 상서랑尚書郎이다. 당시 권력자는 대장군 사마소司馬昭(211~265)였는데, 두예는 그의 여동생 고릉공주高陵公主와 혼인하였고, 261년 40세 때는 사마소 막부의 참군사參軍事가 되어 권력의 중심부로 진입하였다. 42세에는 촉한蜀漢 정벌에 직접 참가하여 촉한의 멸망을 현장에서 목격한다. 전장에서 돌아온 뒤로는 태시율령泰始律令 편찬의 실무를 주도하여 서진 왕조 수립을 준비하였다. 서진 정부에서 7년간(271~278) 탁지상서度支尚書로 있으면서 경제 정책을 총괄하였다.

또한 그는 손오孫吳 정벌에 적극 나섰다. 서진의 대다수 귀족 관료들은 안일한 기풍에 빠져 전쟁을 일으키는 데 소극적이었다. 하지만 두예는 양호羊祜(221~278)와 함께 통일 전쟁의 필요성을 강하게 주장하였다. 280년(서진 무제 태강1) 그의 나이 59세 때 직접 진남대장군鎮南大將軍 도독형주제군사都督荊州諸軍事로서 전쟁에 참가하였고, 강릉江陵성을 함락하는 큰 공을 세운다. 강릉의 함락으로 서진 수군은 장강長江을 따라 오의 수도 건강建康으로 진격할 수 있었다. 종전 후 두예는 형주荊州에 머물면서 학문을 진흥하고 경작지를 확대하는 등 지방 행정관으로서 치적을 쌓았다. 그 뒤 284년 중앙정부의 부름을 받아 상경길에 올랐다가 중도에 등현鄧縣이란 곳에서 숨을 거둔다. 그의 나이 63세 때였다.

두예에게는 두 개의 별칭이 있었다. 탁지상서 때 '두무고杜武庫'라고 불렸는데, 그가 모르는 것이 없었기에 붙은 칭호다. 도독형주제군사로 형주를 다스릴 때는 백성들이 그를 '두보杜父'라 부르며 따랐다. 이것은 두예의 능력이 뛰어났으며, 그가 백성들의 신뢰를 한 몸에 받은 관료였음을 보여준다.

무엇보다 우리가 두예를 기억하는 가장 큰 이유는 『춘추좌씨전春秋左氏傳』 주석 때문이다. 그는 형주에 머문 몇 년 동안 『춘추좌씨경전집해春秋左氏經傳集解』를 저술하였다. 당대唐代 사람 공영달孔穎達(574~648)은 『오경정의五經正義』를 편찬하면서 『춘추좌씨전』의 공인 주석으로 두예의 책을 선택하였고, 이후 두예의 주석은 『춘추좌씨전』의 공식 해설서가 되었다. 그 후 약 천 년간은 두예를 통하여 『춘추』를 이해하는 것이 상식이 되었다.[1] 현대 유학자 양보쥔楊伯峻(1909~1992)의 『춘추좌전주春秋左傳注』가 등장하기 전까지 두예 주석은 그 지위를 굳건히 유지하였다.

이처럼 뛰어난 능력을 보이고 학문적 성취를 거두었음에도 불구하고 두예에 대한 후대의 평가는 우호적이지 않았다. 후대로 갈수록 비판의 목소리가 커졌고, 청대에 이르러 정점에 도달하였다. 후대 학자들은 두예를 찬탈자 사마씨와 손잡은 부역자로 보았다. 249년(조위 가평 1) 사마의司馬懿(179~251)는 정변을 일으켜 권력을 장악했으며, 그의 후임자들은 황제 조방曹芳(232~274)을 강제로 퇴임시켰고, 그다음 황제 조모曹髦(241~260) 즉 고귀향공高貴鄕公을 살해하였다. 이에 맞서 저항한 사람은 죽음으로 대가를 치렀는데, '죽림칠현竹林七賢'의 일원인 혜강嵇康(224~263)이 그 대표적인 인물이다.

송대 이후 군주 권력이 강화되고 성리학적 명분론이 중시되면서 사마씨와 손잡은 지식인들에 대한 비판의 목소리가 커졌다. 두예는 비난을 받은 대표적 인물이었다. 청대 학자들은 두예의 학문마저도 같은 맥락에서 불신하였다. 피석서皮錫瑞(1850~1908)는 "청대 초순焦循은 두예가 아버지를 배반하고 찬탈자에게 붙은 죄를 논하고, 그의 학문은 사마씨를 위하여 꾸민 것이라고 하였다. 두예의 주석에는 명교名敎를 해치는 것이 많으므

---

1 川勝義雄, 『史學論集』, 東京: 朝日新聞社, 1973, p.93.

로 그대로 따라서는 안 될 것이다.”[2]라고 주장하였다. 여기에 언급된 초순(1763~1820)은 유명한 청대 경학자로, 『춘추좌전보소春秋左傳補疏』를 써서 두예 비판에 구체적 논리를 제공하였다.[3] 그의 주장은 많은 추종자를 얻었고, 오늘날에도 적잖은 영향력을 행사하고 있다.

20세기에 들어 현대 학자들은 정치적 문제를 제외하고 두예 학문을 이해하려 하였다. 역사가 가와카쓰 요시오川勝義雄는 두예가 ‘과학적 고대사 연구’를 수행했음을 강조하였고, 그 학문의 수월성에 주목하였다.[4] 역시 두예의 학문적 성과에 주목한 경학자 가가 에이지加賀榮治는 두예에 대한 ‘윤리적 비판’을 “일절 수용하지 않는다.”[5]라고 못 박았다. 이렇게 말한 것을 보면 그들도 두예의 처신에 대해 일말의 의문을 가진 것 같다. 다시 말해 두예 학문에 대한 평가가 어떻든 간에 그의 처신에 대한 의문은 널리 퍼져 있었던 것이다.

두예 학문의 특성으로는 다음 사항들이 주목되었다. 첫째, 『좌전』해석법의 독창성이다. 두예는 『좌전』에서 범례凡例와 변례變例 등 새로운 의례義例를 수립하고, 그에 기초한 해석 체계를 세웠다. 둘째, 과거 『좌전』연구의 결과를 집대성한 점이다. 두예가 저술한 『춘추좌씨경전집해』에서 ‘집해集解’란 과거의 주석들을 ‘모아서 해석’했다는 뜻이다. 그는 『좌전』주석들을 종합한 후 그 위에 자신의 주석을 세웠다. 셋째, 실증성과 합리성이다. 두예는 사실을 정확히 알고자 하였고, 상충하는 내용들 사이에서 합리적으로 판단하고자 하였다. 또한 간결한 문장으로 주석을 서술하였다. 넷째, 역사학 발전에 영향을 미친 점이다. 역사학은 선진시대 이래로 발전해

---

2 (淸)皮錫瑞 著, 周予同 注釋, 『經學歷史』, 北京: 中華書局, 2004, p.128.
3 劉家和, 「從淸儒的臧否中看『左傳』杜注」, 『史學經學與思想』, 北京: 北京師範大學出版社, 2005 참조.
4 川勝義雄, 『史學論集』, p.88.
5 加賀榮治, 『中國古典解釋史 魏晉篇』, 東京: 勁草書房, 1964, p.401.

왔으나, 그것이 독립적인 학문 분야로 '자각'된 것은 위진시대의 일이다. 두예의 춘추학은 그러한 '자각'을 이끄는 데 기여하였다.[6]

그러나 두예 학문의 정치 사회적 의의에 대한 논의는 그동안 답보 상태였다. 두예 춘추학에 관하여 2권의 단행본을 출판한 예정신葉政欣은 그러한 문제에 대하여 철저히 무관심하였다.[7] 두예의 행적을 다룬 단편적인 논문들도 크게 다르지 않았다.[8] 또한 두예의 불충不忠을 비난하는 주장은 여전히 반복되고 있다. 자오보슝趙伯雄은 2004년 출간한 『춘추학사春秋學史』에서 "'난신적자亂臣賊子'라는 비난에 대해 두예는 입이 백 개라도 할 말이 없을 것이다."[9]라고 말하였다.

최근 와타나베 요시히로渡邊義浩는 두예 학문의 정치적 의도에 관한 연구를 선보여 주목을 끈다. 그는 두예의 예론禮論이 정치적 계산에서 제기된 것이라고 주장하였다.[10] 그러나 그의 글은 두예 주석 가운데 자신의 논지에 맞는 부분만 활용했다는 의문을 불러일으킨다. 푸웨이중浦衛忠은 두예의 정치사상을 정리한 글을 발표했으나,[11] 정작 두예의 정치사상과 위진

---

6 대표적인 연구로 다음이 있다. ① 川勝義雄, 『史學論集』. ② 加賀榮治, 『中國古典解釋史 魏晉篇』. ③ 趙伯雄, 『春秋學史』, 濟南: 山東敎育出版社, 2004. ④ 鎌田正, 『左傳の成立と其の展開』, 東京: 大修館書店, 1963. ⑤ 沈玉成 · 劉寧, 『春秋左傳學史橋』, 南京: 江蘇古籍出版社, 1992. ⑥ 久富木成大, 「杜預の春秋學とその世界」, 『金澤大學敎養部論集』, 1979. ⑦ 何晉, 「『左傳』賈服注與杜注比較研究」, 『國學研究』 4, 北京: 北京大學出版社, 1997. ⑧ 戴維, 『春秋學史』, 長沙: 湖南敎育出版社, 2004.

7 예정신은 두예의 생애와 그의 학문을 완전히 별개의 항목으로 다루었다. 葉政欣, 『春秋左氏傳杜注釋例』, 臺北: 嘉新水泥公司文化基金會, 1966; 『杜預及其春秋左氏傳』, 臺北: 文津出版社, 1989.

8 鄭達炘, 「西晉興造之臣杜預」, 『福建師範大學學報(社科版)』 1987-4, 尙志邁, 「杜預其人」, 『張家口師傳學報(社科版)』 1995-3 등 참조. 연구 목록은 方韜, 「杜預春秋經傳集解研究綜述」, 『湖北師範學院學報(哲史版)』 30, 2010 참조.

9 趙伯雄, 『春秋學史』, p.686, 楊博文, 「杜預和春秋左氏經傳集解」(『江西社會科學』 1988-4)에서도 焦循의 논지와 판박이 같은 주장이 제시되었다.

10 渡邊義浩, 「諒闇心喪の制と皇位繼承問題」, 『西晉「儒敎國家」と貴族制』, 東京: 汲古書院, 2010; 「杜預の左傳癖と西晉の正統性」, 같은 책.

11 浦衛忠, 「杜預的春秋經傳集解」, 姜廣輝 篇, 『中國經學思想史』 2, 北京: 中國社會科學出版社, 2003.

시대 현실 정치 간의 연관성을 설명하지는 않았다.

　이러한 상황에서 초순의 두예 비판은 여전히 강한 설득력을 갖고 있는 것으로 보인다. 하지만 그는 두예가 처한 현실보다는 자신의 신념에 따라 두예의 학문을 평가하는 데 충실했던 것이 아닌가 한다. 이 책에서는 초순의 주장과 다른 각도에서 두예의 학문을 당시 역사적 상황의 독특한 맥락에서 이해하고자 한다.

　두예가 산 시대에는 정치적 명분과 실제 사이의 간극이 매우 컸다. 그가 28세가 된 249년에 사마의가 정변을 일으켜 권력을 장악한 뒤부터 265년 서진 왕조가 정식으로 출범할 때까지의 시기가 특히 그러하였다. 당시 조위 왕조가 존재했으나 실제 국가 권력은 사마의, 사마사司馬師, 사마소司馬昭 등 3대에 걸친 보정輔政 대신이 장악했다. 이 상황은 일시적이거나 불법적인 상황이 아니라 한 왕조 이래 장기간 존속했던 권력 구조의 일반적 모습이었다. 학계에서는 그 권력 구조가 '보정체제輔政體制'라는 개념으로 파악된 바 있다.

　'보정체제'란 한대 곽광霍光 이래 후한, 위진남북조, 수대에 이르기까지 존속한 권력 구조를 말한다. 이 시기에는 선제로부터 '보정'을 위촉받은 대신이 장군으로서 막부幕府를 개설하여 독자적인 정부를 구성하고, 동시에 '영상서사領尙書事' 직임을 수행함으로써 국가 권력을 장악했다. 따라서 당시 국가 권력의 실제 모습은 황제 지배가 아닌 보정체제라는 개념으로 더욱 잘 설명될 수 있다.[12]

　보정체제론은 두예가 산 시대의 정치 상황을 이해하는 데 유용한 개념으로 보인다. 보정체제론을 제기한 김한규金翰奎는 "위진 양대兩代 200년

12　金翰奎는 "漢武帝 시대 이후에 '輔政' 개념이 출현한 뒤 六朝時代가 끝나는 676년 동안에 268년이나 되는 긴 기간의 정치 형태가 '보정'으로 규정"되었다고 하였다. 金翰奎, 『古代東亞細亞幕府體制研究』, 서울: 一潮閣, 1997, p.171.

간 보정이 110년 동안이나 이루어졌음은 이 시기가 보정이라는 특수한 역사적 개념으로 특정지어질 수 있는 가장 대표적인 시기임을 의미한다."[13] 라고 하였다. 그렇다면 조위 시기에 사마씨가 보정한 것도 그러한 일반적인 권력 패턴이 작동한 것이라 할 수 있다. 그 점을 감안한다면, 두예가 사마씨와 손잡으며 자신이 정치적·사회적으로 패륜적·반역적 행동을 한다고 생각했을 가능성은 크지 않다. 그렇다면 자신의 처신을 옹호하기 위해 『춘추』 해석을 왜곡할 이유도 없지 않았을까.

이 책에서는 두예의 학문을 전제군주의 시대가 아닌 보정체제의 시대라는 관점에서 이해하고자 하였다. 그러한 관점을 견지하는 가운데 두예 학문의 전반적인 문제를 새롭게 조명해 보았다. 그럼으로써 그동안 주목받지 못했던 새로운 문제들도 알 수 있었다.

본문은 총 4부로 구성된다. 제1부에서는 초순이 쓴 『춘추좌전보소』의 내용을 검토하였다. 이것을 맨 앞에서 다루는 이유는 선행 연구들 중 이 책의 주제와 관련하여 가장 중요한 저작이기 때문이다. 앞에서 말했듯이 『춘추좌전보소』는 후학에게 큰 영향을 미쳤다. 따라서 이 부분은 일종의 연구사적 검토라고도 볼 수 있다.

초순은 두예를 부모와 국가를 배신하고 학문마저도 왜곡한 인물로 그려내었다. 두예는 과연 그처럼 파렴치한 사람이었을까? 제2부에서는 그 같은 의문을 풀기 위해 두예의 가치관과 관료로서 그가 보인 행적 등을 살펴보았다.

제3부에서는 두예 학문의 정치 사회적 의미를 헤아려 보았다. 많은 학자들은 두예가 주장한 '양암단상제'설과 '서시례' 등에서 그의 정치적 의도를 읽으려 했으나, 필자는 오히려 「춘추좌씨전서」의 문답을 더 중요하

13 金翰奎, 『古代東亞細亞幕府體制研究』, p.169.

게 본다. 여기에서 두예 학문에 당시 시대 상황이 어떻게 반영되었는지를 볼 수 있다고 생각하기 때문이다.

끝으로 제4부에서는 두예의 학문이 역사학의 발전에 미친 영향을 조명하였다. 두예의 춘추학이 역사학의 발전을 촉구한 점은 이미 선학의 연구를 통하여 여러 차례 논의된 바가 있다. 그럼에도 불구하고 필자는 그러한 논의들이 충분하지 못하다고 본다. 두예의 『춘추』 해석법과 주석의 특징을 새롭게 조명해 보고, 그것이 역사학 발전에 미친 영향을 지금까지와는 다른 각도에서 이야기해 보았다.

이 책은 두예의 학문을 특정한 시각에서 검토한 것으로, 춘추학 일반의 문제를 다루지 않는다. 따라서 춘추학에 관한 저작이라면 응당 다루어야 할 많은 문제들을 생략하였다는 점을 미리 밝혀 양해를 구한다.[14]

---

14 연구를 진행하는 동안 鄭太鉉 선생의 『譯註 春秋左氏傳』 1~8권이 나왔다. 여기에 두예의 주석이 우리말로 처음 번역되어 있어 많은 도움을 받았다. 鄭太鉉 譯註, 『譯註 春秋左氏傳』 1~8, 서울: 傳統文化硏究會, 2001~2013 참조.

제1부

초순의 두예 비판 검토:
『춘추좌전보소』를 중심으로

청대 초순焦循(1763~1820)의 『춘추좌전보소春秋左傳補疏』는 두예 주석에 관한 연구서 가운데 독보적인 저술이다. 초순은 이 책을 통하여 두예가 『춘추좌씨전』 주석을 저술한 이유, 그리고 그의 저술이 훗날 널리 알려진 까닭을 일관되게 위진남북조·수당시대의 정치 상황에서 찾았다. 이러한 관점을 견지하면서 두예 주석을 조명한 저술을 찾기 어렵다는 점에서 『춘추좌전보소』는 지금도 학자들의 주목을 받고 있다.

초순은 두예를 매우 부정적으로 평가하였다. "〔초순의 책은〕 두씨杜氏의 사악한 학설을 밝히는 것을 위주로"[1] 하였다는 견해가 있을 정도이다. 초순의 주장은 지금까지도 큰 영향력을 행사한다. 2004년에 출간된 『춘추학사』에는 다음과 같이 쓰여 있다. "초순의 두예 비판을 반박하는 견해

---

1 "以闢杜氏之邪設爲主", 周中孚, 『鄭堂讀書記』권11, 「經部 6之下 春秋類」 2. 賴貴三, 『焦循年譜新編』, 臺北: 里仁書局, 1984, p.381에서 재인용.

는 매우 드물었다. 두예의 입신과 행동은 확실히 과거 시대의 신하 된 도리와 자식 된 도리에 비추어 볼 때 결함이 있었다. '난신적자亂臣賊子'라는 〔초순 등의〕비난에 대해 두예는 입이 백 개라도 할 말이 없을 것이다."[2] 심지어 초순의 논지를 거의 베낀 것 같은 논문도 있다.[3] 그러나 지금까지 초순의 주장이 과연 타당한지 구체적으로 검토한 연구는 보기 어려웠다.

I. 초순의 경학관

초순이 두예에게 품은 의구심은 어느 날 갑자기 등장한 것이 아니다. 초순 이전부터 적잖은 학자들이 그와 유사한 의구심을 품고 있었다. 『춘추좌전보소』 맨 앞부분에 그 이야기가 나온다.

사명四明의 만충종萬充宗〔만사대를 말함〕은 『학춘추수필學春秋隨筆』을 지어 좌씨설左氏說의 치우침을 배척하였다. 또한 오중吳中의 혜반농惠半農〔혜사기를 말함〕은 『춘추설春秋說』을 지어 두예의 잘못을 바로잡았다. 그리고 무석無錫 사람 고동고顧棟高는 『춘추대사표春秋大事表』를 지어 두예 주석의 오류와 두예가 『집해集解』를 찬술한 감추어진 속마음을 자세히 규명하였다. 그러나 그 간악함을 밝혀 숨은 뜻을 드러낸 것은 없었다.[4]

여기에서 언급된 만사대萬斯大(1633~1683)와 혜사기惠士奇(1671~1741), 고동고顧棟高(1679~1759) 등은 청대 춘추좌전학을 대표하는 학자들이다.

---

2 趙伯雄, 『春秋學史』, p.686.
3 楊博文, 「杜預和春秋左氏經傳集解」(『江西社會科學』 1988-4)가 그러하다.
4 "四明萬氏充宗, 作學春秋隨筆, 斥左氏之頗, 吳中惠氏半農, 作春秋說, 正杜氏之失, 無錫顧氏棟高, 作春秋大事表, 特糾杜注之誤, 而預撰集解之隱衷, 則未有摘其奸而發", 『春秋左傳補疏』, p.441.

초순은 이들이 모두 두예 주석의 오류와 '감추어진 속마음'을 규명하려 하였으나, 실제로 그 '숨은 뜻'을 드러내는 데는 이르지 못했다고 보았다.

청대『좌전』연구의 흐름은 크게 세 시기로 구분될 수 있다. 처음에 학자들은 송대 이래 유행한 호안국胡安國(1074~1138)의『호씨춘추胡氏春秋』를 배격하고『좌전』을 중시하는 경향을 보였다. 그 후에는『좌전』의 두예 주석을 비판하고 한대의『좌전』주석을 복원하는 데 주력하였다. 그리고 마지막 단계에 들어서는『좌전』자체를 배격하고『공양전公羊傳』을 선양하는 방향으로 나아갔다.[5]

청대『좌전』연구는 대개 고염무顧炎武(1613~1682)가 저술한『좌전두해보정左傳杜解補正』에서부터 시작한다고 한다. 그는 이 책에서 철학적 의리와 문헌 고증 두 방면에서 두예 주석의 문제점을 논하였다. 하지만 그의 영향을 받은 후학들의 연구는 주로 문헌 고증 문제에 천착하였다. 그 가운데 홍량길洪亮吉(1746~1809)의『춘추좌전고春秋左傳詁』와 유문기劉文淇(1789~1854)의『춘추좌전구주소증春秋左傳舊注疏證』등이 대표적 성과로 꼽힌다. 이러한 고증학적 연구를 통하여 두예가 한대『좌전』주석의 성과를

---

5 이 분류는 류자휘劉家和의 주장에 따른 것이다. 1기는 17세기 중엽부터 18세기 초까지이다. 南宋 이래 明代까지는 '微言大義'에 기초한 胡安國의『胡氏春秋』가 유행하였다. 그러나 淸初 顧炎武, 王夫之, 毛奇齡, 萬斯大 등은 실증적 연구를 추구하고 左傳學을 중시하였다. 고염무의『左傳杜解補正』은 이 시기의 중요한 저작이다. 2기는 18세기 초부터 19세기 초에 이르는 청대『좌전』연구의 전성기이다. 이때 국가의 지원 아래『欽定春秋傳說滙纂』(1721)과『御纂春秋直解』(1758) 등이 편찬되어 '攘夷'의 관점을 주창한『호씨춘추』대신 새로운 춘추 해석이 제시되었다. 惠士奇의『春秋說』, 惠棟의『春秋左傳補注』, 洪亮吉의『春秋左傳詁』, 顧東高의『春秋大事表』등은 이때의 주요 성과이다. 3기는 19세기 초 이후 20세기 초반까지로 王引之, 沈欽韓, 劉文淇, 李貽德 등의『좌전』연구가 나왔고, 焦循의『春秋左傳補疏』도 그중 하나이다. 이 시기의 특징은 杜預注를 부정하고 漢代 服虔와 賈逵注를 선양하는 것이었다. 李貽德의『左傳舊疏考證』과 劉文淇의『春秋左氏傳舊注疏證』이 대표적 성과이다. 劉家和,「從淸儒의 臧否中看『左傳』杜注」참조. 이때에는 莊存與 등이 앞장선 江蘇省 常州 중심의 今文學 운동이 전개되어 公羊學을 통한 체제 개혁 노선이 모색되기도 하였다. 劉逢祿의『左氏春秋考証』과 康有爲의『新學僞經考』등이 대표적 성과이다. 沈玉成·劉寧,「第11章 今文學和『左傳』眞僞之爭─淸後期」,『春秋左傳學史稿』, 南京: 江蘇古籍出版社, 1992 참조.

충실히 계승하였음이 확인되었다.[6]

그런데 초순은 청대 학자들 사이에서 유행한 고증학적 연구보다는 경학의 이면에 있는 철학적 의리 문제에 깊은 관심을 가졌다. 그의 두예 주석 연구에 대해서 어떤 학자는 "지인논세知人論世의 방법으로 철저히 두예의 가치체계를 공파함으로써 명물훈고名物訓詁로 두예를 비판한 사람들이 완성하지 못한 임무를 완수하였다."[7]라고 평가하였다. 이와 같이 독자적 특징을 가진 초순의 학풍은 그의 경학관經學觀에서 비롯된 것으로 보인다.

초순은 건륭 28년(1763) 강소성江蘇省 감천현甘泉縣 옥교진珏橋鎭에서 태어났고, 가경嘉慶 25년(1820)에 58세를 일기로 사망하였다. 그는 세속적 성공과는 인연이 없는 사람이었다. 1802년 봄 불혹의 나이로 북경의 회시會試에서 낙방한 뒤[8] 과거시험 합격의 꿈을 접고 남은 생을 학문에만 바쳤다. 그는 가난했으며 평생 병마에 시달렸다. 28세 때 7일간 피를 토하며 죽음의 문턱까지 갔다가 이옹李翁이라 불린 명의를 만나 목숨을 구한 일도 있다.[9] 그 후 43세에 다시 발병하였고 47세에는 위중한 상황을 맞기도 하였다. 이러한 고비를 넘긴 뒤 남은 10여 년 동안 초순은 시골에 은둔하면서 경전 연구에 온 힘을 쏟았다. 당시 그의 심정은 다음 글을 통해 짐작할 수 있다.

〔초순은〕 장성한 뒤 경술經術에 뛰어나 그 이름이 완원阮元과 나란할 정도였

6　輯佚된 賈逵·服虔의 左傳 주석과 杜預의 것을 비교하면 동일한 조항은 564개 조, 다른 조항은 254개 조라고 한다. 何晉,「『左傳』賈服注與杜注比較硏究」,『國學硏究』4, 1997 참조.

7　沈玉成·劉寧,『春秋左傳學史稿』, pp.321~322.

8　초순은 39세에 鄕試에 응시하여 '擧人'이 되었다. 이듬해 북경에서 禮部의 會試에 응했다가 낙방한 뒤 다시 과거에 도전하지 않았다. 이 사정은 「壬戌會試記」에 전한다. 賴貴三,『焦循年譜新編』, pp.199~201.

9　초순은 자신을 치유해준 名醫 李翁을 위하여 『李翁醫記』2권을 지었다. 그의 병력에 대해서는 賴貴三,『焦循年譜新編』참조.

다. …… [성품이 지극히 효성스러워 부모의 죽음 이후] 상복을 벗은 뒤, 발에 난병을 핑계로 10여 년 동안 성시에 들어가지 않았다. 낡은 집을 띠로 잇고 반구서숙半九書塾이라 이름 짓고, 다락방을 지어 조고루雕菰樓라고 불렀다. 호수와 산을 볼 수 있는 경치 좋은 이곳에서 독서하고 저술하였다. 일찍이 탄식하며 말하였다. "집안은 비록 가난할지라도 다행히 먹을 채소는 부족하지 않다. 하늘이 나를 미워하였으나 그것이 오히려 나에게 복이 되었다. 나는 이곳에서 늙어갈 것이다."[10]

위 글에서 언급된 완원阮元(1764~1849)은 양광총독兩廣總督과 대학사大學士 등 고위 관직을 역임하고 당대 최고의 학자로 추앙받은 인물이다. 청대 저술된 경학 연구서를 망라한 『황청경해皇淸經解』가 그의 책임 아래 편집되었다. 초순은 완원의 친족 누나와 혼인하였고, 인척 관계인 두 사람은 약관 때부터 함께 이름을 알렸다.[11] 따라서 완원의 출세는 초순의 마음을 복잡하게 만들었을 것이다. "하늘이 나를 미워했으나 그것이 오히려 나에게 복이 되었다."라는 말은 학문 연구에서 애써 자기 위안을 찾으려는 그의 마음을 보여 주는 듯하다. 초순은 자신의 하루 일과를 다음과 같이 회고하였다.

매일 밤 세 번 북이 울린(밤 12시) 뒤에도 잠자리에 들지 못하면서 차분한 마음으로 어느 대목에서는 어떤 책을 찾아보고, 또 어느 대목에서는 어느 책을 고찰할지를 생각하였다. 밤하늘이 장차 밝아지려 하면 잠시 조각잠을 잤다가, 종이를 바른 창에 해가 떠오르면 곧 일어나 양치질을 한 뒤 밤새 사색한 부분을 하

---

10 "旣壯, 雅尙經術, 與阮元齊名. …… 服除, 遂託足疾不入城市者十餘年. 葺其老屋, 曰半九書塾, 復構一樓, 曰雕菰樓, 有湖光山色之勝, 讀書著述其中. 嘗歎曰, 家雖貧, 幸菜蔬不乏. 天之疾我, 福我也. 吾老於此也", 『淸史稿』 권482, 「儒林」 3, p.13256.

11 "焦君與元年相若, 且元族姊夫也. 弱冠與元齊名"(「通儒揚州焦君傳」, 『焦氏叢書』 卷首), 閻韜 撰, 「焦循」, 趙宗正 等 編, 『中國古代著名哲學家評傳(明淸部分)』 續篇 4, 濟南: 齊魯書社, 1982, p.662.

나하나 찾아보고 고찰하였다.[12]

이 같은 일과는 그의 병약한 신체를 더욱 고달프게 하였겠으나, 동시에 평생 61종의 책을 저술하는 원동력이 되었을 것이다.[13] 그의 관심은 경학뿐 아니라 수학, 천문학, 지리학, 고건축, 지방지, 문학 등 다방면에 미쳤다. 하지만 중심은 역시 경학이었고, 그중에서도 가문의 학문인 역경易經 연구가[14] 으뜸이었다. 54세 때 완성한 『역장구易章句』 12권, 『역도략易圖略』 8권, 『역통석易通釋』 20권 등 이른바 '역학삼서易學三書'는 초순 학문의 최대 성과로 꼽힌다. 이뿐만 아니라 56세 때 저술한 『맹자정의孟子正義』 30권도 유명하다.

비슷한 시기에 6경 연구서를 차례로 완성했는데, 이들을 『육경보소六經補疏』(20권)라 칭한다.[15] 우리가 논의할 『춘추좌전보소』는 이 가운데 하나이며, 그의 나이 55세 때의 작품이다. 58세로 세상을 등지기 전 초순은 이처럼 자신의 학문 성과를 쏟아내었다. 관직에 나갈 수 없는 것이 차라리 복이라는 그의 말이 단순한 자기 위안만은 아니었던 듯하다.

앞서 말했듯이 초순의 경학은 고증보다 의리의 해명을 목적으로 삼았다. 그가 33세 때 손성연孫星衍(1753~1818)에게 보낸 편지는 그의 경학관을 보여 주는 글로 유명하다. 그 일부를 인용한다.

경학에 통한 것을 고거考據라고 부른 예를 들은 적이 없다. …… 경학이란 경전의 문장을 위주로 하고, 백가자사百家子史와 천문, 산술, 음양오행, 육서칠음

---

12 "每夜三鼓後不寐, 擁被尋思某處當檢某書, 某處當考其書. 天將明, 少睡片刻, 日上紙窓卽起盥漱, 依夜來所尋思, 一一檢而考之"(焦廷琥, 「先府君事略」), 閻韜 撰, 「焦循」, p.664.
13 초순의 저작 목록은 賴貴三, 『焦循年譜新編』, p. 475, 「附錄 1. 焦里堂先生著述書目」에 있다.
14 "曾祖 …… 父 蔥, 世傳易學", 『淸史稿』 권482, 「儒林」 3, p.13256.
15 『論語補疏』 3권, 『周易補疏』 2권, 『尙書補疏』 2권, 『毛詩補疏』 5권, 『春秋左傳補疏』 5권, 『禮記補疏』 3권을 말한다.

六書七音 등을 보조로 하여 이를 합쳐서 검토하고 분석하고 판별하여 그 훈고를 구하고, 그 제도를 조사함으로써 그 도의를 밝혀 성현이 입언立言한 뜻을 얻어 입신立身과 경세經世의 법을 바로 세우는 것이다. …… 오로지 경학만이 성령性靈을 말할 수 있으며, 성령이 없다면 경학이라고 말할 수 없다.[16]

여기에서 보듯 초순에게 경학이란 경전의 원문과 관련 서적을 모두 회통하여 '경문의 도의道義를 추구하는 학문'이다. 도의를 외면한 채 문헌 고증에만 그친다면 그것은 경학이라 할 수 없다. 다만 도의를 파악하려면 자료 고증이 불가피하기 때문에 고증은 경학의 일부가 된다.[17] 요컨대 도의 파악이 경학의 본령이며, 고증은 그 수단인 것이다. 이러한 생각은 당시 저명한 학자인 대진戴震(1724~1777)과 장학성章學誠(1738~1801) 등도 공유하였다.[18] 초순이 의리에 초점을 맞추어 두예를 연구한 까닭은 이와 같은 경학관에서 비롯되었다.

Ⅱ. 『춘추좌전보소』의 서문

『춘추좌전보소』는 서문과 5권의 본문으로 구성된다. 본문은 두예 주석 가운데 128개 항목을 논평하는 형식으로 되어 있다. 본문을 내용에 따라 구분하면 대략 다섯 가지로 나눌 수 있다(다음 〈표 1〉 참조. 구체적인 세부 목록은

---

16 "未聞以通經學者爲考據, …… 經學者, 以經文爲主, 以百家子史天文術算陰陽五行六書七音等爲之輔, 彙而通之, 析而辨之, 求其訓故, 核其制度, 明其道義, 得聖賢立言之指, 以正立身經世之法, …… 蓋惟經學可言性靈, 無性靈不可以言經學", 「與孫淵如觀察論考據著作書」, 賴貴三, 『焦循年譜新編』, pp.112~114.

17 曹秉漢, 「乾嘉 考證學派의 體制統合 理念과 漢·宋 折衷思潮─阮元·焦循·凌廷堪의 古學과 實學─」, 『明清史研究』 3, 1994, p.71.

18 水上雅晴, 「戴震と焦循の一貫說─乾嘉期おける時代思潮の變遷─」, 『東方學』 88, 1994; 曹秉漢, 「乾嘉 考證學派의 體制統合 理念과 漢·宋 折衷思潮」, p.70.

부록〈표1〉에 정리하였다).

〈표1〉『춘추좌전보소』본문의 내용 분류

의리義理	고거考據				계
의리 분석	명물名物 훈고	자의字意 훈고	문의文意 해설	지리 고증	
15	11	51	40	11	128(조)

초순은 15개 조에서 의리 문제를, 나머지 113개 조에서 고거 문제를 다루었다. 이러한 수치는 초순이 고거 문제에도 소홀하지 않았음을 보여 준다. 간혹 두예의 주석에 동조하기도 하였다. 두예의 주석이 진실로 가규賈逵의 설보다 뛰어나다고 평하고,[19] '휴酅'란 지명에 관한 두예의 고증을 지지하였다.[20] 하지만 이 책의 정수는 단연 15개 조의 의리 분석에 있는데, 그 서술 분량이 책 전체의 과반에 달한다. 그 안에서 초순은 두예의 '숨은 뜻'을 강하게 비판하였다.

본문은 초순이 어릴 때부터 품었던 의문을 소개하면서 시작된다.

나는 어려서『춘추』를 읽을 때『좌씨전』을 좋아하였으나 오랫동안 의문을 가지고 있었다. 두예의『집해』를 열람하고『석례釋例』에서 주장한 바에 미치자 그 의문은 더욱 깊어졌다. 공자는 사설邪說과 폭행을 두려워했고, 그 두려움에 『춘추』를 저술하였는데,『춘추』가 등장하자 난신적자가 이를 두려워했다고 한다.『춘추』는 난적을 공격하는 책이기 때문이다. 그런데『좌씨전』에는 "〔춘추의 군주 시해 기록에서〕군주의 이름을 칭했다면(稱君) 군주가 무도했기 때문에 발생한 일이며, 신하의 이름을 칭했다면(稱臣) 신하가 잘못한 것이다."라는 구절이 있다. 두예는 그 말을 거론하고 널리 밝혀 맹자의 학설과 크게 어긋나

---

19 부록〈표1〉16. 莊公 4년조에 紀侯가 동생 紀季에게 국가를 내어준 일에 대하여 "杜依傳文用違賈說, 固賈氏所不及也"라고 하였다.『春秋左傳補疏』권2, p.451.
20 부록〈표1〉33.『春秋左傳補疏』권2, p.451, p.456.

도록 하였다. 이로써 춘추지의春秋之義는 어두워지게 되었다.[21]

　'난적을 공격'하는 것이 『춘추』 의리의 핵심이란 주장은 맹자 이래 널리 공유되었다. 그런데 『좌전』에는 그와 모순된 구절이 나온다. 『춘추』의 군주 시해 기사에서 "군주의 이름을 칭했다면(稱君) 군주가 무도했기 때문이다."라는 문장이 그것이다. 춘추시대에는 군주나 연장자를 부를 때 통상 작위爵位만을 칭했기 때문에 이름을 직접 부르는 것은 무례한 일이다. 따라서 『춘추』에서 군주의 이름을 직접 칭했다면 군주를 부정적으로 평가한 것이라고 볼 수 있다. 『좌전』에는 그것이 무도한 군주를 폄책貶責한 것이라 해설한 것이다.

　초순은 이 기사가 매우 이상하다고 생각하였다. 시해당한 군주를 오히려 폄책함으로써 마치 군주 시해를 두둔하는 것처럼 보이기 때문이다. 더욱 이해할 수 없는 일은 두예가 그것을 '널리 밝혀(暢衍)' 알린 점이다. 두예는 문제의 구절을 '범례凡例'의 하나로 보았다. '범례'란 『좌전』에서 '범凡'으로 시작되는 문장인데, 두예는 범례를 서주의 주공周公이 『춘추』를 기술할 때 세운 의례라고 주장하였다. 문제의 『좌전』 구절 또한 '범'으로 시작하기 때문에 그것은 주공이 세운 서법이 된다. 그렇다면 주공 또한 무도한 군주는 제거되어야 한다고 생각한 것이 된다. 이는 난신적자에 대한 필주筆誅가 『춘추』의 목적이라는 상식과 정면으로 모순된다.

　초순은 두예의 주장에 숨은 의도가 있다고 보았다. 여기에서부터 초순의 독특한 논리가 전개된다. 우선 그는 두예의 얼룩진 개인사를 들추어냈다. 서문의 두 번째 주장을 보자.

---

21 "余幼年讀春秋, 好左氏傳久而疑焉, 及閱杜預集解, 暨所爲釋例, 疑滋甚矣, 孔子因邪說暴行而懼, 因懼而作春秋, 春秋成而亂臣賊子懼, 春秋者, 所以誅亂賊也, 而左氏則云, 稱郡君無道, 稱臣臣之罪也, 杜預者且揚其辭, 而暢衍之,·與孟子之說大悖, 春秋之義, 遂不明而已", 『春秋左傳補疏』, p.441.

〔두예의〕조부 두기杜畿는 조위의 상서복야尙書僕射였다. 부친 두서杜恕는 유주자사幽州刺史를 역임하였다. 그의 부친은 선제宣帝(사마의)와 사이가 좋지 못하였고 마침내 유폐되어 죽었다. 그래서 두예는 오랫동안 등용되지 못하였다. 문제文帝(사마소)가 자리를 계승한 뒤 두예는 문제의 여동생인 고릉공주에게 장가들고 상서랑尙書郞에 처음 임명되었다. 4년 뒤에는 상부相府의 참군사로 전임되었다. …… 이는 부친의 원한을 저버리고 사마씨에게 충성을 바친 것이다. '성제成濟의 사건'을 목격한 뒤 사마소를 위해 그의 잘못을 윤식하였고, 사마의와 사마사를 위하여〔그들의 잘못을〕윤식하였다. 그리고 그것으로 자신의 행동도 꾸미고자 하였다. 이것이『좌씨춘추집해』가 저술된 이유이다.[22]

초순은 두예가 관직에 오르기까지의 과정과 그가『춘추좌씨경전집해』를 저술한 이유를 설명하였다. 조부 두기와 부친 두서는 조위 정부의 고급 관료였다. 그런데 두서는 유주자사로 재직 중 탄핵을 받아 관직에서 물러났으며,[23] 유배지 장무군章武郡에서 일생을 마쳤다. 이 일이 사서에는 두서가 "그의 부친은 선제(사마의)와 사이가 좋지 못하였고 마침내 유폐되어 죽었다."[24]라고 기술되어 있다. 이 일로 아들 두예는 오랫동안 관직에 나갈 수 없었던 것으로 보인다. 부친이 유배된 249년 두예의 나이는 28세였고, 관직에 처음 나선 것은 36세 때의 일이다. 당시 명문가 자제들이 대개 20대 초반에 관직을 얻었음을 감안하면[25] 그의 출세는 매우 늦었다. 그나마 사마소의 여동생과 혼인하고 사마씨와 손잡음으로써 가능하였다. 초순이

---

22 "杜畿爲尙書僕射, 父恕幽州刺史, 其父與宣帝不相能, 遂以幽死. 故預久不得調, 文帝嗣立, 預尙帝妹高陵公主, 起家拜尙書郞, 四年轉參相府軍事, …… 於是忘父怨, 而竭忠於司馬氏, 旣目見成濟之事, 將有以爲昭飾, 且有以爲懿師飾, 卽用以爲己飾, 此左氏春秋集解, 所以作也",『春秋左傳補疏』, p.441.
23 幽州刺史였던 杜恕는 鮮卑 大人의 아이가 關塞를 통해 들어온 사실을 중앙에 보고하지 않았다는 이유로 탄핵되었다.『三國志』권16,「杜恕傳」, pp.505~506.
24 "其父與宣帝不相能, 遂以幽死",『晉書』권34,「杜預傳」, p.1025.
25 宮崎市定,『九品官人法の硏究』, 京都: 同朋舍, 1956, p.115.

보기에 그것은 조부와 부친을 배반한 불효이며, 찬탈자와 손잡은 불충한 행동이었다.

초순은『춘추좌씨경전집해』가 사마씨에게 충성을 다하려는 목적으로 저술되었다고 보았다. 위 인용문에 나오는 '성제'는 황제 고귀향공高貴鄉公을 직접 죽인 사람이다. 고귀향공은 지적 소양과 기백을 겸비한 황제였다. 그는 사마씨로부터 권력을 되찾기 위해 군대를 일으켰다가 죽임을 당하였다. 황제를 살해한 일은 이후 사마당 쪽 사람들에게 큰 부담이 되었다. 초순은 두예가 이 일을 합리화하기 위해 '무도한 군주'를 시해한 일에 대한 서법, 즉 서시례書弑例를 세웠다고 주장하였다. 고귀향공이 피살되자 곽황태후郭皇太后는 조령을 내려 고귀향공이 자신을 죽이려 한 '패역부도悖逆不道' 죄를 저질렀다고 하였다.[26] 이 조령은 사마소의 압력 때문에 나온 것이었으나, 이처럼 '무도한 군주'를 죽인 일은 두예의『춘추』해석을 통해 정당화될 수 있었다. 초순은 두예의 주장이 사마씨의 만행을 정당화하고, 그들과 손잡은 두예 자신의 잘못을 덮으려는 것이라 보았다.

그런데 이렇게 왜곡된『춘추』해석이 어떻게 후대에 선양될 수 있었을까. 초순이 서문에서 제기한 마지막 논점이 이것이다.

사마사와 사마소 이후〔군주를 시해하거나 쫓아내는 행태는〕유유劉裕, 소도성蕭道成, 소연蕭衍, 진패선陳霸先, 고환高歡, 고양高洋, 우문태宇文泰, 양견楊堅, 양광楊廣, 그 밖에 석호石虎, 염민冉閔, 부견符堅 등과 같은 이들에게 서로 익혀 널리 유행하는 풍조가 되었다.『좌씨전』과 두예의『집해』는 바로 그들에게 적합한 논리였기에 고로 그의 학설은 진, 송, 제, 양, 진 시대에 크게 유행하였다. 당고조 역시 수 왕조에 대하여 위진시대의 여습餘習을 따랐기 때문에 이후 두예의 설을 좇아『좌전정의』가 만들어졌다. 가규賈逵와 복건服虔 등 제가諸家의 학

26『三國志』권4,「三少帝紀」, pp.143~144.

설들은 이로 말미암아 폐기되었다.[27]

초순은 두예의 『춘추좌씨경전집해』가 선양된 이유를 위진남북조·수당시대의 정치 상황에서 구하였다. 이 시기에는 '위진시대의 여습' 즉 군주의 축출과 시해가 반복되었기 때문에 그것을 정당화하는 두예의 학설이 환영받았다는 것이다. 다만 남북조 시기에는 『좌전』을 읽을 때 두예 주석만 중시되지는 않았다. 초순은 석호, 염민, 부견 등 북방 찬탈자들도 두예 주석을 따른 것처럼 말했으나, 북조에서는 복건의 『좌전』 주석의 영향력이 컸고, 두예 주석은 주로 남조에서 유행하였다.[28] 다음 〈표 2〉는 위진·남조시대에 발생한 정변의 빈도를 보여 준다. 이 표의 근거 자료는 부록 〈표 2〉에 있다.

〈표 2〉 위진·남조시대의 정변 발생 현황

왕조	위 220~265	오 222~280	서진 265~316	동진 317~420	송 420~479	제 479~502	양 502~557	진 557~589	전체 220~589
존속 기간(년)	45	58	51	103	59	22	52	32	369
정변 횟수	3	3	2	7	9	4	2	2	32

위진·남조시대 369년간 32차례의 정변이 발생하였으니, 대략 11.5년에 한 차례씩 군주가 시해·축출되거나, 그러한 시도가 실행에 옮겨졌다. 권력을 찬탈한 자들은 자신들의 행동을 정당화하려 했을 것이며 그 과정에서 두예의 '서시례'가 유용했을 수 있다. 서진 무제가 대진국大秦國에서 헌상한 밀향지密香紙 3만 폭 가운데 1만 폭을 두예에게 주어 『춘추좌씨경

---

27 "師昭而後, 若裕若道成若衍若霸先若歡洋若泰若堅廣, 他如石虎冉閔符堅, 相習成風, 而左氏傳杜氏集解, 適爲之便, 故其說, 大行於晉宋齊梁陳之世, 唐高祖之於隋, 亦踵魏晉餘習, 故用預說, 作正義而賈服諸家, 由是而廢",『春秋左傳補疏』, p.441.
28 沈玉成·劉寧,「第6章 杜預『集解』和南北學風」,『春秋左傳學史稿』 참고.

전집해』 저술을 독려했다는 설화도 전한다.[29] 남제南齊와 양·진 등의 개국 군주들은『좌전』을 즐겨 읽었다고 한다.[30] 이러한 이야기들은 혁명을 성공시킨 군주들이『좌전』과 두예 주석을 선호했음을 보여 준다.

지금까지 소개한 초순의 주장을 요약하자면, '서시례'는 두예가 자신의 불효와 불충을 정당화하고자 만들어 냈으며, 두예 주석이 후대에 널리 선양된 것은 정변이 잦았던 위진남북조·수당시대의 정치 상황 때문이라는 것이다. 이 같은 과감한 주장은 고증에 치중한 청대 학풍에서는 보기 드문 것이었으며, 두예 학문을 당대의 역사 현실 속에서 이해해야 한다는 점을 일깨워 주었을 것이다. 그 점에서 초순의 주장이 갖는 의의를 과소평가할 수 없다. 다만 그 내용이 타당한지는 별개로 다루어야 할 것이다.

Ⅲ. 의리 항목 검토

초순의 의리 비판은 '의리 분석' 15개 조에서 집중적으로 전개된다. 그 내용의 요점을 다음과 같이 표로 정리하였다.『춘추』의 문장은 원문 그대로 실었으며, 번호는 부록 〈표 1〉의 전체 128 항목의 번호이다.

---

29 嵇含,『南方草木狀』卷中「密香紙」條. 楊博文,「杜預和春秋左氏經傳集解」, p.75에서 재인용.
30 沈玉成·劉寧,『春秋左傳學史稿』, p.153.

〈표 3〉『춘추좌전보소』의 '의리 분석' 15개 조

번호	연도	『춘추』	『좌전』	두예 주석	초순의 주장
8	환공 2	宋督弑其君與夷及其大夫孔父	군주를 시해한 송독宋督을 폄책하였다.	군주를 시해한 송독보다 군주를 보필하지 못한 공보孔父를 칭명하여 폄책하였다.	두예는 송독을 사마의, 공보를 조상曹爽의 측근으로 비유하여 공보를 폄책하였다.
10	환공 5		정백鄭伯이 사신을 보내 천자를 위로하였다.	'왕이 토벌을 일으킨 잘못(王討之非)'을 덮기 위해 삽입된 구절이다.	왕의 정벌을 '잘못(非)'이라 한 것은 고귀향공이 사마소를 토벌한 행위를 비난한 것이다.
12				경문에 '축逐' 자를 쓰지 않고 군주 이름을 칭한 것은 군주를 폄책한 것이다.	정백을 제왕 방齊王方으로, 정백이 제거하려 한 권신 제중祭仲을 사마의로 비유한 주석이다.
13	환공 15	鄭伯突出奔蔡	권신 제중이 옹규雍糾를 살해한 뒤 주씨지왕周氏之汪에 시신을 버렸다.	제중이 옹규의 시신을 버린 것은 '그를 주륙했음을 보이기(示戮)' 위함이다.	'륙戮'은 '욕辱'이다. 옹규는 군주를 위해 목숨을 바친 사람인데 어찌 『좌전』에서 그를 욕보일 의도가 있었겠는가?
14	환공 16	衛侯朔出奔齊		애초에 군주 위후 삭의 즉위는 불법적인 일이었다. 그래서 경문에서 군주 축출을 폄책하지 않았다.	위후 삭이 군주가 된 것은 이미 4년 전 일이다. 설령 찬탈로 즉위한 군주라 해도 자신이 섬긴 군주를 시해하면 난신적자가 된다. 이 주석은 애초에 한을 찬탈한 조위의 정통성을 인정할 수 없다는 사마씨의 입장을 대변한다.
18	장공 12	宋萬弑其君捷及其大夫仇牧		만萬과 구목仇牧은 모두 송국의 경이다. 구목의 이름을 칭했으므로 그를 포양할 의사가 없음을 밝힌 것이다.	구목은 사마의에게 주살된 이풍李豊을 연상시킨다. 두예의 '이름 포폄'의 해는 실로 크다.
29	희공 10	晉里克弑其君卓及其大夫荀息	백규白圭의 시로 순식荀息의 죽음을 애도하였다.	순식의 이름을 칭한 이유는 그가 멀리 내다보는 계책이 없었고, 어리석은 방식으로 군주를 모셨기 때문이다. 그래서 폄책한 것이다.	군주를 죽인 난신적자 이극里克은 놔두고 도리어 충신 순식을 폄책하였다. 순식을 사마씨에게 반기를 든 관구검毌丘儉에, 이극을 사마사에 비견한 것이다.

45	문공 16	宋人弑其君杵臼	송인이 군주 저구杵臼를 시해한 것은 '군주가 무도'한 탓이다.	군주를 시해한 신하의 이름을 기록하지 않고 '송인宋人'이라고만 한 것은 군주 시해가 국민의 총의에 따른 행동임을 밝힌 것이다.	시해된 송 소공昭公의 무도함을 입증할 수 없다. 공자 포公子鮑가 계획적으로 육경과 국민을 끌어들여 군주를 시해한 것이다. 이는 사마씨가 민심을 모아 국권을 찬탈한 것과 유사하다.
47	선공 2	晉趙盾弑其君皐		조돈을 깊이 책망한 것은 '양사良史의 법'을 보인 것이다.	『좌전』에 인용된 공자의 말은 조돈을 미화하였다. 국경을 넘었다면 토벌하지 않아도 된다는 말은 국경을 넘지 않고 〔군주를 직접 시해한 성제를〕 토벌했다면 그 죄를 면제해줄 수 있다는 뜻을 담고 있다.
47	선공 2	晉趙盾弑其君皐	공자는 '국경을 넘었다면 책임을 면했을 것'이라 말하였다.	국경을 넘었다면 군신 간의 의義가 단절된다. 토벌하지 않아도 된다.	
48			〔귀생歸生의〕 권한이 부족하였다.	귀생의 권한이 부족하여 자공子公의 음모에 따라 군주를 시해하였다.	귀생은 전혀 '권한이 부족'한 사람이 아니며 유능한 사람임을 구체적 사실로 논증하였다.
49	선공 4	鄭公子歸生弑其君夷	군자 왈 "인仁하나 무력이 없다면 뜻을 이룰 수 없다."	귀생이 자공의 군주 시해에 반대한 것은 인한 일이나, 무력이 없어 자공을 토벌하지 못했기에 그 자신이 군주 시해의 죄에 빠졌다.	이는 사마소를 염두에 둔 말이다. 고귀향공을 시해한 성제를 사마소가 죽였기 때문에 사마소는 '인하면서도 무력을 가진 사람'이 된다. 그래서 군주 시해의 죄를 면할 수 있는 것이다.
50			"무릇 군주를 시해했을 때 군주를 칭하면 군주가 무도한 것이고, 신하를 칭하면 신하의 죄를 폄책한 것이다."	군신 관계에서 군주가 성심으로 신하를 대할 때 상친相親할 수 있다. 따라서 군주가 무도하여 인심이 떠난다면 군신 관계도 '길거리 사람'처럼 무관해지게 된다.	〔'서시례'를 비판한 만사대와 고동고의 견해를 인용하며〕 두예와 사마소의 관계는 한조를 찬탈한 유흠劉歆과 왕망王莽의 관계와 유사하다. 두예의 주석으로 육조六朝 시기에 난신적자가 끊이지 않게 되었다.

73	성공 17	晉殺其大夫 郤錡, 郤犨, 郤至	진의 백성들이 극씨를 따르지 않자 군주의 측근 서동胥童이 군주를 사주하여 난을 일으켰다.	'진살晉殺'은 국가가 토벌했음을 의미하며, 그럼으로써 극씨와 서동이 민심을 잃고 난을 일으켰음을 분명히 한 것이다. 그래서 그들은 '국륙國戮'을 받아야 한다.	혜사기惠士奇에 따르면 '진살'은 진의 백성이 토벌에 나섰다는 뜻이 아니라 진의 집정대신이 토벌했음을 말한다. 즉 집정대신 난서欒書가 극씨와 여공厲公을 살해한 것이다. 난서의 간악함은 사마의 부자와 유사하며, 극씨와 서동이 '국륙'을 받아야 할 이유는 없다.
84	양공 25		군주 시신의 넓적다리를 베고 통곡하였다.	제나라 최저崔杼가 군주를 시해하자 안영晏嬰이 그 시신을 자신의 무릎 위에 올려놓고 통곡하였다.	고귀향공이 피살된 뒤 사마부司馬孚는 안영의 이러한 행동을 따라하며 통곡하였다.
86			〔시해된 군주를 장례지낼 때〕 수레 7승을 이용하고, 병갑兵甲을 동원하지 않았다.	최저가 제나라 장공莊公을 시해한 뒤 〔예법에 규정된〕 수레 9승을 이용하여 장례를 거행하지 않고 7승만을 이용하였다.	사마소가 고귀향공을 시해한 뒤 황제의 예법이 아닌 왕의 예법으로 장사지낸 일을 상기시킨 것이다.

이 15개 조 중 초순의 논지가 가장 포괄적으로 제시된 기사는 번호 8이다. 노 환공 2년(기원전 710) 송의 화독華督이 송 상공殤公을 시해하였는데, 이 기사에 대해 두예는 화독보다 오히려 군주와 함께 죽임을 당한 사마司馬 공보孔父를 비난하는 주석을 달았다. 초순은 그 의미를 다음과 같이 설명하였다.

두예는 공보의 잘못을 내세워 왕릉王淩·하안何晏·이풍李豐·장집張緝·관구검毌丘儉·제갈탄諸葛誕·왕경王經 등의 충忠을 은폐하였다. 이들의 충성을 은폐하면 자기 자신의 불효와 불충이 드러나지 않기 때문이다. 나는 그런 까닭에 왕릉·하안·이풍·장집·관구검·제갈탄의 충성을 상술하여 공보의 충성을 밝혔고, 그것을 통하여 두예가 『좌전』의 치우친 문장을 가지고 우리의 성경聖經 『춘추』를 어지럽히지 못하도록 하였다.[31]

초순은 공보를 ① 왕릉(172~251) ② 하안(190~249) ③ 이풍(?~254) ④ 장집(?~254) ⑤ 관구검(?~255) ⑥ 제갈탄(?~258) ⑦ 왕경(?~260) 등 조위시대의 일곱 사람과 비교하였다. 이들은 모두 조씨 황실 편에서 사마씨에게 저항하다가 살해당한 사람들이다. 이들이 연루된, 조씨와 사마씨의 권력 투쟁에서 발생한 주요 사건은 다음과 같다.

〈표 4〉 조씨와 사마씨 간 권력 투쟁의 주요 사건

	황제	연도	사건	보정 대신
1	제왕 방	정시 8(247)	조상 권력 독점. 사마의 축출	조상
2		가평 1(249)	사마의 쿠데타(고평릉 정변) / ② 하안 피살	사마의
3		가평 3(251)	① 왕릉 군사반란 실패 후 피살 / 사마의 사망	
4	고귀향공	정원 1(254)	③ 이풍 ④ 장집 등의 하후현夏侯玄 추대 모의 실패 피살 / 제왕 방 폐위	사마사
5		정원 2(255)	⑤ 관구검 군사 반란 실패 / 사마사 사망	
6		감로 2(257)	⑥ 제갈탄 군사 반란	사마소
7	원제	경원 1(260)	고귀향공 친위 쿠데타 실패 후 피살 / ⑦ 왕경 피살	
8		함희 2(265)	12월, 사마소 사망. 사마염司馬炎 칭제	*서진 수립

양측의 싸움은 조위의 2대 황제 명제明帝(205~239, 재위: 226~239) 사후 개시되었다. 명제는 죽기 전에 8세의 조방曹芳(232~274, 齊王芳 재위: 239~254)을 황제로 삼고, 종실宗室 조상曹爽(?~249)과 태위太尉 사마의司馬

---

31 "杜預之以孔父爲不善, 所以掩王陵何晏李豐張緝毌丘儉諸葛誕王經之忠也. 諸君之忠掩, 則預之不孝不忠不著, 余故詳述王陵何晏李豐張緝毌丘儉諸葛誕之忠, 以明孔父之忠, 不致令預得假左氏之詖辭以亂我聖經也",『春秋左傳補疏』권1, p.448.

懿(179~251) 두 사람을 보정輔政 대신으로 임명하였다. 247년 조상은 권력을 독점하고 사마의 세력을 내몰았으나, 반격에 나선 사마의는 249년 쿠데타를 일으켜 조상과 그 집단을 제거하였다. 그 뒤 조당은 권력을 되찾으려 시도했으나 모두 실패로 돌아갔고, 265년 최종적으로 조위 왕조는 패망하였다.

〈표 4〉는 초순이 언급한 ①~⑦의 인물들이 각각 어떤 사건들과 연루되어 희생되었는지를 보여 준다. 초순은 이들이 '난신적자'에 맞선 충신들이었음에도 불구하고 누예가 이들을 비난하는 왜곡된 주석을 세웠다고 주장하였다.

초순의 주장은 이후 별다른 검증 없이 널리 수용되었다. 다만 최근의 연구에서 그 논리의 문제가 지적된 바 있다. 논점은 두 가지였다. 첫째, 초순의 주장은 '유비영사類比影射'에 따른 논리 비약이 심하다. 사건 전개가 유사하다는 사실만 가지고 춘추시대와 위진시대의 일을 연결하였다. 둘째, 현재의 관념을 기준으로 과거를 평가하는, 이른바 '이금율고以今律古' 문제가 있다. 즉 위진시대의 사건을 청대 학자의 기준으로 재단하는 것이 타당한지 의문을 제기한 것이다.[32] 이러한 지적은 초순 논리의 문제점을 잘 보여 준다. 다만 몇 가지 사례를 취사선택한 결과라는 점에서 한계가 있다. 필자는 15개 의리 항목을 모두 검토하여 초순 논리의 문제를 종합적으로 점검할 것이다.

두예는 스스로 '좌전벽左傳癖'을 자처했지만 『좌전』과 상반된 내용의 주석을 달기도 하였다. 『좌전』의 내용과 두예 주석의 관계를 기준으로 삼으면 15개 '의리 항목'을 다음과 같이 분류할 수 있다.

---

32 張高評, 「焦循春秋左傳補疏芻議」, 『春秋書法與左傳學史』, 上海: 上海古籍出版社, 2005 참조. 그 밖에 夏平, 「春秋詆毀杜預及其『春秋經傳集解』辨」(『急就二集』, 香港: 中華書局, 1978)에서도 초순의 논리에 비약이 있음이 간략히 지적되었다.

(1) 『좌전』 내용과 반대된 주석: 8, 29

(2) 『좌전』에 없는 내용의 주석: 14, 18

(3) 『좌전』 내용을 확대 해석한 주석: 10, 12, 13, 84, 86

(4) 『좌전』 내용을 답습한 주석: 45, 47, 48, 49, 50, 73

다음에서는 이 분류에 따라 해당 항목들을 검토하겠다.

1. 『좌전』 내용과 반대된 주석: 8, 29

앞서 말했듯이 〈표 3〉의 기사 8에는 초순의 주장이 집약되어 있다. 환공 2년(기원전 710), 송에서 화보독華父督이 집정대신 공보를 죽이고 그의 처를 취하였다. 그리고 이 사실을 알게 된 상공殤公마저 죽이고 장공莊公을 옹립하였다. 이 사건이 『춘추』에는 "송독이 군주 여이與夷와 대부 공보를 죽였다(宋督弑其君與夷及其大夫孔父)."라고, 『좌전』에는 "군자는 화보독이 군주를 없애려는 마음(無君之心)이 있고 난 뒤 〔공보를 죽이는〕 악행을 저질렀으므로 먼저 그 군주를 시해했다고 기록한 것이다."[33]라고 각각 기록되어 있다.

『좌전』은 화보독의 군주 시해를 비난하였으나, 두예는 오히려 공보를 비난하는 주석을 『춘추』 기사에 달았다. "〔춘추 경문에서〕 공보의 이름을 칭한 것은 그가 안으로는 규문閨門을 다스리지 못하고, 밖으로는 백성에게 원망을 샀으며, 자신은 죽고 그 화가 군주에게 미쳤으므로 〔그 죄를 밝힌 것이다.〕"[34] 그는 우선 공보의 '이름이 칭'해진 점을 문제 삼고, 그가 저지른 잘못을 구체적으로 지적하였다. 그 잘못이란 집안을 다스리지 못했고,[35]

---

33 "君子以督爲有無君之心, 而後動於惡, 故先書弑其君", 『十三經注疏 整理本 春秋左傳正義』 권5, p.156. 『春秋』와 『左傳』의 판본으로 2000년 북경에서 발간된 『十三經注疏 整理本』(北京大學出版社)을 이용할 것이다. 앞으로 『春秋左傳正義』라고 약칭하겠다.

34 "孔父稱名者, 內不能治其閨門, 外取怨於民, 身死而禍及其君", 『春秋左傳正義』 권5, p.154.

35 공보의 부인이 길에서 화보독을 만난 일을 말한다. 桓公 1년 "(左傳) 宋華父督見孔父之妻于路, 目逆而送之, 曰美而豔", 『春秋左傳正義』 권5, p.154.

11차례나 전쟁을 일으켜 백성을 괴롭혔으며,[36] 자신이 살해되어 군주 시해의 빌미를 제공한 점 등이다. 하지만 『좌전』에는 이런 사실들이 등장하지 않는다.[37]

초순은 특히 공보가 집안을 다스리지 못했다는 지적에 주목하였다. 윤리 문제를 거론하는 것은 조당曹黨 세력을 비난할 때 자주 등장한 논리였기 때문이다. 『삼국지』「위서」에 보면 하안은 여동생을 부인으로 삼았고,[38] 조상은 사마의를 시기했으며,[39] 왕릉은 비굴하였다.[40] 이풍은 '지존을 협박하여 대역무도했다'고 비난받았고,[41] 제갈탄은 음사에서 복을 빌다가 멸족당하였다.[42] 그 밖에 왕경이 모친의 훈계를 저버렸다가 재앙을 만났다는 기록도 있다.[43] 이러한 서술들은 조당 인물들을 흠집 내려는 의도를 담은 것으로 보인다. 초순이 보기에 공보의 윤리 문제를 지적한 두예의 주석은 이 같은 『삼국지』 등의 서술 방식을 모방한 것이었다.

다음으로 기사 29를 보자. 희공 10년(기원전 650) 진晉 대부 이극里克이 헌공獻公을 살해하였다. 『춘추』 기사는 "진의 이극이 그 군주 탁卓과 대부 순식荀息을 죽였다."[44]라고 하여 살해된 군주와 신하의 이름을 동시에 '칭'하

---

36 桓公 2년 "(傳) 宋殤公立, 十年十一戰, 民不堪命, 孔父嘉爲司馬, (華父)督爲大宰, 故因民之不堪命, 先宣言曰, 司馬則然", 『春秋左傳正義』 권5, p.158.
37 양보쥔은 孔父가 전쟁을 부추겼다는 주장은 華父督이 꾸민 말이라고 하였다. 楊伯峻, 『春秋左傳注』, 北京: 中華書局, 1981, p.85.
38 『三國志』 권9, 「何晏傳」, pp.292~293. 다만 裴松之는 "이는 縉紳이 차마 입에 담을 수 없는 말로서, 이 말이 舊史에서 나왔다고 할지라도 여전히 믿기 어려운데 하물며 底下之書에서 그렇게 말할 수 있겠는가?"라고 하여 그 신빙성에 강하게 의문을 제기하였다.
39 『三國志』 권9, 「曹爽傳」, p.285.
40 『魏略』에는 王淩이 항복할 때 비굴하게 司馬懿의 뜻을 살폈다는 일화가 있다. 그러나 干寶의 『晉紀』에는 반대로 왕릉의 충성심이 묘사되어 있다. 이는 『위략』 기사가 가공되었을 가능성을 시사한다. 『三國志』 권28, 「王淩傳」, pp.759~760.
41 『三國志』 권9, 「夏侯玄傳」, p.299.
42 『三國志』 권28, 「諸葛誕傳」, p.774.
43 劉義慶 著, 余嘉錫 箋疏, 『世說新語箋疏』, 「賢媛」 第19, 上海: 上海古籍出版社, 1993, p.677.
44 "晉里克弑其君卓及其大夫荀息", 『春秋左傳正義』 권13, p.414.

였다. 이때 순식은 군주와 함께 죽임을 당한 것이 아니라 자살하였고, 『좌
전』은 시를 인용하여 그의 충정을 칭양하였고.[45] 그러나 두예는 그가 "원
대한 계책이 없었고 혼매한 군주를 따랐기 때문에 〔이름을 칭한 것이다.〕"[46]
라고 주석을 달았다. 『좌전』의 서술과 정반대로 해석한 것이다.

초순은 이 주석이 사마씨에 대해 반란을 일으켰다가 피살된 관구검을
비난한 것이라 보았다. 그 근거로 동진의 사가 습착치習鑿齒(?~384)의 말을
인용하였다. 관구검은 유언으로 "옛사람의 말에 따르면 〔오직 뜻에 헌신한
사람은〕 죽어도 다시 살아날 것이며, 〔거사에 실패하고〕 살아남았다고 할지라
도 부끄럽지 않다."[47]라는 말을 남겼다. 여기에서 '옛사람의 말'이란 바로
순식이 헌공에게 '충정忠貞'의 뜻을 설명한 말을 가리킨다.[48] 습착치는 동
진 말 권신 환온桓溫(312~373)의 제위 찬탈에 저항했는데,[49] 그가 관구검의
유언을 언급한 것은 그 말이 자신의 마음을 대변한다고 여겼기 때문일 것
이다. 이처럼 초순은 순식과 관구검을 결부하는 논리가 이미 있었다는 점
을 두예 비판의 근거로 제시하였다.

---

45 "荀息死之, 君子曰, 詩所謂 白圭之玷, 尙可磨也, 斯言之玷, 不可爲也, 荀息有焉", 『春秋左傳
正義』 권13, p.412.
46 "荀息稱名者, 雖欲復言, 本無遠謀, 從君於昏", 『春秋左傳正義』 권13, p.414.
47 "習鑿齒曰 …… 古人有言, '死者復生, 生者不愧'", 『三國志』 권28, 「毌丘儉傳」, p.768.
48 이 古人의 말은 獻公과 荀息의 대화에 나온다. 헌공이 "何謂忠貞?"이라고 묻자 순식은 "公家
之利, 知無不爲, 忠也, 送往事居, 耦俱無猜, 貞也"라고 하였다. 양보권은 순식의 말이 ① 『國
語』 「晉語 2」, "葬死者, 養生者, 死人復生不悔, 生人不愧, 貞也" ② 『史記』 「晉世家」, "使死者
復生, 生者不慙"(『史記』 권39, p.1649) ③ 『韓非子』 「難三篇」, "死君復生, 臣不愧, 而後爲貞"
등 세 개의 문장 뜻과 같다고 하였다. 楊伯峻, 『春秋左傳注』, pp.328~329.
49 "是時溫覬覦非望, 鑿齒在郡, 著漢晉春秋以裁正之", 『晉書』 권82, 「習鑿齒傳」, p.2154.

2. 『좌전』에 없는 내용의 주석: 14, 18

기사 14를 보면 환공 16년(기원전 696) 위 혜공(위후 삭)이 자기 나라에서 쫓겨나 제로 도망쳤다. 『춘추』에는 "위후 삭이 제나라로 도망쳤다(衛侯朔出奔齊).", 『좌전』에는 "혜공이 제나라로 도망했다(惠公奔齊)."라고 기술되어 있다. 두예는 경문에 대해 "삭이 참소로 일을 꾸며 나라를 취하였다. 두 공자가 군주를 축출했다고 말하지 않음으로써 삭의 죄를 물은 것이다."[50]라고 주해하였다. 즉 혜공이 망명한 이유가 과거 나라를 찬탈한 그의 잘못에 있다고 한 것이다.

그러나 『좌전』에는 혜공이 참소로 일을 꾸몄다는 기사가 없다. 또한 혜공이 군주의 자리에 오른 것은 이미 4년 전의 일이다. 초순이 보기에 이 시점에 혜공을 축출한 것은 군주 시해와 다를 바가 없다.[51] 그런데 두예가 주석에서 혜공을 폄책한 이유는 그의 이름이 경문에 칭해졌기 때문일 것이다. 초순은 그 주장이 한漢·진晉 정통론을 지지하는 '미의微意'를 담았다고 보았다. 그에 따르면 한을 계승한 정통 왕조는 조위가 아닌 촉한이고, 촉한 이후에는 서진이 계승하였다. 따라서 조위는 찬역한 왕조에 불과하기 때문에, 조위의 황제인 조방을 축출하고 조모曹髦(고귀향공)와 조상을 살해하고 관구검을 멸한 일 등은 정당한 일로 둔갑된다.[52] 축출된 위 혜공을 오히려 폄책한 두예의 의도는 이와 같이 조위를 부정하고 사마씨를 정당화하는 것이라고 초순은 주장한다.

기사 18을 보면, 장공莊公 12년(기원전 682) 송의 남궁만南宮萬이 사냥 중에 군주 민공閔公과 대부 구목仇牧을 살해하였다. 『춘추』에는 "송의 만이

---

50 "朔讒構取國, 故不言二公子逐, 罪之也", 『春秋左傳正義』 권7, p.238.
51 "爲君已四年, 已君之而逐之猶已君之而弒之", 『春秋左傳補疏』 권14, p.450.
52 "魏雖受漢禪晉, 尙爲篡逆 …… 逐芳殺髦殤爽滅儉, 自可無所顧忌", 『春秋左傳補疏』 권14, p.450.

군주 첩과 대부 구목을 시해했다(宋萬弑其君捷及其大夫仇牧)."라고 쓰여 있다. 두예는 주석에서 "만과 구목은 모두 송국의 경이다. 구목의 이름을 칭한 것은 경계를 하지 않다가 적을 만나 피살되었으니, 칭찬할 만한 일이 없기 때문이다."[53]라고 주장하였다. 역시 칭명 의례에 따라 군주와 함께 피살된 구목을 비난하고 있다. 그런데 『좌전』에는 구목의 잘못에 대한 기록이 없다.

초순은 이 주석이 조당의 이풍을 겨냥한 것이라 하였다. 그는 하후현夏侯玄(208~254)을 추대하여 사마의의 권력을 빼앗으려다가 맞아 죽은 사람이다. 초순이 구목과 이풍을 연결한 이유는 두 사람 모두 '맞아 죽은' 데에 있는 것 같다. 구목은 '맞아서 살해(批而殺之)'되었고, 이풍은 칼의 고리로 허리를 맞아 죽었다.[54] 그 밖의 근거는 찾기 어렵다.

3. 『좌전』 내용을 확대 해석한 주석: 10, 12, 13, 84, 86

기사 10은 환공 5년(기원전 707)에 발발한 주 천자와 정 장공 사이의 전쟁을 다룬다. 이 전쟁은 『좌전』에서 천자가 직접 전투에 나선 유일한 사건으로,[55] 전장 지명을 따 '수갈繻葛의 전쟁'이라 부른다. 이때 전투가 멈추자 정 장공은 주 환왕桓王에게 사신을 보내 위로하였는데, 이 기사에 대한 두예의 주석은 이렇다. "정백鄭伯의 뜻은 천자가 정국을 토벌한 잘못(王討之

---

53 "萬及仇牧皆宋卿, 仇牧稱名, 不警而遇賊, 無善事可襃", 『春秋左傳正義』 권9, p.282.

54 仇牧의 죽음을 전하는 기사는 다음과 같다. "遇仇牧于門, 批而殺之", 『春秋左傳正義』 권9, p.282. 『공양전』에도 구목의 죽음이 상세하게 묘사되어 있다. "구목은 군주 시해의 소식을 듣고 쫓아가 문에서 〔宋萬을〕 만났다. 손에 칼을 잡고 소리를 질러 꾸짖었다. 송만은 구목을 팔뚝으로 후려쳐 그 머리를 부수었고, 그 치아가 門闔에 박혔다.", 『十三經注疏 整理本 春秋公羊傳注疏』, pp.174~175. 조위시대 이풍이 죽은 정황은 『魏氏春秋』에 있다. "大將軍責豐, 豐知禍及, 遂正色曰, …… 大將軍怒, 使勇士以刀環築豐腰, 殺之", 『三國志』 권9, 「夏侯玄傳」, pp.300~301.

55 楊伯峻, 『春秋左傳注』, p.103.

非)을 조금이나마 면하게 하려는 것이었다."[56]

춘추시대에는 전장에서 적군에게 사신을 보내 위로하는 군례軍禮가 행해졌다.[57] 정 장공의 사신 파견도 그러한 일로 볼 수 있다.[58] 그런데 두예는 정 장공이 천자의 '잘못(非)'을 면하게 하려 했다는 주석을 달아, 이 전쟁이 주 환왕의 '잘못'에서 비롯되었다고 말하였다. 실제 전쟁의 발단은 주 환왕이 제공하였다. 주의 동천 이후 주 왕실의 정치는 정국 군주가 담당했는데, 환왕은 그 권한을 회수하려 하였다. 이에 불만을 품은 정백이 조근의 의무를 행하지 않자 주왕이 토벌에 나선 것이다. 환왕이 먼저 군대를 일으키기는 했으나 조근의 의무를 행하지 않은 제후국 토벌을 명분 없는 일이라 할 수는 없다. 그런데 두예는 이 일을 '잘못'이라 한 것이다. 초순은 여기에 감추어진 뜻이 있다고 보았다. 주 환왕의 '거병'을 비판한 속내는 260년 고귀향공의 친위 쿠데타가 잘못임을 말하려는 데 있다는 것이다. 따라서 고귀향공이 죽임을 당한 것은 그 '잘못'에서 비롯되었으므로 사마씨에게 책임을 물 수 없다.

기사 12·13은 환공 15년(기원전 697) 정국 여공厲公이 채국蔡國으로 도주한 사건을 다룬다. 여공은 당시 국정을 농단하던 제중祭仲을 제거하려다 실패하고 쫓겨났다. 『춘추』에는 "정백 돌突이 나라 밖으로 나가 채국으로 도망하였다(奔)."[59]라고 쓰여 있다. 이에 대해 두예는 스스로 도망쳤다는 '분奔'이 술어인 점,[60] 정백의 이름 돌突이 직접 칭해진 점 등을 이유로 도망친 정 여공을 폄책하였다. 두예는 여공이 자신의 지위를 굳건히 하지 못

56 "言鄭志在苟免, 王討之非也", 『春秋左傳正義』 권6, p.191.
57 '犒師'의 관행이라 부른다. 高木智見, 「關於春秋時代的軍禮」, 『日本中靑年學者論中國史』 上古秦漢卷, 上海: 上海古籍出版社, 1995(原載, 『名古屋大學東洋史硏究報告』 2, 1986).
58 양보쥔도 "勞 …… 慰問也"라고만 주해하였다. 楊伯峻, 『春秋左傳注』, p.106.
59 "鄭伯突出奔蔡", 『春秋左傳正義』 권7, p.234.
60 "釋例曰 …… 仲尼之經更沒逐者主名, 以自奔爲文, 責其不能自安自固", 『春秋左傳正義』 권7, p.234.

한 채 대신 제중을 신임하지 않았고, 소신小臣과 획책하여 제중을 죽이려 하였기 때문에 죄를 받은 것이라 하였다.[61]

그러나 초순은 권신을 제거하려 한 일이 왜 잘못인지 물었다. 그는 두예의 군주관이 문제라고 하였다. 『좌전』에는 "어찌 한 사람의 군주를 백성 위에 방치하여 방종하도록 하겠습니까."[62]라는 말이 있다. 신하가 무도한 군주의 권한을 대신할 수도 있다는 것이다. 따라서 제중을 제거하려 한 정백의 행동은 비난받을 수 있다. 그러나 초순은 두예가 쫓겨난 여공을 강제 퇴위된 황제 제왕 방에 비유했고, 권신 제중을 그를 쫓아낸 사마사에 견주었다고 보았다. 그럼으로써 사마사의 황제 축출을 옹호했다는 것이다.

한편 제중의 사위인 옹규雍糾는 여공의 뜻에 따라 제중을 죽이려 했으나 실패하고 죽임을 당하였다. 그의 시신은 연못에 버려졌는데, 이에 대해 두예는 "죽이고 난 뒤 그 시체를 전시하여 벌을 내려 죽였음(戮)을 보였다."[63]라고 주석하였다. 초순은 여기에서 '륙戮'이란 표현에 주목하였다. 『좌전』의 '살殺'을 징벌의 의미를 담은 '륙'으로 표현하여 옹규를 폄책함으로써 사마사 등을 해치려 한 조당 사람들을 비난했다는 것이다.

기사 84는 양공 25년(기원전 548) 제의 집정대신 최저崔杼가 군주 장공莊公을 시해한 사건을 다룬다. 당시 장공의 피살 소식을 듣고 달려온 대부 안영晏嬰은 군주의 시신 앞에서 통곡하였는데, 그 모습이 『좌전』에는 "(안영이) 시신의 다리를 베고 곡하였다(枕尸股而哭)."라고 묘사되어 있다. 그런데 두예는 이 간단한 기사에 "장공의 시신을 [안영] 자신의 넓적다리 위에 올려놓았다."[64]라는 주석을 달았다. 즉 안영의 행동을 『좌전』과 달리 설명하였

---

61 "突旣簒立, 權不足以自固, 又不能倚任祭仲, 反與小臣造盜賊之計, 故以自奔爲文, 罪之也", 『春秋左傳正義』 권7, p.234.
62 "豈其使一人肆於民上", 『春秋左傳正義』 권32, p.1066.
63 "殺而暴其尸以示戮也", 『春秋左傳正義』 권7, p.237.
64 "以公尸枕己股", 『春秋左傳正義』 권36, p.1166.

다. 그러나 『좌전』의 해당 기사는 달리 해석할 여지가 없어 보인다.

초순은 여기에서도 정치적 의도를 찾아내려 하였다. 260년 황제 고귀향공이 살해되자 소식을 듣고 달려온 사마의의 동생 사마부司馬孚(180~272)는 죽은 황제의 다리를 베고 통곡하였다.[65] 초순은 사마부의 행동이 『좌전』에 나오는 안영의 행동을 흉내 낸 데 불과하다고 보았다.[66] 사마부의 통곡은 마치 시해 사건이 우발적으로 발생했으며, 사마씨 가문의 직접적 책임이 없는 것처럼 보이게 한다. 두예의 주석도 이 점을 상기시키는데, 다만 안영의 행동을 『좌전』과 달리 묘사한 이유는 짐작하기 어렵다.

기사 86은 84에 이어지는 내용이다. 최저가 죽은 장공을 장사지낼 때 '하거下車', 즉 묘 안에 부장품을 담아 매립하는 수레의 숫자를 9승乘에서 7승으로 낮추었고, 병사들도 따로 동원하지 않았다. 두예는 이에 대해 장례에 필요한 예제의 격을 낮추었다고 주석하였다.[67] 초순은 여기에도 정치적 메시지가 숨어 있다고 보았다. 피살된 고귀향공은 한대 창읍왕의 고사처럼 '민례民禮'에 따라 장례를 치러야 하지만, 사마씨가 '차마 그럴 수 없다(不忍)'고 하여 왕례王禮에 따라 거행하였다.[68] 초순은 두예가 이 일을 상기시킴으로써 마치 사마씨가 예법을 어기면서까지 고귀향공을 우대한 것처럼 호도하고 있다고 보았다.

---

65 "『漢晉春秋』曰, …… 太傅孚奔往 枕帝股而哭 哀甚", 『三國志』 권4, 「三少帝紀」. p.144. 다케조에 고코는 이렇게 설명하였다. "장공의 시신이 여전히 땅에 있기에, 고로 그것을 베고 엎드림으로써 여기에서 돌아가지 않겠다는 뜻을 보인 것이다." 竹添光鴻, 『左氏會箋』, 成都: 巴蜀書社, 2008, p.1420.

66 "高貴鄉公被弑於車下, 司馬孚枕帝股, 而全效晏嬰所爲, 當時左氏盛行故", 『春秋左傳補疏』 권4, p.477.

67 "下車, 送葬之車, 齊舊依上公禮, 九乘, 又有甲兵, 今皆降損", 『春秋左傳正義』 권36, p.1168. 服虔은 '下車'란 장례 때 사용된 물건을 모두 墓穴中의 木製車 안에 넣어 매립하는 것을 말한다고 하였다. 楊伯峻, 『春秋左傳注』, pp.1100~1101.

68 "依漢昌邑王罪廢故事, 以民禮葬 …… 臣等之心實有不忍, 以爲可加恩以王禮葬之", 『三國志』 권4, 「三少帝紀」, p.145. 그러나 裴松之는 習鑿齒의 『漢晉春秋』에 묘사된 초라한 장례가 어떻게 王禮라 할 수 있느냐고 반문하였다. 『三國志』 권4, 「三少帝紀」, p.146.

4. 『좌전』 내용을 답습한 주석: 45, 47, 48, 49, 50, 73

기사 45는 문공文公 16년(기원전 611) 송宋 양부인襄夫人이 군주 소공昭公을 죽인 일을 다룬다. 『춘추』에 이 사건은 "송나라 사람(宋人)이 그의 군주 저 구杵臼를 살해하였다(宋人弒其君杵臼)."라고 기록되어, 군주의 이름이 칭해 졌다. 『좌전』에도 "군주가 무도한 탓이다."[69]라고 되어 있으며, 두예는 『좌 전』 기사에 "〔경문에〕 지금 〔송인이라고 하여〕 국인國人을 칭한 이유는 군주의 죄가 무거움을 밝히기 위함이다."[70]라는 주석을 달았다. 즉 군주 시해가 국 인의 총의에 따른 일이라 설명하였다. 『좌전』 내용과 두예의 주석이 일치 한다.

그런데 초순은 이 평가가 『좌전』의 역사적 사실과 맞지 않는다고 하였 다. 송 소공은 즉위 초 세족世族의 공격에 맞서 군주 자리를 지켰고, 밖으로 는 초와 단교하고 진晉을 따르는 등 과감한 외교 정책을 폈다. 그는 "진실 로 자존심이 강하며, 나약하게 남에게 굴복할 사람이 아니었다."[71] 초순은 이 사건을 『좌전』·두예 주석과 다른 관점에서 설명하였다. 그는 소공 시 해의 주범으로 양부인이 아니라 소공의 서제庶弟 공자 포公子鮑를 지목하 였다. 그리고 『춘추』 기사의 '송인'은 '송의 국인國人'이 아닌 공자 포를 뜻 한다고 주장하였다. 공자 포는 왕위를 찬탈하고자 미리 국인을 예우하고, 백성을 진휼하고, 인재를 규합하였다. 초순은 그러한 위선이 사마씨 세력의 덕치 표방과 유사하다고 보았다. 그리고 피살된 군주를 비난한 두예 주석 은 사마씨를 변호하려는 숨은 뜻을 품은 것이라 주장하였다.

기사 47은 선공宣公 2년(기원전 607) 진晉 대부 조천趙穿이 군주 영공靈公 을 죽인 사건이다. 이 일은 『춘추』에 "진의 조돈趙盾이 그 나라의 군주 이고

---

69 "君無道也", 『春秋左傳正義』 권20, p.653.
70 "今稱國人, 故重明君罪", 『春秋左傳正義』 권20, p.653.
71 "則其人固負氣, 不能柔屈者耳", 『春秋左傳補疏』, p.459.

夷皋를 죽였다(晉趙盾弑其君夷皋)."라고 기록되었다. 실제 군주를 죽인 자는 조천이나, 조돈을 주범으로 지목한 것이다. 『좌전』에 따르면 진 태사太史 동호董狐는 조돈이 "도망치기는 했으나 국경을 넘지 않았고", "돌아온 뒤에도 군주를 죽인 적을 토벌하지 않았기" 때문에 그가 바로 주범이라고 주장하였다.[72] 유명한 '동호직필董狐直筆' 고사가 바로 이 일에서 유래하였다.

두예는 조돈이 시해의 책임을 면할 수 있다는 점을 강조하였다. "만일 〔조돈이〕 국경을 넘었다면 군신 간의 의義가 해소되어 적을 토벌하지 않아도 되었을 것이다."[73] 초순은 이 말이 "권력을 찬탈했어도 국경을 넘지 않고, 군주를 시해한 적을 토벌했다면 그 죄를 면할 수 있다."라는 뜻이며, 더 나아가 사마소를 비호하는 주장이라 하였다. 사마소는 고귀향공을 죽인 책임자이지만 성제成濟의 삼족을 멸하여 '군주를 시해한 적을 토벌했고,' 또한 '국경을 넘지도 않았기'에 그에게 군주 시해의 책임을 물을 수 없다. 이에 대해 청대 고염무顧炎武는 『일지록日知錄』에서 "군신 간의 의는 천지 간 어디에서도 피할 수 없는 것"[74]이라고 하여 동호의 말을 반박했는데, 이 말에는 "사마소가 가충賈充[75]을 주살했어도 〔그가〕 군주를 시해했다는 비난은 모면할 수 없다."[76]라는 주석이 달려 있다. 이것은 청대 학자들이 동호직필 고사에서 고귀향공 시해 사건을 떠올리는 일이 드물지 않았음을 짐작하게 한다.

기사 48·49·50에는 논란의 표적인 '서시례'가 직접 등장한다. 선공 4년(기원전 605) 정국 군주 영공靈公이 피살되었다. 이 일은 공자 자공子公이

---

72 "對曰, 子爲正卿, 亡不越境, 反不討賊, 非子而誰!", 『春秋左傳正義』 권21, p.688.
73 "越竟, 則君臣之義絶, 可以不討賊", 『春秋左傳正義』 권21, p.688.
74 "君臣之義無逃于天地之間, 而可逃之境外乎?", 顧炎武 著, 黃汝成 集釋, 「趙盾弑其君」, 『日知錄集釋』, 石家莊: 花山文藝出版社, 1990, p.195.
75 賈充(217~282)은 군주 시해를 직접 독려한 사람으로 훗날 서진에서 외척으로 권세를 누린 인물이다.
76 "楊氏曰, 司馬昭卽誅賈充, 仍不免弑君之號", 『日知錄集釋』, p.195.

주도하고 공자 자가子家가 동참하였다.[77] 그런데 『춘추』에는 "정국의 공자 귀생(자가)이 그 나라의 군주 이夷를 시해하였다."[78]라고 쓰여 있어 마치 자가가 주범인 것처럼 기술되어 있다. 『좌전』에서도 자공보다 자가의 잘못이 지적되었다. ① (자가가 자공을 막지 못한 이유는) "그의 힘이 부족하였기 때문"이며, ② 군자는 "〔자가가〕 인仁하나 무력을 갖지 못하여 〔인에〕 도달할 수 없었다."라고 말하여 자가를 비난하였다. ③ 끝으로 '서시례'가 등장하여 『춘추』에 그 이름이 칭해진 자가의 죄를 적시하였다.[79]

이처럼 종범인 자가를 주범으로 지목한 데 대해 두예는 "〔자가는〕 참소를 두려워하여 군주 시해를 따랐으니, 고로 그를 수악首惡으로 기록한 것이다."[80]라고 설명하였다. 하지만 이러한 설명은 사실과 다르다. 초순은 『좌전』의 사실에 근거하여 다음과 같이 반박하였다.

① 자가가 '힘이 부족(權不足)'했다고 하지만 그는 1년 전 전쟁(大棘之戰)에서 송을 무찌르는 공을 세웠고, 문공 17년 맹약(扈之盟)을 성사한 사람이다. '힘이 부족(權不足)'하다는 말은 근거가 없다.

② 『좌전』에 따라 두예도 자가가 인仁하나 무력을 갖지 못했다고 하였는데,[81] 초순은 이 말이 사마소를 위한 것이라 하였다. 위에서 말한 대로, 고귀향공이 봉기했을 때 사마소는 황제를 공격하지 말라고 명하였으니 인자仁者이고, 성제를 주살하고 삼족을 멸하였으니 "시군弑君의 죄는 〔군주를 직접 시해한〕 성제에게 돌아가고, 사마소는 죄를 짓지 않은 것이 된다."[82]

---

77 楚에서 鄭 靈公에게 자라를 선물하자 영공은 그것으로 자라죽을 끓이게 하였다. 그런데 子公이 먼저 음식에 손을 대자 영공이 분노하였고, 이에 자공은 子家를 위협하여 영공을 시해하도록 사주하였다. 『春秋左傳正義』 권21, pp.697~698.
78 "鄭公子歸生弑其君夷", 『春秋左傳正義』 권21, p.697.
79 "① 權不足也, ② 君子曰, 仁而不武, 無能達也, ③ 凡弑君, 稱君, 君無道也. 稱臣, 臣之罪也", 『春秋左傳正義』 권21, p.698.
80 "懼譖而從弑君, 故書以首惡", 『春秋左傳正義』 권21, p.698.
81 "初稱畜老, 仁也. 不討子公, 是不武也", 『春秋左傳正義』 권21, p.698.
82 "司馬昭能討成濟, 則弑君之惡歸成濟, 而昭不陷之矣", 『春秋左傳補疏』, p.462.

요컨대 두예는 사마소가 무를 겸비한 인자仁者라 보았다.

③ '서시례' 구절에 대해 두예는 '칭군稱君', '칭신稱臣'의 의미를 설명하였다.[83] 이에 대해 초순은 두예 주석을 넘어 『좌전』의 문제점을 언급하였다. 전국시대에 서술되었다고 알려진 『좌전』에는 삼가분진三家分晉과 전씨대제田氏代齊 등으로 출현한 새로운 국가권력이 정당한 것으로 기술되어 있다. 말하자면 난신적자를 옹호한 것이다. 초순은 훗날 왕망의 찬탈을 비호한 유흠劉歆이나 위진 시기의 두예가 『좌전』을 중시한 이유가 여기에 있으며, 육조 시기의 다른 찬탈자들도 그에 따랐다고 보았다.[84]

끝으로 기사 73은 성공 17년(기원전 574) 진晉 군주 여공厲公이 극씨郤氏 대부들을 살해한 일을 다룬다. 당시 진의 실권은 난씨와 극씨, 중항씨 등이 분점하였고, 여공은 권력에서 소외된 상황이었다. 이에 군권을 회복하고자 여공은 측근 서동胥童 등과 손잡고 우선 극씨 대부들을 숙청하였다. 그러나 이듬해 난서欒書와 중항언中行偃이 정변을 일으켜 여공과 서동 등을 죽이고 도공悼公을 옹립하였다. 『춘추』에는 여공의 극씨 대부 숙청이 "진국이 그 대부 극기, 극주, 극지를 죽였다(晉殺其大夫郤錡·郤犨·郤至)."라고 기록되어 있다. 『좌전』의 기록은 다음과 같다. "〔진의〕 백성들이 〔살해당한〕 극씨郤氏를 동정하지 않았고, 〔군주의 측근 신하〕 서동이 군주를 사주해서 난을 꾸몄다. 그래서 『춘추』에 '진국이 그 대부를 죽였다(晉殺其大夫).'라고 기록되었다."[85]

『좌전』 기사에 대해 두예는 "〔경문에 극씨가〕 국가의 토벌을 받았다고 쓰여 있는 것은 극씨가 민심을 잃고 서동이 난을 사주하였으니, 국인이 〔그들

---

83 "稱君, 謂唯書君名而稱國以弒, 言衆所共絶也. 稱臣者, 謂書弒者之名而示來世, 終爲不義", 『春秋左傳正義』 권21, p.698.
84 "自杜預爲集解釋例, 而亂臣賊子接迹於六朝, 而懼心且漸滅, 是孔子之春秋爲邪說, 誣民而作, 而爲邪說者轉捕於春秋", 『春秋左傳補疏』, pp.464~465.
85 "民不與郤氏, 胥童道君爲亂, 故皆書曰, 晉殺其大夫", 『春秋左傳正義』 권28, p.917.

을) 주륙함이 마땅함을 보인 것이다."[86]라고 주석하였다. 처음『춘추』에는 여공이 극씨를 숙청한 기록만 있었으나,『좌전』에는 군주와 함께 난을 모의한 서동에 관한 이야기가 추가되었다. 두예는 서동을 죽인 것이 정당하다고 하여, 그와 함께 정변을 모의한 여공을 시해한 일이 옳았음을 암시하였다. 즉 대부 숙청을 기록한『춘추』의 기사는『좌전』과 두예 주석을 거치면서 군주 시해도 정당했다는 이야기로 변모한 것이다.

초순은 이 주석이 역사적 사실과 다르다는 점을 지적하였다. 두예는 극씨 대부들이 민심을 잃었다고 했으나, 그것을 뒷받침할 역사적 사실은 보이지 않는다.[87] 그럼에도 불구하고 '극씨가 민심을 잃었다(郤氏失民)'라고 주석을 단 데에는 숨은 의도가 있다. 초순은 두예가 난서를 사마의에, 숙청당한 극씨 대부들을 조당에 각각 비견하였다고 보았다. 따라서 극씨 대부들을 숙청한 것이 옳았다는 주석은 결국 조당을 비난하고 사마씨를 비호하는 주장이 된다.

Ⅳ. 춘추시대의 '위정爲政'과 조위시대의 '보정輔政'

지금까지 초순의 의리 분석 항목들을 검토하였다. 그는 두예의 주석에 있는 몇 가지 특징에 주목하여 그 정치적 의도를 드러내려 하였다. 특히 춘추시대 사건과 조위시대 사건 간에 유사한 점이 있으면 그 둘을 연결하였다. 15건의 의리 분석 기사 가운데 7건이 그에 해당한다(〈표 3〉 참조).

---

[86] "受國討文, 明郤氏失民, 胥童道亂, 宜其爲國戮",『春秋左傳正義』권28, p.917.

[87] 郤至가 成公 16년(기원전 575) 楚와 벌인 鄢陵의 전쟁에서 공을 세웠다. 반면 郤氏 大夫들이 민심을 잃을 만한 행동을 했다는 기록은 찾을 수 없다.

· 10: '군주의 거병': 주 환왕과 조위 고귀향공

· 14: '찬역한 군주': 위 혜공과 조위 황제들

· 18: '맞아 죽었다': 송 구목과 조위 이풍

· 12 · 13: '군주 강제 퇴위': 정의 권신 제중과 조위 사마사

· 84: '군주의 시신을 베고 통곡': 제 안영과 조위 사마부

· 86: '군주 장례의 격식을 한 등급 낮춤': 제 최저와 조위 사마소 등

가령 주 환왕의 '거병'은 고귀향공의 '거병'에 대한 은유라는 식이다. 특히 기사 18, 84, 86은 오로지 당시 상황이 비슷하다는 점이 근거가 되었다. 기발한 착상이지만 초순의 주장은 유사한 사건을 묶어 논리를 비약한 데 불과하다는 비판을 받을 수 있다.

하지만 그것이 초순 주장의 전부는 아니었다. 초순은 두예의 주석에서 '왕토지비王討之非'(기사 10)와 '류륙戮'(기사 13) 등의 표현에도 주목하였다. 이 표현에는 두예의 가치 판단이 포함되어 있기 때문에 초순의 주장을 논리적으로 뒷받침해 준다.

문헌에 근거한 초순의 주장도 있다. 기사 8에 대해 초순은 두예 주석의 내용이 진대晉代에 서술된 진수『삼국지』와 유사하다고 지적하였다. 기사 29에 대해서는 관구검의 유언이 춘추시대 순식의 말을 본뜬 것이라는 동진의 역사가 습착치의 말을 인용하였다. 춘추시대 순식의 이야기와 조위시대 관구검의 이야기를 결합한 사람이 두예 이후에도 있었음을 제시한 것이다.

초순은 기사 18, 45, 48, 73에 대해서는『좌전』의 역사적 사실과 두예 주석의 차이를 지적하였다. 기사 50에 대해서는 아예『좌전』자체의 문제점을 지적하였고, 73에 대해서는『춘추』서법에 관하여 이견을 제시하였다.

이들을 고려해 보면 초순이 사건의 유사성만 가지고 논지를 전개했다

고 일괄할 수는 없다. 그렇다고 할지라도 그가 전개한 논리의 한계점은 분명하다. 초순은 대개 지엽적 문제를 논리의 근거로 삼았다. 또한 도덕적 이분법에 기대어 두예는 불효와 불충의 '악인'이며 그의 주석은 난신적자를 옹호하는 '악의 논리'임을 강조하였다.

초순은 기사 18에서 "두예는 매번 이름을 가지고 포폄하는데, 그 왜곡된 주장의 폐해는 실로 막심하다."라고 말하여 두예 주석의 근본적 문제점을 지적하였다. 두예가 포폄할 때 일차 기준은 사건의 유사성이 아니라 칭명 의례였다. 아래에서 보듯 '의리 분석' 15개 항목 가운데 이 점을 어긴 경우는 없다.

· 칭명 의례와 『좌전』을 모두 따른 해석: 45, 47
· 칭명 의례를 따르고 『좌전』과 어긋난 해석: 8, 12 · 13, 14, 29, 48 · 49 · 50, 73
· 칭명 의례만 따른 해석: 10, 18
· (칭명 의례가 없을 때) 『좌전』만 따른 해석: 84, 86

이와 같이 칭명 의례는 『좌전』의 내용보다 더욱 중요한 기준이었다. 따라서 만일 두예의 숨은 의도를 밝히고자 한다면 왜 그와 같은 의례를 수립했는지를 설명해야 할 것이다.

기사 12 · 13에서 보듯 초순은 두예의 군주관도 문제 삼았다. 그러나 그것은 청인의 관점에서 위진 사람의 의식을 비난한 것으로, 선학이 지적했듯이 '현재를 가지고 과거를 재단하는(이금율고)' 문제를 지녔다. 초순은 두예 주석의 의미를 학문 밖의 정치 상황 속에서 파악하고자 했지만 실제로는 두예 개인과 그가 산 시대의 역사에 크게 관심을 두지 않았다. 그는 청대 사람의 정치 이념을 가지고 위진 사람의 정치 행위를 재단하였을 뿐이다.

그럼에도 불구하고 초순의 주장에는 주목할 만한 점이 있다. 초순의 '의리 항목'에서 거론된 인물들을 다시 상기해 보자. 사마당의 영수 사마의, 사마사, 사마소 등은 춘추시대의 제중祭仲, 공자 포公子鮑, 난서欒書, 이극里克, 최저崔杼, 조돈趙盾, 자가子家 등의 일곱 사람과 결부되었다. 그런데 이 두 부류의 사람들 사이에는 유사한 점이 있다.

제중, 난서, 최저, 조돈 네 사람은 '정치의 담당자'였다. 제중은 '국정을 전담(專國政)'하였고[88] 난서는 '대정을 담당하였다(子爲大政)'.[89] 최저는 '새롭게 정권을 잡았으며(新得政)'[90] 조돈은 '국정을 담당하거나(爲國政)'[91] '국정에 임하였다(任國政)'.[92] 이처럼 '위정', '득정', '임정' 등은 춘추시대에 군주 밑에서 정사를 총괄한 사람이 누구인지 보여 준다. 이극과 자가는 군대를 지휘하는 '수사帥師' 직임을 맡았는데, 이극은 "무릇 수사는 …… 군주와 국정國政이 도모하는 바이다."[93]라고 말하여 '수사'가 '위정'을 겸하였음을 알려 준다. 난서와 조돈도 중군中軍 지휘관이면서 '위정' 임무를 겸하였다. 요컨대 사마의 등에 비유된 춘추시대 일곱 사람 중 공자 포 한 사람을 제외한 나머지는 모두 군주가 아니면서도 국정을 책임진 인물들이다.

'정政' 담당자의 권한과 관련하여 이극은 다음과 같이 말하였다. "무릇 군대 지휘는(帥師) …… 군주와 국정이 도모하는 바이며 태자의 일이 아니다. 군대는 〔장군이 내리는〕 명령에 따라 움직일 뿐인데, 만일 〔군주의〕 명을 받는다면 〔장군의〕 위엄이 서지 않고, 〔반대로 태자가〕 마음대로 명령을 내리면 그것은 〔군주에게〕 불효가 되기 때문이다."[94] 이 말은 군대 지휘권을 겸한 국

---

88 "祭仲專國政", 『史記』 권42, 「鄭世家」, p.1762.
89 "或謂欒武子曰, …… 子爲大政, 將酌於民者也", 『春秋左傳正義』 권26, p.833.
90 "齊崔·慶新得政", 『春秋左傳正義』 권36, p.1172.
91 "(文公 6) 宣子於是乎始爲國政", 『春秋左傳正義』 권19상, p.587.
92 "趙盾代成季任國政", 『史記』 권43, 「趙世家」, p.1782.
93 "(閔公 2) 夫帥師 …… 君與國政之所圖也", 『春秋左傳正義』 권11, p.358.
94 "夫帥師 …… 君與國政之所圖也, 非大子之事也, 師在制命已而, 稟命則不威, 專命則不孝",

정 담당자가 사실상 군주에 대해 독립적 권한을 보유하였음을 보여 준다.

이처럼 '위정'의 신하가 군주와 병존한 것은 선진시대에 드물지 않은 일이었다. 『좌전』과 『사기』에서 이와 관련된 표현의 수는 〈표 5〉와 같다.

〈표 5〉 『좌전』, 『사기』를 통해 본 춘추전국 시기 '위정爲政'의 주체

위정의 주체	춘추														전국									총계
	주	노	秦	제	정	연	조	위	송	晉	초	오	기타	계	진	초	연	제	한	조	위	송	계	
군주	2	14	2	7	4	2		2	2	4	3	1	4	47	16	3	1	3		12	6	1	42	89
신하	9	23	4	27	34		6	4	3	53	17		5	185	2	2	1	5	1	5	1		17	202
계	11	37	6	34	38	2	6	6	5	57	20	1	9	232	18	5	2	8	1	17	7	1	59	291

춘추시대에 신하가 '위정'한 경우는 185회이고 군주가 '위정'한 경우는 47회에 불과하다. 당시에는 군주보다 신하가 국가권력을 주로 장악하였음을 알 수 있다. 반대로 전국시대에는 신하의 '위정'이 17회이고 군주의 '위정'이 42회이다. 전국시대로 가면서 군주가 국가 권력을 장악했음을 보여 주는 변화이다. 이와 같은 정치 상황은 당시 사람들의 말을 통해서도 엿볼 수 있다.

전국시대 진秦의 재상 범수范雎는 "무릇 삼대에 국가가 패망한 이유는 군주가 오로지 〔집정에게〕 '정치의 권한을 넘겨주고(授政)'" 자신은 정치를 돌보지 않았기 때문이라고 주장하였다.[95] 전한의 학자 유향劉向은 군주 정치를 9가지 양태로 구분하고 그 안에 '수군授君' 유형을 세웠다. 이는 "군주가 정치를 스스로 하지 못하고 신하에게 권한을 위임한 경우"이다.[96] 춘추 때 위衛 헌공獻公이 귀국하면서 국내의 '위정' 대신 영씨甯氏에게 "정치

『春秋左傳正義』 권11, p.358.
95 "且夫三代所以亡國者, 君專授政, 縱酒馳騁弋獵, 不聽政事", 『史記』 권79, 「范雎傳」, p.2411.
96 "劉向 『別錄』曰 …… 授君, 謂人君不能自理, 而政歸其臣", 『史記』 권3, 「殷本紀」, p.94.

는 영씨에게서 나오고, 제사는 과인이 담당한다."[97]라고 말하였다. 군주와 '위정'대신 간의 역할 분담을 보여 주는 사례이다.

『좌전』에는 '위정'대신을 '민의 주인(民之主)'이라고 표현한 사례도 드물지 않게 등장한다. 조돈이 진晉에서 '위정'할 때 그를 죽이러 간 자객이 있었다. 그는 '민의 주인'인 조돈을 살해해야 하는 '불충不忠'과 군주의 명령을 어기는 '불신不信' 사이에서 선택하지 못하고 번민하다가[98] 결국 나무에 머리를 박고 자살하였다. 이처럼 '위정'의 대신은 '민의 주인'이고 '충'의 대상이었다. "국가의 경卿은 군주에 버금가는 존재(貳)이며, 민의 주인"인 것이다.[99]

이 상황을 어떻게 이해할 것인가를 두고 중국 역사학계에서 논의가 있었다. 학자들은 '수정授政' 혹은 '임정任政' 관행을 일종의 '민주정' 요소로 보고 '보이제輔貳制'라는 말로 당시 상황을 표현하였다.[100] 그런데 이와 유사한 정치 형태가 후한 말~위진 시기에도 유행하였다. 선학의 연구에 따르면 한대 곽광霍光의 '보정'을 시작으로 후한, 위진남북조, 수당 초에는 막부 개설권을 가진 '보정' 장군이 일정 기간 정치권력을 장악하는 일이 반복되었다. 그 과정에서 종종 새로운 왕조가 탄생했는데, 선양은 그 과정

---

97 (襄公 26년) "苟反, 政由甯氏, 祭則寡人", 『春秋左傳正義』 권37, p.1186.
98 (宣公 2) "不忘恭敬, 民之主也, 賊民之主, 不忠, 棄君之命, 不信, 有一於此, 不如死也", 『春秋左傳正義』 권21, p.685.
99 (襄公 22) "國卿, 君之貳也, 民之主也", 『春秋左傳正義』 권35, p.1129.
100 1980년대 이후 先秦時代의 정치 형태에 대한 논의를 촉발한 논문은 日知, 「從『春秋』'稱人'之例再論亞洲古代民主政治」(『歷史硏究』 1981-3)이다. 이 글에서는 『春秋左氏傳』에 등장하는 숱한 國人의 정치 활동 기사에 주목하여, 春秋時代를 일종의 民主政의 시대라고 주장하였다. 이후 그 주장을 둘러싼 논의가 이어졌는데 대표적인 것은 다음과 같다. 唐嘉弘, 「略論夏商周帝王的稱號及國家政體」, 『歷史硏究』 1985-4; 郝鐵川, 「論西周春秋的國家政體」, 『史學月刊』 1986. 6.; 劉澤華, 「戰國百家爭鳴與君主專制主義理論的發展」, 『學術月刊』 1986. 12.; 何玆全, 「西周春秋時期的國家形式」, 『歷史硏究』 1989-5. 이들의 주장은 民主政 혹은 專制政을 강조하는 두 가지 입장으로 나뉘며, 民主政의 요소로 朝議制, 輔貳制, 國人參政制 등이 지목되었다. 이 가운데 '輔貳制'의 의의를 강조한 논문으로 張風喈, 「商周政體初探」(『社會科學戰線』 1982. 3.)이 있다.

을 도덕적 내용으로 포장하였다. 이처럼 후한 이후에 전개된 정치 관행의 특징은 '보정제' 혹은 '보정체제'라는 용어로 개념화되었다. 특히 조위시대 사마의, 사마사, 사마소의 '보정'은 '보정체제'가 작동한 대표적 사례로 꼽혔다.[101]

이와 같이 두예는 춘추시대와 유사한 정치 상황을 경험하였다. 그렇기 때문에 그의 『춘추』 해설이 위진시대의 정치 관행을 상기시키는 것이 아닐까. 그는 『춘추석례春秋釋例』에서 무능한 군주는 쫓아낼 수 있다는 사광師曠의 말을 인용하였다.[102] 사광은 "천은 민을 낳고, 군주를 세워 그들을 돌보게 하여 그들의 본성을 잃지 않도록 하였다. 그래서 군주를 두고 또한 그를 보완하는 사람을 두어 군주를 가르치고 보호함으로써 그들이 도를 넘지 않도록 해야 한다."라고 말하였다.[103] 이 말은 춘추시대뿐 아니라 위진시대의 정치에도 해당된다. 따라서 두예의 주석은 사마씨의 '보정' 정치를 옹호하는 견해로도 작동할 수 있다.

이 점을 고려한다면, 비록 논리적 비약이 있다 하더라도, 우리는 초순의 주장에서 두예 주석의 역사성을 이해하는 단서를 찾을 수 있다.

---

101 金翰奎, 『古代東亞細亞幕府體制研究』, 서울: 一潮閣, 1997, p.169.
102 『春秋左傳補疏』, p.449.
103 "天生民而立之君, 使司牧之, 勿使失性. 有君而爲之貳, 使師保之, 勿使過度", 『春秋左傳正義』 권32, pp.1063.

제2부
두예의 가치관과 관료로서의 행적

제1장
부친 두서의 영향:
『체론』을 중심으로

초순은 두예가 '난신적자'를 위해 『춘추』를 곡해했다고 주장했고, 청대의 다른 학자들은 그의 『좌전』주석이 한대 주석을 '절취'한 것이라고 공격하였다.[1] 그러나 현대 학자들은 반대로 그의 학문이 지닌 장점을 부각시켰다. 두예의 고대사 연구는 믿기 어려울 정도로 과학적이며 실증적인 성과로 이해되었다.[2] 이처럼 상반된 평가를 접하면서 필자는 그의 학문뿐만 아니라 두예라는 사람에 대해서 관심을 갖게 되었다.

두예의 성장 과정은 어떠했을까. 이러한 의문을 해소하기에는 현재 남아 있는 기록이 충분하지 못하다. 그의 젊은 날에 관한 기록은 거의 남아 있지 않다. 『진서』 권 34, 「두예전」에는 처음 관료가 된 36세(257) 이후의 행적부터 기록되어 있다. 반면에 그의 조부와 부친 등에 대한 기록은 많이

---

1 何晉, 「『左傳』賈服注與杜注比較硏究」, 『國學硏究』 4, 1997.
2 川勝義雄, 『史學論集』, p.94.

남아 있어 우리의 궁금증을 풀 단서를 제공한다.

두예의 조부 두기杜畿와 부친 두서杜恕는 고급 관료이자 학문에 깊은 관심을 보였다. 하동군태수였던 두기는 지역에서 학문을 장려하고 지식인들을 초빙하여 하동의 학문을 일으켰다.[3] 부친 두서는 조위 정부에서 황문시랑, 유주자사 등을 지냈으며, 그가 남긴 상소문들을 읽어 보면 그가 여러 현안에 대하여 풍부한 지식과 통찰력을 가졌음을 알 수 있다. 삼촌 두관杜寬은『예기禮記』와『춘추좌씨전春秋左氏傳』의 해설서를 저술한 경학자로,[4] 두예의 춘추학에 직접적 영향을 끼친 인물로 지목되었다. 젊은 날의 두예는 이러한 집안사람들로부터 많은 영향을 받았을 것이다.

그것은 당시의 학문 풍토와도 부합된다. 후한 말 이후 학문 발전에 기여한 사람들은 주로 학자 집안에서 성장하였다. 정치적으로 혼란한 후한 말에는 국가가 더 이상 학문을 보호 장려하지 못했고, 그 대신에 민간의 사학私學이 학술 발전을 주도하였다.[5] 산양山陽 왕씨의 가학家學을 계승한 왕필王弼(226~249)의 학문이 그 대표적인 예로 꼽히며,[6] 두예의 학문도 예외는 아니다.

그러나 아직까지 두씨 가문 사람들이 두예에게 미친 영향은 구체적으로 검토되지 못하였다. 그렇게 된 첫 번째 이유는 자료의 부족함일 것이다. 혹은 초순의 주장대로 두예가 조부와 부친을 배반한 불효자였다는 선입

---

3 『魏略』에는 "오늘날 河東에 儒者가 특히 많은 것은 杜畿 때문이다."라는 기록이 있다.『三國志』권16, p.496.

4 杜畿, 杜恕에 대해서는『三國志』권16,「杜畿傳」과「杜恕傳」에 상세히 실려 있으며, 杜寬에 대해서는 裴松之의 注에 실린『杜氏新書』에 간략한 기록이 있다.

5 王國維,「漢魏博士考」, 傳傑 編校,『王國維論學集』, 昆明: 雲南人民出版社, 2008, p.101. 漢末 曹操 정권은 官學 양성에 주력하지 않았으나 劉表의 荊州에서는 荊州學派가 형성되었고, 交州에서는 交趾太守 士燮의 주도 아래 交州學派가 형성되어 漢代 官學의 전통을 이었다. 반면 鄭玄 학문을 계승한 鄭玄學派는 私學의 전통을 대표했고, 荀爽과 荀悅 등을 배출한 荀氏家學, 虞翻이 대표한 虞氏家學 등도 당시 家學의 성장을 보여 준다. 王志平,「漢末至三國時期的經學槪述」,『中國學術史—三國兩晉南北朝卷』, 南昌: 江西敎育出版社, 2001 참조.

6 王曉毅,『儒釋道與魏晉玄學形成』, 北京: 中華書局, 2003, p.4.

견이 그러한 접근을 막았을지도 모른다. 그런데 필자는 두예의 부친인 두서의 행적이 두예의 행적과 흡사하다는 점에 주목한다. 또한 두서가 남긴 말년의 유작『체론體論』이 두예의 학문을 이해하는 데 중요한 의미가 있다는 점에 착목하게 되었다. 지금까지 이 점에 주목한 연구는 관견일지도 모르나 아직 발견하지 못하였다.

Ⅰ. 두서와 두예

『신당서』권72상「재상세계표宰相世系表」에는 두예의 가계에 대한 기록이 있다. 두예는 경조京兆 두씨杜氏 집안의 사람이다. 조상 가운데 선진시대 인물도 있고, 전한시대 두주杜周와 두연년杜延年 등 알려진 사람도 보인다. 후한 대에는 별다른 인물이 등장하지 않다가 왕조 말기에 가서 조부 두기가 등장한다.[7] 그래서 두기 이전의 인물들이 실제 조상인지 믿기 어렵다는 견해도 있다.[8]

〈그림 1〉두예의 가계도에는 두관과 낙상 등 두 명의 춘추학자가 등장한다. 낙상樂詳은 두예 가문 사람은 아니지만 따로 언급해둘 필요가 있다. 그는 두예의 조부 두기가 하동군태수일 때 문학좨주文學祭酒로 임명되어 이른바 '하동학'을 수립하는 데 공헌하였다. 조위 정부에서 박사관을 역임했고 문하생 수천을 거느린 '유종儒宗'으로 손꼽혔지만 관료로서는 무능하여 요직을 맡지 못하였다.[9] 그는 감로 2년(257) 두기의 업적을 칭송하는 상

---

7 杜氏 世系에 대한 기초 자료는『新唐書』권72上(「宰相世系表」, pp.2418~2419),『元和姓纂』권6(中華書局本, p.911) 등에 실려 있다. 예정신은 이에 의거해 杜氏 家系의 世系表를 제시하였다. 葉政欣,『杜預及其春秋左氏學』, 臺北: 文津出版社, 1989, pp.27~28.
8 加賀榮治,『中國古典解釋史 魏晉篇』, p.311.
9 "詳學優能少, 故歷三世, 竟不出爲宰守",『三國志』권16,「杜恕傳」, p.507,『魏略』.

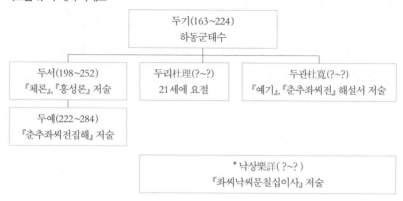

〈그림 1〉 두예의 가계도

두기(163~224)
하동군태수

두서(198~252)
『체론』,『홍성론』 저술

두리杜理(?~?)
21세에 요절

두관杜寬(?~?)
『예기』,『춘추좌씨전』 해설서 저술

두예(222~284)
『춘추좌씨전집해』 저술

* 낙상樂詳(?~?)
『좌씨낙씨문칠십이사』 저술

소문을 고귀향공에게 올렸고, 이 일로 두예는 사마소의 누이동생과 결혼하고 관직에 나갔다. 또한 낙상은 젊은 시절 좌전학자 사해謝該를 직접 찾아가 토론하고, 그 대화 내용을 『좌씨낙씨문칠십이사左氏樂氏問七十二事』라는 책으로 엮은 춘추학자였다.[10]

두예의 삼촌 두관은 잠시 낭중郎中에 제수된 일은 있었으나,[11] 42세에 생을 마감할 때까지 공직에 나가지 않았다. 그 대신 학문 연구로 이름을 알렸고, 교우관계의 폭이 넓었다. 사서에서는 그의 모습을 '청허현정淸虛玄精'하다고 하였다.[12] 그리고 "깊숙이 감추어진 〔진리를〕 찾아내는 일"에 매진하여[13] 『춘추좌씨전』에 대한 저술을 남겼다고 한다.

이 두 명의 춘추학자는 형주학荊州學의 영향을 받았을 가능성이 있다. 유표劉表(142~208) 치하의 형주에 모여든 학자들이 수립한 형주학은 후한 말 경학 연구의 새로운 장을 열었다. 여기에 가담한 학자들은 한대에 유행

---

10 『三國志』 권16,「杜恕傳」, p.507, 『魏略』.
11 郎中은 曹魏 시기에 光祿勳 소속으로 宮殿 諸門에 宿衛 등을 담당하였다. 比三百石, 8品官이었다. 張舜徽 王編, 『三國志辭典』, 濟南: 山東教育出版社, 1992, p.316.
12 『三國志』 권16,「杜恕傳」, p.508, 『杜氏新書』.
13 "其意欲探賾索隱", 『三國志』 권16,「杜恕傳」, p.508, 『杜氏新書』.

한 장구학章句學의 편협함을 극복하고 경전 전체의 의미를 논리적으로 파악하고자 하였다. 이들은 경전 가운데 『역』과 『춘추좌씨전』을 중시하였다.[14] 두예의 조부 두기도 한때 형주에서 객거客居하였으며,[15] 그가 좌전학자 낙상을 영입하고 그의 아들 두관이 좌전학을 연구한 것은 형주 학풍의 영향과 무관하지 않아 보인다. 따라서 두예도 형주학의 영향을 받았을 확률이 높다.[16]

그러나 춘추학자란 점을 제외하면 낙상과 두관은 두예와 비슷한 점이 없다. 두관은 현실 정치에 관심이 없었고, 낙상은 관료로서 무능하였다. 이는 늦게나마 관료로서 성공한 두예와는 대조적인 모습이다. 반면 부친 두서는 두예와 닮은꼴이었다. 그는 『체론』과 『흥성론興性論』 등의 저술을 남긴 학자인 동시에 산기황문시랑散騎黃門侍郎, 유주자사幽州刺史 등 중앙과 지방의 여러 관직을 거쳤다. 『삼국지』 권16, 「두서전」에 남아 있는 자사刺史의 군사 지휘권 겸임 문제나 고과제考課制 개혁 등에 관한 그의 상주문들은 현실 문제에 대한 높은 식견을 보여 준다. 그 모습은 학자와 관료의 삶을 겸한 아들 두예와 흡사하다. 이 점을 감안한다면 두서가 두예에게 미친 영향에 관심이 가는데, 그러나 지금까지 두서와 두예의 관계에 주목한 연구는 없었다.

두서는 그 성격이 "질박하게 성심誠心을 다하며, 꾸미지 않아 어려서부터 명예를 얻지 못하였다."[17] 더 나아가 이런 기록도 있다. "(두서는) 성품이 산만하고 태만하다. 단지 배불리 먹고자 할 따름이다. …… 부친이 죽은 뒤

---

14 加賀榮治, 『中國古典解釋史 魏晉篇』, p.13.
15 『三國志』 권16, 「杜畿傳」, p.494.
16 가가 에이지는 두예와 荊州學의 관계를 세 가지 점에서 찾았다. 첫째, 杜畿가 荊州에서 피난한 일, 둘째, 두예가 「春秋左氏傳序」에서 칭양한 穎容이 형주에 피난한 사람이란 점, 셋째, 두예가 「春秋長曆」에서 宋忠의 曆法에 대해 언급했는데, 송충은 형주학의 대표적 인물이라는 점 등이다. 加賀榮治, 『中國古典解釋史 魏晉篇』, pp.316~318.
17 "推誠以質, 不治飾, 少無名譽", 『三國志』 권16, 「杜恕傳」, p.498.

상례를 행할 때 그의 행례行禮에 허물이 많았다. 그래서 그의 효를 칭찬하는 말이 들리지 않았다."[18] 과연 이 기록에 묘사된 것처럼 두서는 형편없는 사람이었을까. 그가 명제 시기를 전후하여 '부화浮華'라 불린 정치 집단과 시종 상극 관계에 있었다는 점을 고려한다면[19] 두서는 무례하다기보다는 가식적인 예를 거부한 사람이 아니었을까? '부화'란 글자 그대로 실질보다 겉치레를 좋아하는 사람을 표현하는 말이기 때문이다.

예를 들어 부화파의 대표적인 명사名士인 이풍李豐(?~254)은 어릴 적 두서와 친하였다. 하지만 커갈수록 두 사람 사이가 멀어졌는데, 이는 세상을 대하는 태도가 서로 달랐기 때문이다. "이풍은 명名과 행行을 연마하여 세상의 명예를 구했으나, 두서는 예법에 구애받지 않되 뜻을 곧게 가졌다. …… 당시 사람들은 이풍의 명이 실實을 넘는다고 하고, 두서는 옷 속에 옥을 품고 있다고 하였다. 이로 말미암아 이풍은 두서를 미워하였다. 두서 또한 되어 가는 대로 내버려둘 뿐 힘써 세태에 부합하려 하지 않았다."[20] 두서는 이풍이 조정에서 승승장구할 때에도 집에서 태연하게 지냈다.

'부화'를 싫어한 것은 두씨 집안의 가풍이었다. 두기는 이풍 때문에 장차 그의 집안이 몰락할 것이라 예언하였다.[21] 실제로 이풍은 조당과 사마당의 권력투쟁에 휘말려 주살되었고, 그의 집안은 멸문의 화를 입었다.[22] 두예의 숙모 엄헌嚴憲은 부화파인 하안何晏(190~249)이 "교만하고 사치하

---

18 "恕性疏惰, 但飽食而已. …… 父憂行喪, 在禮多愆, 孝聲不聞", 『全三國文』 권42, 「杜恕」 (淸) 嚴可均 校輯, 『全上古三代秦漢三國六朝文』 2, 北京 : 中華書局, 1995, p.1292.

19 何晏, 鄧颺, 夏侯玄, 李勝, 諸葛誕, 劉熙, 孫密, 衛烈 등 대략 15인을 중심으로 낙양 사교계에 세력을 형성한 집단을 浮華派라 한다. 葭森健介, 「魏晉革命前夜の政界─曹爽政權と州大中正設置問題」, 『史學雜誌』 95-1, 1986.

20 "豐砥礪名行以要世譽, 而恕誕節直意 …… 而當路者或以豐名過其實, 而恕被褐懷玉也", 『三國志』 권16, 「杜恕傳」, p.498, 『杜氏新書』.

21 『三國志』 권16, 「杜恕傳」, p.498, 『傅子』.

22 『三國志』 권9, 「夏侯玄傳」, p.299.

니 반드시 스스로 몰락할 것"이라 예언하였고 실제로 그렇게 되었다.[23]

더욱 주목할 사실은 두서의 관력이 부화파의 정치적 부침과 정반대로 움직였다는 것이다. 양쪽은 마치 물과 기름 같았다. 두서가 처음 관직을 얻은 해는 명제 태화 6년(232)이다. 이때는 황제의 명령으로 부화파 관료들이 정계에서 밀려난 지 두 해 뒤였다.[24] 그 후 황문시랑黃門侍郎으로 8년간 중앙 정부에서 근무하였고, 경초景初 3년(239) 홍농군태수로 나갔다. 그런데 이해는 제왕 방이 즉위하면서 '부화파'가 중앙 정계로 복귀한 시점이었다. 두서는 이후 정시 연간 어느 시기에 잠시 어사중승御史中丞으로 중앙 정부에 돌아왔으나 중앙의 관리들과 화합하지 못하고 다시 유주자사로 나갔다.

하지만 주의할 것은 그가 부화 집단에 반대한 당파에 속하지 않았다는 점이다. 당시 부화파는 주로 조상曹爽을 중심으로 뭉친 조당의 인물들을 칭하였다. 두서는 조당 부화파와 상극이었지만 그에 대립하는 사마당에 가담하지 않았다. 그는 두 당파 간의 싸움에 간여하지 않았던 것이다. 그 점에 대해 그는 다음과 같이 말하였다.

후에 중랑中郎으로 제수되고 또한 황문랑黃門郎이 되었을 때 조정의 우인들이 나의 뜻을 물었다. 나는 다음과 같이 대답하였다. "대신들의 논의를 지켜보니 갑의 당이 을과 친한 집단을 괴롭히고, 을의 당이 갑과 친한 집단을 비방한다. 나는 갑과 을 사이에 처하며 명예를 훼손당하지 않으면 다행으로 여길 뿐이다."[25]

---

23 『晉書』 권96, 「列女傳」, p.2509. 두예는 嚴憲의 아들 杜植의 從兄이다. 엄헌은 正始 연간에 딸을 傅玄(217~278)에게 시집보냈다. 당시 권력을 쥔 부화파 하안은 부현과 적대 관계에 있었다. 그래서 이 혼인을 우려하는 사람들이 많았으나 그녀는 아랑곳하지 않았다.

24 『三國志』 권3, 「明帝紀」, p.97.

25 "後除中郎, 又作黃門郎, 同朝友人問余志, 余答曰, 見大臣論議, 或黨甲苦乙所親, 或黨乙謗甲所親, 余處甲乙之間, 幸無毁譽耳", 『全三國文』 권42, 「杜恕」, (清) 嚴可均 校輯, 『全上古三代

이처럼 그가 서고자 한 자리는 당파 간의 '사이'였다. 하지만 자신의 원칙을 저버리는 회색분자는 아니었다. 그 근거로 경초 1년(237) 명제가 고과의 법을 시행하려 했을 때 반대한 일을 들 수 있다. 명제는 이 법을 추진하여 부화파를 중앙 정치에서 밀어내려 하였다. 그 의도를 모르지 않았겠으나 두서는 이 법에 반대하였다. 고과의 법이 바람직한 군신 관계를 해칠 수 있다는 이유에서였다. "군주는 원수이고 신하는 고굉으로 한 몸을 이룬다. …… 그런데 어찌 대신의 직책 수행 여부와 고과 성적에 의지해서 천하를 밝게 다스릴 수 있겠는가?"[26] 이때 두서는 부화파를 편든 것이 아니라 자신의 원칙을 지키려 한 것으로 보인다.

실제로 두서는 "조정에서 근무할 때도 교우관계를 맺지 않고 오로지 전심으로 '공적 가치를 향했다(向公)'."[27] 이와 같이 '현실 안'에서 전심으로 자신의 신념을 지키고자 노력한 두서의 삶은 은일자인 동생 두관의 삶과는 대조적이었다. 어린 두예는 이처럼 서로 다른 부친과 삼촌 두 사람 가운데 누구를 본받아야 할 사람으로 여겼을까.

아쉽게도 그가 부친과 삼촌을 언급한 기록은 어디에서도 찾을 수 없다. 다만 그의 인생 역정을 통해서 그의 생각을 추론해볼 수 있을 뿐이다. 두예는 관직에 나간 뒤 늘 국정 한복판에 있었다. 새 왕조 서진의 율령을 정비했으며, 오랜 기간 경제를 책임진 탁지상서를 역임하였다. 또한 진남대장군鎭南大將軍으로 멸오滅吳 통일 전쟁의 선봉에 섰다. "공가公家의 일에 대해서는, 알고 있는 한 하지 않은 일이 없었다."[28]라는 평가는 그 활동의 폭을 짐작하게 한다. '두무고杜武庫'라는 별명도 그의 활약상 때문에 붙여

秦漢三國六朝文』2, p.1292.
26 "故君爲元首, 臣作股肱 …… 焉有大臣守職辨課可以致雍熙者哉", 『三國志』 권16, 「杜恕傳」, p.501.
27 "在朝, 不結交援, 專心向公", 『三國志』 권16, 「杜恕傳」, p.498.
28 "預公家之事, 知無不爲", 『晉書』 권34, 「杜預傳」, p.1031.

진 것이었다.

두예는 관료로서 능력을 인정받는 가운데, 부친처럼 정파적 이해보다 자신의 신념을 중시하였다. 수하남윤守河南尹으로 재직 중일 때는 "힘써 대체大體를 숭상하였다."[29] 태시 5년(269) 관료의 승진과 파면에 관한 법규를 정할 때 두예는 다음과 같이 말하였다.

> 무릇 사물의 이치를 모두 드러내는 것은 〔사람의 마음이〕 신神과 만나 밝게 드러내는 것으로, 그 이치가 사람에게 있음을 말한다. 따라서 사람을 배제하고 법에만 의존한다면 곧 그 이치를 상하게 할 것이다.[30]

비록 법규 제정이 불가피할지라도 세상사의 원리는 법이 아니라 사람에게서 찾아야 한다는 것이 그의 주장이었다. 두예의 주장에 따라 지위가 높은 관료들이 각자가 지휘하는 하급 관원들을 심사해 6년간의 성적을 종합하여 우열에 따라 승진과 좌천 등 여부를 판단하도록 하는 고과제도가 만들어졌다.[31] 법리보다 인간적 유대를 더욱 중시한 것이 이 제도의 핵심이었다. 그것은 마치 고과제가 군신 간의 인간적 유대를 파괴할 수 있다고 말한 부친의 주장을 아들이 비로소 제도에 반영한 것처럼 보인다.

이와 같이 두예의 말과 행적은 여러모로 부친 두서를 연상시킨다. 두 사람은 모두 현실 정치에 적극 참여하면서도 그 안에서 자신의 신념을 지키고 성심을 다하고자 하였다. 당파 투쟁과 거리를 둔 태도도 비슷하다.[32] 이

---

29 "務崇大體", 『晉書』 권34, 「杜預傳」, p.1026.
30 "夫宣盡物理, 神而明之, 存乎其人. 去人而任法, 則以傷理", 『晉書』 권34, 「杜預傳」, p.1026.
31 "今科舉優劣, 莫若委任達官, 各考所統", 『晉書』 권34, 「杜預傳」, pp.1026.
32 西晉 정치를 '禮法派'와 '玄學派'의 대립으로 보고 두예를 후자로 분류한 연구도 있다. 王曉毅, 『儒釋道與魏晉玄學形成』, p.223. 그러나 근거가 충분하지 못하다.

러한 점들을 고려하면 두예에게 가장 큰 영향을 미친 사람은 두서라고 보아도 무방하다고 생각한다.

이 부자 관계를 이렇게 정리하기 전에 풀어야 할 숙제가 하나 있다. 그것은 두서의 죽음을 둘러싼 문제이다. 초순을 비롯하여 많은 사람들은 사마의가 두서를 죽였음에도 불구하고 사마의의 아들인 사마소 밑에 들어간 두예의 불효를 비난하였다. 나아가 그 점은 두예 학문이 진실을 왜곡하게 된 원인으로 지목되었다. 그런데 과연 오랫동안 정설처럼 굳어진 이 이야기는 타당한 것일까. 두서는 특정한 당파에 속하지 않았다. 그는 사마당도, 그 반대파인 조당도 아니었다. 그런 두서를 사마의가 굳이 죽여야 했을까. 다시 말해 두예가 과연 사마의에게 원한을 품을 만한 상황이 있었는지가 궁금해진다. 다음에서는 관련 사료를 검토하여 이 문제를 원점에서 다시 살펴보겠다.

II. 두서와 사마의

두서와 사마의의 관계를 추측할 만한 기록은 『진서』 권34, 「두예전」에 한 번 나온다. 두서가 "선제(사마의)와 사이가 좋지 못하였고 마침내 유폐되어 죽었다."[33]라고 써져 있다. 두서가 사마의 때문에 죽었다는 주장은 바로 이 문장을 근거로 한다.

샤핑夏平이란 학자가 이러한 주장에 의문을 표하였다. 위 기사는 두서의 죽음에 사마의가 연관되어 있음을 보여 주지만 사마의가 두서를 죽인 장본인이라는 해석은 지나치다는 것이다. 사료에서 '능能'이란 '사이좋다,

---

[33] "其父與宣帝不相能, 遂以幽死", 『晉書』 권34, 「杜預傳」, p.1025.

화목하다'라는 뜻이다. 따라서 '불상능不相能'은 서로 사이가 좋지 않음을 표현하지만 상대방을 죽여야 할 만큼 원한 관계를 의미하지는 않는다.[34] 한대 소하蕭何와 조참曹參도 "상능相能하지 않았으나"[35] 소하는 조참을 자신의 후임으로 거론하였다. 이러한 용례를 감안할 때, 샤핑의 문제 제기는 타당해 보인다.

그렇다면 실제 두서와 사마의의 관계는 어떠하였을까.『삼국지』권16,「두서전」기사를 통해 두서의 행적을 정리하면 〈표 1〉과 같다.

〈표 1〉 두서의 행적

연도	주요 사안
헌제 건안 3(198)	출생
문제 황초 4(223)	부친 두기 사망. 그의 작위를 세습하여 대후戴侯가 됨.
명제 태화 6(232) 이후	산기황문시랑散騎黃門侍郎에 임명되어 8년간 재직함. ① 232년 명제의 법가적 통치를 반대하는 상소를 올림. ② 232년 자사刺史의 군대 겸령을 반대하는 상소를 올림. ③ 237년 고과법考課法 시행을 반대하는 상소를 올림.
제왕 방 경초 3(239)	홍농군태수弘農郡太守로 임명됨.
정시 연간(240~247)	조상趙相으로 전임. 질병으로 관직에서 물러남. 하동군태수로 전임. 수년 뒤 회북독군호군淮北督軍護軍으로 전임. 어사중승御史中丞에 제수되어 잠시 중앙정부에 복귀함.
정시 9(248)	곧 유주자사幽州刺史가 되어 다시 지방으로 전임. 건위장군建威將軍 사지절使持節 호오환교위護烏桓校尉 가관加官.
가평 1(249)	관직을 박탈당하고 장무군章武郡으로 유배됨. 이해 정초에 사마의가 정변으로 권력을 장악함.
가평 4(252)	유배지에서 사망(55세).

두서의 관직 생활은 명제의 치세와 제왕 방의 치세 두 시기로 나눌 수

---

34 夏平,「焦循詆毀杜預及其『春秋經傳集解』辨」,『急就二集』, 香港: 中華書局, 1978, p.81.
35 "何素不與曹參相能",『史記』권53,「蕭相國世家」23, p.2019.

있다. 명제 때에는 주로 중앙정부에서 산기황문시랑散騎黃門侍郎으로 재직하였다. 반면 제왕 방 때에는 잠시 어사중승으로 중앙정부에 들어왔으나 "두서는 조정에 있으면서 조정의 신하들과 화합하지 못하여 여러 차례 지방관 자리를 전전하였다."[36] 이 기록은 그가 중앙정부의 '부화파' 관료들과 갈등을 빚었음을 보여 준다.

그가 명제 때 산기황문시랑으로서 제출한 상소문들이 그의 생각을 이해하는 데 단서가 된다. 명제 태화 6년(232)에 제출한[37] 상소문(〈표 1〉의 ①)의 을 보면 두서가 사마씨 측의 인물로 보일 수 있다. 두서는 다음과 같이 말하였다.

　　폐하는 응당 조신朝臣들의 마음을 열 방도를 생각하시고, 이들이 도덕의 원칙(有道之節)을 지키도록 독려하셔야 합니다. …… 사람에게 능력이 있고 없고는 실로 그의 본성에 따른 것입니다.[38]

사람의 능력을 재는 척도는 '재능'이 아니라 '본성'이 되어야 한다는 것이 두서의 생각이다. 재능(才)과 품성(性) 중 무엇이 중요한가는 조위시대의 중요한 철학적 주제였다. 이것을 이른바 '재성논쟁才性論爭'이라 부르는데, 부하傅嘏(209~255), 종회鍾會(225~264) 등 사마당 사람들은 품성을 중시하였고 이풍, 왕광王廣(?~251) 등 조당 사람들은 재능을 중시하였다. 따라서 재성논쟁은 사마당과 조당의 정쟁과 밀접한 관련이 있는 것으로 이해되었다.[39] 이 논의를 따른다면, '본성'을 강조한 두서의 주장은 정치적으

---

36 "恕在朝廷, 以不得當世之和, 故屢在外任.",『三國志』권16,「杜恕傳」, p.505.
37 『資治通鑑』권72, p.2279.
38 "陛下當思所以闡廣朝臣之心, 篤厲有道之節, …… 人之能否, 實有本性",『三國志』권16,「杜恕傳」, p.505.
39 鍾會는 才・性 관계 논쟁을『四本論』이란 책으로 편찬하였다. 劉義慶 著, 余嘉錫 箋疏,『世說新語箋疏』, p.195. 才性논쟁의 정치적 의의에 대한 연구로 다음이 있다. ① 陳寅恪,「書世說新

로 사마당을 옹호한 것이 된다. 이 같은 두서의 생각은 고과법 시행을 반대한 상소문(〈표1〉의 ③)에서 좀 더 분명하게 드러난다.

지금 학자들은 상앙과 한비자를 배우고, 법술을 높이 치며, 다투어 유가를 우활迂闊하다고 여겨 세상의 쓰임에 두루 사용하지 않으니, 이것이야말로 풍속의 가장 큰 유폐流弊이다.[40]

두서는 법술의 유행이 옳지 않다고 경고하였는데, 이는 유가적 품성을 강조한 사마의 측이 반길 만한 내용이다. 하지만 이 상주문은 부화파를 몰아내려고 입안된 고과법에 반대하고자 두서가 제출한 것이므로 사마의가

語文學類鍾會撰四本論始畢條後」,『金明館叢稿初編』,『陳寅恪先生文集』(一), 臺北: 里仁書局, 1981 所收. ② 唐長孺,「魏晉才性論的政治意義」,『魏晉南北朝史論叢』, 北京: 生活·讀書·新知三聯書店, 1955. 이 두 연구는 曹黨이 법가적 입장에서 '才'를 중시했고, 司馬黨이 유가 입장에서 '性'을 중시했다고 주장하였다. 다음 연구도 이러한 입장을 공유한다. ③ 周一良,「曹氏司馬氏之鬪爭」,『魏晉南北朝史札記』, 北京: 中華書局, 1985. ④ 朴漢濟,「後漢末·魏晉時代 士大夫의 政治的 指向과 人物評論 — '魏晉人'의 形成過程과 관련하여 —」,『歷史學報』143, 1994. ⑤ 渡邊義浩,「三國時代における「文學」の政治的宣揚 — 六朝貴族制形成史の視點から —」,『東洋史研究』54-3, 1995.
　그 밖에 사마당과 조당의 대립을 이해하는 관점을 몇 가지 소개하겠다. 첫째, 중앙의 황제 권력과 지방의 名族 간 대립이라는 틀로 이해하는 경우다. ① 蔲森健介,「魏晉革命前夜の政界 — 曹爽政權と州大中正設置問題」,『史學雜誌』95-1, 1986. ② 佐藤達郎,「曹魏文明帝期의 政界と名族層の動向 — 陳羣·司馬懿を中心に —」,『東洋史研究』52-1, 1993. ③ 伊藤敏雄,「正始の政變をめぐって — 曹爽政權の人的構成を中心に —」,『中國史における亂の構圖』, 東京: 雄山閣出版, 1986.
　둘째, 지역 간 대립으로 보는 견해이다. ④ 萬繩楠,『魏晉南北朝史論稿』(合肥: 安徽教育教育出版社, 1983)에서는 譙沛 지역 출신과 汝潁 집단 간 대립으로 보았다. ⑤ 柳春新,『漢末晉初之際政治研究』(長沙: 岳麓書社, 2006, pp.158~159)에서는 黃河를 경계로 남쪽의 曹黨 세력과 북쪽의 司馬黨 간의 대립으로 이해하였다.
　셋째, 문벌집단 내부의 상이한 집단 간 싸움으로 보는 견해이다. ⑥ 鄭欣·楊希珍,「論司馬懿」,『史學月刊』1981-6. ⑦ 楊耀坤,「有關司馬懿政變的幾個問題」,『四川大學學報』1985-3. 이들은 浮華派와 事功派 혹은 진보파와 보수파 등의 대립으로 보았다.
　넷째, 司馬氏의 霸府를 통해 사마씨 집단의 성격을 이해하려는 연구이다. ⑧ 陶賢都,「魏晉禪代與司馬氏霸府」,『遼寧大學學報(哲史版)』32-4, 2004. 7. ⑨ 張軍,「曹魏時期司馬氏霸府的形成與機構設置考論」,『蘭州大學學報(社科版)』2004-4.
40 "今之學者, 師商韓而上法術, 競以儒家爲迂闊, 不周世用, 此最風俗之流弊",『三國志』권16,「杜恕傳」, p.502.

좋아했을 리 없다.

이렇게 본다면 사마당과 조당의 대립을 유법투쟁으로 간주한 천인커陳寅恪 이래의 논리는 지나친 이분법적 주장으로 비판받을 만하다. 설령 그것이 타당하다고 해도 두서는 그 틀로써 이해되기 어려운 인물이다. 〈표 1〉의 상소문 ②에서 두서는 관료 선발 과정에서 능력을 중시해야 함을 강조하였다. 자사刺史의 군대 겸령을 반대한 이 글에서 두서는 능력이 아니라 황제의 은총으로 출세한 여소呂昭가 진북장군鎭北將軍과 기주자사冀州刺史를 겸직해서는 안 된다고 주장하였다. 두서는 유가주의자이면서도 능력을 강조하는 법술적 현실주의자였던 것이다.[41]

최근에 사마의가 유가주의자가 아니라 노련한 정치가 혹은 군사가에 불과하며, 굳이 사상적 경향을 말하자면 '황로명법파黃老名法派'로 보아야 한다는 주장이 제기된 바 있다. 사마의가 추진한 정책들도 유가 사상에 기초한 것이 아니라 예치와 법치를 혼용한 것에 불과하다고 하였다.[42] 이러한 시각에서 본다면 원칙을 중시한 유가주의자 두서가 사마의 집단에 비판적 태도를 취한 것이 이해가 간다. 사실 조당과 사마당의 투쟁은 적나라한 권력 투쟁 이상도 이하도 아니며, 사마의가 두서를 적당이라는 이유로 제거할 이유도 보이지 않는다.

두서와 사마의의 관계를 이해하는 데 중요한 단서는 232년 상소문 ①에 등장한다. 두서는 선거가 부실하게 이루어지고 있음을 지적하고, 그 예로서 사마의의 다섯째 동생인 사마통司馬通이 사예교위司隷校尉에 의해 벽소辟召된 일을 들었다. 그처럼 '방자하고 제멋대로인(狂悖)' 인물을 등용했는데도 관료들이 침묵한 것은 "청탁을 받고 관직을 준 것보다 더욱 심각한

---

41 佐藤達郎, 「曹魏文・明帝期の政界と名族層の動向—陳羣・司馬懿を中心に」, 『東洋史研究』 52-1, 1993, p.66.
42 王曉毅, 『儒釋道與魏晉玄學形成』, p.128.

일이다."[43]라고 주장하였다. 관료들은 실권자 사마의가 두려워 침묵했을 것이다. 그렇다면 두서의 비판은 사마의를 겨냥한 셈이 된다. 사마의가 두서에게 나쁜 감정을 품었다면 이 일이 원인이 되었을 것이다.

두서가 숙청된 시기는 가평 1년(249)이다. 이해 정월 사마의는 정변을 일으켜 권력을 장악하였으나, 이 일은 두서의 숙청과 무관해 보인다. 두서는 숙청되기 1년 전인 정시 9년(248)에 유주자사로 부임한 후 관새를 무단으로 넘어 온 선비대인鮮卑大人의 어린아이 한 명을 참수했는데, 이 사실을 상부에 보고하지 않았다. 두서는 이 일로 정북장군征北將軍 정희程喜에게 탄핵을 받았다. 두서는 정위廷尉에 압송되어 처형을 눈앞에 두었는데, 부친 두기가 세운 공로가 참작되어 관직을 빼앗기고 서인으로 지위가 강등되는(免爲庶人) 선에서 책임 문제가 수습되었다. 그 후 두서는 발해 인근의 장무군章武郡으로 유배를 떠났다.

248년 두서가 유주자사로 부임할 때 상서 원간袁侃은 두서에게 정희를 조심해야 한다고 경고하였다. 정희가 명제 때 청주자사靑州刺史로 있으면서 군태수 전예田豫(171~252)를 모함한 바 있기 때문이다.[44] 그의 경고에도 불구하고 "두서는 호방하고 뜻대로 하여, 재난에 미리 대비하지 않아 낭패에 이르렀다."[45] 정희는 두서를 탄핵하기 직전에 회유를 시도하였다.

정희는 두서가 뜻을 굽히고 자신에게 사과하기를 바랐다. …… 그러나 두서는 (정희의 의견을 전해 온) 송권宋權에게 답서를 보내 "내가 오랑캐를 죽인 일

---

43 "近司隷校尉孔羨辟大將軍狂悖之弟, 而有司嘿爾, 望風希旨, 甚於受屬", 『三國志』 권16, 「杜恕傳」, p.504. 裴松之는 여기에서 大將軍은 司馬宣王 즉 司馬懿이며, 그의 다섯째 동생은 司馬通이라는 『晉書』의 기사를 인용하였다.
44 요동에서 귀환하던 吳의 軍船들이 靑州 해안에 난파했을 때 田豫는 그들을 포박하고 약탈을 막았다. 그러나 程喜는 전예가 吳 선박과 보물을 모두 잃었다고 거짓을 보고하였다.『三國志』 권26, 「田豫傳」, p.728.
45 "恕偘儻任意, 而思不防患, 終致此敗", 『三國志』 권16, 「杜恕傳」, p.506.

에 대하여 천하가 옳다고 하면 이는 저의 생각과 같으며, 만일 옳지 않다 하더라도 저는 그 여론을 수용할 따름입니다." 정희는 이에 법을 엄격히 적용하여 두서를 탄핵하였다.[46]

정희가 사과를 요구한 것을 보면 두 사람 사이에 어떤 문제가 있었던 듯하나 사료에서 그 내용을 알 수 있는 단서는 보이지 않는다. 위 기사는 두서가 정희의 뜻에 따라 사과했다면 그에 대한 탄핵이 없었을 가능성을 내비친다. 만일 사마의가 두서 숙청의 장본인이라면 이러한 시도는 불가능했을 것이다. 이 일은 사마의가 두서의 숙청과 무관했음을 보여 주는 유력한 증거이다.

다만 위 기록의 출전인 『두씨신서杜氏新書』를 신뢰할 수 없다는 주장이 있다. 위자시余嘉錫는 두씨 집안의 후손들이 이 책을 편찬했기 때문에 사마의 관련 내용을 고의로 삭제했고, 배송지裴松之(372~451)도 그 삭제된 기록을 『삼국지』 주석에 그대로 인용했으나, 비록 기록이 명확하지 않더라도 실제 두서를 죽인 장본인은 사마의라고 보았다.[47] 그러나 이 주장에 대한 반론도 만만찮다. 우선 두씨 집안의 후손이 『두씨신서』를 편찬했다는 점이 분명하지 않으며,[48] 더군다나 유송 때 사람인 배송지가 두예 집안을 위해 사마의 관련 사실을 숨길 이유가 없다는 것이다. 상식적으로 생각했을 때 만일 두서가 사마의에게 죽임을 당했다면 그의 아들 두예가 부친의 삼

---

46 "喜欲恕折節謝己, … 恕答權書曰, … 殺胡之事, 天下謂之是邪, 是僕諸也, 呼爲非邪, 僕自受之 …, 喜於是逐深文劾恕", 『三國志』 권16, 「杜恕傳」, p.506, 『杜氏新書』.

47 "대개 杜恕가 罪를 얻은 것은 실로 司馬懿의 뜻이다. 杜氏 자손은 그의 조상이 司馬氏와 不協한 것을 말하기를 꺼렸기 때문에 그 내용을 감추었다." 劉義慶 著, 余嘉錫 箋疏, 『世說新語箋疏』, 「方正」 第5, p.293.

48 『杜氏新書』는 『三國志』 魏書의 裴注에 8차례 인용된다. 『隋書』 「經籍志」에 「杜氏幽求新書」 20권이 있는데 이 책이 『杜氏新書』인지 분명하지 않다. 또한 저자 杜夷는 廬江 사람으로 京兆 杜氏와 무관한 인물이다. 曹道衡·沈玉成, 「杜預爲司馬氏婿」, 『中古文學史料叢考』, 北京: 中華書局, 2003, p.125.

년상을 치르자마자 원수 집안에 장가드는 것은 납득할 수 없는 일일 뿐만 아니라, 사마씨 쪽에서도 원한 관계에 있는 두예를 굳이 사위로 맞이해야 할 이유가 없다.[49] 이러한 지적들은 설득력이 크다. 『두씨신서』가 고의로 사마의 관련 기록을 삭제했다는 의심도 근거 없는 추정에 불과하다. 그렇 다면 일단 현재 남아 있는 기록에 근거하여 두예의 숙청과 사마의는 무관 하다고 보는 편이 합리적이지 않을까.

이제 이야기를 정리해 보자. 우선 『진서』 권34, 「두예전」의 문장만으로 는 사마의가 두서를 죽인 장본인이라 볼 수 없다. 두 사람은 정치적으로 대립 관계에 있지 않았다. 두서는 조상 중심의 부화파와 거리를 두었고, 사 마씨 편도 들지 않았다. 하지만 두서가 사마의의 동생이 벽소된 일을 비난 하여 사마의의 반감을 샀을 수 있다. '서로 사이가 좋지 못하였다(不相能).' 라는 권34, 「두예전」 기사가 이러한 관계를 반영한 것으로 보인다. 249년 정변으로 권력을 탈취한 사마의는 마음만 먹으면 두서의 숙청을 막을 수 있었을 것이다. 하지만 그런 일은 일어나지 않았다. 그렇지만 사마의가 두 서를 직접 죽인 것은 아니기 때문에 두예가 사마씨 밑에 들어갔다고 해서 부모의 원수와 손잡았다고 비난할 수는 없다고 본다.

지금까지 입사入仕 이전 두예에게 가장 많은 영향을 미친 사람이 부친 두서였으며, 사마의와 두서의 관계를 볼 때 두예의 처신을 부친에 대한 윤 리적 배신으로 보기 어렵다는 점을 이야기하였다. 다음에서는 두서의 저술 을 상세히 분석함으로써 그의 학문이 두예에게 미친 영향을 살펴보겠다.

---

49 曹道衡·沈玉成, 『中古文學史料叢考』, pp.124~125.

Ⅲ. 『체론』의 구성과 내용

두서는 말년에 『체론』 8개 절節과 『흥성론興性論』 1편 등의 저술을 남겼다.[50] 그중 『체론』은 『수서』 「경적지」에서 그 이름이 보이며,[51] 일부 내용이 남아 있다.

지금까지 두서는 학자로서 크게 주목받지는 못하였다.[52] 249년 유배지로 간 두서는 그곳에서 3년을 더 살고 죽었는데, 그때 이 문헌들을 저술한 것으로 보인다. 유배지로 떠나기 전 정위廷尉 옥에 갇혀 있을 때, 함께 있던 완무阮武란 사람이 두서에게 "〔그대의〕 재능(才)과 학식(學)은 가히 고금古今을 기술할 수 있다. …… 이제 시간 여유를 갖게 되었으니 깊이 사색하여 일가一家의 언言을 이루게."[53]라고 충고하였다. 이 말은 마치 두서가 남긴 저술의 의미를 보여 주는 듯하다. 『체론』 등은 그 충고에 부응한 '위기爲己'의 저술로,[54] 두서 사상의 정수가 집약되었을 것으로 추측된다.

현재 청대 엄가균嚴可均이 편집한 『전삼국문全三國文』 권42에 『체론』의 일부가 전해진다. 『흥성론』은 단 몇 구절만 남아 있다. 그런데 『수서』 「경적지」에서는 두서의 저술로 『체론』과 『독론篤論』만이 보인다.[55] 『독론』은 동진 대에 편찬된 책으로 두서의 『흥성론』이 이 책의 처음에 실려 있기 때문에 『수서』 「경적지」 찬자가 『독론』 전체를 두서가 편찬했다고 오해한 것으로 추정된다.[56]

---

50 『三國志』 권16, 「杜恕傳」, p.507.
51 "『杜氏體論』四卷, 魏幽州刺史杜恕撰", 『隋書』 권34, 「經籍志」, p.998.
52 林校生, 「杜恕傳玄與魏晉的儒學人生論」, 『華僑大學學報(哲社版)』 1998-4; 孔毅, 「禮與杜恕 『體論』」, 『重慶師範大學學報(哲社版)』 2007-3 등의 연구가 있다.
53 "才學可以述古今 …… 今向閒暇, 可試潛思, 成一家言", 『三國志』 권16, 「杜恕傳」, p.507.
54 "蓋興於爲己也", 『三國志』 권16, 「杜恕傳」, p.507.
55 子部에 『杜氏體論』 4卷, 魏 幽州刺史 杜恕撰(p.998), "梁 『有篤論』 4卷, 杜恕撰(p.1006)이라는 기사가 있다. 『隋書』 권34, 「經籍志」.
56 嚴可均은 『興性』이 『篤論』의 首篇이며, 말미에 『杜氏新書』가 있을 것으로 추정하였다. 韓格

『체론』 전문은 당대 말엽에 망실된 것으로 보이며, 현전하는 내용은 청대 엄가균이 『군서치요群書治要』에서 6,000여 글자(「군君」, 「신臣」, 「행行」, 「정政」, 「법法」, 「청찰聽察」 등 6개 편)를 수집하고, 나머지는 『태평어람太平御覽』과 『백씨육첩白氏六帖』의 일부(「언言」과 「용병用兵」 2개 편)와 『의림意林』의 「자서自敍」 등에서 모은 것이라 한다.[57]

『체론』은 전체 8편으로 이루어져 있다. 「제1 군君」, 「제2 신臣」, 「제3 언言」, 「제4 행行」, 「제5 정政」, 「제6 법法」, 「제7 청찰聽察」, 「제8 용병用兵」이다. 책의 제목인 '체론'의 의미가 『두씨신서』에 다음과 같이 설명되어 있다.

'인륜'의 대강大綱으로 '군君·신臣'보다 중요한 것이 없다. '입신'의 기본으로 '언言·행行'보다 큰일이 없다. 군주의 자리에서 백성을 다스리는 데에('理民') '정政·법法'보다 정묘한 것이 없다. 잔폭한 사람을 교화(勝殘)하여 형벌을 없애는 데에 '용병用兵'보다 좋은 일이 없다. 무릇 예禮란 만물의 체體이다. 만물이 모두 그 체를 얻는다면 선하지 않은 것이 없다. 고로 일러 『체론』이라고 말하였다.[58]

이 말이 두서 본인의 것인지, 아니면 『두씨신서』 찬자의 평인지는 알기 어렵다. 하지만 어느 쪽이라 하더라도 『체론』의 핵심 논지를 요약한 것임에는 틀림없다. 이에 따르면 『체론』의 8개 편목은 '인륜', '입신', '백성을 다스림(理民)', '잔폭한 사람의 교화(勝殘)' 등 네 가지 주제의 하위 범주이다. 「제7 청찰」이 보이지 않는 이유는 알 수 없다. 다만 그 내용이 군주가 신료들의 주장에 귀 기울여야 한다는 것이므로, 군신 관계를 다룬 '인륜'

平 主編, 『魏晉全書』 2, 長春: 吉林文史出版社, 2006, p.151 (이하 『魏晉全書』 2로 약칭한다).

57 (淸) 嚴可均 校輯, 『全上古三代秦漢三國六朝文』 2, pp.1287~1292; 『魏晉全書』 2, pp.143~151 참조.

58 "以爲人倫之大綱, 莫重於君臣, 立身之基本, 莫大於言行, 安上理民, 莫精於政法, 勝殘去殺, 莫善於用兵. 夫禮也者, 萬物之體也, 萬物皆得其體, 無有不善, 故謂之體論", 『三國志』 권16, 「杜恕傳」, p.507, 『杜氏新書』.

항목에 넣어도 될 것이다. 그렇다면 『체론』의 구성을 다음과 같이 정리할 수 있다.

① '인륜人倫': 「제1 군君」, 「제2 신臣」, 「제7 청찰聽察」
② '입신立身': 「제3 언言」, 「제4 행行」
③ '이민理民': 「제5 정政」, 「제6 법法」
④ '승잔勝殘': 「제8 용병用兵」

이와 같이 『체론』은 4가지 주제로 구성되었다. 앞의 인용문에 있는 "무릇 예란 만물의 체다. 만물이 모두 그 체를 얻는다면 선하지 않은 것이 없다."라는 문장을 보건대 『체론』의 4가지 주제는 이 '만물'의 질서와 관련이 있어 보인다. 다시 말해 '인륜', '입신', '백성을 다스림', '잔폭한 사람의 교화'는 '만물'의 질서를 지탱하는 근간의 문제인 것이다.

두서는 그에 부수된 8가지 세부 항목을 두고, 각각에서 준수되어야 할 '체', 즉 본질적 원리 혹은 규범을 설정하였다. 그것을 준수하면 만물은 '체'를 얻게 되며, 모두가 '선'한 상태에 이를 수 있다. 만일 이러한 추론에 큰 잘못이 없다면 『체론』의 저술 의도는 '만물'의 '체', 즉 세상만사를 관통하는 본질적 원리를 제시하는 것이라고 할 수 있다.

두서는 왜 '체'란 말을 사용하였을까. '체'란 '본체'와 같은 말이다. 그것은 사물과 현상에 내재된 본질을 의미한다. "만물이 모두 그 체를 얻는다면 선하지 않은 것이 없다."란 문장에서 '체'란 만물에 내재해 있거나 아니면 응당 가져야 할 어떤 속성일 것이다. 이러한 표현은 당시 유행한 현학玄學의 본체론적 사유를 연상시킨다는 점에서 흥미롭다. 후한 말 이래 지식인들은 본체와 본질 등 현상에 내재한 형이상학적 속성에 관심을 가졌다.[59] 『체론』

---

59 요시카와 다다오는 초월적이고 영원한 궁극의 진리를 추구하려는 태도를 '六朝的 정신세계'

의 구성에 그러한 사조가 반영되었다고 볼 수 있다.

그러나 현학과의 차이도 간과할 수 없다. 두서는 "무릇 예란 만물의 체"라고 하였다. 만물의 본질을 예에서 구한 것이다. 그런데 '예'는 사물에 내재한 속성이라기보다는 사물 사이의 관계에서 지켜져야 할 규범의 의미가 강하다. 그런 점에서 두서의 '체'가 현학의 '무無'와 같은 형이상학적인 것이라 볼 수는 없다. 그보다는 현실의 윤리나 규범의 수준에서 논의되는, 말하자면 '현실 관계 속의' '체'이다. 이처럼 현학의 본체론과 두서의 '체론'은 유사점과 차이점을 모두 가지고 있다.

두서는 8편에 대한 설명에서 현실 관계 속의 '체'가 무엇인지를 이야기한다. 「제1 군」, 「제2 신」에서 '군주의 체(君之體)', '신하의 체(臣之體)'가 언급되는데, 「군」의 내용은 다음과 같다.

무릇 관을 세우고 직을 나누는 것이 군주의 체다. 임무를 맡기고 책임을 묻는 것이 군주의 체다. 도모하기를 좋아하고 게으르지 않은 것이 군주의 체다. 관대하여 민심을 얻는 것이 군주의 체다. 욕된 일을 견디고 괴로움을 감추는 것이 군주의 체다. 산과 같이 움직임이 없는 것이 군주의 체다. 깊은 연못처럼 속을 알 수 없는 것이 군주의 체다.[60]

이와 같이 군주는 관료들을 적절히 활용할 줄 알고, 부지런하고 관대하며, 마음을 겉으로 드러내지 말고 위엄을 보이는 등 군주로서의 '체'를 실천해야 한다. 군주가 이러한 "군인君人의 체를 가지고 있으면 그 신하가 두려워하며 사랑하니, 이것이 바로 주 문왕이 제후들을 경계하는 방식이었

라 하였다. 吉川忠夫, 『六朝精神史研究』, 京都: 同朋社, 1984.
60 "夫設官分職, 君之體也. 委任責成, 君之體也. 好謀無倦, 君之體也. 寬以得衆, 君之體也. 含垢藏疾, 君之體也. 不動如山, 君之體也. 難知如淵, 君之體也", 『魏晉全書』 2, p.144.

다. 어찌 (따로) 법술法術이 있었겠는가."[61] 이렇게 군주는 유교의 정치 이념을 구현해야 하는 존재였다.

두서는 법술적 통치를 비판하였다. 군주와 신하는 마치 머리와 팔다리처럼 하나의 몸을 이루는 관계여야 한다. 그러나 상앙商鞅과 한비韓非, 신불해申不害 등은 군주를 너무 존숭하여 그 자리가 머리 위로 올라가게 하였으며, 신하를 너무 천시해서 그들의 자리가 수족에도 미치지 못하게 만들었다.[62] 또한 두서는 자신이 사는 시대처럼 법술이 강조될 때에도 한 사람의 군주가 다수 신료의 세勢를 이길 수는 없다고 주장하였다.[63]

두서는 군주가 가장 경계해야 할 것으로 '명을 좋아하는 일(好名)'을 지목하였다. "무릇 '명'이란 선함을 호명(名善)함으로써 생겨나지만, 그것은 선함을 실천함으로써(善修) 자연스럽게 따라오는 것이지, (명을) '좋아하기만(好)' 한다고 해서 얻을 수 있는 것이 아니"[64]라 하였다. 즉 허명의 추구보다 실천을 강조하였다.

다음으로 신하에 대한 논의를 보자. 「제2 신」에서는 '신하의 체(臣之體)'가 네 번 언급된다.

(1) (관직에) 나아가면 충忠을 잃지 않고, 물러나면 바른 행동을 잃지 않는다. 이것이 …… 신하의 체다.
(2) 안평중晏平仲이 사여 받은 읍을 사양하였다. 이러한 사례들은 모두 비움으로써 가득 참을 지키는 행동으로 신하의 체가 된다.
(3) 무릇 군주의 신하가 된다는 것은 땅과 같은 것이 아니겠는가? 만물을 이고

---

61 "君有君人之體, 其臣畏而愛之, 此文王所以戒百辟也. 夫何法術之有哉", 『魏晉全書』 2, p.144.
62 "而險僞淺薄之士, 有商鞅·韓非·申不害者, …… 元首已尊矣, 而復云尊之, 是以君過乎頭也. 股肱已卑矣, 而復曰卑之, 是使其臣不及乎手足也", 『魏晉全書』 2, p.144.
63 "今之從政者, …… 言治道則師乎法術 …… 人君之數至少, 而人臣之數至衆, 以至少御至衆, 其勢不勝也", 『魏晉全書』 2, p.144.
64 "夫名, 所以名善者也. 善修而名自隨之, 非好之之所能得也", 『魏晉全書』 2, p.143.

있어도 그 무게를 사양하지 않고 …… 초목이 그 위에서 자라도 그 공을 내세우지 아니하니, …… 〔이러한 자세는〕 신하의 체가 된다.

(4) 제일가는 사람은 〔포숙같이〕 현자를 추대하고 능력 있는 사람에게 양보한 뒤 안전하게 그 뒤를 따르는 사람이며 …… 그다음은 널리 인재를 심고 함께 나아가는 사람으로 …… 어찌 군주를 막고 권세를 오로지하는 해가 있겠는가? 이것이 …… 신하의 체다.[65]

두서의 신하론은 겸손을 최고의 덕목으로 삼는다. 큰 공을 세운 관중보다 그에게 자리를 양보한 포숙이 훌륭하다. 이러한 주장은 겸손이 사라진 세태를 겨냥한 듯하다. 두서는 "무릇 군주가 천하에서 존중받지 못할까 두려워하는 것이 아니라 오직 자신이 부귀를 누리지 못할까 두려워하는 사람은 고대에는 용인庸人이라 천시되었으나, 오늘날에는 오히려 현사顯士로 유명해진다."[66]라고 하여 신하들의 과도한 이기심을 비판하였다.

「제3 언」은 불과 한 문장만 전해진다.

자신을 수양하는 데 가장 중요한 것은 말을 하지 않는 것이다. 그다음으로는 덜 아는 것만 한 일이 없다.[67]

'말하지 않음(不言)'의 가치를 내세운 점에서 당시 유행한 노장사상의 영향이 짙게 느껴지는 구절이다. '덜 아는 것'을 강조한 점도 겸양을 중시한 '신하의 체'와 상통한다.

---

65 "進不失忠, 退不失行, …… 爲臣之體也. …… 晏平仲辭其賜邑, 此皆守滿以沖, 爲臣之體也 …… 夫爲人臣, 其猶士乎? 萬物載焉而不辭其重 …… 草木殖焉而不有其功 …… 爲臣之體也 …… 其上莫如推賢讓能, 而安隨其後, …… 其次莫如廣樹而並進之 …… 安有壅君蔽主專權之害哉? 此 …… 爲臣之體也", 『魏晉全書』 2, p.146.

66 "夫不憂主之不尊於天下, 而唯憂己之不富貴, 此古之所謂庸人, 而今之所謂顯士", 『魏晉全書』 2, p.146.

67 "束修之業, 其上在於不言, 其次莫如寡知也", 『魏晉全書』 2, p.146.

「제4 행」의 내용은 크게 두 부분으로 나뉜다. 첫 부분에서는 주로 '군자와 소인을 나누는 경계'를 다룬다. 둘째 부분에서는 '행行'의 준칙으로서 '성誠'이 강조된다. 그런데 군자·소인에 대한 통념을 이야기하는 첫 부분보다[68] '성誠'을 강조한 둘째 부분이 더 흥미롭다. 두서는 군자가 "만물을 품는 이유"가 '성誠'에 있다고 하였다. '천天', '지地', '사시四時' 등 자연의 세계가 비록 서로 말하지 않는다고 할지라도('不言') 사람들이 그들을 받들고 기리는 이유는 바로 그들의 '지성至誠'에 있다.[69] 여기에서 '성誠'은 인간 세계를 넘어 만물이 생장하고 소멸하는 자연 질서를 움직이는 힘이다. 그것은 인간과 자연의 세계를 모두 포용하는 가치이며, '말하지 않음', 즉 '언외言外'의 세계에서 만물을 이끄는 동력이다.

앞에서 언급했듯이 두서는 살아가면서 "질박한 태도로 성을 다했다(推誠以質)"고 평가받았다. 그때의 '성'은 두서에게 인간 세계의 윤리를 넘어 자연의 질서를 뒷받침하는 힘이다. 이러한 가치를 추구한 점에서 두서는 당시 현학자玄學者들과 철학적 관심을 공유했던 것으로 보인다. 후한 말 이래 실추된 인간 사회의 윤리적 정당성을 자연과 언어 밖의 세계에서 재구축하는 것이 현학의 관심사였기 때문이다.[70]

정치의 원리에 대하여 논한 부분은 「제5 정政」이다. 여기에서는 정치의 근본 원리가 덕德과 예禮라는 점, 설령 백성에게 죄가 있더라도 선善과 인仁으로 인도해야 한다는 점, 도道에 따른 정치를 해야 한다는 점, 이목耳目

---

68 가령 "군자는 直道로써 세상에 적용하고, 소인은 枉行으로 남의 비위를 맞춘다."라는 식이다. 『魏晉全書』2, p.147.

69 "天不言而人推高焉, 地不言而人推厚焉, 四時不言而人期焉, 此以至誠者也", 『魏晉全書』2, p.147.

70 「行」편의 뒷부분에 이런 구절이 나온다. "天地에는 紀가 있어 誠하지 않으면 化育할 수 없다. 君臣 사이에는 義가 있어 不誠하면 서로 臨할 수 없다. 父子 사이에는 禮가 있어 不誠하면 소원해진다. 부부 사이에는 恩이 있어 不誠하면 헤어진다.", 『魏晉全書』2, p.147. 이처럼 크게 천지에서 군신, 부자, 부부의 문제로 좁혀지는 논리를 전개했는데, 이들을 관통하는 개념이 '誠'이다.

을 세워 군정軍政으로 백성을 노예처럼 부려서는 안 된다는 점, 백성의 실정을 알아야 한다는 점, 반드시 측근 신료를 신중히 선택해야 한다는 점 등이 이야기된다. 전형적인 유교의 정치관이 반영된 내용이다. 두서는 도가적 철학에 영향을 받았으나 인간 세계의 구성은 확고하게 유가의 원리에 기초해야 한다고 생각하였다.

「제6 법」은 좀 더 현실적인 문제를 다룬다. 여기에서 법이란 그 자체로서 정당한 것이 아니며, '공公'이란 운용의 준칙이 지켜질 때만 비로소 정당하다. 가령 음란하거나 도둑질한 사람에게 형벌을 가해 죽였다면 이 조치를 백성은 '폭暴'이 아니라 '공'이라 본다. 또한 오랜 기간 헤어져 배고픔과 추위에 시달리는 백성이 법망에 걸렸을 때 너그럽게 용서한다면 백성은 그것을 '편偏'이 아니라 '공'이라 여긴다.

반면에 '사私'에 따라 법을 운용하면 큰 문제가 발생한다. 그런 점에서 '공'이란 '백성의 마음(百姓之心)'에 수용되는가 아닌가에 그 근본을 둔 개념이다. 또한 법은 백성의 마음, 즉 여론과 공론에 의해 통제되어야 하는 것으로 간주된다. 이러한 논의에는 법치의 강조에 대한 유가주의자의 비판적 인식이 드러나 있다. 두서는 자신의 시대에 이와 같은 '공'의 원칙이 무시되고 있으며, 백성을 핍박하는 것이 '능能'이며, 그렇게 하여 군주의 뜻을 얻는 것을 '충忠'으로 여기는 가치의 전도가 횡행하고 있다고 보았다.

법의 운용과 관련하여 '정情'의 원칙도 강조되었다. 『춘추좌씨전』 장공莊公 10년 조에 "크고 작은 옥사들을 비록 세밀히 살필 수는 없으나 반드시 정情에 따라 처리하겠다."[71]라는 말이 나온다. 두서는 현재의 속리俗吏들이 '정'의 의미를 고인古人과 전혀 다른 뜻으로 사용하고 있다고 비판하였다. 그들은 그 뜻을 일종의 사적 이익의 고려로 이해하여, "뇌물을 취하거나

---

71 "小大之獄 雖不能察 必以情", 『春秋左傳正義』 권8, p.275.

(取貨賂者)", 애정과 증오로 인해 친척을 돕고 원수를 무고하는 등의 행태를 '정'의 실현이라 여겼다.

이 상황을 극복하기 위해 두서는 '정'의 고대적 의미를 회복해야 한다고 주장하였다. 그것은 '인정人情'을 의미한다. "다수가 선하다고 말한 연후에 판단을 내리는데, 이것은 법을 운영하는 데 인정을 참작하는 것이라 할 수 있다."[72] 이러한 해석은 법률가들이 '정'을 '실제 정황'으로 이해한 것과 구분된다.[73] 두서는 도덕적 함의를 가진 '정'에 따라 법을 적용해야 한다고 강조하였다. 그 의미는 위에서 말한 '공'의 원칙과도 상통한다.

「제7 청찰聽察」에서는 군주가 신료의 말을 잘 듣고 판단해야 함을 강조한다. 이를 위하여 반드시 정밀하게(精) 심사숙고(審)해야 하며, 그러지 않으면 인주人主가 충신을 알아보지 못해 결국 국가를 위기에 몰아넣게 된다고 하였다. 충성스런 보좌관은 군주가 청찰聽察하도록 보좌해서 그의 부족한 부분을 채워 주어야 한다고도 하였다.

「제8 용병用兵」에서는 군사 문제를 다룬다. 두서는 부당한 전쟁이 무엇인지 정의하였다. "무고한 백성을 함부로 죽이고 불의不義한 군주를 보호하는 일, 천하의 재물을 고갈하여 한 사람의 목적에 소모하는 일, 강한 병사와 교묘한 계책을 내세워 위세를 세우고 이름을 알리는 일, 군주를 사로잡고 신하를 노예로 부리고, 사직을 옮기고 백성을 이주시키는 일"[74] 등에 군사를 동원해서는 안 된다고 하였다. 이러한 것은 '군사의 체'에 속하지 않는 일이다.

---

72 "衆所謂善, 然後斷之, 是以爲法參之人情也", 『魏晉全書』2, p.148.
73 楊伯峻, 『春秋左傳注』, p.183. 두예도 두서와 마찬가지로 '情'을 법률적 용어와 다르게 풀이하였다. 그는 莊公 10년 조 기사에 대하여 "반드시 자신의 마음을 다한다는 말(必盡己情)"이라 주석하였다. 『春秋左傳正義』 권8, p.275.
74 "濫殺無辜之民, 以養不義之君, 非兵之體也, 殫天下之財, 以瞻一人之求, 非兵之體也, 怙其率卒之强, 矜其變詐之謀, 欲以定威成名, 非兵之體也, 虜其君, 隷其臣, 遷其社, 易其民, 非兵之體也", 『魏晉全書』2, p.150.

그다음으로 전쟁의 원리, 즉 '용병의 체(用兵之體)'를 이야기한다. 그것은 '의(義)', '무(武)', '덕(德)', '인(仁)' 등 네 가지 원리이다.[75] 이 네 가지에 상통하는 궁극의 원리가 있는데, 그것은 "백성의 욕망에 근거하여 백성의 힘을 활용하는 것이다."[76] 또한 국가의 백성을 다스릴 때 인의를 베풀어 위아래가 한마음으로 움직이는 것이 '으뜸의 병의 체(上兵之體)'이고, 국가가 부강하고 상벌의 시행이 신뢰를 얻어 전투가 발생하기 전에 적이 도주하는 것이 '그다음 병의 체(次兵之體)'이다. 그러나 직접 전투에 임하는 것은 '용병의 저급한 형태(用兵之下)'로서 '군사의 체(兵之體)'에 해당하지 않는다. 이 같은 주장에는 민본 이념 아래 전쟁을 최대한 억제하려는 뜻이 담겨 있다.

지금까지 논의한 바를 간략히 정리하면 〈표 2〉와 같다. 〈표 2〉는 일부만 전해지는 『체론』의 기사를 바탕으로 구성한 것이지만 두서가 주장한 바의 대강을 이해하는 데 도움이 되리라 생각한다. 두서는 법술과 강권을 반대하고 민본 이념을 강조한 유교적 철학과 정치관을 원론적으로 천명하였다. 그런데 두서는 이와 같은 주장을 『체론』에 담기 이전부터 현실 정치에서 소리 높여 주장하였다.

---

75 "義로 정벌하고, 그 허물을 탓한다. 武로 위세를 떨쳐 그 간사함을 위압한다. 德으로 품어 그 백성과 맹세한다. 仁으로 안치하여 위험에서 구한다(征之以義, 以責其過, 振之以武, 以威其淫, 懷之以德, 以誓其民, 置之以仁, 以救其危)." 『魏晉全書』 2, p.151.
76 "所謂因民之欲, 乘民之力也", 『魏晉全書』 2, p.151.

인륜人倫	1. 군주(君)	- 군주는 신하와 한 몸을 이루어 정치를 한다. - 군주의 체(君之體) ① 관과 직을 세운다(設官分職) ② 일을 맡기고, 책임을 다하게 한다(委任責成). ③ 잘 모의하며 게을리하지 않는다(好謀無倦). ④ 관대한 정치로 백성을 얻는다(寬以得衆). ⑤ 더럽고 어려운 일을 드러나지 않게 한다(含垢藏疾). ⑥ 산처럼 움직이지 않는다(不動如山). ⑦ 연못의 물속처럼 알기 어렵다(難知如淵). - 현능賢能한 관료를 등용한다.
	2. 신하(臣)	- 관직에 나가면 충성심을 잃지 않고, 물러나면 행위의 규범을 잃지 않는다. - 지위가 올라갈수록 공손해야 한다. - 공을 세워도 자랑하지 않고 이익을 취하려 하지 않는다. - 현자를 추대하고 능자能者에게 양보하고 그 행위를 본받는다.
	7. 청찰聽察	- 군주는 반드시 '정精'과 '심審'의 자세로 경청하고 관찰해야 한다. - 치治와 난亂은 정성을 다해 청찰聽察했는가에 달려 있다.
입신立身	3. 언言	- 함부로 입 놀리는 것을 경계한다.
	4. 행行	- 군자는 현자를 우대하고 다수의 의견을 수용해야 한다(寬賢容衆). - 정성(誠)을 가지고 만물을 대해야 한다.
백성을 다스림(理民)	5. 정政	- 덕과 예를 통한 정치, 도에 입각한 교화를 해야 한다. - 간략하고 쉬운 규율로 백성을 통치해야 한다. - 좌우 근신들을 신중하게 선택하고, 바로잡아야 한다.
	6. 법法	- '공公'의 원칙에 입각하여 법을 적용한다. - 사사로운 '정情'이 아닌 공정한 '정'에 따라 죄를 판결한다.
잔폭한 사람의 교화(勝殘)	8. 용병用兵	- 전쟁은 불가피하나 인의仁義에 기초한 전쟁이라야 정당하다. - 의義로 과오를 책망하고 무武로 위협하며 덕德으로 포용하고 인仁으로 위험에서 구해내야 한다.

IV. 『체론』의 논리와 조위의 정치

두서는 산기황문시랑으로 중앙에서 봉직할 때 활발하게 간쟁하였다. 그는 "항상 근본적 법도(綱維)에 따라 바른말(正言)을 하였으며" "그 논의가 항직亢直하고" "주의논박奏議論駁이 볼 만하였다."[77] 당시 황제 명제는 유가의 이상적 군주와 거리가 있는 인물이었다. 조위 패망의 씨앗이 이때 뿌려졌다는 평가도 있다.[78] 그러나 그의 시대에 관료들의 언로가 개방되어 간쟁이 활발했던 것도 사실이다. 그 과정에서 과도한 토목공사와 전쟁, 후궁을 많이 거느린 황제의 사치한 행태, 측근 신료들에게만 의존한 독단적 통치 방식 등이 비판의 표적이 되었다.[79] 두서의 간쟁은 이러한 분위기에서 제기되었다.

당시 간쟁의 내용을 보면 한대와 같이 천변天變 재이災異에 기대는 논리는 줄어들었다. 조위 문제 황초 2년(221) 황제가 앞으로 재이를 근거로 재상을 문책하지 않겠다고 선언하였다.[80] 이 변화가 황제권의 약화에서 비롯되었다는 지적이 있으나,[81] 과거에 비해 합리적 사유가 발전하면서 생긴 일로도 볼 수 있다. 그 결과 천변과 재이 등 자연계의 변화보다는 개별 사안의 내적 본질이나 정당성 문제가 간쟁의 논리를 뒷받침하였다.

명제 대 신하인 고당륭高堂隆(?~237)의 주장에서 그러한 점을 찾아볼 수 있다. 그는 당시의 과도한 법치를 비판하면서 "근본(本)을 바로하지 않고 말단(末)을 구하는 것은 마치 실타래가 엉키는 것과 같아 정치의 이법(理)이라고 할 수 없다."[82]라고 주장하였다. 여기에서 말단은 법이고, 근본은 도덕이다. '본', '이' 등 사안의 본질에 관한 개념이 현실 문제를 비판하는

---

77 "常引綱維以正言", "其論議亢直", "奏議論駁皆可觀", 『三國志』 권16,「杜恕傳」, p.498, p.505, p.507.
78 明帝는 토목공사를 많이 일으켰고, 內寵의 신하가 많았으며, 神僊을 구하고 직접 細務를 살피고 刑·賞을 남발하였다. 이에 대해 '直臣'의 간쟁이 많았으나 결국 國亡의 대세를 막지는 못하였다. 王夫之,『讀通鑑論』 권10, 北京: 中華書局, 1975, p.279.
79 王曉毅,「論曹魏太和'浮華案'」(『史學月刊』1996-2); 柳春新,「魏明帝的'權法之治'及失誤」(『許昌師專學報(社科版)』17-3, 1998); 王永平,「略論魏明帝曹睿之奢淫及其危害」(『江漢論壇』2007-7) 등 참조.
80 『三國志』 권2,「文帝紀」, p.78.
81 影山輝國,「漢代における災異と政治—宰相の災異責任を中心に」,『史學雜誌』1990-8.
82 "不正其本而救其末, 譬猶焚絲, 非政理也", 『三國志』 권25,「高堂隆傳」, p.712.

데 적극적으로 동원된 것이다. 고당륭이 재이 현상을 간쟁의 계기로 삼았던 일도 많았으나,[83] 정치와 국가는 무엇이고, 군주는 어떠해야 하는가 등 '근본'의 문제를 천착한 점은 주목할 만하다. 이러한 논점의 이동은 합리적 사유의 확장이라고 할 만하다.

청룡 2년(234) 명제는 북망산北邙山의 일부를 평평하게 만들어 전망대(臺觀)를 세우려 하였다. 그러자 신비辛毗는 다음과 같이 비판하였다. "천지의 본성은 높은 곳을 높게 하고 낮은 곳을 낮게 합니다. 지금 그에 반反하는 것은 이미 이理가 아닙니다."[84] 여기에서도 '천지의 본성'이나 '이' 등의 개념에 입각하여 명제의 토목공사를 비판하고 있다.『체론』의 논리도 당시 확산된 이러한 인식의 확대와 궤를 같이한 것으로 보인다. 당시 여러 신료들이 제기한 간쟁과 『체론』에서 전개된 주장을 비교해 보자.

첫째, 군주에 대한 논의를 보겠다.『체론』에서 '인륜'은 부자 관계가 아니라 군신 관계를 말한다. 그는 말하였다. "부자는 지친至親 관계이지만 서로 응당 의지해야 한다는 점에서는 〔군주와 신하의 관계인〕 몸과 수족의 관계에 미치지 못한다."[85] 군주와 신하는 "하나의 몸을 이루어 서로 기대며 일을 이루길 바라는" 관계에 있다. 군권이 지나치게 강해지면 "군주의 자리가 머리 위로 올라가게" 되며, "군주와 신료가 하나의 몸(體)에서 분리된 채로 정치와 교화가 두루 미치기를 바라는 것은 과거에 듣지 못한" 일이다.[86] 두

---

83 高堂隆의 재이 간쟁은 다음을 계기로 이루어졌다. ① 청룡 3년(235) 崇華殿 화재(『三國志』 권25,「高堂隆傳」, p.710). ② 같은 해 陵霄闕에 까치가 둥지를 틀었을 때(『三國志』 권25,「高堂隆傳」, p.710). ③ 청룡 4년(236) 혜성 목격 때(『三國志』 권25,「高堂隆傳」, p.711). ④ 경초 1년(237) 黃龍이 나타났고(『資治通鑑』 권73, p.2318). 冀州에서 홍수가 발생하였을 때(『三國志』 권25,「高堂隆傳」, pp.712~715) 등이다. 이들에 대한 간쟁에서 주로 토목공사의 경감이 요구되었다.
84 "天地之性, 高高下下, 今而反之, 旣非其理",『三國志』 권25,「辛毗傳」, p.698.
85 "父子至親矣, 然其相須, 尙不及乎身之與手足也",『魏晉全書』 2, p.145.
86 "君過乎頭而臣不及乎手足, 是離其體也, 君臣體離而望治化之洽, 未之前聞也",『魏晉全書』 2, p.144.

서는 이처럼 군주와 신하가 조화를 이루어 정치하는 것을 중시하였다.

그런데 당시 명제의 정치는 그렇지 못하였다. 그는 직접 만기를 총람했고, 중서감 유방劉放과 중서령 손자孫資 등 측근에만 의지하였다. 이에 두서는 신료에게 정사를 위임하는 것이 정치의 근본이라고 주장하였다.[87] 232년의 상주문에서 만사가 강녕하지 못하고 형금刑禁이 날로 이완되는 이유가 "오로지 신하가 충성을 다하지 않았기 때문이 아니라 주상도 그들에게 일을 시키지 않기 때문"이라고 하였다.[88] 같은 시기 중호군中護軍 장제蔣濟(?~249)도 "인군人君은 …… 응당 위임하는 바가 있어야 한다."[89]라고 간하였다. "군주는 원수元首이고 신하는 고굉股肱"이라는 말은 명제의 토목공사를 비판한 양부楊阜의 입에서도 나왔다.[90] 모두 『체론』의 주장과 상통한다.

『체론』「제7장 청찰」의 내용도 이 같은 군신론의 연장선 위에 있다. "청찰은 국가를 유지할지 아니면 망하게 할지를 정하는 문호門戶이다."[91] 군주가 신료들의 말에 귀 기울이는지 여부가 국가 흥망의 관건인 것이다.

『체론』에서는 신하보다 군주의 의무가 더욱 강조된다. 두서는 군주의 유형을 현주賢主, 명주明主, 중주中主, 용주庸主로 나누고, 용렬한 군주(庸主)가 간쟁을 막는다면 신하는 근심의 기색이라도 보여야 한다고 하였다. 그가 보기에 국가의 존망은 군주에 의해 좌우된다. 그래서 "어렵구나, 군주 노릇 함이여!"[92]라고 말하였다. '위군난爲君難'이라는 말은 『논어』에도 나오고, 청조의 옹정제가 집무실에 붙여둔 말이기도 하다. 『체

---

87 『三國志』 권16, 「杜恕傳」, p.504.
88 "非獨臣有不盡忠, 亦主有不能使", 『三國志』 권16, 「杜恕傳」, p.502.
89 "然人君 …… 當有所付", 『三國志』 권14, 「蔣濟傳」, p.453.
90 "君作元首, 臣爲股肱", 『三國志』 권25, 「楊阜傳」, p.707.
91 "夫聽察者, 乃存亡之門戶", 『魏晉全書』 2, p.149.
92 "難哉, 爲君也", 『魏晉全書』 2, p.148.

론』의 주장은 명제의 정치에 대한 비판적 인식에서 비롯되었다고 할 수 있다.

둘째, 통치 방법에 대한 논의를 보겠다.『체론』의 '정政' 장을 보면, 이상적인 덕치와 도道에 입각한 정치가 최선이며 "측근 신하(耳目)들을 세워 총명함을 드러내고, 첩자에 의지하여 민정을 탐색하는 일은 결국 군정軍政으로 백성을 노예화하는 일이다."[93]라고 하였다. 군주의 측근 신료에 대해서는 "위정자는 반드시 신중하게 좌우를 선택해야 한다. 좌우가 바르면 인주人主가 바르게 된다. 인주가 바르면 무릇 호령號令이 어찌 구부러지겠는가?"[94]라고 하였다. '첩자'와 측근 정치는 바로 명제의 정치가 안고 있는 폐단이었다. 그는 교사관校事官을 세워[95] 광범위하게 관료들을 감찰했고, 소수 측근들에게 정치를 위임하였다. 그런 점에서『체론』의 주장은 당시의 정치 현실에 대한 비판으로 볼 수 있다.

'법' 장에서는 법을 운용하면서 고려해야 하는 일들을 지적하였다. 앞에서 말했듯이 성인聖人은 법을 운용할 때 공公과 '정情' 즉 민심과 인정에 따라야 한다. 명제 때 고과법을 둘러싼 논쟁은 이러한 내용과 관련이 있다. 당시 '부화'한 명사들을 누르기 위해 이 법을 시행하려 하자 부하傅嘏(209~255)가 반대하였다. 그가 보기에 규정에 따라 실적을 따지거나 질책하고 장려하는 규범을 세우는 것은 근본을 버리고 말단(末)을 다스리는 일에 불과하였다.[96] 두서 또한 "군주는 원수이고 신하는 고굉으로 한 몸을 이룬다. …… 그런데 어찌 대신의 직책 수행 여부와 고과 성적에 의지해서

---

93 "耳目以效聰明, 設倚伏以探民情, 是爲以軍政虜其民也",『魏晉全書』2, p.148.
94 "是以爲政者, 必愼擇其左右, 左右正則人主正矣, 人主正而夫號令安得曲耶?",『魏晉全書』2, p.148.
95 조조가 설치한 관직으로 관료 감찰의 임무를 맡았다. 程曉는 校事官의 '刻暴'함을 비판한 바 있다.『三國志』권14,「程曉傳」, p.430.
96 "循名考實, 糾勵成規, 所以治末也",『三國志』권21,「傅嘏傳」, p.623.

천하를 밝게 다스릴 수 있겠는가?"[97]라고 반대하였다. 그의 인식은 부하의 주장과 다르지 않다. 이러한 반대 주장으로 고과법 시행은 포기되었다.

셋째, 전쟁에 관한 논의를 보겠다. 『체론』의 '잔폭한 사람의 교화(勝殘)' 즉 '용병用兵' 장에서는 무력을 인의仁義의 전쟁에만 제한해서 사용해야 한다고 하였다. 실제 명제 때에 전쟁의 정당성을 두고 여러 차례 논쟁이 벌어졌다. 태화 4년(230) 화흠華歆(157~231)은 촉 정벌을 반대하면서 말하였다. "신은 진실로 폐하가 치도治道에 먼저 마음을 두길 바랍니다. …… 국가를 다스리는 자는 민을 기반으로 하고, 민은 의식을 근본으로 삼습니다."[98] 양부楊阜와 왕숙王肅(195~256)도 촉 정벌에 반대하였다.[99] 태화 6년 (232) 요동의 공손연을 치려 하자 장제는 그 전쟁으로 원한을 맺고 신의를 상실하게 될 것이라며 반대하였다.[100] 경초 1년(237) 관구검이 요동 정벌을 재차 주장하자 위진衛臻은 "그러한 주장은 전국시대의 세술細術에 불과하며, 왕자가 행할 일은 아니다."[101]라며 반대하였다. 이 주장들은 전쟁 억제를 강조한 『체론』의 논리와 다르지 않다.

이러한 점들을 볼 때, 『체론』은 철학서이자 명제 시대를 비판한 정론서의 성격을 띤 저술로 보인다. 그중에서도 두서가 이야기하고 싶었던 핵심은 무엇일까. 그것은 '입신立身'의 '행行' 항목에 나오는 다음 구절이라 생각한다. "군자가 자신의 마음을 기르는 데에는 성誠만 한 것이 없다. 무릇 성이란 군자가 만물을 품는 바이다. …… 성에 의해 천지가 크게 정해지며,

---

97 "故君爲元首, 臣作股肱 …… 焉有大臣守職辨課可以致雍熙者哉", 『三國志』권16, 「杜恕傳」, p.501.
98 "臣誠願陛下先留心於治道 …… 爲國者以民爲基, 民以衣食爲本", 『三國志』권13, 「華歆傳」, p.405.
99 『三國志』권25, 「楊阜傳」, p.706.
100 『資治通鑑』권72, p.2277.
101 "皆戰國細術, 非王者之事也", 『資治通鑑』권73, p.2319.

제1장 부친 두서의 영향: 『체론』을 중심으로 **95**

그것은 군자가 지키는 바이다."[102] 성의 태도를 갖는 것은 사람이 실천해야 하는 '행위의 본체(行之體)'이다. 법의 강제는 그와 같은 인간의 실천적 의지를 해치는 저급한 일이다.

이와 같은 '성'의 강조는 조위시대의 '부화' 문제를 정면으로 겨냥한 것이다. 당시 '부화' 문제의 본질을 잘 보여 주는 일화가 하나 있다. 서막徐邈(171~249)은 뜻이 높고 행동거지가 깨끗하기로 소문난 인물이었다. 그런데 누군가가 그를 두고 다음과 같이 말하였다. "무제(조조) 때에는 사람들이 [서막을] '통通'하다고 하였으나, [명제 때] 양주자사涼州刺史를 역임한 뒤 경사로 돌아오자 사람들은 그를 '괴팍하다(介)'고 하였다. 이렇게 평가가 달라진 이유가 무엇인가?"[103] 그러자 노흠盧欽이란 사람이 답하였다. 과거 '청빈한 사인(淸素之士)'을 귀하게 여길 때는 사람들이 검소함을 흉내 내며 높은 명성을 구하였으나, 서막은 본래 모습을 지켜 '통'이라는 명성을 얻었다. 그러나 최근에 천하가 사치를 좇고 서로 그것을 따르는 풍조가 생겼는데, 서막이 여전히 그런 변화에 무관심하고 따르지 않자 사람들은 이제 그가 '괴팍'하다고 비난하는 것이다. 노흠은 이것이 "세상 사람들의 무상無常함과 서공徐公의 유상有常함"을 보여 주는 일이라고 하였다.[104]

이처럼 서막의 일관된 모습은 '부화'의 가벼운 처신과 반대되었다. 검소함이 칭송되던 건안 연간에는 사대부들이 스스로를 남루하게 꾸며 명예를 구하였다. 당시 사람들은 이를 '격궤激詭', 즉 억지로 이상한 행동을 하는 일이라 불렀다.[105] 조위 명제 시대에는 세태가 바뀌어 법치를 중시하고

---

102 "君子之養其心, 莫善於誠. 夫誠, 君子所以懷萬物也. …… 誠者, 天地之大定, 而君子之所守也",『魏晉全書』2, p.147.

103 "武帝之時, 人以爲通, 自在涼州及還京師, 人以爲介, 何也",『三國志』권27,「徐邈傳」, pp.740~741.

104 "是世人之無常, 而徐公之有常也",『三國志』권27,「徐邈傳」, p.741.

105 "至令士大夫故汙辱其衣, 藏其輿服, …… 凡激詭之行, 則容隱僞矣",『三國志』권23,「和洽傳」, p.656.

도덕을 가볍게 여기며 사치를 일삼는 것이 명예로운 일이 되었다. 이처럼 건안 시기의 검소와 명제 때의 사치는 정반대의 모습을 띠지만 모두 가벼운 처신으로 명예를 구하는 '부화'한 행동이다. 두서가 군자가 지녀야 할 '성'의 품성을 강조한 것은 이처럼 당시 세태에 만연한 가벼운 처신에 경고를 주기 위함이 아니었을까. 두서가 부화파 집단과 물과 기름처럼 어울리지 못했던 것도 이러한 인식 차이 때문이었을 것이다.

법치와 사치로 흐른 명제 대의 기풍은 후한 말 이래 도덕을 가장한 위선적 풍토에 대한 반작용이었을 수 있다. 따라서 이에 맞서 다시 도덕적 가치를 주창하는 일은 과거 도덕의 타락을 경험한 사람들로서는 결코 쉽지 않았을 것이다. 하지만 그런 혼돈 속에서도 두서는 유교의 도덕적 가치를 일관되게 주장하였고, 그것을 『체론』에 담아 저술하였다. 그는 실천의 덕목으로서 '성'을 강조함으로써 이중의 '부화'로 가치의 전도가 횡행하는 세태를 돌파하려 한 것이다.

V. 두예의 학문에 미친 영향

"무릇 예란 만물의 체다."라는 말은 『체론』의 사상을 이해하는 데 출발점이 된다. '중체서용'이란 말에서처럼 '체'는 '용用'의 상대 개념이다. "예란 만물의 체다."라는 문장에서 '체＝예'에 대응하는 '용'은 만물이 될 것이다. '본·말' 혹은 '체·용' 등의 개념은 조위시대의 현학 철학에 빈번히 등장한다. 이들은 특히 왕필의 철학에서 중요한 개념이었다. 왕필에 따르면 '본·말'은 본本이 말末을 '통솔'하는 작용에 주안점을 둔 표현이고, '체·용'은 체와 용 간의 '통일' 관계를 강조한 표현이다. '체·용' 관계에서 '체'는 독자적으로 존재하는 것이 아니라 항상 현상, 즉 '용'을 '통하여' 표현된다.[106] 그래서 용의 근원은 체이지만 용이 없으면 체도 없다.

이와 같은 체·용 논리는 '재성논쟁'에서도 보인다. 조위의 학자 원준袁
準은 「재성론」에서 "성性은 그 본질을 말하고, 재才는 그 쓰임을 명명하는
것이다(性言其質, 才名其用)."라고 주장하였다. 재·성의 관계를 현상과 본체
의 관계로 파악한 것이다.[107] 이처럼 유가주의자들은 도덕적 자질인 '성'
을 본성으로, 현실에 쓰일 재능인 '재'를 현상으로 파악하여 둘을 결합하
고자 하였다. 이는 '재'가 중시된 법술 중심의 조위시대에 '성'을 중심으로
한 유가의 가치를 존속하려 한 노력으로 볼 수 있다.

당시 중요시된 또 다른 철학적 논제는 '유有'와 '무無'의 관계였다. 체·
용의 논법은 이 둘의 관계를 설명하는 데도 쓰였다. 하안何晏(190~249)은
유·무를 배척 관계로 보았으나, 왕필은 둘을 본체(체)와 파생물(용) 관계
로 이해하였다. 본체는 '무'이고 '유'는 그로부터 파생된 것이다. 그럼으로
써 '무'를 강조한 도가적 사유와 '유'의 세계에 기반을 둔 유가적 인식론을
병립할 수 있었다. 이와 같이 체·용의 논법은 유·도 양쪽을 절충·통합한
사유를 열었다.[108]

두서에게도 '체'는 만물에 내재해 있으면서도 그것이 운동하는 과정을
'통하여' 드러나는 보편적 원리였다. 이것은 당시 지식인들 사이에 유행한
사유 형식에 따른 것이다.[109] 다시 말해 두서의 『체론』은 조위 시기에 확산

---

106 王曉毅, 『儒釋道與魏晉玄學形成』, p.87.
107 『藝文類聚』 권21, 唐長孺, 「魏晉才性論的政治意義」, p.288 재인용.
108 萬繩楠, 『魏晉南北朝史論稿』, 合肥: 安徽敎育出版社, 1983, pp.87~89.
109 왕샤오이는 本末 體用 논리의 등장을 거시적 관점에서 설명하였다. 중국의 전통문화는 본래
歷史感을 중시하여 어떤 문제를 사고할 때 사물의 초기 상태부터 논의하는 일종의 "宇宙本
根論"적 사유 방식에 익숙하였다. 그러나 후한 이래 인도 불교 문화의 영향을 받아들이면서
사물 자체로부터 그 존재와 完善을 사고하는 새로운 사유 방식이 싹텄다. 그 과정에서 佛敎
空觀의 영향을 받은 何晏 단계를 거쳐 王弼에 이르러, 그의 『周易注』와 『論語釋義』 등을 통
하여 중국 고유의 本體 사유 방식이 수립되었다. 이로써 인간의 自然之性과 사회의 禮樂制
度 간의 관계가 體와 用의 논법으로 통합되었다. 그리고 西晉 郭象의 『莊子注』에서 만물의
생성과 변화(用)가 그 안에 내재된 性 本體의 발현임을 주장하는 데 이르러 魏晉 體用論은

된 현학적玄學的 사유 방법을 적극적으로 수용했다고 볼 수 있다.

하지만 두서의 주장이 현학의 논리와 다르다는 점에 주목해야 한다. 앞에서 말했듯이 두서가 제기한 '체'의 내용은 존재의 '본질'이 아니라 당위적 행동 규범이다.[110] '군주의 체'에서 논의된 것은 군주란 무엇인가가 아니라 군주는 어떻게 행동해야 하는가이다. 바로 이 대목이 왕필 등 현학자들과 두서가 갈라선 분기점이다.

현학자들은 노장사상과 『주역』의 형이상학에 기초하여 사물과 개념의 본질을 찾았다. 반면 두서의 '체'는 정치 사회적 규범을 말하였고, 그것은 '예' 개념으로 집약되었다. 그에게 "무릇 예란 만물의 체"였다. 다시 말해 행동의 규범이 곧 만물의 본체로 설정된 것이 두서 논리의 핵심이다. 그렇다면 이와 같은 발상의 근거는 어디일까.

이와 관련하여 『체론』의 논지가 『좌전』에서 왔다는 지적[111]에 주목한다. 두 가지 점에서 그렇게 볼 수 있다. 첫째, 표현의 형식이 근거이다. 『좌전』은공 10년 조에는 군주의 임무가 '정치의 체(正之體)'라는 표현이 나온다.[112] 『좌전』에는 이처럼 '신지주神之主', '민지망民之望', '국지간國之幹', '신지간身之幹' 등 'A 之 B' 식의 표현이 다수 등장한다. 이는 『체론』의 '군주의 체(君之體)' 혹은 '신하의 체(臣之體)' 등의 표현과 유사하다. 두서는 『좌전』에 등장하는 '정치의 체'의 '체'를 자신의 시대에 유행한 '체용'의 '체', 즉 본체의 '체'로 재해석한 것이 아닐까.

둘째, 『체론』의 '예'는 『좌전』의 '예' 개념과 유사하다. 『좌전』의 '예'는 한마디로 그 뜻을 정하기 어렵다. 그것은 예법이나 예제뿐만 아니라 보편

　논리적으로 완결되었다고 한다. 王曉毅, 『儒釋道與魏晉玄學形成』 참조.
110　孔毅, 「禮與杜恕『體論』」, 『重慶師範大學學報(哲社版)』 2007-3.
111　洪廷彦, 「試論杜預的"左傳癖"」, 『中國歷史博物館館刊』 1999-2, p.66.
112　"以王命討不庭, 不貪其土以勞王爵, 正之體也", 『春秋左傳正義』 권4, p.137.

적 원리나 원칙 등도 의미한다. 다음 구절들을 보자.

① (은공 11) 예란 국가를 다스리고 사직을 정하며, 인민에게 질서를 갖도록 하고, 후사를 이롭게 한다.[113]

② (환공 2) 예로써 정政을 체현하며, 정으로 민을 바로잡는다.[114]

③ (장공 23) 무릇 예란 그것을 통하여 민을 정돈한다.[115]

④ (희공 11) 예는 국가의 골간이다. 경敬은 예를 행하는 수레와 같다. 따라서 공경하지 않는다면 예는 행해질 수 없다.[116]

⑤ (문공 15) 예로써 천天을 따르는 것이 천의 도道이다.[117]

⑥ (성공 13) 예는 몸의 근간이고 경敬은 몸을 지탱하는 기초이다.[118]

⑦ (양공 30) 예는 국가의 근간이니 예가 있는 자를 죽이면 그보다 큰 화는 있을 수 없다.[119]

⑧ (소공 7) 예는 사람의 근간이니 예가 없다면 설 수가 없다.[120]

⑨ (소공 15) 예는 왕이 가야 할 큰 길이다.[121]

⑩ (소공 25) 예는 천天이 가는 큰 길이며, 땅의 의義이며, 민의 행行이다. 천지의 길이기에 백성이 실로 본받는 것이다. …… 예는 상하 간의 기강이고, 천지의 씨줄, 날줄이며, 백성이 삶을 영위하는 근거이다.[122]

'예'는 나라와 백성을 다스리는 근간이고 왕이 따라야 할 길이면서(①,

---

113 "禮, 經國家, 定社稷, 序民人, 利後嗣者也", 『春秋左傳正義』 권4, p.146.

114 "禮以體政, 政以正民", 『春秋左傳正義』 권5, p.175.

115 "夫禮, 所以整民也", 『春秋左傳正義』 권10, p.315.

116 "禮, 國之幹也. 敬, 禮之興也. 不敬, 則禮不行", 『春秋左傳正義』 권13, p.418.

117 "禮以順天, 天之道也", 『春秋左傳正義』 권19하, p.646.

118 "禮, 身之幹也, 敬, 身之基也", 『春秋左傳正義』 권27, p.865.

119 "禮, 國之幹也. 殺有禮, 禍莫大焉", 『春秋左傳正義』 권40, p.1286.

120 "禮, 人之幹也. 無禮, 無以立", 『春秋左傳正義』 권44, p.1441.

121 "禮, 王之大經也", 『春秋左傳正義』 권47, p.1551.

122 "夫禮, 天之經也, 地之義也, 民之行也. 天地之經, 而民實則之 …… 禮, 上下之紀, 天地之經緯也, 民之所以生也", 『春秋左傳正義』 권51, pp.1666~1675.

②, ③, ④, ⑦, ⑨), 더 나아가 하늘의 길이고(⑤, ⑩), 몸과 사람의 근간을(⑥, ⑧) 이룬다. 그래서 예가 없다면 "설 수가 없다"(⑧). 여기에서 예는 단순한 사람 사이의 관계 규범 이상의 의미를 갖는다. 그것은 개인과 국가, 인간과 사회, 그리고 우주의 존재 원리를 표현하며, 또한 그들이 움직이는 작동의 원리이다. 마치 만물과 함께 있으면서도 만물의 운동을 관통하는 보편적 개념처럼 보인다. 두서가 말한 본체로서의 예는 이와 같은 『좌전』의 예 관념에서 나온 것이 아닐까.

『체론』의 구성과 내용도 『좌전』과 관련이 있는 듯하다. 두서가 '인륜'·'입신'·'이민'·'승잔' 등 4가지 주제를 가려내고 군, 신 등 8개 하부 항목에서 각각이 지켜야 할 원리를 세운 것은 『좌전』에 펼쳐진 국가와 인간의 역사를 나름대로 정리한 결과가 아닐까 한다. 만일 이러한 추정이 크게 잘못되지 않았다면 『체론』은 『좌전』을 체용의 관점에서 압축 정리한 작은 철학서라고 해도 좋다. 따라서 두서 또한 좌전학자였고, 『좌전』의 본뜻을 자신만의 독특한 방식으로 정리하여 '일가의 언言'을 세우려 했다고 추론해 볼 수 있다.

두서의 글은 지금까지 중요하게 평가받지 못하였다.[123] 그의 글은 철학적 추상성이 떨어진다는 이유에서 현학이 본격적으로 발전하기 전 단계의 사유를 표현한 것으로 간주되었다. 하지만 그러한 평가는 어디까지나 현학을 기준으로 삼은 것이다. 두기와 두서는 현학 명사 집단과 시종 거리를 두었다. 따라서 두서의 사상은 현학으로 가는 중간 단계가 아니라 그와 다른 길을 모색한 것으로 이해될 필요가 있다.

여기에서 잠시 두예 학문의 특성을 상기해 보고자 한다. 두예는 춘추의

---

123 그의 주장은 '철학상의 논증'을 거치지 않았으며 '기껏해야 일종의 정치 이론이며, 형이상학적 근거를 결여'했다는 평가를 받았다. 孔毅, 「禮與杜恕『體論』」, 『重慶師範大學學報(哲社版)』 2007-3 참조.

대의를 『좌전』에서 찾으려 하였다. 이것을 '전문주의傳文主義'라고 표현하는데, 이는 두예 학문의 주요한 특징이다. 그런데 이러한 특징이 등장하게 된 사상적 배경에 대해서 지금까지 설명된 일이 없다. 그것이 두예의 '예외적인' 학문적 역량에서 나왔다거나[124] 아니면 형주학의 영향이라는 설명이 있으나[125] 설득력이 크지 않다. 필자는 그의 '전문주의'가 두서의 학문에서 발전한 것이라고 본다.

두서는 예를 본체로 설정함으로써 『좌전』에서 수많은 역사적 사건의 의미를 헤아리는 논리를 세웠다. 즉 예는 본체이고 역사는 만물로 그와 상관한다. 그리고 그 예는 『좌전』에 서술된 역사를 통해서 비로소 이해될 수 있다. 필자는 두예가 부친의 사상을 계승하여 『좌전』 '내부에서' 『춘추』의 대의를 구하려 했고, 그것이 곧 전문주의적 경전 해석의 출현으로 이어졌다고 생각한다. 그럼으로써 『좌전』 이외의 경전들로 『좌전』의 사실들을 해명한 한대 학자들과 달리 두예는 『좌전』의 사실들로 『좌전』을 해명하는 방법을 개척했다고 본다.

이러한 추정에 큰 과오가 없다면 두서의 철학을 현학의 예비단계로 보는 평가는 부당하다. 필자는 그 대신 조위시대 체용론의 두 가지 갈래를 생각해 보았으면 한다. 하나는 노장사상의 철학을 끌어와 현상의 본질을 추구한 현학의 길이고, 다른 하나는 『좌전』에 기초하여 역사 속에서 본체를 추구한 사학의 길이다. 이렇게 볼 때 두서의 사상은 후자의 길을 여는 지점에 위치한다. 『좌전』에서 본체를 이끌어 내고자 한 그의 태도는 경서가 아닌 역사서에서 가치를 추구하려는 새로운 학문 방법으로 이어졌으며, 그의 아들 두예가 『좌전』 연구로 그 결실을 맺었다고 볼 수 있다.

이런 점에서 두예의 학문은 좁게 보면 부친의 사유를 계승한 것이며, 크

---

124 川勝義雄, 「春秋左氏傳序」, 『史學論集』 참조.
125 加賀榮治, 「第4章 杜預の春秋解釋の方法・態度」, 『中國古典解釋史 魏晉篇』 참조.

게 보면 조위시대의 사상적 흐름을 반영한 것이라 해도 좋을 듯하다. 두예는 부친으로부터 인생의 가치관뿐만 아니라 학술 사상에서도 큰 영향을 받았다. 이와 같은 부자 관계에 초순이 말한 것과 같은 어두운 그림자가 끼어들 여지는 없어 보인다.

관료로서의 두예:
함녕 4년(278)의 재해 대책을 중심으로

두서는 '공적 가치를 향한(向公)' 삶을 살았고, 그의 삶은 '질박한 태도로 성을 다하는(推誠以質)' 것이었다. 아들 두예는 그러한 부친의 모습을 닮아 그 역시 '힘써 대체大體를 숭상'한 관료로 기록되었다. 이 장에서는 그러한 평가가 두예의 실제 관료로서의 행적과 부합하는지를 헤아려 볼 것이다. 그럼으로써 그의 정치적 성향을 이해하는 단서를 구하려 한다. 만약 실제 행적이 사서의 평가를 뒷받침한다면 초순처럼 두예를 사악한 인물로 비판할 수는 없을 것이다.

두예는 다방면에 걸쳐 지식이 풍부하여 여러 일들에 관여하였다.[1] 우선

---

1 다음 연구들을 참조할 수 있다. ① 葉政欣, 『杜預及其春秋左氏傳』, 臺北: 文津出版社, 1989. ② 鄭達炘, 「西晉的興造之臣杜預」, 『福建師範大學學報(社科版)』, 1987-4. ③ 尙志邁, 「杜預其人」, 『張家口師專學報(社科版)』 1995-3. ④ 黎虎 主篇, 「杜預」, 『中國通史8 中古時代 魏晉

태시율령泰始律令의 제정을 꼽을 수 있다. 이 율령을 제정할 때 명목상 책임자는 거기장군車騎將軍 가충賈充이었으나 두예가 실무를 책임졌다. 그는 율령이 완성된 뒤 주해서를 출간하였고,[2] 그로써 이 율령은 '두율杜律'이라 칭해졌다.[3] 태시율령은 중국의 법 가운데 율과 령令이 처음으로 분화된 사례로 향후 율령의 모범이 되었다.[4]

두예는 과학기술 방면에도 공헌하였다.[5] 그는 중국에서 지각 변동을 예측한 최초의 인물로 소개되며,[6] 『춘추장력春秋長曆』이란 역법서를 저술하였다.[7] 『춘추좌씨전』과 『수경주水經注』에 있는 지리 주석은 그가 뛰어난 지리학자였음을 보여 준다. 또한 의기欹器란 기구를 만들어 황제에게 교훈을 주려 했고,[8] 인력으로 바람을 일으키는 풍로('인배신기人排新器'라 칭함)를 만들어 금속 가공에 활용하였다. 수력으로 쌀을 빻는 '연기수대連機水碓'란 기계도 만들었다. 또한 다수의 반대를 뚫고 두예가 감독하여 황하 하류에 건설한 부교浮橋는 후대 교량 건설의 모범이 되었다.[9]

두예는 말을 탈 줄도, 활을 쏠 줄도 모르는 사람이었으나[10] 군사 지휘관

南北朝」, 1995. 한편 ⑤ 文慧科, 「論杜預在政治上的改弦易張」, 『許昌師專學報』 2001에서는 두예가 司馬氏 세력과 손잡게 된 원인이 검토되었고, ⑥ 赫兆豊, 「杜預生平事迹新考─對〈中古文學繫年〉相關條目的商榷」, 『中南大學學報(社科版)』 20-2, 2014에서는 두예 행적의 정확한 연대가 규명되었다.

2 南朝 시기 晉律에 대한 張斐와 杜預의 注解가 읽혔고, 南齊 王植은 둘을 합쳐서 『晉律』 20卷으로 묶었다. 『南齊書』 권48, 「孔稚珪傳」, pp.835~836.

3 鄭達炘, 「西晉的興造之臣杜預」, 『福建師範大學學報 哲社版』 1987-4, p.96.

4 段秋關, 「西晉法律家杜預」, 『西北政法學院學報』 1984-2.

5 李迪, 「略論杜預的科學技術工作」, 『內蒙古師範大學學報(自然科學版)』 2003-3.

6 李鄂榮, 「杜預的地殼變動思想和試驗」, 『中國地質』 1986-12.

7 渡邊義浩, 「杜預の春秋長曆」, 『西晉「儒教國家」と貴族制』, 東京: 汲古書院, 2010.

8 欹器는 두레박 모양으로 양쪽에 귀가 달려 있어 물이 차면 중심이 위로 올라가 뒤집어지도록 설계되어 있다. 이것은 무엇이든 정도를 넘으면 엎어지고 만다는 교훈을 준다. 후한 말에 사라진 이 기계를 두예가 다시 만들었다. 『晉書辭典』, 濟南: 山東敎育出版社, 2001, p.631.

9 전국시대에 황하 중류에 부교를 세운 일이 있으나, 하류의 넓어진 강폭을 가로지른 다리를 놓은 것은 두예 때가 처음이었다. 北魏 시기 于栗磾는 두예의 사례에 착안하여 大船을 엮어 다리를 만들어 六軍이 횡단하도록 하였다. 『北史』 권23, 「于栗磾傳」, p.838.

10 "身不跨馬, 射不穿札", 『晉書』 권34, 「杜預傳」, p.1031.

으로 전장에서 여러 차례 공을 세웠다. 조위 말기에는 촉 정벌에 직접 참여하였고, 태시 6년(270)에는 대對선비 전선에 투입되었다. 손오 정벌 참전은 군사 경력의 정점이었다. 그는 남정南征의 전체 계획을 세웠을 뿐만 아니라 직접 강릉을 함락하여 전황을 우세하게 이끌었다.[11] 그 밖에 태시 7년(271) 흉노가 반란을 일으켰을 때 그에 대한 방어책을 제출하였다.[12]

탁지상서로서 두예는 재해 대책을 상주하였는데, 그 문장이 현재까지 남아 있다. 서진 대에 대규모 수해가 연속으로 동남 지역에서 발생하자 두예는 대책문을 올려 재해 원인을 구체적으로 지적하고 과감한 대응책을 제시하였다.[13] 이 상주문의 전문이 『진서』「식화지」에 실려 있어 그 중요성이 널리 인정되었음을 짐작할 수 있다. 이것은 관료로서 두예의 모습이 어떠했는지를 보여주는 귀중한 자료이다.

두예는 50세부터 57세까지(271~278년) 7년간 탁지상서로 있으면서 서진의 경제 정책을 총괄하였다. 중간에 탄핵을 받아 잠시 면관되었으나, 사면을 받기 전에도 후작侯爵 작위를 가지고 그 직책을 수행하였다.[14] 두예는 "안으로 국가를 이롭게 하고, 밖으로 변경을 구할 정책 50여 조항을 제

---

11 張曉彤,「西晉的軍事謀略家杜預」,『軍事歷史』1992-6; 黎虎 主篇,「杜預」,『中國通史8 中古時代 魏晉南北朝』, 上海: 上海人民出版社, 1995 참조.
12 『晉書』권34,「杜預傳」, p.1027.
13 이 문제를 전론한 논문으로 ① 張興兆,「水利的反面與後面」,『陝西水利』2005-6. ② 李秋芳,「試論杜預的農業貢獻」,『農業考古』, 2006-1. ③ 郭燦輝,「魏晉時期淮北平原的水土治理—對西晉杜預一篇奏疏的探討」,『安徽農業科學』36, 2008 등이 있다. 그 밖에 ④ 佐久間吉也,『魏晉南北朝水利史研究』, 東京: 開明書院, 1980, p.248. ⑤ 黎虎,「魏晉南北朝時期的農業」,『魏晉南北史論』, 北京: 學苑出版社, 1999, p.68. ⑥ 王仲犖,『魏晉南北朝史』上, 上海: 上海人民出版社, 1979, p.126~128. ⑦ 洪廷彦,「魏晉南北朝淮河流域的水利和旱澇災害」,『文史知識』1993-4, p.55. ⑧ 姚漢源,『中國水利發展史』, 上海: 上海人民出版社, 2005, pp.115~116. ⑨ 高敏,『魏晉南北朝經濟史』下, 上海: 上海人民出版社, 1996, p.743 등에서 이 문제를 비중 있게 다루었다. 두예의 상소문에 대한 상세한 역주는 다음에 있다. 陳連慶,『晉書食貨志 校注·魏書食貨志校注』, 長春: 東北師範大學出版社, 1999, p.123.
14 "並坐免官, 以侯兼本職",『晉書』34,「杜預傳」, p.1027.

시하였는데 모두 받아들여졌다."[15]고 한다. 이런 능력을 찬미하는 별명도 붙었다. "[두예가] 새로 일으키거나 낡은 것을 개혁한 국가의 일이 셀 수 없이 많았다. 조야에서 [그 능력을] 찬미하여 '두무고杜武庫'라고 칭하였는데, 이는 그 안에 없는 것이 없다는 뜻이다."[16] 탁지상서로 재임하였을 때 두예는 가장 활발히 활동한 듯하다.

다음에서는 상세한 기록이 남아 있는 탁지상서 시절의 재해 대책을 검토하여 두예가 어떤 관료였는지를 구체적으로 살펴보겠다.

I. 278년 수해와 두예의 대책

서진 무제 함녕 4년(278) 군국 27곳에서 수해가 발생하였다.[17] 같은 해에 20개 군국에서는 황충해蝗蟲害가 일어났다.[18] 조위 이래 황충해가 비교적 뜸했음을 감안하면[19] 이해의 재해는 유별났다. 황제는 특별히 조서를 내려 대책 마련을 요구하였고,[20] 이에 두예가 대책을 상신하였다.

당시 그는 7년간의 탁지상서 임무를 마치고 11월 손오 정벌에 참가할 예정이었다. 무제가 조서에서 가을의 황충에 대해 언급하고 있으니,[21] 두

---

15 "內以利國外以救邊者五十餘條, 皆納焉", 『晉書』 권34, 「杜預傳」, p.1027.
16 "損益萬機, 不可勝數, 朝野稱美, 號曰杜武庫, 言其無所不有也", 『晉書』 34, 「杜預傳」, p.1028.
17 『晉書』 권27, 「五行」 上, p.814.
18 『晉書』 권29, 「五行」 下, p.889.
19 蝗災가 曹魏 시기에는 2차례, 西晉 시기에는 6차례 발생했는데, 이는 秦漢 시기에 비해 월등히 감소한 수치였다. 章義和, 「魏晉南北朝時期蝗災述論」, 『許昌學院學報』 2005-1.
20 詔書가 내려진 시기를 『晉書』 「食貨志」는 咸寧 3년, 「杜預傳」은 4년이라 하였다. 「武帝本紀」에는 3년과 4년에 모두 水害 기록이 있다. 다음 문헌에 따라 이 책에서는 함녕 4년으로 비정하였다. 陳連慶, 『晉書食貨志校注 · 魏書食貨志校注』, p.123; 陸侃如, 『中古文學繫年』, 北京: 人民文學出版社, 1998, p.678.
21 "咸寧四年秋, 大霖雨, 蝗蟲起", 『晉書』 권34, 「杜預傳」, p.1028.

예의 상소는 전쟁에 나가기 직전에 제출되었을 것으로 보인다. 두예는 상소문에서 재해 피해를 이렇게 묘사하였다.

　이번 수재가 동남 지역에서 특히 심한데, 비단 오곡을 수확하지 못할 뿐만 아니라 (백성들의) 주거지와 생업이 모두 파괴되었으며, 저지대의 움푹한 경작지에는 더러운 물이 가득 차 있고, 높은 지대는 대부분 메마르고 척박한 땅이 되었습니다. 상황이 이러하니 백성의 곤궁함은 바야흐로 내년에도 찾아올 것입니다.[22]

　수해가 집중된 '동남' 지역은 연주와 예주 일대를 지칭한 것으로 보인다.[23] 이 지역의 대부분은 황하와 회수 사이에 위치했는데, 연주는 8개의 군국과 8만 3,300호, 예주는 10개의 군국과 11만 6,796호를 각각 거느렸다.[24] "오직 연주와 예주만으로 천하의 6분의 5를 상대한다."[25]라는 조조의 말처럼 위진 시기에 이 지역의 정치적 비중이 컸다. 연주의 여영汝潁 집단과 예주의 초패譙沛 집단은 정치의 두 축으로 평가되었다.[26] 또한 이 지역은 남북 간의 군사적 대치 지역으로 대규모 수리시설과 둔전이 집중된 곳이었다. 278년은 서진과 손오의 대규모 전쟁이 임박한 시점이었기 때문에 이때 연주와 예주 일대에서 발생한 수해는 여러모로 문제가 되었다.

　이 지역의 수해는 278년 한 해에만 발생하지 않았다. 265년 서진 수립 이후 278년까지 13년 동안 태시 4년(268), 5년(269), 7년(271), 함녕 1년(275), 2년(276), 3년(277), 4년(278) 등 모두 7차례의 수해가 기록되었다. 태시 4년의 수해는 청주·서주·연주·예주, 5년의 수해는 청주·서주·연주에서 발

---

22 "今者水災東南特劇, 非但五稼不收, 居業幷損, 下田所在停汙, 高地皆多磽埆, 此卽百姓困窮方在來年", 『晉書』 권26, 「食貨志」, p.787.
23 陳連慶, 『晉書食貨志校注·魏書食貨志校注』, p.125.
24 『晉書』 권14, 「地理志」上, pp.418~421.
25 "是我獨以兗·豫抗天下六分之五也", 『資治通鑑』 권62, p.1996.
26 萬繩楠, 『魏晉南北朝史論稿』 참조.

생하였다. 태시 7년에는 한해寒害와 더불어 수해가 황하·낙수·이수伊水·심수沁水 주변 지역에서 발생하였다. 함녕 1년에는 서주에서, 2년에는 한해와 수해가 하남군·위군·형주에서, 3년에는 연주·예주·서주·청주·형주·익주·양주에서, 4년에는 사주·기주·연주·예주·형주·양주 등에서 수해가 발생하였다. 7차례의 수해 가운데 연주와 예주가 피해를 입지 않은 경우는 함녕 1년 한 차례에 불과하였다. 이해 수해가 발생한 서주도 연주와 예주의 바로 옆 지역으로 크게 보면 '동남' 지역에 해당한다. 결국 서진시대의 수해는 거의 모두가 '동남' 지역에서 발생했다고 해도 과언이 아니다.

이처럼 이 지역에 수해가 집중된 이유는 어디에 있을까. 연주와 예주에는 여수汝水, 영수潁水, 사수泗水, 비수肥水 등 큰 강들이 있어 남쪽의 회수로 흘러들어 간다. 또한 호수들이 산재해 있어[27] 수해 발생이 용이한 환경이다. 그러나 당시 수해는 이 같은 지리적 요인 때문에 발생한 것만은 아닌 것 같다. 이 점은 후한 시기와 후한 말~서진 초의 재해 발생 양상을 비교해 보면 알 수 있다.

건안 연간을 제외한 후한의 170여 년 동안 가장 많이 발생한 자연재해는 지진이다. 모두 75건이 일어났으며, 전체 재해 가운데 대략 25%를 차지하였다. 그다음은 수해가 59건으로 19%, 가뭄 피해는 48건으로 16%, 기근은 31건으로 10%, 전염병은 19건으로 6%, 추위로 인한 한해는 18건으로 6%를 차지하였다. 반면 건안 연간부터 서진 무제기까지 90여 년 동안 가장 많이 발생한 자연재해는 수해였다. 모두 41건으로 30%를 차지하였다.

---

27 淮水 북쪽에는 圃田澤, 雷夏澤, 大野澤, 菏澤, 孟諸澤, 沛澤 등이 있고, 회수 이남에는 芍陂, 射陽湖, 樊良湖 등이 있었다. 스녠하이史念海에 따르면 비교적 큰 湖泊이 140개가량 있었다고 한다. 卜風賢, 『周秦漢晉時期農業災害和農業減災方略研究』, 北京: 中國社會科學出版社, 2006, p.238.

그다음은 가뭄으로 22건(16%), 추위에 의한 한해는 16건(12%), 기근은 16건(12%), 전염병 피해는 12건(9%)이었다. 후한 때 빈발한 지진 피해는 잦아들어 7건으로 전체의 5%를 차지하였다.[28]

이러한 내용 중 후한 말 이후 자연환경의 변화에 관한 두 가지 사실에 주목이 간다. 첫째, 한해가 후한 6%에서 후한 말 이후 12%로 증가하였다. 후한 이후 기후가 추워진 것은 널리 알려진 사실이다. 전한에 비해 최대 평균 4도가 낮아졌다는 주장도 있다.[29] 1890년에서 1990년 사이 지표면의 평균 기온이 섭씨 0.3~0.6도 상승함으로써[30] 온난화 문제가 크게 대두한 점을 감안하면 큰 폭의 변화가 아닐 수 없다. 황충으로 인한 재해가 12%에서 6%로 격감한 것도[31] 추운 날씨 탓에 유충의 생육이 어려워진 결과로 볼 수 있다.

둘째, 수해와 역병의 증가이다. 수해는 19%에서 30%로 늘어나 가장 잦은 재해가 되었고, 전염병도 6%에서 9%로 증가하였다. 278년 '동남' 지역의 수해는 이러한 재해 양상의 변화를 보여 준다. 하지만 하천과 호박湖泊이 많은 이 지역의 지리적 환경은 과거에 비해 크게 달라지지 않았다. 따라서 후한 말 이후 수해가 급증한 원인은 다른 측면에서 찾아져야 한다. 두예의 상소문은 그 이유를 찾는 데 유력한 단서를 제공한다.

(1) 피陂가 많으면 토지가 척박해지고 수심이 낮아져 비가 많이 와도 저지대 경작지에 물을 충분히 공급할 수 없게 됩니다. 매번 홍수와 큰 비의 피해가 발생하면 물이 범람 횡류하여 그 영향이 한전旱田에까지 미치게 됩니다.[32]

---

28 이상 부록 〈표 3〉 '후한과 후한 말~서진 초기 자연재해' 참조.
29 曹文柱, 『中國社會通史: 秦漢魏晉南北朝卷』, p.20.
30 J.R. 맥닐 지음, 홍욱희 옮김, 『20세기 환경의 역사』, 서울: 에코리브르, 2008, p.199.
31 蝗災는 漢代에 전체 재해 중 13%를 차지했으나 魏晉南北朝時代에는 5%로 떨어졌다. 章義和, 「魏晉南北朝時期蝗災述論」, 『許昌學院學報』 2005-1.
32 "陂多則土薄水淺, 潦不下潤. 故每有水雨, 輒復橫流, 延及陸田", 『晉書』 권26, 「食貨志」, p.788.

(2) 한대에 조성된 과거의 피·알과 산의 계곡에 설치된 사가의 작은 피들도 모두 수선하여 물을 채워 두어야 합니다. 그러나 조위시대부터 건립된 시설들과 강우로 제방이 무너져 형성된 포위피蒲葦陂나 마장피馬腸陂[33] 등 못쓰게 된 저수지들은 모두 파괴하고 물이 흐르도록 해야 합니다.[34] (밑줄은 저자 강조)

'피陂'란 물을 막는 제방이나 물이 차 있는 저수지를 의미한다. '알堨'은 주로 제방을 뜻한다. (1)에서는 피를 많이 세운 것이 수해의 원인으로 지목되었다. 상류에서 제방으로 물을 막았기 때문에 저지대에서는 농업용수가 부족해지고, 강수량이 많을 때에는 제방이 붕괴해 수해가 발생하였다. (2)는 이 문제에 대한 대책이다. 두예는 한대의 제방을 수리하여 물을 채우되, 조위 이래 건설된 제방은 모두 파괴하자고 주장하였다. 조위 이래에 만들어진 수리 시설은 방치되어 '못 쓰게' 된 곳이 많기 때문에, 이들을 부수고 원래의 하천 흐름을 복원하자고 주장한 것이다. 이러한 두예의 대책에 대해서 반대의 목소리가 만만찮다. 조위 이래 조성된 피·알에 여러 이해관계가 얽혀 있었기 때문이다.

Ⅱ. 사피 문제와 수해의 원인

두예의 상소문에는 사피泗陂 파괴를 둘러싼 논의가 소개되어 있다. 조위 시대에 조성된 '피·알'의 역할에 대한 심층적인 정보를 여기에서 볼 수 있다.

---

33 제방이 무너져 내려 저수량이 적고 부들과 갈대가 무성한 陂는 蒲葦陂라 하고, 못쓰게 된 구불구불한 陂를 馬腸陂라고 한다. 陳連慶, 『晉書食貨志校注·魏書食貨志校注』, p.134.
34 "其漢氏舊陂舊堨及山谷私家小陂, 皆當修繕以積水. 其諸魏氏以來所造立, 及諸因雨決溢蒲葦馬腸陂之類, 皆決瀝之", 『晉書』권26, 「食貨志」, p.789.

1. 사피 존치를 둘러싼 대립

사피는 예주 여남군汝南郡 송현宋縣의 남쪽에 있었다. 이곳은 현재 산둥성 쓰수이泗水현 인근을 흐르는 쓰허泗河와 무관하며, 안후이성 서북쪽 잉허 潁河에 면한 저수지로 보인다. 그 위치를 추정한 지도는 〈그림 1〉과 같다.[35]

당시 송현의 후상侯相 응준應遵은 사피를 파괴하자고 제안하였다. 그의 논리는 이렇다. ① 경사京師에서 수춘壽春으로 이어지는 조운로가 사피를 거칠 필요가 없다. ② 송현에는 둔전을 경작하는 전호佃戶가 2,600구에[36] 불과하다. ③ 그런데 사피는 경작지를 1만 3,000여 경이나 파괴한다. ④ 인구 규모를 감안할 때 이처럼 물을 많이 보관하는 저수지는 필요 없다. 요컨대 관개가 목적이라면 사피의 규모가 너무 크다. 당시 둔전의 1인당 평

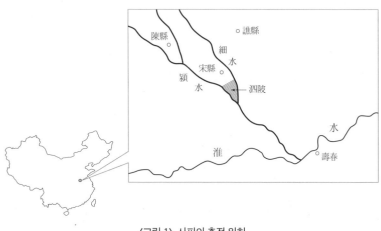

〈그림 1〉 사피의 추정 위치

---

35 이 지도는 陳連慶, 『晉書食貨志校注·魏書食貨志校注』, p.132에서 인용. 천롄칭은 『水經注疏』에 근거하여 泗陂는 潁水와 그 지류인 '細水' 사이에 있다고 보았다. 해당 사료는 다음과 같다. "細水又東南積而爲陂, …… 又東南流屈而西南入潁", (北魏)酈道元, 『水經註疏』 권22, 「潁水」, 南京: 江蘇古籍出版社, 1999, pp.1824~1825.

36 원문은 "應佃二千六百口"이다. 여기에서 '佃'은 국유지를 경작하는 둔전민이다. 高敏, 『魏晉南北朝經濟史』 上, p.195.

균 경작 면적을 대략 40~50무로 추산하면[37] 송현 관할 인구 2,600구가 경작할 수 있는 토지는 크게 잡아도 1,300경을 넘지 못한다. 게다가 이곳은 "그 땅이 좁아 인력을 다 활용할 수 없음을 근심"[38]할 정도로 경작지가 협소하였다. 그런데 사피는 경작지 1만 3,000여 경을 파괴한다고 하였다. 그 말은 저수지가 차지한 면적이 그 정도였다는 뜻이다. 결국 실제 경작지는 1,300경을 넘지 못하는데 저수지 면적은 그 열 배에 달한 것으로 보인다. 이처럼 쓸 곳이 없는 물을 많이 보관한 사피는 재해 예방 차원에서 파괴되어야 한다.

이와 같은 응준의 주장은 탁지와 도독의 반대에 부딪혔다. "당시 이 사안을 도독과 탁지에게 내려보내 함께 처리하도록 하였는데, 각자 자신의 주장을 굽히지 않고 응준의 말에 따르지 않았다."[39] 탁지는 군둔을 관할하는 사농탁지교위司農度支校尉를 가리킬 것이다.[40] 이들의 반대에 대하여 두예는 다음과 같이 평가하였다.

도독과 탁지가 다시 각자 자기 의견을 고집하는데, 이는 이해하기 어려운 사안이어서가 아니라 [서로 인식이] 달라 올바른 이해를 방해하기 때문입니다. 마음으로 바라는 바가 이미 다르기 때문에 이해관계를 생각하는 정황에도 차이가 납니다.[41]

두예는 이들의 반대가 기본적으로 인식 차이에서 비롯되었다고 보았

---

37 蔣福亞, 『魏晉南北朝社會經濟史』, 天津: 天津古籍出版社, 2005, p.206; 鄭欣, 『魏晉南北朝史探索』, 濟南: 山東大學出版社, 1989, p.70.
38 "而猶患地狹, 不足肆力", 『晉書』 권26, 「食貨志」, p.789.
39 "時下都督度支共處當, 各據所見, 不從遵言", 『晉書』 권26, 「食貨志」, p.789.
40 陳連慶, 『晉書食貨志校注·魏書食貨志校注』, p.133.
41 "而都督度支方復執異, 非所見之難, 直以不同害理也. 人心所見旣不同, 利害之情又有異", 『晉書』 권26, 「食貨志」, p.789.

다. 그렇다면 수해를 유발하는 사피를 존속하자고 주장한 사람들의 생각은 어떤 것일까. 사피 파괴에 반대한다는 것은 그곳에 대량의 물을 계속 보존해야 한다고 주장함을 의미한다. 그 이유는 무엇일까.

2. 사피를 보존해야 하는 이유

도독은 직접 군대를 지휘하고, 탁지는 군량을 공급하는 군둔을 관할한다. 둘 다 군사 방면의 일을 한다. 따라서 이들이 사피의 존속을 주장했다면 군사적 필요 때문이었을 것이다. 사피가 위치한 회수 유역은 남북 국가 간 전쟁이 빈발한 지역이었다. 그렇다면 사피에게 기대된 역할은 무엇일까.

후한 말 이래 서진 통일까지 90년 동안 남북 국가 간 전쟁은 국지전을 제외하면 29차례가량 발발하였다. 후한 말 건안 연간에 북방의 후한이 17~18년(212~213), 19년(214), 21~22년(216~217) 등 세 차례 남침하였고, 남방의 손권 정권은 20년(215), 24년(219) 두 차례 북벌을 감행하였다. 그런데 여기에 계절적 차이가 있다는 점이 주목된다. 북방의 남벌은 겨울과 가을에 이루어졌으나 남방의 북벌은 여름에 이루어졌다. 즉 남과 북의 나라들이 전쟁을 감행할 때 선호한 계절이 각각 달랐다.

조위~서진 시기에도 상황이 유사하였다. 조위는 222~223년(황초 3~4), 224년(황초 5), 225년(황초 6), 228년(태화 2), 250년(가평 2), 252년(가평 4), 264년(경원 5)에 남벌을 단행하였다. 이들 7차례 전쟁 가운데 겨울과 가을에 시작된 전쟁은 5차례, 여름은 1차례, 봄은 1차례였다. 이로써 조위는 겨울과 가을을 개전 시기로 선호하였음을 알 수 있다. 반면 손오는 226년(황무 5), 230년(황룡 2), 233년(가화 2), 234년(가화 3), 241년(적오 4), 246년(적오 9), 253년(건흥 2)에 북벌을 감행하였다. 이 7차례 전쟁 중 여름에 시작된 전쟁은 5차례, 겨울에 시작된 전쟁은 2차례였다. 남쪽의 손오는 북방의 조위와는 반대로 여름철 전쟁을 선호하였음을 알 수 있다.

서진 시기에는 진이 통일 전쟁에 소극적인 태도로 돌아서서 불과 3차례 남방 정벌 전쟁을 일으키는 데 그쳤다. 274년(태시 10), 278년(함녕 4), 279년(함녕 5)에 전쟁이 일어났는데, 가을에 2차례, 겨울에 1차례 전투가 시작되었다. 같은 시기 남방 국가인 손오는 268년, 270년, 271년, 272년, 275년, 277년 등 모두 6차례 북벌을 감행하였는데, 그 가운데 겨울에 전투가 시작된 경우가 5차례, 여름에 시작된 경우가 1차례였다.[42] 북방 국가인 서진은 조위와 마찬가지로 가을과 겨울 전쟁을 선호했지만 남방 국가 손오는 조위시대와 달리 겨울에 전투를 개시한 일이 많았다.

정리하자면 29건의 전쟁 가운데 북방 국가 조위·서진의 선제공격은 13건, 남방 국가 손오의 선제공격은 15건, 분류가 곤란한 것은 1건이다.[43] 개전 시기를 보면, 북방 국가는 겨울과 가을에 11차례, 여름과 봄에 각각 1차례 개전하였다.[44] 한편 남방 오의 개전 시기는 여름 7건, 겨울 7건, 봄 1건이다. 이 결과를 놓고 보면, 북방 국가는 가을과 겨울 등 추운 계절을 선호했고, 남방 국가는 특별히 선호하는 계절이 없었다고 말할 수 있다. 그렇다면 왜 북방 국가는 추운 계절에 전쟁을 하려 했을까. 농번기의 농민들을 배려했기 때문일까. 하지만 그런 이유가 실제 고려되었다는 근거는 찾을 수 없다.

북방 국가에서 여름을 피한 이유는 수전水戰의 기회를 가급적 줄이고, 남방의 말라리아 등 전염병을 피하려는 전략적 고려였던 것 같다. 후한 말 이후 장강 이남에 국가가 출현하고, 회수와 장강 등 수상 지역에서 남북이 대치하면서 수전의 중요성이 크게 증가하였다. 그 결과 북방 국가에서도

---

42 부록 〈표 4〉 '후한 말~서진 초(190~280)의 남북 간 전쟁' 참조.
43 高貴鄕公 감로 2년(257) 5월 남북 간 전쟁이 발생하였는데, 이것은 曹魏 諸葛誕이 반란을 일으켜 촉발된 것으로 남북 어느 편의 선공 때문이라고 보기 어렵다.
44 황초 6년(225)에 조위 군사는 5월에 출병했지만 진군 속도가 느려 가을에야 장강에 도착하였다. 이 경우도 가을로 분류하였다.

수군 양성에 힘을 쏟았다. 조조는, 비록 과장된 말이지만, 80만 수군으로 적벽전에 임했다고 자부하였다.[45] 또한 북방의 군대는 남하할 때 전함을 타고 수로로 이동해야 하였다.[46]

하지만 수전은 남쪽 군대의 장기였다. 오는 이미 건안 4년(199)에 6,000여 척의 군함으로 수군을 편성하였고, 전쟁이 벌어지면 수만 명의 수군을 즉각 동원할 수 있었다. 전함으로 대형 누선樓船뿐만 아니라 몽충蒙衝, 주가走舸, 유선油船 등을 다양하게 구비하였다.[47] 따라서 북방의 군대는 남방의 수군과 만나기를 꺼렸을 것이다.

233년(청룡 1) 조위 명제는 회남군의 국경 지대에 있는 합비성을 서쪽으로 30리 이동시켰다. 이 조치는 전선을 북으로 후퇴시키므로 많은 반대를 불러일으켰다. 하지만 "물에서 먼 곳으로 적을 유인하는 것"[48]이 전술상 유리하다는 판단 아래 강행되었다. 225년(황초 6) 조위의 수군은 장강이 얼어붙어 진격이 불가능해지자 곧 북으로 철수하였다. 날씨가 따뜻해져 물이 불어나면 오가 역습할 수 있다고 우려했기 때문이다.[49]

더위를 피한 또 다른 이유는 남방의 전염병에 대한 두려움이었다. 후한 말 이후 역병 발생률이 증가했는데, 후한 말부터 서진 통일 전까지 208년(건안 13), 209년(건안 14), 217년(건안 22), 219년(건안 24), 223년(황초 4) 2월, 223년 3월, 234년(청룡 2), 235년(청룡 3), 242년(정시 3), 253년(가평 5), 274년(태시 10), 275~276년(함녕 1~2) 등 총 12차례 전염병이 발생했다고 사료는 전한다.[50] 그중 217년에 발생한 피해가 컸다. 조식曹植(192~232)은 「설역기

---

45 "今治水軍八十萬衆",『資治通鑑』권65, p.2089.
46 洪廷彦,「魏晉南北朝淮河流域의 水利和旱潦災害」,『文史知識』1993-4, p.54.
47 余大吉,『中國軍事通史 第7卷 三國軍事史』, 北京: 軍事科學出版社, 1998, pp.417~419.
48 "引賊遠水",『三國志』권26,「滿寵傳」, p.724.
49 "(蔣濟는 말하길) 若水盛時, 賊易爲寇, 不可安屯, 帝從之, 車駕卽發",『三國志』권14,「蔣濟傳」, p.451.
50 부록 〈표 5〉 '후한 말~서진 초(190~280) 전염병 발생과 발병 배경' 참조.

說疫氣」란 글을 지어 당시의 참상을 기록했는데, 그는 전염병이 기후 변화 때문에 발생하였고,[51] 빈부격차 때문에 더욱 확산되었다고 보았다. 하지만 조식이 미처 생각하지 못한 문제가 있다. 그해 3월 조조의 군대는 남방의 유수오濡須塢[52]를 공격한 뒤 경사로 회군하였다. 이때 귀대 군인들과 함께 남방의 병원균이 북상하여 확산되었을 가능성이 있다.

앞에서 언급한 12건의 전염병 발생 사례 가운데 208년, 209년, 223년, 234년, 253년 등 5건이 전장에서 일어났으며, 217년의 발생도 전쟁과의 관련성이 의심된다. 223년 3월에 완현宛縣과 허창許昌에 퍼진 역병은 불과 한 달 전 오의 강릉성을 공격하다가 대규모 전염병 때문에 철수한 군인들이 전파시켰을 가능성이 있다.[53] 235년 경사에서 발생한 전염병에도 비슷한 배경이 있다. 한 해 전 234년 여름과 겨울 사이에 명제가 직접 군대를 동원하여 오를 정벌했고, 적국 병사들 사이에 역병이 확산되자[54] 군대를 철수하여 귀환하였다. 이때 귀환한 병사들이 경사 지역에 전염병을 옮겼을 가능성이 있다. 만일 이러한 예까지 적극 고려한다면 12건 중 8건이 전쟁과 관련이 있다.[55]

---

51 조식은 '寒暑錯時 是故生疫'이라고 말하였다. 曹植,「說疫氣」, 韓格平 主編,『魏晉全書』1, 長春: 吉林文史出版社, 2006, p.291.

52 濡須塢는 孫權이 曹操의 공격을 막고자 축조한 방어시설이다. 長江 유역의 안후이성 숨山縣 西南 지역에 있었던 것으로 보인다. 史爲樂 主編,『中國歷史地名大辭典』下, 北京: 中國社會科學出版社, 2005, p.2947.

53 『三國志』권2,「文帝紀」, p.82;『資治通鑑』권70, p.2212.

54 "吳吏士多疾病",『資治通鑑』권72, p.2294.

55 전쟁과 전염병의 상관성을 낮게 평가한 연구도 있다. 서기 1년부터 지금까지 대규모 전염병 유행은 모두 266차례 발생하였는데, 그 가운데 전쟁과 動亂이 발병 원인이 된 사례는 불과 5차례에 그친다고 하였다. 宋正海 等,『中國歷史大疫及其發生規律』,『中國古代自然災異群發期』, 合肥: 安徽教育出版社, 2002, p.221. 하지만 위진남북조시대의 사례들을 보면 그 견해를 수용하기 어렵다. 이 시기에 발생한 疫病에 대한 연구로는 ① 張美莉,「魏晉疫情特點簡論」,『商丘職業技術學院學報』4-1, 2005. ② 陳金鳳 · 王芙蓉,「兩晉疫病及相關問題研究」,『許昌學院學報』2005-3. ③ 薛瑞澤,「六朝時期疫病流行及社會救助」,『江蘇社會科學 歷史學研究』2004-2. ④ 孫麗,「兩晉十六國時期疫情淺析」,『山東教育學院學報』102, 2004-2 등이 있다. ②는 전염병 발생의 원인으로 ㉠ 수해와 가뭄 등의 자연재해 ㉡ 전쟁 ㉢ 제한된 의료 수준 ㉣

전쟁터에서 전염병이 발생하기 쉬운 계절은 여름이다. 대표적인 예가 253년의 전쟁이다. 당시 오군 20만 명이 장기간 조위의 신성新城을 포위해 공격하였다. 그런데 시간이 지나면서 오군은 전염병으로 쓰러져 갔다. "큰 더위가 찾아와 오국 병사들은 피로가 쌓여 가고, 물을 마신 후 설사가 나고, 발이 부어오르는 등 발병한 사람이 태반이었고, 사상자가 길바닥에 깔렸다."[56] 오의 장수 제갈각諸葛恪(203~253)은 전염병 발병을 발설하지 못하도록 막았으나 결국 군대를 철수하였다. 전투에서 승리하지 못한 그는 건강에서 죽임을 당하였다.

이처럼 '큰 더위(大暑)'와 그로 인한 전염병 발생은 전황을 바꿀 정도로 심각하였다. 241년 6월 사마의는 오를 정벌할 때 남방의 무더위를 고려하는 전술을 폈다.[57] 280년 3월 서진의 가충은 "바야흐로 여름이 되면 강회 지방에 물이 많아져 질역이 반드시 발생할 터이니" 후일을 도모하자고 하였다.[58]

수전과 전염병에 대한 두려움 때문에 북방 국가들이 더운 여름의 전쟁을 피했음은 이상의 사례들을 통하여 짐작할 수 있다. 그들이 가을과 겨울에 주로 전쟁을 개시한 이유가 여기에 있다. 그런데 겨울철에 군대를 동원하려면 넘어야 할 난관이 있다. 우선 추위 때문에 강물이 얼어붙어 수군의 이동이 불가능할 수 있다. 225년(황초 6) 10월 장강의 결빙으로 철수한 것이 그 대표적인 예이다.[59] 특히 당시 크게 떨어진 평균 기온은 겨울철 작전

강남 기후 등의 환경 요인 등을 들었고, ④는 전쟁이 가장 중요한 요인이라고 하였다.

56 "會大暑, 吳士疲勞, 飮水, 泄下·流腫, 病者太半, 死傷塗地",『資治通鑑』권76, p.2407. 여기에서 '流腫'은『漢語大詞典』(中, p.3273)에 독기가 아래로 내려가 발이 붓는 현상으로 脚氣病이라 설명되어 있다. '피부가 流動하고 부어오르는 것'이라는 해석도 있다. 賴炎元 註譯,『春秋繁露今注今譯』, 臺北: 臺灣商務印書館, 1984, p.353.

57 "干寶『晉紀』曰 …… 宣王以南方暑溼, 不宜持久, 使輕騎挑之",『三國志』권4,「三少帝紀」, pp.119~120.

58 "方夏, 江淮下溼, 疾疫必起, 宜召諸軍, 以爲後圖",『晉書』권40,「賈充傳」, p.1169.

59 "是歲大寒, 水道冰, 舟不得入江, 乃引還",『三國志』권2,「文帝紀」, p.85.

수행의 어려움을 배가했을 것이다.[60]

그다음으로 물 확보 문제가 있다. 겨울철에는 강수량이 적기 때문에 수군 이동에 필요한 수심을 확보하기가 어렵다. 이 문제는 결빙보다 더욱 심각할 수 있다. 242년(정시 3) 사마의는 남쪽 변경의 환성皖城 공격을 계획하면서 "겨울철에는 호수의 물이 말라 선박이 움직이지 못할 터이니"[61] 오군이 수전을 할 수 없는 이 시기에 공격하자고 주장하였다. 사마의는 오군의 어려움을 이야기했지만, 사실은 북방 군대도 곤란하기는 마찬가지였다. 수심이 얕으면 조위군도 전함을 타고 이동할 수 없기 때문이다. 앞서 말한 사피의 '쓸모없는 물'이 필요했던 이유는 혹시 이러한 문제와 관련이 있지 않을까.

3. 황초 6년의 사례

225년(황초 6) "10여만 군대를 이끌고 수백 리에 뻗친 깃발"[62]을 휘날리며 출발한 조위 수군은 10월 장강 부근에 도착하였다. 그러나 장강이 얼어붙어 배는 더 이상 진격하지 못하였다. 일부 지휘관들은 그곳에서 주둔하면서 해빙을 기다리자 하였으나 장제蔣濟(?~249)가 반대하였다. 이어지는 이야기는 다음과 같다.

> 장제는 이곳이 동쪽으로 호수가 가깝고 북쪽으로 회수에 임하니, 만일 물이 다시 불어나면 적군이 쉽사리 공략할 수 있으니 안전히 둔전할 수 없다고 하였다. 문제는 그 말에 따라 곧 출발하였다. 철수하던 중 정호精湖에 도착했는데 [수로의] 수량이 점차 줄어들었다. [이에 문제는] 선박을 모두 머물게 하고 [전

---

60 가평 4년(252)에 양자강 北岸의 徐塘에 진주한 魏軍은 추위 때문에 방비를 게을리하다가 吳軍에게 대패하고 수만 명이 전사하였다. 『資治通鑑』 권75, p.2399.
61 "湖水冬淺, 船不得行", 『晉書』 권1, 「宣帝紀」, p.15.
62 "戎卒十余萬, 旌旗數百里", 『三國志』 권2, 「文帝紀」, p.85.

함의 처리를) 장제에게 맡겼다.[63] (밑줄은 저자 강조)

조위 군대는 철군 중 정호에 도착했는데, 이곳은 회수와 장강을 잇는 중독수中瀆水 서도西道에 면한 호수였다. 당시 수군은 중독수 서도를 따라 퇴각하고 있었던 것으로 보인다. 이 물길은 197~200년(건안 2~5)에 광릉군태수 진등陳登이 뚫은 것으로,[64] 회수와 양자강을 직접 연결하는 전략적 가치가 큰 길이었다. 그러나 수심이 일정하지 않다는 문제를 안고 있었다. 수량이 풍부하면 전함 수천 척을 통과시킬 수 있지만, 반대로 수심이 부족할 때는 그러한 이동이 불가능하였다. 이전에 장제는 이 물길의 불안정성을 이유로 남벌을 반대한 바 있었다.[65] 〈그림 2〉는 중독수 서도와 정호의 위치를 보여 준다.

정호의 수량이 감소해 함선 이동에 필요한 수심을 확보하기가 어려워지자 "수백 리에 뻗친 깃발"을 앞세운 수천 척의 발이 묶였다. 상황이 심각해지자 문제는 아예 전함 절반을 불태우고 후퇴하는 안까지 고려하였다.[66] 이때 장제는 다음과 같은 해결책을 제시하였다.

본래 전선들을 쭉 연결하면 길이가 수백 리에 달하는데, 장제는 다시 땅을 파서 4, 5개의 길을 내고 배들을 이곳에 모았다. 그리고 미리 토돈土豚을 만들어 호수를 막고 그 물을 모두 늘어선 배의 후미로 몰아둔 뒤, 한순간에 막은 것을 터뜨려 배들이 회수로 들어가게 하였다.[67]

---

63 "濟以爲東近湖, 北臨淮, 若水盛時, 賊易爲寇, 不可安屯. 帝從之, 車駕卽發. 還到精湖, 水稍盡, 盡留船付濟",『三國志』권14,「蔣濟傳」, p.451.

64 佐久間吉也,『魏晉南北朝水利史研究』, pp.64~70.

65 佐久間吉也, 앞의 책, p.68.

66 "吾前決謂分半燒船于山陽池中",『三國志』권14,「蔣濟傳」, p.452. 精湖가 山陽에 있으므로 여기에서 '山陽池'는 精湖를 지칭하는 것으로 보인다.『資治通鑑』권70, p.2226.

67 "船本歷適數百里中, 濟更鑿地作四五道, 趣船令聚, 豫作土豚遏斷湖水, 皆引後船, 一時開遏入淮中",『三國志』권14,「蔣濟傳」, p.451.

〈그림 2〉 중독수 서도와 정호의 위치

　'토돈'이란 흙을 담아 두는 주머니 같은 것인데, 성을 쌓거나 물막이를 할 때 사용된다.[68] 장제는 우선 4, 5개의 길을 새로 파서 전함들을 그에 맞추어 배열하였다. 그러면 한 줄로 늘어섰을 때 수백 리에 달하는 함선의 대오가 4, 5줄로 나뉘면서 수십 리로 줄어들게 된다. 그다음 토돈을 사용하여 정호를 막아 그 물을 함선들의 후미로 유도한 뒤, 뒤편에서 한꺼번에 토돈을 터뜨려 물이 쏟아지는 힘으로 배를 전진시킨다. 이 방법은 결국 성공한 것으로 보인다. 낙양에 돌아온 문제는 장제에게 앞으로 적을 토벌할 때 자문을 구하겠다고 하였다.

　이 일화는 겨울철 전쟁 때 직면할 수 있는 문제를 잘 보여 준다. 겨울에는 하천 수량이 줄어들어 군선 이동에 지장이 생길 수 있다. 이 경우 수심

---

68 "以草裏土築城及鎭水也", 『資治通鑑』 권70, p.2226.

을 유지하기 위해 별도의 저수 시설이 필요하였다. 앞에서 본 대로 사피가 농경과 무관하게 많은 물을 보관했던 이유는 이 문제와 관련되지 않았을까. 다시 말해 사피는 겨울철에 영수潁水를 통하여 수군이 이동할 때 필요한 물을 담은 시설이었을 가능성이 있다. 이렇게 보면 사피는 관개 시설이 아니라 군사 시설이다. 앞서 보았듯이 탁지와 도독이 사피 제방의 파괴에 반대한 이유도 여기에 있다고 생각된다.

하지만 군사적 목적하에 많은 물을 보관해둘 경우, 제방이 부실하면 수해가 발생할 수 있다. 군사 시설인 사피가 인근 백성의 삶을 위협할 수 있는 것이다. 사피의 존치 여부를 놓고 의견이 대립한 이유가 이것이 아닐까한다. 사피 파괴를 주장한 지방관 응준은 민생 문제를 중시했지만, 수해를 목격하면서도 존치를 주장한 도독과 탁지는 국가의 군사적 목적을 우선시한 것으로 보인다. 그렇다면 사피 파괴를 주장한 두예는 국가의 군사적 목적보다 민생 안정을 우선시했다고 볼 수 있다.

III. 후한 말~조위 시기 개발과 서진의 재해

조위 때 만들어졌다가 방치된 수리 시설들의 폐해에 대하여 두예는 다음과 같이 말하였다.

> 피·알이 해마다 무너져 양전良田은 부들과 갈대의 밭으로 변하였습니다. 사람들은 수초가 빽빽이 자라는 늪지대 곁에 살게 되었고, 물과 땅의 〔용도가 그〕 마땅함을 잃었습니다. 그래서 가축을 방목할 뿐 곡물을 파종하지 못하며 수목은 말라죽었습니다. 이들은 모두 〔방치된〕 피 때문에 발생한 피해입니다.[69]

피와 알은 주로 관개용수를 저장하기 위해 축조되었다. 건안 연간 양주자사 유복劉馥은 "작피芍陂·가피茄陂, 그리고 칠문七門·오당吳塘 등의 알을 세워 도전稻田에 관개하였다."[70] 이 일로 백성들이 기뻐하고, 장강을 건넜다가 양주로 돌아온 사람이 1만을 헤아렸다.[71] 후한 말 이래 붕괴된 농업 생산 시설을 회복하기 위하여 수리 사업이 활발히 진행되었다.[72] 하지만 새로운 수리 시설들은 여러 가지 문제들을 발생시켰다.

광릉군태수 진등陳登은 중독수 서도를 개착하였으며, 애경피哀敬陂, 진공당陳公塘 등을 세웠다.[73] 그런데 조조가 회수 이남 사람들을 북방으로 강제 이주시키려 하자 209년(건안 14) 강회 간에 거주하던 10여만 명의 주민이 남으로 도주하였다.[74] 그 후 합비 이남에는 사람이 사는 곳이 환성皖城 한 곳만 남았다고 하니,[75] 장강 북안의 광릉군에 거주하는 사람도 크게 줄었을 것이다. 따라서 진등이 축조한 수리 시설은 그대로 방치되어 황폐해졌을 가능성이 높다.

지역민의 반대를 무릅쓰고 경작지를 넓히기도 하였다. 조위 문제 대 양평군과 패군 태수를 역임한 정혼鄭渾은 관할 지역에 습지가 많아 수해가 우려되자, 소현蕭縣과 상현相縣의 경계에 피·알을 세우고 도전을 열었다. 처음에 군민들은 이 사업을 '불편'하게 여겼으나,[76] 정혼은 백성을 독려하여 겨울 한 철 만에 공정을 완료하였다. 이 일은 그가 과거에 현령으로 봉

---

69 "陂場歲決, 良田變生蒲葦, 人居沮澤之際, 水陸失宜, 放牧絶種, 樹木立枯, 皆陂之害也", 『晉書』 권26, 「食貨志」, p.788.
70 "興治芍陂及(茄)陂·七門·吳塘諸堨以溉稻田", 『三國志』 권15, 「劉馥傳」, p.463.
71 "百姓樂其政, 流民越江山而歸者以萬數", 『三國志』 권15, 「劉馥傳」, p.463.
72 후한 말~조위 시기 피·알·거 등 수리 시설을 축조한 예는 대략 25건이다. 佐久間吉也, 『魏晉南北朝水利史硏究』 참조.
73 佐久間吉也, 『魏晉南北朝水利史硏究』, p.20.
74 "江淮間十餘萬衆, 皆驚走吳", 『三國志』 권14, 「蔣濟傳」, p.450.
75 "江西遂虛, 合肥以南, 惟有皖城", 『資治通鑑』 권66, p.2119.
76 "興陂堨, 開稻田. 郡人皆以爲不便", 『三國志』 권16, 「鄭渾傳」, p.511.

직할 때 백성들의 수렵 도구를 빼앗고 농경과 양잠에 종사하도록 강제한 일을 연상시킨다.[77]

강제적인 피·알 축조는 백성들의 의사뿐만 아니라 주변 환경도 고려하지 않고 진행되었다. 남쪽 경계를 오와 마주한 예주 자사 가규賈逵는 조위 문제 때 "언수鄢水와 여수汝水를 막고 새로운 피를 만들었다. 또한 산 위에서 빠르게 흘러내리는 계곡물을 막고 '소익양피小弋陽陂'를 만들었다."[78] 피의 축조와 '단산斷山'은 산악 지대를 훼손했을 것이다. 또한 사람들이 가후거賈侯渠라 칭한 운반용 수로(운거運渠) 200여 리를 뚫었다.[79] 국경 지대에서 이루어진 가규의 수리 사업은 군사상 수요에 따른 것일 수도 있다.[80]

정혼은 산양군山陽郡과 위군魏郡의 군태수로 자리를 옮긴 뒤에도 수리 시설 확충에 진력하였다. 이때 군민들은 "재목이 부족하여 고통받았다."[81] 그래서 별도로 느릅나무를 심어 울타리를 만들고 과실수를 심도록 장려하였다. 225년(황초 6) 명제의 황후 곽황후는 물을 막고 고기를 잡으려 하는 종형 곽표郭表에게 다음과 같이 충고하였다. "물은 응당 군량을 운반하는 배를 통용하는 데 사용해야 합니다. 현재 재목이 부족하고 [일을 시킬] 노와 객도 눈앞에 보이지 않습니다."[82] 당시 곽황후가 머무른 초현譙縣은 둔전과 수리 시설이 집중된 '동남' 지역에 있었다.

둔전 개간도 삼림을 훼손하였다. 문제 초기, 낙양 전농중랑장 왕창王昶

---

77 "渾所在奪其漁獵之具, 課使耕桑", 『三國志』 권16, 「鄭渾傳」, p.509. 정혼은 건안 연간에 경조 윤으로 있으면서 '移居의 法'을 제정하고, 호구 수가 많은 民戶와 그렇지 않은 單輕者를 묶고, 溫信者와 孤老의 사람들을 묶어 함께 稼穡에 힘쓰도록 하였다. 『三國志』 권16, 「鄭渾傳」, p.511.
78 "遏鄢·汝, 造新陂, 斷山溜長谿水, 造小弋陽陂", 『三國志』 권15, 「賈逵傳」, p.482.
79 "又通運渠二百餘里, 所謂賈侯渠者也", 『三國志』 권15, 「賈逵傳」, p.482.
80 가규는 토목 사업에 대해 "外修軍旅, 內治民事"하였다고 평하였다. 『三國志』 권15, 「賈逵傳」, p.482.
81 "郡下百姓, 苦乏材木", 『三國志』 권16, 「鄭渾傳」, p.511.
82 "水當通運漕, 又少材木, 奴客不在目前", 『三國志』 권5, 「后妃傳」, p.166.

(?~259)은 둔전 확대에 진력하였다. "당시 도기都畿 지역에는 수목이 숲을 이루고 있었다. 왕창은 수목을 베어내고 황무지를 개간하여 백성들에게 〔농사일을〕 권면하였다. 〔그가 조성한〕 간전墾田이 특별히 많았다."[83] 이처럼 숲이 사라지자 여름철에 집중된 강우를 막을 길이 없어 수해가 일어났을 것이다.

등애鄧艾(197~264)는 조위시대 개간과 수리 사업을 주도한 사람이다. 그는 유능한 장수로 관구검·문흠의 난을 진압하고, 오·촉과의 전쟁에서 공을 세웠다. 이뿐만 아니라 개간과 수리 사업에도 힘을 쏟았다. 그는 『제하론濟河論』을 저술하여 관개 시설과 조운로 정비의 필요성을 강조하였다. 또한 회수 이북에 2만, 이남에 3만의 군사가 각각 둔전을 경작할 수 있도록 경지를 확보하면 "6~7년 사이에 3천만 곡 이상의 군량을 회수 유역에 비축"[84] 할 수 있다고 주장하였고, 마침내 이루어졌다.

등애의 개간 사업은 철저히 군사적 목적 아래 진행되었다. 그는 자연을 군사적 목적에 맞추어 활용하는 데 비범한 안목을 가졌다. 어린 시절에 "매번 높은 산과 큰 호수를 보면 곧 군영을 세울 장소를 지목했다."[85]라는 이야기가 전한다. 그의 능력은 위·오 간의 대치 전선에서 최대치로 발휘되었다.

정시 연간에 등애의 주요한 수리 사업이 진행되었다. 그는 광조거廣漕渠를 개착하여 황하의 물을 변수汴水로 끌어들였는데, 이 물은 회수의 지류를 따라 동남방으로 흘러 여러 저수지를 채웠다. 또한 회양거淮陽渠와 백척거百尺渠를 뚫어 황하의 물이 영수를 거쳐 회수로 흐르도록 하고, 영수 주변 저수지들의 수위를 유지하게 하였다. 사피에 '쓸모없는 물'이 가득 담

---

83 "時都畿樹木成林, 昶斫開荒萊, 勤勸百姓, 墾田特多", 『三國志』 권27, 「王昶傳」, p.744.
84 "六七年間, 可積三千萬斛於淮上", 『三國志』 권27, 「鄧艾傳」, p.776.
85 "每見高山大澤, 輒規度指畫軍營處所", 『三國志』 권28, 「鄧艾傳」, p.775.

길 수 있었던 것도 이와 같은 공사의 결과가 아닐까. 등애가 뚫은 수로의 길이는 300여 리에 이르고, 물을 댄 농경지는 2만 경에 달하였다.[86] "수춘에서 경사에 이르기까지 농관農官과 병둔兵屯에서 기르는 닭과 개의 울음소리와 〔농경지의〕 천맥阡陌이 끊이지 않고 이어졌다."[87]라는 기사는 등애가 주장한 개간 사업의 결과를 묘사한 것이다. 즉 낙양에서 장강 이북의 국경 지역에 이르는 지역이 경작지로 연결되었다. 이 경작지들에 연결된 물길은 군사적 목적으로 설치되었으나 평시에는 농경용으로 사용하도록 한 것이다. 물론 전쟁 중에는 물길이 수군을 운반하는 데 이용되었다. "매번 동남 지역에서 전쟁이 발생하여 대군이 출정할 때면 배를 띄워 남하하여 회수와 장강에 도달할 수 있었다. 물자와 양식이 모두 갖추어져 있었는데, 수해가 발생하지 않았다. 모두 등애가 건의한 일의 결과이다."[88] 『태평환우기太平寰宇記』에 따르면 여남군 서평현西平縣에 등애가 조성한 피가 24곳이 있었으며, 임회현臨淮縣의 현성 남쪽 120리 지역에 등애가 조성한 둔전이 49곳이 있었다.[89] 닭과 개의 울음소리가 끊이지 않았다는 말이 과장이 아니었을 듯하다.

서진이 들어선 이후 동남 지역의 개발은 소강상태에 접어든 것으로 보인다. 서진의 많은 관료들은 전쟁보다 현상 유지를 원하였다. 실제로 서진이 오를 상대로 전쟁을 일으킨 횟수가 크게 감소하였으며, 통일 전쟁을 주장한 사람도 두예 등 몇 명에 불과하였다. 그 결과 전쟁 준비를 위해 조성된 회수 남북 수리 시설의 중요성도 감소했을 것이다. 두예는 동남 지역은 이미 피가 파괴되었다고 하면서 그 지역 군인과 서민들에게 종우種牛를 나

---

86 洪廷彦,「魏晉南北朝淮河流域的水利和旱澇災害」,『文史知識』1993-4.
87 "自壽春到京師, 農官兵田, 雞犬之聲, 阡陌相屬",『晉書』권26,「食貨志」, p.785.
88 "每東南有事, 大軍出征, 泛舟而下, 達於江淮, 資食有儲, 而無水害, 艾所建也",『晉書』권26, 「食貨志」, p.785.
89 王炳慶,「三國後期鄧艾屯田開鑿考略」,『東南學術』1999-3, p.111, 재인용.

누어 주자고 주장하였다.[90] 이는 둔전 경작이 예전 같지 못한 서진의 상황을 암시한다.

동남 지역의 수리 시설이 제 역할을 못하게 된 까닭은 그것이 백성의 농업 생산이 아니라 전쟁 준비를 목적으로 축조되었기 때문이다. 등애는 연주자사로 있을 때[91] 다음과 같이 말하였다.

나라의 시급한 일은 오직 농사와 전쟁뿐입니다. 국가가 부유해지면 군대가 강해집니다. 군대가 강해지면 전쟁에서 승리합니다. 그러므로 <u>농사는 승리의 근본입니다</u>. 공자는 '족식족병足食足兵'이라고 말씀하셨습니다. 식食은 병兵보다 앞서 해결해야 하는 문제인 것입니다. 위에서 만일 작위爵位를 설치하여 경작을 권면하지 않는다면 아랫사람들이 재부를 축적할 공을 세울 수 없습니다.[92] (밑줄은 저자 강조)

등애는 농사가 '승리의 근본(勝之本)'이기 때문에 중요하다고 여겼다. 경작지 확대는 군사력을 극대화하는 수단이었다. 공자의 말을 인용했으나 등애의 사고방식은 『상군서商君書』의 논리나 『염철론鹽鐵論』의 법술 관료들의 주장과 대동소이하다. 법가주의자들은 전쟁을 통해 국세를 확장하는 것을 지상 목적으로 삼았다. 반면 굶주린 백성을 구하는 것은 백성을 나태하게 만드는 불필요한 일로 보았다.[93] 개발의 부작용이나 재해 피해 등은 부차적인 문제였다. 조위시대는 법가가 우세한 시대였다. 유학자 최염崔琰

---

90 "東南以水田爲業, 人無牛犢. 今旣壞陂, 可分種牛三萬五千頭, 以付二州將吏士庶, 使及春耕", 『晉書』 권26, 「食貨志」, p.788.

91 등애는 254년(고귀향공 정원 1)에서 255년까지 연주자사로 있었다. 萬斯大, 『魏方鎭年表』, 『二十五史補編』 2, p.2621.

92 "國之所急, 惟農與戰, 國富則兵强, 兵强則戰勝. 然農者, 勝之本也. 孔子曰足食足兵, 食在兵前也. 上無設爵之勸, 則下無財畜之功", 『三國志』 권28, 「鄧艾傳」, p.777.

93 김석우, 「제3장 황정론의 전개」, 『자연재해와 유교국가: 漢代의 災害와 荒政 硏究』, 서울: 일조각, 2006 참조.

(?~216)은 도탄에 빠진 민중을 구할 생각은 하지 않고 갑병甲兵부터 따지는 조조를 강력하게 비난한 바 있다.[94]

이렇게 보면 서진 시기의 재해는 조위시대에 팽배한 국가주의적 사고 방식이 낳은 유산이라고 할 수 있다. 그런 점을 고려한다면 두예의 재해 대책은 이념적 의미를 가진다. 그의 주장은 과거의 국가주의적 정책을 뒤집는 것이었다. 군사적 용도로 건설된 수리 시설을 모두 파괴하자는 주장에는 그의 정치 이념이 담겨 있다. 두예에게는 국가의 영광보다 민본民本의 가치가 더욱 중요했던 것이다.

Ⅳ. 재해 대책에 드러난 정치적 입장

두예는 관료로서 남다른 사고방식을 지녔다. 그는 "근본적인 큰 문제를 바꾸어 올바른 방향을 정하지 않는다면, 단지 문건을 갖출 뿐 이익은 적을 것"[95]이라고 말하였다. 현안에 대해 미봉책을 세우기보다 근본적 해결을 중시했다는 말인데, 그의 재해 대책도 그러한 생각에 부합한다. 그렇다면 두예의 재해 대책은 어떠한 정치적 의미를 가졌을까.

서진시대에 두예와 유사한 재해 대책을 제안한 사람들이 더 있었다. 속석束晳(264?~303), 호위胡威(?~280), 유송劉頌(?~300) 등이다. 이들의 예를 통해 논의의 실마리를 풀어 보겠다.

첫째, 속석의 예를 보겠다. 그는 두예보다 다소 늦은 시기에 활동하였는데, 태강 연간(280~289)에 사공부 적조賊曹의 속료로 농사 진흥의 방략을

---

94 "末聞王師仁聲先路, 存問風俗, 救其塗炭, 而校計甲兵, 唯此爲先", 『三國志』 권12, 「崔琰傳」, p.268.
95 "而不廓開大制, 定其趣舍之宜, 恐徒文具, 所益蓋薄", 『晉書』 권26, 「食貨志」, p.787.

상소하였다. 그의 주장은 다음과 같다.

급군에 있는 오택은 양전 수천 경의 면적을 차지하는데, 그 안에는 더러운 물
이 차 있어 사람들이 개간하여 농사를 짓지 않습니다. 듣건대 그 국인들은 모두
말하길 배수 작업이 어렵지 않으며, 만일 갯벌을 들판으로 만들면 이익이 매우
클 것이라 합니다. 그러나 호강대족豪强大族은 어로의 풍요로움을 잃을까 아까
워해서 지방관들을 설득하여 끝내 (방죽을) 파괴하지 못하게 합니다. …… 형
주, 양주, 연주, 예주 등 진흙의 땅과 수로와 방죽들은 대부분 이러한 상황일 것
입니다.[96] (밑줄은 저자 강조)

서진 시기 3만 7,000호를 보유한 급군汲郡은 황하 북단에 위치하였다.
오택吳澤은 오택피라고도 하는데, 급군 안 서쪽을 흐르는 청수 주변에 있
었던 것으로 보인다. 그 크기는 남북 20여 리, 동서 30리에 달하였다.[97] 당
시 오택의 상황은 사피와 흡사했던 것 같다. 수천 경의 면적을 차지한 규
모였으나 더러운 물이 차 있어 농사에 방해가 될 뿐이었고, 수해를 유발
하였다. 이러한 상황에서 속석은 오택의 제방을 터서 그 물을 빼내고, 물
이 있던 곳을 경지로 바꾸어 백성들에게 제공하자고 주장하였다. 그런데
이 시도를 '호강대족'이 막았다. 이들은 지방관과 결탁해 오택에서 나오는
'어로의 풍요로움(魚捕之饒)'을 장악하였다. 오택의 물을 빼는 것은 그들의
이익을 해치는 일이었다.

이 이야기는 당시 수리 시설 해체 주장의 정치적 맥락을 보여 준다. 조
위시대에 조성된 저수지들은 전쟁이 줄면서 방치되었고, 각 지역의 대족

---

96 "又如汲郡之吳澤, 良田數千頃, 潭水停渟, 人不墾植. 聞其國人, 皆謂通泄之功不足爲難, 潟鹵
　　成原, 其利甚重. 而豪强大族, 惜其魚捕之饒, 構說官長, 終於不破. …… 荊·揚·兗·豫, 汙泥
　　之土, 渠塢之宜, 必多此類", 『晉書』 권51, 「束晳傳」, pp.1431~1432.
97 "吳澤陂, 南北二十許里, 東西三十里", 『水經注疏』 권9, pp.800~801.

들에게 장악되었다. 그들은 수대水碓 경영을 독점하고 호수와 강에서 일반인의 어로 행위를 금지했으며, 관개 시설의 이익을 누리면서도 유지 보수는 게을리하였다.[98] 속석은 이 현상이 비단 급군뿐만 아니라 형주, 양주, 연주, 예주 등 광범위한 지역에 만연해 있다고 주장하였다.

속석은 조부와 부친이 연이어 군태수를 역임한 집안에서 자랐다. 어쩌면 그 자신이 '호강대족' 출신일 수도 있다. 이 점을 감안한다면, 그의 주장은 개인의 이익보다 공익에 충실한 것이라 할 수 있다. 한편 속석은 두예와 간접적으로 관련된 사람이었다. 그는 두예를 두 차례 탄핵한 사예교위 석감의 방해로 장기간 관직에 나아가지 못하였다.[99] 또한 저작랑으로 봉직할 때 급군에서 대량으로 발굴된 죽서竹書를 해석하는 데 공을 세웠는데,[100] 두예는 그 해석본을 보고 완성 단계에 이른 『춘추좌씨전』 주석에 더욱 확신을 갖게 되었다고 한다.[101]

둘째, 두예의 상소문에 등장하는 인물 호위를 보겠다. 두예는 이렇게 말하였다. "신은 전에 응당 피를 파괴해야 한다고 주장한 상서 호위의 상주문을 보았는데, 그의 말이 지극히 간절했습니다."[102] 호위는 회수 남부의 수춘 출신이고, 부친 호질胡質과 함께 청빈함으로 이름난 관료였다.[103]

그가 상서 때 간쟁한 내용에서 그의 정치적 성향을 엿볼 수 있다. 그는 당시 정치가 너무 관대하니 엄격한 법 집행이 필요하다고 주장하였는데, 특히 자신과 같은 귀족 관료들이 먼저 법치의 대상이 되어야 한다고 하였

---

98 陳連慶, 『晉書食貨志校注 · 魏書食貨志校注』, pp.133~134.
99 속석의 형인 束璆가 석감의 從女를 부인으로 얻었다가 버렸다. 석감이 이 일로 앙심을 품어 속석이 관직에 나아가는 것을 방해하였다. 『晉書』 권51, 「束晳傳」, p.1427.
100 "晳在著作, 得觀竹書, 隨疑分釋, 皆有義證", 『晉書』 권51, 「束晳傳」, p.1433.
101 『春秋左傳正義』 「後序」, pp.1982~1983.
102 "臣前見尙書胡威啓宜壞陂, 其言懇至", 『晉書』 권26, 「食貨志」, p.789.
103 胡威가 입조했을 때 武帝는 그에게 "경과 부친 가운데 누가 더 청렴(淸)한가?"라고 물었다. 『晉書』 권90, 「胡威傳」, p.2330.

다. "바로 신과 같은 무리를 두고 한 말입니다. 〔이들에게도 엄정히 법을 적용해야〕 비로소 엄숙한 기풍을 세우고 법을 밝게 할 수 있을 뿐입니다."[104] 호위 또한 자기 집단의 이익보다 공익을 강조하는 관료였음을 알 수 있다. 비록 구체적인 내용은 알 수 없으나 그가 제방 파괴를 주장한 것도 같은 맥락의 행동으로 이해된다. 그는 두예가 주장한 '양암단상제諒闇短喪制'에도 찬성하였다.[105]

셋째, 유송의 예를 보겠다. 그는 하내군태수로 있을 때 관할 지역에 있던 공주 소유의 수대水碓들을 파기하였다. 수대란 수력을 이용해 쌀을 빻는 방아를 말한다. 사료의 기록은 이렇다. "군내에는 공주의 수대가 많이 있다. 〔수대는〕 흐르는 물을 막기 때문에 수해를 유발할 수 있다. 유송은 수대를 파기해야 한다고 상주하였다. 그 결과 백성들이 그 편함과 이익을 얻었다."[106] 수대를 작동하는 수력을 모으려면 제방 같은 물막이 시설이 필요하다. 만일 이 같은 시설이 관리되지 않아 무너지면 낮은 지역에 수해를 일으킬 수 있다. 수대 경영의 독점은 특권층이 산림수택에서 부를 축적하는 방법 가운데 하나였다. 유송은 그것을 해체하고 민생을 보호하려 한 것이다.

유송이 회남상淮南相일 때 관할 지역에 작피勺陂가 있었다. 그 둘레가 120여 리에 달하였다.[107] 서진시대에는 이 지역을 호강이 장악하였다. "과거에 작피를 수축할 때 해마다 수만 명을 동원했는데, 호강 집단이 〔이곳을〕 겸병하자 고빈孤貧한 사람들은 생업을 잃었다."[108] 작피는 본래 백성들의 노동으로 축조되었지만 그들에게는 이용할 권리가 없었다. 유송은 이

---

104 "正謂如臣等輩, 始可以肅化明法耳", 『晉書』 권90, 「胡威傳」, p.2330.
105 『晉書』 권20, 「禮」 中, p.620.
106 "郡界多公主水碓, 遏塞流水, 轉爲浸害, 頌表罷之, 百姓獲其便利", 『晉書』 권46, 「劉頌傳」, p.1294.
107 "陂周一百二十許里", 『水經注疏』 권9, p.2678.
108 "舊修勺陂, 年用數萬人, 豪强兼幷, 孤貧失業", 『晉書』 권46, 「劉頌傳」, p.1294.

문제를 개혁하였다. "누구나 다 힘써 일하도록 하고, 그 노력한 양에 따라 이익을 나누었으며, 백성들이 그 공평함과 은혜를 찬양하였다."[109] 유송이 구체적으로 무엇을 했는지는 사료에 드러나 있지 않다. 다만 전후 문맥을 살펴보면 백성들도 작피에서 어로 활동을 할 수 있게 되고, 호강에게 작피 보수의 책임을 지운 것으로 추측된다.

이상 세 사람의 예를 통해 피·알 등 수리 시설의 폐기가 호강 집단의 경제적 이해관계를 침해하는 일이었음을 짐작할 수 있다. 조위시대의 수리 시설을 파괴하자는 두예의 대책 또한 마찬가지였을 것이다. 다시 말해 피·알의 파괴는 수해를 방지하는 방법이었을 뿐만 아니라 특권 집단의 산림수택 독점을 막는 길이었다. 이런 점을 고려하면 두예가 한 다음 말도 이해가 된다.

군가軍家와 군현, 사대부와 백성 사이의 인식에 같은 점이 없습니다. 이들은 모두 각자의 이익에만 편중하고 해로운 점은 기억하지 않습니다.[110]

이는 피·알의 해체를 둘러싼 논란을 두고 한 말이다. 군가와 군현의 대립은 군사와 민생 두 목적 간의 대립을 뜻하며, 사대부와 백성의 대립은 호강대족 등 특권층과 백성 간의 계급적 대립을 의미한다고 읽을 수 있다. 두예의 주장은 군사보다는 민생, 특권 계층보다는 일반 백성의 편에 섰다. 이러한 주장을 편 두예를 주변 관료들이 달갑게 대했을 리 없다.

함녕 4년 재해 대책을 상주한 직후 두예는 탁지상서를 그만두고 진남대장군 도독형주제군사로 출정하게 되었다. 이때 조정의 백관들이 두예에게

---

109 "頌使大小戮力, 計功受分, 百姓歌其不惠", 『晉書』 권46, 「劉頌傳」, p.1294.
110 "軍家之與郡縣, 士大夫之與百姓, 其意莫有同者, 此皆偏其利以妄其害者也", 『晉書』 권26, 「食貨志」, p.789.

와서 인사를 전하였다. 그런데 양수羊琇(236~282)와 배해裴楷(237~291), 양준楊駿의 동생 양제楊濟(?~291) 등은 사소한 결례를 이유로 그를 만나지 않고 돌아가 버렸다.[111] 이들은 당대 최고의 귀족 가문에 속한 사람들이었다. 그들의 행동은 혹시 두예에게 가진 불쾌감을 표현한 것이 아닐까. 두예의 학문에 대한 평가도 처음에는 우호적이지 않았다. 『춘추좌씨경전집해』가 나왔을 때 "문文과 의義가 단순하고 직설적이어서(質直) 세상 사람들이 중시하지 않았다."[112] 처음 주석의 진가를 알아본 사람은 비서감秘書監 지우摯虞(?~311) 정도였다고 한다.

이제 이 장의 논의를 정리하고자 한다. 서진 정부의 유능한 관료였던 두예의 정치적 성향은 그의 역량이 빛을 발한 탁지상서 재임 시의 일에서 엿볼 수 있다. 그의 피·알 해체 주장은 현실적이고 구체적인 방안이었고, 갈등을 유발하였다. 두예는 호강 집단보다 당장에 있을 백성의 이익을 중시했고, 국가의 전쟁 준비보다 백성을 굶주림에서 구하는 일을 더 시급하게 여겼다. 자신이 속한 귀족 계층의 이익보다 민본주의적 이념에 충실한 그의 정책은 가히 '힘써 대체大體를 숭상'한 것이라 말해도 좋을 듯하다. 부친 두서의 표현을 빌린다면 그는 '정성을 다해 만물을 대해야 하는' '행의 체(行之體)'를 실천한 관료였다.

물론 두예는 지고지선한 가치를 위해 싸운 투사가 아니었다. 그가 서진의 수립 과정에 동참하여 조부 이래 이어온 조위 관료로서 가져야 할 충성심을 버린 것은 부인할 수 없는 일이다. 하지만 그렇다고 해서 두예를 불효와 불충의 대명사로 간주하는 것은 지나친 평가이다. 초순은 두예의 사악함이 그의 학문 활동을 좌우하였다고 보았다. 그의 말대로 과연 두예의 학문은 정치적 곡학아세에 불과할까. 제3부에서는 이 문제를 논의한다.

---

111 『晉書』 권93, 「羊琇傳」, p.2411; 劉義慶 著, 余嘉錫 箋疏, 『世說新語箋疏』, 「方正」 第5, p.293.
112 "文義質直, 世人未之重", 『晉書』 권34, 「杜預傳」, p.1032.

제3부

정치와 학문 사이

제1장

예제, 의례 논란과 '『춘추』의 시작'

경학은 유가 경전의 연구를 통하여 현실 정치에 필요한 이념을 제공한다. 그런 점에서 정치와 무관한 경학이란 상상하기 어렵다. 표면상 정치와 거리를 둔 경학 연구라 할지라도 시대적 요구를 반영할 수 있다. 하지만 이런 이야기가 옳다고 해서 경학 연구가 정치적 목적을 달성하기 위한 수단에 불과하다고 말할 수는 없다. 학문은 어디까지나 정치와 분리된 독립적인 영역의 일이며, 그것이 정치와 맺는 관계는 복합적이며 쉽게 표면에 드러나지 않는다.

초순의 주장대로 과연 정치적 의도를 가지고 두예가 춘추 해석을 조작했는지는 본격적인 학문적 검토로써 검증되어야 할 문제이다. 오랜 기간 두예는 정치적 목적을 위해 『춘추』를 곡해했다는 비난을 받았다. 특히 두예가 주장한 '양암단상제諒闇短喪制'와 '서시례書弑例'는 그러한 비난을 부른 장본이었다. 그만큼 중요하고, 또 두예 학문의 정치적 의도를 이해하기 위해 가장 먼저 검토해야 할 사안이지만, 관련 자료들을 충분히 검토한 연구가 뜻밖에도 많지 않다. 이 장에서는 논란의 중심에 있는 '양암단상제'와 '서시례'에 대한 기사를 검토하여 두예의 주장을 최대한 객관적으로 파악하고, 그가 제기한 '『춘추』의 시작'에 관한 논의를 통해 두예 학문의 정치적 의의를 이야기하겠다.

I. '양암단상제'

'양암단상제'는 상복례의 일종이다. 통상적으로 복상 기간은 3년이지만 양암단상제를 따르면 부모의 장례가 끝난 후 곧 상복을 벗고 국사에 임할 수 있다. 장례 이후의 복상 기간에는 '양암' 즉 거상居喪의 거처에서 근신하면서 애도의 마음만 표하면 되었다.[1] 이 예제는 오래된 관행으로서, 군주의 국정 운영이 복상의 의무 때문에 중단될 수 없다는 현실적 이유로 인해 지속되었다. 그런데 두예는 '양암단상제'가 경전에 명확한 근거가 있는 정규 예제라고 주장함으로써 논란의 불을 댕겼다.

많은 학자들은 두예의 '양암단상제' 주장이 특정한 정치적 목적에서 나온 것이 아닌지 의문을 품었다. 그러한 의문은 두예를 정치적 음모가로 묘사한 초순의 주장에서 영향을 받은 것으로 보인다. 최근 일본 학자 와타나베 요시히로는 ① 「杜預の左傳癖と西晉の正統性」② 「杜預の諒闇制と皇位繼承問題」 등의 논문을 통해[2] 두예 주장의 정치적 배경을 파헤치고

---

1 諒闇이란 『禮記』 등에 나오는 말로 天子가 居喪할 때의 居處 혹은 天子의 居喪을 뜻한다. 檀國大學校 東洋學硏究所, 『漢韓大辭典』 12, 서울: 檀國大學校出版部, 2007, p.926. '양암단상제'에 대한 개괄적 설명은 藤川正數, 「諒闇心喪の制について」, 『魏晉時代について喪服禮の硏究』, 東京: 敬文社, 1960 참조.
2 두 편 모두 渡邊義浩, 『西晉「儒敎國家」と貴族制』(東京: 汲古書院, 2010)에 수록되어 있다.

자 하였다. 그는 스스로 "초순의 두예 비판을 실마리로 삼아"(논문 ①, p.261) 논지를 전개했다고 말할 정도로 초순의 영향이 컸다고 고백하였다. 이 논문들은 '서시례'와 '양암단상제'를 각각 논의의 대상으로 삼았는데, 정치와 학술의 관계에서 두예 학문의 본질을 해명하고자 한 점에서 주목할 만한 시도이다.

'양암단상제'는 논문 ②에서 본격적으로 조명되었다. 서진 태시 10년 (274)무제의 황후 양씨楊氏가 사망하자 관례에 따라 황제와 신료들은 장례를 마친 뒤 상복을 벗었다. 그런데 국사를 담당하지 않는 황태자는 3년간 상복을 입어야 한다는 주장이 제기되었다. 이때 두예는 황태자도 상복을 벗을 수 있고, 3년 동안 근신 애도하면 된다고 주장했을 뿐만 아니라 이것이 경전에 근거를 갖춘 고래의 제도라고 하였다.[3]

와타나베 요시히로는 이 주장에 두 가지 정치적 목적이 있다고 보았다. 첫째, 두예는 비록 이른 시기에 상복을 벗을 수 있다고 할지라도, 마음으로 근신해야 하는 심상心喪 기간을 공식화함으로써 '효'와 같은 유교 도덕의 부흥을 강조하는 황제의 의도에 부응하였다. 둘째, 두예는 무제의 동생 사마유司馬攸(248~283)를 황제로 세우려는 목적하에 '양암단상제'를 주장하였다. 무제 때 황태자는 사마충司馬衷이었는데, 그의 자질에 의구심을 품은 사람들이 많았다. 두예는 양호羊祜(221~278) 등과 함께, 다수의 신망을 받

---

3 『晉書』권20(「禮」中, pp.618~623)에 이 과정이 자세히 서술되어 있는데, ① 主張 → ② 奏議 → ③ 著述의 세 단계로 진행되었다. ① 274년 7월 皇后 楊氏가 사망한 뒤 博士 張靖은 皇太子도 장례 후 喪服을 벗어야 한다고 주장하였고, 博士 陳逵는 황태자가 國事를 담당하지 않으니 3년간 상복을 입어야 한다고 주장하였다. 杜預는 황태자도 상복을 벗을 수 있으며, 3년간 상복 착용은 '事勢不得'의 불합리한 禮制라고 주장하였다. ② 두예는 奏議를 올려 皇帝가 상복을 벗지 않는다면 群臣들도 벗을 수 없기 때문에, 자신의 마음을 억누르고(屈己) 상복을 벗고 침묵으로 애도기간만 갖는다고 주장하였다. 또한 禮란 형식보다 내면의 도덕과 실용적 태도에 의해 지켜져야 한다고 주장하였다. ③ 결국 두예의 주장이 관철되어 황태자는 상복을 벗고 애도기간만 지키게 되었다. 두예는 博士 段暢으로 하여금 증거를 수집하여 논지를 보강하도록 하였고, 그 결과를 『喪服要集』 2권(晉征南將軍杜預撰; 『隋書』 권32, 「經籍志」 1, p.920)과 『集要』(『全晉文』 권43, 「杜預」, p.1705) 등으로 펴냈다.

던 태자태부太子太傅 사마유를 황태자로 삼으려 하였다. 이 상황에서 황후 양씨가 사망하였는데, 만일 황태자 사마충이 3년간 복상服喪을 하게 되면 태자태부太子太傅 사마유도 정치적 운신의 폭이 좁아질 수 있었다. 그래서 '단상'을 주장했다는 것이다.

유사한 일이 4년 뒤 함녕 4년(278)에 다시 발생하였다. 사마유의 양모 홍훈태후弘訓太后 양씨羊氏가 사망하여 사마유가 복상하게 되었다. 이때에도 두예는 심상으로 복상을 대신하도록 함으로써 사마유에 대한 예제적 구속을 최소화하려 하였다. 요컨대 와타나베는 두예의 '양암심상'론이 사마유를 황제로 세우기 위한 정치적 주장에 불과했다고 보았다.

최종적으로 사마유 옹립은 실패하였다.[4] 와타나베는 이 일을 "귀족이 형성한 여론을 무너뜨린 군주 권력의 엄존에 의해서 두예 등이 소망한 사마유의 제위 계승은 실현되지 못하였다."(논문 ②, p.320)라고 평가하였다. 그는 두예의 예론을 귀족 집단의 정치적 입장을 대변하고 황제 권력의 반대편에 위치한 것으로 이해하였다. 그의 주장은 황제가 '양암단상제'를 통하여 국가 권력의 도덕적 권위를 세우고자 했다는 주장과 상충한다.

황제와 귀족 간의 길항 관계를 중심축으로 예론의 역사적 의미를 파악하려는 경향은 한국 학자들의 연구에서도 볼 수 있다. 가령 김선민은 '양암단상제'를 황제권력을 강화하는 제도로 간주하였고, 심상 기간 동안 군주는 마치 비상계엄 때와 같은 분위기를 조성하여 신료들을 단속할 수 있었다고 주장하였다.[5] 이러한 주장은 '양암단상제'가 귀족의 이해를 대변

---

4 武帝 말년 朝臣들 다수가 사마유를 황태자로 추대했으나 中書監 荀勖과 侍中 馮紞 등의 참소를 받아 사마유는 齊 지역으로 出鎭하였고, 후일 36세의 나이로 사망하였다. 『晉書』 권38, 「齊王攸傳」, pp.1133~1135.
5 김선민, 「兩漢 이후 皇帝 短喪制의 확립과 官人三年服喪의 入律」, 『東洋史學研究』 98, 2007, p.138.

한다는 와타나베의 논지와 상충한다. 한편 홍승현은 두예의 예론이 제왕의 초월적 지위보다는 유학의 절대성을 편든 것이라 하였다.[6] 이 주장은 두예가 황제 권력보다 유가적 지식인의 자의식을 수립하는 일에 더 관심이 많았다고 본다. 김정식은 절충적 입장을 취하여, 비록 '심상'에 불과하지만 삼년상을 이행하여 '유가의 예치'를 강화하려 한 황제의 명분론과 관직과 봉록을 포기해야 하는 3년 복상을 피하려는 중신들의 현실론이 타협하여 만들어진 것이 '양암단상제'라고 보았다.[7]

하지만 과연 두예의 예론을 황제·귀족(사대부) 집단 간 권력 대립 구도 안에서만 이해해야 하는지 의문스럽다. 위의 주장들에서 보듯이 '양암단상제'의 정치적 함의는 다양하게 설명된다. 와타나베는 양암단상제가 황제와 귀족 양측 모두의 이익을 뒷받침할 수 있다고 설명하였다. 그의 주장에서 새로운 것은 사마유 관련 논의 정도이며, 정치적 목적을 위해 두예가 학문을 변조했다는 주장은 초순의 것과 다를 바가 없다.

학문의 시대적 의의를 파악하려면 기본적으로 관련 문헌을 충분히 검토해야 한다. 와타나베의 글은 그 점에서 아쉬움을 불러일으킨다. 그는 두예가 '양암단상제'의 근거로 삼은 문헌 기록 6가지를 『상서』와 『좌전』에서 추려 냈다.[8] 해당 사료의 요지를 정리하면 다음과 같다.

(1) (『상서』) 고종은 즉위 후 (죽은 소을小乙을 위해) 상중에 있으며(亮陰) 3년간 침묵하였다.[9]

(2) (장공 18) 괵공과 진후晉侯가 (새로 즉위한) 주왕에게 조현하니, 왕이 향례

---

6 홍승현,「中國 古代 禮制 연구의 경향과 과제—특히 喪服禮를 중심으로—」,『中國史研究』 36, 2005, p.331.

7 김정식,「唐前期 官人 父母喪의 확립과 그 성격—心喪, 解官을 중심으로—」,『中國古中世史 研究』 28, 2012, p.208.

8 渡邊義浩,「杜預の諒闇制と皇位繼承問題」, pp.310~311.

9 "高宗 …… 亮陰, 三年不言",『十三經注疏 整理本 尚書正義』, p.508.

를 베풀었다.[10]

(3) (희공 9) 장례를 치르지 않았으나 양공襄公은 제후諸侯와 회맹에 참가하였다. 그래서 '자子'라고 칭하였다. 무릇 상중에 있으면서 …… 〔회맹에 참가한〕 공후를 '자'라고 칭한다.[11]

(4) (희공 9) "〔혜왕이 붕어한 지 2년이 채 못 되었는데〕 천왕天王은 사신 재공宰孔을 보내 제사 지낸 고기(胙)를 제후齊侯에게 사여하였다."[12]

(5) (문공 9) "〔주왕의 사신인〕 모백위毛伯衛가 와서 금을 구하였다. …… 왕명을 칭하지 않은 것은 아직 이전 왕의 장례를 치르기 전이기 때문이다."[13]

(6) (소공 15년) "〔주 목후穆后의 장례를 마친 뒤 천자가〕 장례를 마친 뒤 상복을 벗고 문백文伯과 연회를 베풀었다."[14] (밑줄은 저자 강조)

3년상을 모두 이행하려면 장례를 마치고도 적어도 25개월 이상 상복을 입어야 하는데, 원칙적으로 그 기간 중에는 길례吉禮 거행이 금지된다.[15] 하지만 그 규정은 엄격히 지켜지지 못하였고, 한 문제 이후 황제는 장례 후 36일이 지나면 상복을 벗고 정상적으로 국사에 임하는 단상短喪 관례가 생겨났다.[16] 그런데 두예는 위의 문헌들을 근거로 들어 그것이 관행이 아니라 정식 규범이라고 주장하였다. (2), (4), (6) 『좌전』 기사를 보면 선군의 복상 기간이 아직 지나기 전이지만 새 군주가 향례와 연회 등 길례를 행하였다. 또한 회맹에 참여하고〔(3)〕 사신을 파견하는 등〔(4)〕 정상적으로

10 "十八年 春, 虢公·晉侯朝王, 王饗醴", 『春秋左傳正義』 권9, p.295.
11 "九年, 春, 宋桓公卒. 未葬而襄公會諸侯, 故曰子. 凡在喪 …… 公侯曰子", 『春秋左傳正義』 권13, p.408.
12 "王使宰孔賜齊侯胙", 『春秋左傳正義』 권13, p.409.
13 "毛伯衛來求金, …… 不書王命, 未葬也", 『春秋左傳正義』 권19상, p.606.
14 "旣葬除喪, 以文伯宴", 『春秋左傳正義』 권47, p.1547.
15 "三年之喪, 二十五月而畢, 哀痛未盡, 思慕未忘", 熊公哲 註譯, 『荀子今註今譯』, 臺北: 臺灣商務印書館, 1984, p.400. 3년상의 실제 기간에 대해서는 王肅의 25개월 설과 鄭玄의 27개월 설이 대립하였다. 張煥君, 「從鄭玄王肅之爭看經典與社會的互動」, 『淸華大學學報』 21(2006-6) 참조.
16 김선민, 「兩漢 이후 皇帝 短喪制의 확립과 官人三年服喪의 入律」, p.141.

국사를 처리하였다. 상복 기간 중에는 (1)에서 보듯이 침묵하며 근신하면
된다.

그런데 위의 기사들은 과거에 일어난 '선례'를 보여줄 뿐 '제도'의 규정
이라 할 수 없다. 『좌전』에는 복상 기간 중 군주의 국정 수행을 '비례非禮'
로 폄책한 일은 없으나, 그렇다고 해서 그것을 정규 제도로 설명한 기사도
없다. 두예는 주석에서 이 문제를 어떻게 설명하였을까. 이에 관한 두예의
주석은 9건이 있다.

① (은공 1) "제후諸侯 이상은 장례를 치른 뒤, 곧 최마縗麻의 상복을 벗고 곡위哭
位를 없애고 양암에서 3년 상례를 마쳤다."[17]

② (장공 1) "장공은 양암 중이었기 때문에 제후齊侯가 〔노국으로 올 경우〕 친영
親迎할 방식을 근심하였다. 〔양암 중인 장공은〕 차마 종묘에서 예를 갖추어
접견할 수 있는 상황이 아니었고, 또한 감히 왕명을 거역할 수도 없었으므로
바깥에 〔제후를 맞이할〕 건물을 세웠다."[18]

③ (민공 2) "대포大布는 거친 베이고, 대백大帛은 두꺼운 명주다. 대개 제후諸侯
가 양암 중에 입는 복장이다."[19]

④ (문공 1) "제후諸侯는 비록 양암 중에 있더라도 상제祥祭를 지낼 때가 되면 신
위神位를 놓고 곡하였다."[20]

⑤ (문공 1년) "전문傳文에 이 일로 인하여 범례를 발하였는데, 제후들이 양암 기
간 동안에 국사가 있으면 모두 길례를 행하였다고 밝히었다."[21]

⑥ (문공 2년) "양암 기간이 끝난 뒤에는 가호嘉好의 일로 안과 밖이 서로 교통
하여야 내외內外의 예가 비로소 갖추어진다. 〔전문의〕 이 경우는 복상 기간을

---

17 "諸侯已上, 旣葬則縗麻除, 無哭位, 諒闇終喪", 『春秋左傳正義』권1, p.68.
18 "公在諒闇, 慮齊侯當親迎, 不忍使以禮接於廟, 又不敢逆王命, 故築舍於外", 『春秋左傳正義』
권8, p.247.
19 "大布, 麤布. 大帛, 厚繒. 蓋用諸侯諒闇之服", 『春秋左傳正義』권11, p.363.
20 "諸侯雖諒闇, 亦因祥祭爲位而哭", 『春秋左傳正義』권18, p.559.
21 "傳因此發凡, 以明諸侯諒闇, 則國事皆用吉禮", 『春秋左傳正義』권18, p.562.

모두 준수한 뒤 즉위한 것이다."[22]

⑦ (소공 12년) "전문은 자산子産이 향연을 사양한 이야기를 마무리한 것이다. 이미 장례를 마쳤으니 곧 면상免喪하였음을 밝힌 것이다."[23]

⑧ (소공 15년) "천자와 제후는 졸곡卒哭 때 응당 상복을 벗어야 한다. 그런데 지금 왕은 장사葬事를 지내고 곧 상복을 벗었기에, 그가 정해진 복상 기간을 다 채우지(逢服) 않았음을 비난한 것이다."/ "지금 비록 수복逢服할 수 없을지라도 응당 정숙하고 침묵해야 하는데, 연회와 음악을 즐겼으니 이 또한 예를 잃은 행동이다."[24] (밑줄은 저자 강조)

공영달은 ①이 '양암단상제'의 증거라 하였다.[25] 이 기사는 『좌전』의 "조생불급애弔生不及哀"란 구절에 대한 주석인데, 그 뜻은 "살아 있는 사람에게 조문하였으나, 애도하는 기간에는 미치지 못하였다."(밑줄은 저자 강조)이다. 두예는 '애도하는 기간(哀)'이 3년의 양암 근신 기간을 뜻한다고 보았다. 다만 그렇게 본 이유를 따로 설명하지 않았다. 공영달의 정의에서도 별다른 근거를 찾을 수 없다.[26]

양보쥔楊伯峻에 따르면 '조생불급애'는 『순자』「대략편大略篇」에도 나온다. 『순자금주금역荀子今註今譯』에서는 '조생불급애'를 이렇게 풀이하였다. "죽은 이를 장사 지내는 데 필요한 물건이 시체를 관에 넣기 전에 도착하지 않았고, 살아 있는 사람에게 조문하기 위해 보낸 물건이 장례를 마치

---

22 "謂諒闇旣終, 嘉好之事通于外內, 外內之禮始備. 此除凶之卽位也", 『春秋左傳正義』 권18, p.573.
23 "傳終子産辭享, 明旣葬則爲免喪", 『春秋左傳正義』 권45, p.1492.
24 "天子諸侯除喪當在卒哭, 今王旣葬而除, 故譏其不逢" / "言今雖不能逢服 猶當靜嘿 而便宴樂 又失禮也", 『春秋左傳正義』 권47, p.1550.
25 "傳曰「弔生不及哀」, 此皆旣葬除服諒闇之證也", 『春秋左傳正義』 권2, p.69. "正義曰, 旣葬除喪, 唯杜有此說", 劉文淇 撰, 『春秋左氏傳舊注疏證』, 京都: 中文出版社, 1979, p.13.
26 孔穎達의 正義를 보면, 盧欽과 魏舒가 두예에게 '諒闇心喪制'의 근거를 묻자 두예는 다음과 같이 답하였다. 첫째, 昭公 12년 鄭國 簡公의 장례를 마치고 곧 免喪하였다. 둘째, ①의 "弔生不及哀" 구절을 제시하였다. 『春秋左傳正義』 권2, p.69.

기 전에(不及悲哀) 도착하지 않았다면 그것은 예가 아니다."[27] 여기에서 '애哀'는 망자가 죽은 시점부터 장례 절차를 마치고 묘廟에 돌아와 곡을 하는 '반곡反哭'의 시점까지, 다시 말해 장례 절차의 시작부터 끝까지를 말하는 것으로 보인다.[28] 그렇다면 순자는 '애哀'의 의미를 두예와 전혀 다르게 본 것이다.[29] 순자는 '애'가 정식 장례 절차가 끝날 때까지, 즉 양암 기간이 시작되기 전까지를 뜻한다고 보았고, 두예는 양암에서 3년 상례를 마칠 때까지인 심상 기간 전체를 뜻한다고 보았다. 양보쥔은 순자의 해석이 옳다고 하였고, 다케조에 고코竹添光鴻도 "두예의 주석은 예와 어긋남이 분명하게 드러난다."[30]라고 하였다. 과연 두예는 문헌을 잘못 이해하여 '양암단상제'를 주장한 것일까.

주석 ②를 보면 양암제는 『좌전』 기사 해석의 변수이다. 노 장공 1년, 딸을 제로 출가시키려 한 주 천자는 동성 제후국인 노국의 장공에게 혼사를 맡겼다. 노 장공은 친영 의식을 치를 건물을 나라 '바깥에(於外)' 지었다. 주 천자의 딸이 혼사를 치르러 이 건물에 도착하면 제 양공襄公도 이곳에 와서 신부를 맞이하는 의식을 치르고자 한 것이다. 두예는 이때 장공이 양암 기간 중에 있었기 때문에 혼사를 치를 건물을 국내가 아니라 국외에 세웠다고 설명하였다.

두예 이전 학자들은 『곡량전』에 따라[31] 제와 노의 군주가 원수 사이였기 때문에 건물을 노국 '바깥에' 지었다고 설명하였다. 노 장공의 부친 환공이 제에서 피살되었기 때문에 제 양공은 장공에게 원수였다. 더욱이 부

---

27 "送死不及柩尸, 弔生不及悲哀, 非禮也", 『荀子今註今譯』, 「大略篇」 第27, p.547.
28 楊伯峻, 『春秋左傳注』, p.17.
29 孔穎達은 '卒哭'이 葬禮와 같은 달에 행해지는 일로, '葬之餘事'라고 하였다. 『春秋左傳正義』 권2, p.68.
30 "杜注顯與禮悖", 竹添光鴻, 『左氏會箋』, p.33.
31 "穀梁傳曰 …… 左氏先儒亦用此說", 『春秋左傳正義』 권8, p.247.

친이 죽은 지 얼마 안 되어 복상 중이었기 때문에 친영 장소를 국외에 세웠다는 것이다.[32] 그러나 두예는 장공이 이미 상복을 벗고 '양암심상' 기간 중에 있었다고 보았다. 만일 노 장공이 '심상'이 아닌 정식 복상 중이었다면 주 천자가 그에게 혼사 주관을 요청했을 리 없다는 것이다. 국사를 볼 수 있는 '심상' 기간이었기 때문에 혼사 주관을 요청할 수 있었으며,[33] 다만 친영 의식만은 국외에서 하도록 했다고 보았다. 이 설명은 『곡량전』의 설명보다 합리적으로 보인다. 만일 노·제 양국이 원수지간이었다면 주 천자가 군이 노국에 이 혼사를 맡길 이유가 없기 때문이다.

두예 주장의 근거는 이 외에 여러 군데에서 찾을 수 있다. 『좌전』 기사 어디에서도 새 군주가 등장한 뒤 복상 문제 때문에 국사가 중단된 사례를 찾을 수 없다. 주석 ③에서 보듯이 '심상' 기간 중에는 거친 베와 두꺼운 명주옷을 입어야 하며, ⑦·⑧과 같이 향연을 뒤로 미루는 등 절제된 생활을 해야 하였다. 그러나 ⑤에서 보듯이 길례를 포함해 군주가 임해야 할 국가적 사무는 복상 기간 중에도 계속 진행되었다. 두예는 과거의 역사적 사실들을 예제가 실재했음을 보여 주는 근거로 보았던 것 같다. 나아가 복상 기간 중 길례를 행할 수 있는 이유가 범례에 있다고 하였다. 주석 ⑤는 다음의 『좌전』 문장에 대한 것이다.

무릇(凡) 국군國君이 즉위하면 경卿이 여러 나라로 가서 두루 빙문聘問하여 과거의 우호 관계를 지속하고, 외국과 원조 조약을 체결하고, 이웃 나라와 잘 지내어 그로써 사직을 보호하는 것이 충忠·신信·비양卑讓의 도道이다.[34]

---

32 "仇讎之人, 非所以接婚姻也. 衰麻, 非所以接弁冕也", 『春秋穀梁傳注疏』 권2, p.73.
33 "以此益明杜諒闇之言爲得其實", 『春秋左傳正義』 권8, p.247.
34 "凡君卽位, 卿前並聘, 踐修舊好, 要結外援, 好事鄰國, 以衛社稷, 忠信卑讓之道也", 『春秋左傳正義』 권18, p.561.

즉위 직후의 군주는 아직 복상의 의무를 끝내지 못한 처지일 것이다. 위 기사는 이때 군주가 수행해야 할 임무를 말한다. 새로 즉위한 군주는 사신을 파견하고 조약을 체결하는 등 앞선 군주가 수립한 국제 관계를 발전시켜야 할 책무가 있다. 그것은 '범' 즉 '범례'로서 제시되었다.

두예는 '범례'가 곧 "주공이 제정한 예경禮經"[35]이라 하였다. 그의 입장에서는 범례의 하나인 '양암단상제'가 주공이 세운 정식 예제가 아니어야 할 이유가 없다. 다시 말해『좌전』의 역사적 사실들에 부합하며, 범례의 규정에 부합한다는 이유로 두예는 '양암단상제'를 정규 예제로 간주한 것으로 보인다. 따라서 두예의 주장은 자신의 춘추 해석법을 일관되게 적용한 결과이다. 만일 이 주장이 특정한 정치적 의도로 조작된 것이라면, 그에 상응하여 발생한 논리적 문제점이 적지 않았을 것이다.

두예의 주장에 담긴 의도는 현실 정치보다 원론적 문제와 관련이 있어 보인다. 위에서 인용한『좌전』기사에 따르면 '양암단상제'는 "이웃 나라와 잘 지내어 그로써 사직을 보호(好事鄰國, 以衛社稷)"하기 위해 필요한 예제였다. 새로 즉위한 군주는 복상 예법에 얽매이기보다는 국정 공백을 최소화하고 선군이 구축한 국제 관계를 이어받아 국가를 보위해야 하였다. 그것이 곧 예의 본질에 부합하므로 '양암단상제'가 필요한 것이다.

두예가 범례를 '예경'이라 한 이유도 생각해볼 필요가 있다. '예경'이란 표현은『좌전』은공 7년조에 한 차례 나온다. 동맹국에게 "임금의 죽음을 알리고 누가 그 지위를 계승했는지를 알려 국가 간 우호 관계를 지속하고 백성을 쉬게 하기 위함이다. 이를 예경禮經이라 한다."[36] 예경 즉 예의 상법 常法 혹은 대법大法은[37] 국가와 백성의 안정이란 공리적 목적과 연관되며,

---

35 "此言凡例, 乃周公所制禮經也",『春秋左傳正義』권4, p.121.
36 "告終稱嗣也, 以繼好息民, 謂之禮經",『春秋左傳正義』권4, p.121.
37 "禮經猶曰禮之經, 言禮之大法也", 竹添光鴻,『左氏會箋』, p.87.

'양암단상제'는 그 가치에 부합한다.

두예가 '양암단상제'를 주장한 이유는 크게 세 가지로 정리된다. 첫째, '양암단상제'는『좌전』의 역사적 사실에 부합한다.『좌전』에는 즉위 초의 군주가 복상 의무 때문에 국사에 지장을 받는 일이 등장하지 않는다. 또한 복상 기간 중의 국사 수행이 '비례非禮'로 비난받은 일도 없다. 둘째, '양암 단상제'는『좌전』의 문장과 논리적으로 합치한다. 그러한 사례를 장공 1년 혼례에 관한 주석에서 확인할 수 있다. 셋째, '양암단상제'는 예의 본질에 부합한다.『좌전』에서 '예'의 본질은 국가와 민의 복리라는 공리적 관점에서 설명되었다. '양암단상제'는 그 정신에 부합하는 예제이다.

따라서 두예가 정치적 목적을 이루기 위해 '양암단상제'를 주장했다고 믿기는 어렵다. 다만 나중에 정치적으로 이용되었을 가능성을 배제할 수는 없다. 하지만 처음부터 정치적 의도를 가지고 '양암단상제'를 내세웠다는 주장과 나중에 정치적으로 활용된 것 사이에는 커다란 차이가 있다.

Ⅱ. '서시례'

'서시례書弒例'에[38] 해당하는 구절은『좌전』선공 4년조에 나온다.

　　무릇(凡) 군주 시해 사건을 기록할 때〔『춘추』경문에〕군주의 이름을 칭하면 군주가 무도無道한 탓에 일어난 사건이란 뜻이며, 만일 신하의 이름을 칭하면 그것은 신하의 죄를 폄책한다는 뜻이다.[39]

---

38 두예의『春秋釋例』에 제시된 書例는 모두 42종이고, 그중 15번째로 '書弒例'가 있다. 葉政欣,
　　『杜預及其春秋左氏學』, pp.195~198.
39 "凡弒君, 稱君, 君無道也. 稱臣, 臣之罪也",『春秋左傳正義』권21, p.698.

두예는 '범'으로 시작하는 이 구절을 '범례'의 하나로 보았고, 학자들은 이것을 '서시례'라고 칭하였다. 그런데 무도한 군주를 살해한 사건을 기록하는 서법이 있다면 그것은 곧 무도한 군주에 대한 시해를 용인하는 일이 될 수 있다. 그 점에서 이 서법은 '난신적자亂臣賊子'를 필주筆誅한다는 '춘추의 대의'와 모순된다. 심지어 이 서법은 모든 군주에 대한 공격을 정당화할 수도 있다. 와타나베 요시히로는 '서시례'가 "학문에 대한 진지한 자세가 없으며", 순전히 정치적 목적을 지닌 주장이라고 혹평하였다.[40]

이와 같은 평가는 과연 타당한 것일까. 선학의 연구 중에 의외로 관련 자료를 종합적으로 검토한 것이 없다.[41] '서시례'가 적용된 『춘추』 기사, 그와 관련된 역사 사실을 언급한 『좌전』 기사, 그에 대한 두예의 주석 등을 모두 검토할 필요가 있다. 우선 『춘추』의 시군弑君 기사를 모두 모아 보겠다.

〈표 1〉 『춘추』의 군주 시해 기사와 서시례

	시기	시해자	피살된 군주	신하 폄책 '稱臣 臣之罪'	군주 폄책 '稱君 君無道'
1	은공 4	衛衛 주우州吁	衛衛 환공桓公	①	
2	환공 2	송宋 독督	송宋 상공殤公	②	
3	장공 8	제齊 무지無知	제齊 양공襄公	③	
4	장공 12	송宋 만萬	송宋 민공閔公		
5	희공 10	진晉 이극里克	진晉 도공悼公		
6	문공 1	초楚 세자世子 상신商臣	초楚 도공穆王(頵)	④	
7	문공 14	제齊 공자孔子 상인商人	제齊 소공昭公(舍)	⑤	

---

40 渡邊義浩, 「杜預の左傳癖と西晉の正統性」, p.272.
41 류자허는 '君無道'에 해당하는 기사 7가지 모두를 제시하여 두예 주석에 『左傳』의 내용이 충실히 반영되었다고 지적하였다. 劉家和, 「從淸儒的臧否中看『左傳』杜注」, 『史學, 經學與思想』, 北京: 北京師範大學出版社, 2005, p.281. 그러나 류자허도 '臣之罪'는 검토하지 않았다.

8	문공16	송인宋人	宋송 소공昭公(杵臼)			①
9	문공18	제인齊人	제齊 의공懿公(商人)			②
10	문공18	거莒	거莒 기공紀公(庶其)			③
11	선공2	진晉 조돈趙盾	진晉 영공靈公(夷皋)	⑥		
12	선공4	정鄭 공자公子 귀생歸生	정鄭 영공靈公(夷)	⑦		
13	선공10	진陳 하징서夏徵舒	진陳 영공靈公(平國)	⑧		
14	성공18	진晉	진晉 여공厲公(州蒲)			④
15	양공25	제齊 최저崔杼	제齊 장공莊公(光)	⑨		
16	양공26	衛위 영희甯喜	衛위 상공殤公(剽)			
17	양공30	채蔡 태자太子 반般	채蔡 경후景侯(固)			
18	양공31	거인莒人	거莒 군주 밀密			⑤
19	소공13	초楚 공자公子 비比	초楚 영왕靈王(虔)	⑩		
20	소공19	허許 세자世子 지止	허許 군주 매買	⑪		
21	소공27	오吳	오왕吳王 요僚			⑥
22	정공13	설薛	설薛 군주 比比			⑦
23	애공6	제齊 진걸陳乞	제齊 군주 사荼	⑫		

* 표에서 번호가 없는 공란은 '서시례'가 적용되지 않은 경우다.

『춘추』에는 모두 23건의 군주 시해 기사가 있다. 그 가운데 '서시례'가 적용된 기사는 19건이다. 그중 신하의 이름을 칭한 '신지죄臣之罪'는 12건, 군주의 이름을 칭한 '군무도君無道' 기사는 7건이다. '서시례'가 적용되지 않은 4·5·16·17 기사는 이미 『좌전』에 잘못의 소재가 명시되어 있어 따로 포폄의 서례를 적용하지 않았다고 한다.[42]

춘추시대에는 고위 관료나 연장자를 부를 때 관작官爵이나 자字만을 칭하였다. 이름을 직접 부르는 것은 무례한 행동으로 도덕적 비난을 포함할 수 있다.[43] 칭명 의례는 여기에서 유래한다. 그렇다면 '서시례'에 의한 『춘

---

42 鎌田正, 『左傳の成立と其の展開』, p.629.
43 劉家和, 「淸代의 『左傳』 연구」, 『제15회 東洋學國際學術會議論文集』(1995), p.307.

추』의 포폄이 과연 『좌전』의 역사적 사실과 부합하는가를 따져볼 필요가
있다.

〈표 1〉에서 군주를 칭명한 기사는 7건인데, 그중 ① · ② · ③ · ④ · ⑤에서
실제 군주가 무도했음을 『좌전』 기사에서 알 수 있다. 8-①에서 송 소공昭
公이 '무도'하여 국인들이 군주 대신 공자公子 포鮑를 옹립하였다.[44] 9-②
를 보면 제 의공懿公은 제나라 사람 병촉邴歜과 염직閻職 두 사람에게 피살
되었는데, 의공은 이 두 사람에게 원한을 살 만한 행동을 하였다.[45] 두예는
이에 대해 "당시 제인齊人이 의공을 미워하여, 두 사람이 〔군주를 시해할 때〕
두려움이 없었다."[46]라는 주석을 달았다.

10-③의 『춘추』 기사는 다음과 같다. "〔기공紀公이〕 국인에게 무례한 일
을 많이 하여 태자 복僕이 국인의 도움을 받아 기공을 시해하였다."[47] 즉
기공은 스스로의 잘못으로 인해 살해된 것이다. 14-④ 기사를 보면 피살
된 진晉 여공厲公은 사치하였을 뿐만 아니라 많은 대부들을 모두 제거하고
자 하였다.[48] 그 밖에도 많은 악행을 일삼자 대신 난서欒書 등이 그를 죽였
다. 18-⑤ 기사에 따르면 거국莒國의 여비공犁比公이 포학하여 국인들이
근심하였다. 그래서 폐출된 세자 전여展輿가 국인을 이끌고 그를 시해하였
다.[49] 이들은 모두 무도한 군주가 불행을 자초한 예로서 『춘추』의 '서시례'
적용이 『좌전』의 사실과 일치함을 보여 준다.

그러나 21-⑥, 22-⑦의 사례는 다르다. 21-⑥은 오왕吳王 요僚를 공자公

---

44 "昭公無道, 國人奉公子鮑", 『春秋左傳正義』 권20, p.652.
45 懿公은 과거 원한이 있던 邴歜 부친의 시신을 무덤에서 파내어 그 발목을 잘랐고, 邴歜을 御
   者로 삼았다. 또한 閻職의 아내를 빼앗고 염직을 자신의 驂乘으로 삼았다. 『春秋左傳正義』 권
   20, p.660.
46 "言齊人惡懿公, 二人無所畏", 『春秋左傳正義』 권20, p.660.
47 "且多行無禮於國, 僕因國人以弑其公", 『春秋左傳正義』 권20, p.661.
48 "晉厲公侈, 多外嬖, …… 欲盡去羣大夫而立其左右", 『春秋左傳正義』 권28, p.918.
49 "犁比公虐, 國人患之, 十一月, 展輿因國人以功莒子, 弑之", 『春秋左傳正義』 권40, p.1299.

子 光光(나중의 합려闔閭)이 시해한 기사인데, 두예가 직접 "요가 자주 전쟁을 일으켜 백성이 피폐해졌다."[50]라는 주석을 달아 오왕 요의 무도함을 강조하였다. 그런데『좌전』기사에는 오왕 요가 국상國喪 중의 초를 상대로 전쟁을 일으켰다는 기록은 있지만 두예의 말대로 '백성을 피폐民罷'하게 만들었다는 기록은 없다.『춘추』기사가 오왕 요의 이름을 칭하여 폄책하였기 때문에 두예는 이에 근거해 상황을 유추하는 주석을 단 것으로 보인다.

22-⑦의 설국薛國 군주 시해 사건의 경우『좌전』에 아예 관련 기사가 없으나 두예는『춘추』기사에 "군주의 이름을 칭한 것으로 보아 군주가 무도하였다."[51]라는 주석을 달았다. 오로지 '서시례'만으로 그러한 주석을 단 것이다.

이상에서 '군무도'의 '서시례'가 적용된 7건의 기사를 살펴보았다. 5건의 경우『좌전』에서 실제 군주가 무도했다는 사실을 확인할 수 있었고, 2건의 경우『좌전』에 해당 기사가 없으나 '서시례'와 모순된 기사도 없음을 알 수 있었다. 다시 말해『좌전』의 역사적 사실과 모순된 기사가 없다. 21-⑥에서 두예가 '민파民罷'라고 주석한 것도 전쟁에 따른 백성의 피폐함을 예상할 수 있기 때문에 가능한 해석이다. 만일 두예가 정치적 목적에 따라 '서시례'를 주장했다면 과연 이러한 결과를 얻을 수 있을까. 만일 서시례에 문제가 있다면 두예가 아니라『좌전』자체가 비난을 받아야 할 것이다.[52]

다음으로 '신지죄臣之罪'를 폄책한 기사 12건을 살펴보겠다. 역시『춘추』의 포폄과『좌전』의 사실을 비교하였는데, 그 결과 '군무도'의 경우와 큰 차이가 있음을 알 수 있다.『좌전』기사를 보면 전체 12건 가운데 6건에서 신하의 무도함이 아니라 살해당한 군주의 무도함을 전한다. 다시 말해

---

50 "僚亟戰民罷",『春秋左傳正義』권52, p.1703.
51 "無傳, 稱君, 君無道",『春秋左傳正義』권56, p.1838.
52 劉家和,「淸代의『左傳』연구」, p.281.

『춘추』의 서법은 신하를 폄책하지만, 『좌전』의 역사적 사실은 오히려 군주의 악행을 보여준 것이다. 그 구체적인 내용을 보자.

〈표 2〉 신하 칭명과 『좌전』 기사 비교

		『춘추』: 신하 칭명	『좌전』: 군주 무도
2-②	환공 2	송독宋督 상공殤公 시해	"상공은 즉위한 이래 10년 동안 11차례 전쟁을 일으켜 백성이 감내할 수 없었다."[53]
3-③	장공 8	제 무지無知 양공襄公 시해	"군주가 백성을 방종하게 만들어 난이 장차 발생할 것."[54]
11-⑥	선공 2	진晉 조돈趙盾 영공靈公 시해	"진 영공이 군주의 도를 잃었다."[55]
13-⑧	선공 10	진陳 하징서夏徵舒 영공靈公 시해	"진 영공이 …… 행보에게 말하길 '징서徵舒가 너와 닮았다.'라고 하였다."[56]
15-⑨	양공 25	제 최저崔杼 장공莊公 시해	"(장공은 진晉의 내란을) 틈타 진을 정벌하였다."[57]
19-⑩	소공 13	초 공자公子 비比 영왕靈王 시해	"초왕은 영윤令尹으로 있을 때 대사마 원엄蒍掩을 살해하고 그 집을 빼앗았다."[58]

위의 여섯 사례에서 진 영공(13-⑧) 외에 나머지 군주들은 국인의 공분을 산 '무도한' 군주임이 분명해 보인다. 즉 군주 스스로 불행을 자초하였다.[59] 그렇다면 이 사건들은 군주의 이름을 칭하여 '군무도' 서법에 따라

---

53 "宋殤公立, 十年十一戰, 民不堪命", 『春秋左傳正義』 권5, p.158.
54 "君使民慢, 亂將作矣", 『春秋左傳正義』 권8, p.268.
55 "晉靈公不君", 『春秋左傳正義』 권21, p.684.
56 "陳靈公 …… 謂行父曰「徵舒似女」, 『春秋左傳正義』 권22, p.719.
57 "(莊公) 又以其間伐晉也", 『春秋左傳正義』 권36, p.1164. 이 밖에도 棠公의 妻를 취하고 崔杼를 모욕하는 등 악행을 저질렀다.
58 "楚子之爲令尹也, 殺大司馬蒍掩而取其室", 『春秋左傳正義』 권46, p.1510. 그 밖에 大夫의 田地를 빼앗고, 許國 인민을 이주시키고, 會盟 때 越 大夫를 모욕하였다.
59 나머지 6건의 경우를 간략히 설명하겠다. 〈표 1〉 1-①에서는 弑害者 州吁가 임금을 시해하고 백성을 暴虐하게 부렸다고 비난받았다. 6-④, 7-⑤에는 피살된 군주 楚王과 齊侯의 잘못이 기술되지 않았다. 12-⑦에도 정 靈公의 잘못이 기술되지 않았다. 주석에서는 弑害한 사람보다 그 옆 사람을 稱名한 이유를 설명하였다. 20-⑪에서는 군주와 신하 어느 쪽이 문제인지

기술되어야 한다. 그러나 거꾸로 신하의 이름을 칭하여 신하를 폄책한 서법이 사용되었다. 이처럼 군주의 잘못을 가리는 방향으로 써진 '서시례'가 군주 시해를 정당화하고자 만들어졌다고 할 수 있을까. '서시례'는 차라리 신하의 권력을 누르기 위해 사용된 것이라 해야 논리에 맞지 않을까. 이 점을 감안하면 '서시례'가 군주 시해를 정당화하고자 고안되었다는 초순과 와타나베 등의 주장에 수긍하기가 어렵다.

주목되는 점은 이처럼 『춘추』의 서법과 『좌전』의 사실 간에 괴리가 클 경우 두예가 그것을 해명하는 주석을 달았다는 것이다. 위의 여섯 사례 가운데 네 곳에서 그러한 설명을 볼 수 있다.

11-⑥: 영공이 군주의 도를 잃었으나 칭신稱臣하여 시해했다고 기록한 것은 양사良史의 법을 보여 집정의 신하를 깊이 꾸짖기 위함이다. 그 서례가 [선공] 4년에 있다.[60]

13-⑧: 영공의 악함은 백성에게 미치지 않았다. 그래서 칭신하여 시해를 기록한 것이다.[61]

15-⑨: 제후齊侯는 비록 맹주盟主를 배신하였으나 백성에게 무도하지는 않았다. 그래서 신의 이름을 기록하여 최저에게 죄를 주었다.[62]

19-⑩: 영왕은 무도하였으나 [춘추에서 도리어] 시해한 신하를 칭하고, 공자 비가 모의를 주도하지 않았으나 도리어 그가 시해했다고 기록한 것은, 공자 비가 비록 협박으로 즉위했을지라도 [그가 즉위한 것은 사실이기에] 그에게 죄를 가한 것이다.[63] (밑줄은 저자 강조)

『좌전』에 명료하지 않고, 두예가 『춘추』 문장에 따라 폄책한 것으로 보인다. 23-⑫에서도 '君無道'의 내용은 보이지 않고, 다른 사람을 시해자로 稱名한 이유를 주석에서 설명하였다.

60 "靈公不君, 而稱臣以弑者, 以示良史之法, 深責執政之臣, 例在四年", 『春秋左傳正義』 권21, p.679.
61 "靈公惡不加民, 故稱臣以弑", 『春秋左傳正義』 권21, p.679.
62 "齊侯雖背盟主, 未有無道於民, 故書臣, 罪崔杼也", 『春秋左傳正義』 권36, p.1160.
63 "靈王無道而弑稱臣, 比非首謀而反書弑, 比雖脅立, 猶以罪加也", 『春秋左傳正義』 권46,

11-⑥의 주석은 사관인 동호가 '양사良史의 법'에 따라 군주가 무도했음에도 불구하고 집정인 조돈에게 시해의 최종 책임을 씌웠다고 설명한다. 13-⑧, 15-⑨의 주석은 영공과 제후에게 사악함이 있었으나 그 피해가 백성에게 직접 미치지 않았기 때문에 신하 폄책의 서법을 적용했다고 말한다. 19-⑩의 주석은 군주가 무도했으나 결국 왕위를 차지한 사람은 군주를 살해한 공자 비였기 때문에 그의 죄를 폄책하였다고 설명한다.

이러한 두예의 주장을 입증할 만한 객관적 근거는 없다. 군주의 무도함이 백성에게 미치지 않았다는 식의 설명은 두예의 추정에 불과하다. 특히 공자 비의 사례처럼 왕위를 찬탈한 사람의 이름을 칭해야 한다는 주장은 이해하기가 어렵다. 그렇다면 다른 무도한 군주의 시해 사건들도 다 찬탈자를 폄책해야 하므로 '군무도'의 칭명 서례 자체가 불필요해지기 때문이다.

이러한 문제점들을 두예가 몰랐을 리 없다. 그렇다면 그가 진정 말하고자 한 바는 무엇일까. 그가 설명하려 한 것은 『좌전』 해석의 일관성이 아닐까. 위의 주석들의 핵심은 『춘추』의 범례와 『좌전』의 역사 사실 사이의 논리적 괴리를 메우려는 노력이다. 여기에서 특정한 정치적 의도는 발견할 수 없다. 군주 시해에 관한 기사 어디에도 『좌전』에서 벗어나 자의적으로 군주 혹은 신하의 권한을 옹호하려 한 흔적은 없다.

그런 점에서 '군무도'의 서례가 '학문을 대하는 진지한 자세'를 결여하였으며, 순전히 정치적 목적을 위해 조작되었다는 비판은 아무런 근거가 없다. '군무도'에 대한 두예의 주석이 고귀향공을 시해한 사건을 정당화하려 한 것이라는 초순과 와타나베 요시히로의 지적은, 서진의 정치 상황에 두예의 일부 주석을 끌어다 맞춘 설명에 불과하다. 요컨대 '양암단상제'와 '서시례'에서 두예 학문의 정치성을 확인하려 한 주장들은 성립할 수 없다

p.1508.

고 결론 내릴 수 있다. 그렇다면 두예의 주석은 당시의 시대 상황과 아무 관련이 없을까?

Ⅲ. '『춘추』의 시작': 「춘추좌씨전서」 둘째 문답을 중심으로

두예가 저술한 『춘추좌씨경전집해』의 앞부분에 있는 「춘추좌씨전서春秋左氏傳序」에는 『춘추』에 대한 두예의 관점이 명확히 드러나 있다. 따라서 그의 학문을 이해하려면 이 문헌을 우선 검토해야 한다.

이 글은 출간 이후부터 중시되었으며, 별도의 단행본처럼 읽혔다고 한다. 위진 수당 시기에 이 글에 주석과 소증을 단 13명의 명단이 알려져 있다.[64] 하휴의 『춘추공양전』 주석과 범녕의 『춘추곡량전』 주석에도 각각 서문이 있으나 두예의 서문만큼 중시되지는 않았다.

두예 서문의 전체 분량은 2,000여 자인데, 공영달은 그 내용을 11개 단락으로 나누었다.[65] 하지만 글의 형식에 유의한다면 크게 두 부분으로 나

---

64 13명의 명단은 다음과 같다. ① 西晉 劉寔 「劉寔等集解春秋序一卷」② 東晉 干寶 「春秋序論」 2권 ③ 徐邈 ④ 劉宋 明僧紹 ⑤ 賀道養 「春秋序」 1권 ⑥ 梁 崔靈恩 「春秋序」 1권 ⑦ 田元休 「春秋序」 1권 ⑧ 陳 沈文阿 ⑨ 北朝 周樂遜 ⑩ 舊說 ⑪ 隋 劉炫 ⑫ 某氏 ⑬ 唐 陰弘道 등이다. 이들 이후부터 淸朝까지 杜序에 疏證을 가한 사람은 알려져 있지 않다. 程元敏, 『春秋左氏經傳集解序疏證』, 臺北: 臺灣學生書局, 1991, pp.1~10. 楊伯峻, 『春秋左傳注』(北京: 中華書局, 1981)에도 杜序는 빠져 있다. 杜序에 대한 注疏들은 현재 대부분 亡佚되었고, 孔穎達이 注疏한 『春秋左氏傳注』(『春秋左傳正義』 권1)에 일부가 남아 있다. 杜序에 대한 현대의 역주로는 程元敏, 『春秋左氏經傳集解序疏證』(1991)과 川勝義雄, 「春秋左氏傳序」(『史學論集』)가 있다. 청위안민은 字意를 자세히 해설하였고, 가와카쓰 요시오는 杜序의 사상적 의미를 설명하였다.
65 11개 단락의 내용은 다음과 같다. ① 『春秋』 書名의 의미 ② 고대 史官 제도와 史書의 존재 ③ 『魯春秋』의 특수성 ④ 孔子의 『춘추』 修撰 ⑤ 左丘明의 『좌전』 서술과 '有經無傳' 대목이 있는 이유 ⑥ 『좌전』 문장에 通經의 意가 포함되어 있음 ⑦ 『좌전』의 書法 三體 ⑧ 『좌전』 문장의 五情 ⑨ 이상의 설명이 242년의 기록에 적용되었음 ⑩ 〈문답 1〉 漢儒와 杜預의 『좌전』 해석의 차이점 ⑪ 〈문답 2〉 『좌전』의 시작과 끝에 대한 논란. 『春秋左傳正義』 권1, p.1.

눌 수 있다. 앞부분에서는 『춘추』와 『좌전』을 개괄적으로 설명하고, 뒷부분에서는 두 개의 문답이 있다. 이 문답은 『춘추』에 대한 과거의 상식과 두예의 새로운 주장이 맞서는 방식으로 구성되어 있어 두예 학문의 새로운 점을 명확하고 효과적으로 보여 준다.

첫째 문답의 주제는 『춘추』의 의미를 파악하는 방법론이다. 두예는 먼저 한대 학자들의 방법을 소개하고, 다음으로 자신의 새로운 방법을 그에 대비한다. 이 내용에 대해서는 제4부 제1장에서 자세히 다룬다.

여기에서는 둘째 문답을 검토한다.[66] 둘째 문답의 내용은 두예 춘추학의

---

66 둘째 문답의 번역문은 다음과 같다. 『春秋左傳正義』 권1, pp.28~36.

〔질문〕 ① 혹자가 말하길, 공자가 『春秋』를 지은 데 대해 『左傳』과 『穀梁傳』에는 명문이 없다. 그런데 『좌전』을 해설한 자는 "공자가 위국에서 노국으로 돌아와 춘추를 편찬하여 素王이 되고 좌구명이 素臣이 되었다."라고 하였다. 또한 『公羊傳』을 해설한 자는 〔공자는 춘추에서〕 주를 내치고 노국을 왕으로 여겼기 때문에 자신의 행동은 엄준히 하였으나 말은 겸손히 하여 당시 당할 수 있는 해를 피하려고 하였다. 그래서 문장을 간략히 지어 그 뜻을 숨겼다."라고 하였다. 『공양전』의 경문은 '獲麟'에서 끝났는데, 『좌전』의 경문은 '孔丘卒'에서 끝났다. 감히 묻건대 어느 설이 옳은가?

〔대답〕 ① 답하길, 내가 들은 바와 다르다. 仲尼께서 "文王이 이미 돌아가셨으니 그 文이 이제 나에게 있지 않은가!"라고 말씀하셨다. 이것이 『春秋』를 제작한 본뜻이다. 또한 중니께서는 "봉황새가 이르지 않고 황하에서 그림이 나오지 않으니 나의 일도 그만두어야겠다."라고 탄식하셨다. 이는 당시 왕의 정치에 상심하여 하신 말씀이다. 기린과 봉황 등의 五靈은 왕자王者의 치세에 나타나는 상서로운 동물이다. 그런데 지금 기린이 잘못된 때에 나타났으니 그에 응할 만한 왕도 없고 〔농부의 손에 잡혀서〕 돌아갈 수도 없게 되었다. 이에 성인 공자가 깊이 탄식한 것이다. '획린'이란 한 구절에서 절필한 이유는 그 일로 감피하여 〔『춘추』를 편찬하는〕 일을 시작하였으니, 진실로 그곳에서 끝을 맺는 것이 당연했기 때문이다.

〔질문〕 ② 또한 묻기를, 『춘추』는 왜 魯 隱公에서 시작하였는가.

〔대답〕 ② 답하길, 주 평왕은 동주의 첫 왕이다. 은공은 나라를 양도한 賢君이다. 그가 재위한 시기를 보면 주 평왕과 연속해 있고, 그의 지위를 보면 열국의 군주이며, 그의 시조를 보면 주공의 축복받은 자손이다. 만일 평왕이 하늘에 永命을 기원하고, 중흥의 시기를 열고, 은공이 능히 조상의 업적을 널리 떨쳐 왕실을 밝게 열었다면, 곧 서주의 위대함을 다시 찾고 문왕과 무왕의 업적을 세울 수 있었을 것이다.

③ 그래서 공자께서는 그 曆數에 따라 일어난 일들을 기록하고 주공의 옛 법을 모아 왕자의 대의를 만들고 장래의 법으로 남기셨다. 『춘추』에 기록된 왕은 주 평왕이고, 사용한 역법은 周正이며, 지칭한 공은 노 은공이다. 그러니 어디에 '주를 내쫓고 노국을 왕으로 여긴(黜周王魯)' 일이 있겠는가? 공자는 스스로 "만일 나를 등용하는 자가 있다면 나는 이 동주의 도에 따를 것이다."라고 하셨으니, 이 말은 그 뜻을 보여 준다.

④ 공자가 제작한 문장은 지난 일을 밝혀 앞으로의 일을 살피기 위한 것이다. 그러한 뜻이 그 문사에 드러나 있다. 그런데 말이 고상하면 뜻이 깊어지고, 문사가 압축되면 義가 은미해

시대적 함의를 잘 보여 준다. 공영달은 둘째 문답 내용을 4가지 사안으로 정리하였는데(〈표3〉의 1~4), 필자는 한 가지를 추가하여 5가지로 정리하였다. 각각의 사안에 대한 한유漢儒와 두예의 견해를 비교 제시하면 다음과 같다.

〈표 3〉 「춘추좌씨전서」 둘째 문답의 내용

둘째 문답의 논의 내용	한유	두예
1. 공자가 『춘추』 편찬을 착수한 시기는 언제인가.	'획린' 이전	'획린' 이후
2. 공자가 소왕素王이란 주장은 옳은가.	○	×
3. 공자가 '주를 내치고 노국을 왕으로 삼자'고 주장했는가.	○	×
4. '획린獲麟' 이후에 나오는 경문經文은 믿을 수 있는가.	×	×
5. 공자가 정치적 박해를 피하려고 『춘추』의 문장을 고쳤는가.	○	×

여기에서 보듯이 두예와 한유의 의견이 일치한 것은 4번 하나뿐이다. 양쪽 모두 '획린' 이후의 경문은 후일 삽입되었다고 하였다. 두예는 그것이 『노사기魯史記』에서 따온 것으로, 공자의 제자들이 공자의 사망을 『춘추』에 넣고 싶어서 채록하였다고 보았다.[67] 이 밖의 문제들에 대해서는 모두 견해가 엇갈린다. 이 차이가 의미하는 바는 무엇일까.

진다. 이것은 자연스러운 이치이며, 일부러 공자가 말의 뜻을 숨긴 것은 아니다. 또한 성인은 환난을 염려하여 미리부터 철저히 대비하니, 『춘추』를 제작한 뒤 다시 표현을 감추어 위험을 피했다는 말은 일찍이 듣지 못하였다.
　⑤ 子路가 문인을 가신으로 삼으려 하자 공자는 이것을 '하늘을 속이는 것'이라고 하였다. 따라서 仲尼가 素王이고 左丘明이 素臣이라는 말은 통용될 수 없는 주장이다. 그렇기에 공자가 『춘추』를 3년 만에 제작하였으며, 문장이 완성되자 기린이 왔다고 한 先儒의 주장은 참으로 요망하다. 또한 경문을 '仲尼卒'까지 늘린 것도 거짓에 가깝다. 『공양전』에 따르면 경문은 '획린'에서 끝났고, 『좌전』에서도 小邾射을 세 사람의 叛人 가운데 넣지 않았다.
　⑥ 따라서 나는 공자가 기린의 출현에 감개하여 춘추를 제작하였다고 본다. '獲麟'이 계기가 되어 집필을 시작하였으니, 그의 문장이 시작한 곳에 와서 끝을 맺는 것이 사실에 맞는다고 생각한다. 또한 "(공자가 기린을 보고) 소매를 뒤집어 얼굴을 닦으며 나의 도가 다했구나."라고 말했다는 (『공양전』의) 설도 취하지 않겠다.
67 "皆魯史記之文, 弟子欲存孔子卒, 故幷錄以續孔子所脩之經", 『春秋左傳正義』 권59, p.1929.

1. '춘추의 끝': '획린' 이해의 변화

애공 14년 봄 거야택巨野澤(현재 산둥성 쥐예현 소재) 부근에서 누군가 사냥을 하다가 기린을 붙잡았다. 기린은 산택을 관리하는 관원에게 넘겨졌고, 그 것을 본 공자가 직접 기린을 풀어 주었다고 한다. 상상 속의 동물인 기린 은 예로부터 상서로운 동물로 알려졌기에 이 사건은 사람들의 이목을 집 중시켰다.

진대晉代 공서원孔舒元은 말하였다. "〔기린은〕 왕자王者가 있으면 오고 왕 자가 없으면 오지 않는다. 그렇다면 이때 왜 왔는가? 공자가 『춘추』를 저 술했기 때문이다."[68] 공자가 『춘추』를 저술하자 하늘이 감응하여 상서로 운 동물을 내린 것이다. 기린은 성왕의 치세에 출현하기 때문에 『춘추』를 저술해 기린의 출현을 유도한 공자는 실제 왕이 아닐지라도 진정한 왕인 소왕素王이 된다. 『춘추』 찬술의 근본 목적은 난세를 대신하여 새 왕조를 세우는 것이며, 이러한 주장은 '주를 내치고 노국을 왕으로 삼는(黜周王魯)' 학설이라 불렸다.

'획린-공자소왕설-출주왕노설'의 조합은 한 왕조의 정통성을 뒷받침 하는 정치적 주장이기도 하였다. 동중서董仲舒(기원전 179~104)는 『춘추번 로春秋繁露』에서 다음과 같이 말하였다.

- 공자가 신왕新王의 도를 세웠다.
- 고로 『춘추』는 하늘에 응하여 새로운 왕의 사事를 작作하였고, 시운時運은 흑 통黑統에 맞았으며, 노국魯國을 왕으로 삼았고, 흑색을 숭상하였다.[69]

---

68 "有王者則至, 無王者則不至, 然則孰爲而至, 爲孔子之作春秋", 『春秋左傳正義』 권1, p.29. 孔 舒元은 晉 儒者이다. 『玉函山房輯佚書』 續編에 공서원의 글 일부가 있다. 程元敏, 『春秋左氏 經傳集解序疏證』, p.86.

69 "是故孔子立新王之道", (漢) 董仲舒 著, 蘇輿 撰, 『春秋繁露義證』, 「玉杯 第2」, 北京: 中華書 局, 1992, p.28 / "故春秋應天作新王之事, 時正黑統. 王魯, 尙黑", (漢) 董仲舒 著, 蘇輿 撰, 『春 秋繁露義證』, 「三代改制質文 第23」, p.187.

노국을 왕으로 삼았다는 것은 노국의 일을 빌려 천왕의 교화를 확산하였다는 말이다.[70] 주의 덕이 쇠미해지자 공자는 '왕의 마음'으로 『춘추』에 나온 노국의 사건들에 빗대어[71] 자신의 정치적 이상을 제시하였다. 이것이 바로 '노국을 왕으로 삼았다'(王魯)는 말의 의미이다. 동중서의 이 주장이 어디에서 기원했는지는 분명하지 않다.[72] 그러나 한 왕조의 정통성을 지지하는 주장이었으므로 그의 주장은 한대 『춘추』 해석을 주도하였다.

동중서는 삼통설을 제기하였다. 그 내용은 다음과 같다.

흑통黑統 → 백통白統 → 적통赤統 → 흑통 → 백통
  하   상   주   춘추(노)   한

삼통설이란 하늘의 뜻에 따라 흑통 → 백통 → 적통의 왕조가 순환한다는 이론이다. 이에 따르면 하·상·주 세 왕조의 뒤를 잇는 흑통은 진조秦朝가 아니라 춘추시대의 노국이다. 그리고 노국의 계승자는 백통의 한 왕조이다.[73] 이와 같이 삼통의 순환 과정에서 진조를 제외함으로써 한이 진조를 무너뜨린 혁명을 정당화하였다.

동중서는 한이 춘추시대 노를 계승하였기 때문에 『춘추』의 대의는 곧 한 왕조의 대의가 된다고 하였다. 그는 "『춘추』는 새로운 왕의 사事를 작作하고 주의 제도를 개변"하였다고 하여[74] 자신의 혁명적 관점을 명확히 밝혔다. 이 '개제改制'의 논리는 한 무제 시대의 분위기를 적극 대변한다.[75]

---

70 賴炎元 註譯, 『春秋繁露今注今譯』, p.181.
71 "孔子曰, 吾因其行事而加乎王心焉", (漢) 董仲舒 著, 蘇輿 撰, 『春秋繁露義證』, 「兪序 第17」, p.159.
72 유사한 주장이 『孟子』, 『公羊傳』 이래 『史記』, 『淮南子』 「氾論訓」, 『論衡』, 『風俗通』, 鄭玄의 「六藝論」 등에서 산견된다고 한다. 趙伯雄, 『春秋學史』, p.132.
73 (漢) 董仲舒 著, 蘇輿 撰, 『春秋繁露義證』, 「三代改制質文 第23」, p.187.
74 "春秋作新王之事, 變周之制", (漢) 董仲舒 著, 蘇輿 撰, 『春秋繁露義證』, 「三代改制質文 第23」, p.199.
75 趙伯雄, 『春秋學史』, pp.136~137.

요컨대 춘추시대의 노를 정통 왕조로 보는 '왕노王魯'설은 한의 국가적 정통성을 뒷받침하는 이념이었다.

이 같은 논리에 정면으로 반론을 제기한 인물이 바로 두예이다.[76] 한 왕조 '왕노'론의 뿌리가 '획린'의 해석에 있기에, 두예는 '획린'에 대한 새로운 이해에 기초해 반론을 제시한다.

두예는 문답에서 다음과 같이 말하였다.

공자께서 "문왕이 이미 돌아가셨으니, 그 문文이 이제 나에게 있지 않은가!"라고 말하셨다. 이것이 『춘추』를 편찬한 본뜻이다. 공자께서는 또한 "봉황새가 이르지 않고, 황하에서 그림이 나오지 않으니, 나의 일도 그만두어야겠다."라고 탄식하셨다.[77]

인용된 공자의 말은 『논어』 「자한子罕」편에 있다. 앞의 말에서 공자는 문왕 사후에 그의 도를 유지할 사람은 자신이라는 사명감을 밝힌다. 하지만 그 뒤에서는 자신이 처한 현실에 대한 절망감을 표현하며 "나도 일을 그만두어야겠다."라고 말한다. 두예는 이러한 상황에서 공자가 『춘추』를 편찬할 수 없었다고 보았다. 그런데 갑자기 기린이 출현하였고, 공자는 "때에 맞지 않은 기린의 출현에 감개하여 『춘추』를 편찬"하였다. 기린의 출현으로 공자는 자신의 소임을 자각하게 되었고, 그 결과 『춘추』 편찬에 착수했다는 것이다.

이렇게 보면 '소왕설'과 '왕노설'은 성립할 수 없다. 기린의 출현은 하늘이 내린 상서로운 일이 아니라 "때에 맞지 않은", 즉 우연히 발생한 일이

---

76 蘇興는 漢代 王魯論의 비판자로 두예를 언급하였다. (漢) 童仲舒 著, 蘇興 撰, 『春秋繁露義證』, 「玉杯 第2」, pp.28~29.
77 "仲尼曰, 文王旣沒, 文不在玆乎? 此制作之本意也. 歎曰, 鳳凰不至, 河不出圖, 吾已矣夫", 『春秋左傳正義』 권1, p.30.

다. 그래서 두예는 '소왕설'이 '하늘을 속이는(欺天)' 일이라고 하였다. 그가 보기에 공자는 소왕이 아니라 자신의 사명에 충실한 지식인이었다. 공자는 세상사에 대한 근심에서 벗어나지 못하고, 기린 사건과 같은 놀라운 일을 겪으면서 자신의 소임을 자각하는 책임감 있는 사람이었다. 공자는 왕이 아니라 근심 많은 지식인이었으며, 그의 춘추학 또한 왕의 학문이 아닌 사대부의 학문인 것이다.

이러한 춘추관의 변화는 두예가 산 시대의 역사인식 변화를 잘 반영한 것으로 보인다. 이러한 변화에는 후한 말 이후 주체적 인식을 확보해 나간 사대부들의 정신세계가 표현되어 있다. 초순의 주장과는 전혀 다른 방향으로 후한 말 이후의 시대 변화가 적극 반영된 주장인 것이다.

2. 『춘추』의 시작: 은공과 섭정의 시대

두예의 『춘추』 해석에는 당시의 정치 상황이 좀 더 구체적으로 반영된 부분이 있다.

'획린'은 『춘추』의 종결에 관한 문제였다. 그런데 두예는 『춘추』가 왜 은공 치세부터 시작하는가라는 새로운 문제를 던졌다. 그것은 한대 유학자들의 관심사가 아니었다. 은공은 노의 14대 군주이다. 그렇다면 왜 그 이전 역사를 제외하고 은공 때부터 『춘추』가 시작되었을까.[78] 동중서는 그때가 '소전문所傳聞' 시대의 시작이었다고 설명하였다.[79]

하지만 아직 수긍할 만한 정설은 없다.[80] 다만 맹자의 해설이 가장 권위

---

78 顧炎武는 「魯之春秋」에서 『春秋』가 본래 隱公에서 시작하지 않았는데, 惠公 이전 『春秋』 기록은 孔子의 수찬이 필요 없는 善書였다고 말하였다. 顧炎武 著, 黃汝成 集釋, 『日知錄集釋』, p.142.
79 董仲舒는 『春秋』 12공의 역사를 '所見' '所聞' '所傳聞'한 시기로 구분하였다. 隱公은 '所傳聞' 시기의 시작이었다. 趙伯雄, 『春秋學史』, p.134.
80 우노 세이이치는 『四庫全書』 春秋書들의 '『춘추』의 시작'에 관한 견해들을 간략히 정리하였다. 宇野精一, 「春秋始於隱公論」, 『三松學舍創立百十周年記念論文集』, 1987. 隱公의 讓位를

있는 설명으로 인용되어 왔다. 그는 주실이 동천東遷한 뒤 왕자王者의 자취가 사라지고 그에 따라 시편詩篇도 사라지자 『춘추』가 작성되었다고 하였다. 『시경』과 『춘추』는 모두 왕도를 담은 경전이지만 왕이 있을 때는 『시경』이, 왕이 없을 때는 『춘추』가 있었다. 다시 말해 왕이 없는 시대에 왕도王道를 전하는 경전이 『춘추』라는 것이다. 그렇다면 『춘추』가 시작한 은공의 치세는 왕이 없는 난세의 기점이 된다. 『춘추』가 작성되자 난신적자가 두려워했다는 말도 이러한 이해에서 비롯되었다.[81]

두예는 이 문제를 180도 다르게 설명하였다. 그는 은공의 장점에서 이유를 찾았다. 은공은 ① 어린 이복형제에게 나라를 양보한 현군賢君이며, ② 그의 치세는 동주의 첫 왕인 평왕의 치세와 연속하고, ③ 주공의 후예라는 점 등을 지적하였다. 요컨대 은공은 현군이고, 서주의 전통을 계승하는 데 적합한 군주이기 때문에 『춘추』의 기점으로 선택된 것이다.

세 가지 이유 중 두예가 특히 강조한 것은 ① '나라를 양보한 현군'이라는 점이다. 공영달은 이 점을 명확히 하였다. "은공은 양위한 현군이다. 그래서(故) 춘추의 처음이 되었다."[82] 두예와 공영달은 군주 권력의 양위를 중시하였다. 은공은 『춘추』에 등장하는 12명의 군주 가운데 유일하게 섭정이었다. 그는 대외적으로는 노국을 대표하는 합법적 군주였지만 대내적

칭송하기 위해 은공이 『춘추』의 기점이 되었다는 지적도 있다. 楊普羅·王三北, 「春秋何以始自隱公新解」, 『西北師大學報(社會科學版)』 32-2, 1995. 혹은 三桓 전횡의 단서가 은공 기에 열렸기 때문이라는 견해도 있다. 그러나 '거의 아무런 사람도 정확한 해답을 내놓지 못하였다'라는 평가가 있다. 王樹民, 「春秋經」何以托始于魯隱公」, 『河北師範學報』 1994-1. 히라세 다카오는 기원전 772년 周 幽王이 살해되고, 기원전 759년 平王에 의해 周 세력이 재통합되는 혼란 속에서 기왕의 周都 鎬京에서 靑銅器에 한자를 새기는 工房 기술자들이 여러 지역으로 흩어지면서 周 諸侯들의 세계에도 한자가 전파되었다고 하였다. 平勢隆郎, 『春秋と左傳』, 東京: 中央公論新社, 2003, p.24. 이에 근거하여 周 平王 말기인 隱公 시기에 『춘추』가 시작된 이유를 한자의 전파와 관련하여 생각해볼 수 있다.

81 "孟子曰, 王者之迹熄而詩亡, 詩亡然後春秋作", 『十三經注疏 整理本 孟子注疏』 권8上, 北京: 北京大學出版社, 2000, p.267.
82 "隱公讓位賢君, 故爲春秋之首", 『春秋左傳正義』 권2, p.56.

으로는 섭정의 지위에서 국가를 통치하였다. 두예는 은공이 이처럼 특수한 지위에 있었기 때문에 은공에서 『춘추』가 시작되었다고 보았다. 이 주장을 이해하려면 보충 설명이 필요하다.

두예는 은공의 섭정과 관련하여 천명天命을 언급한 바 있다. 은공 1년 『춘추』 경문이 시작되기 전에 약간의 『좌전』 기사가 등장한다. 여기에 은공이 섭정을 하게 된 이유가 나온다. 은공 전의 군주인 혜공惠公의 정부인이 사망한 후 혜공과 질제姪娣 성자聲子 사이에서 은공이 태어났다. 혜공은 그 뒤 다시 정부인 중자仲子를 맞이하여 환공을 낳았다. 즉 은공과 그다음 군주인 환공은 이복형제이다. 혜공이 죽자 환공보다 나이가 많은 은공은 섭정으로 국가를 다스리면서 동생 환공을 태자로 삼았다. 그런데 은공이 군주 자리에 오르지 않은 이유에 대해 단서가 될 만한 기사가 나온다. 환공의 모친인 중자가 태어날 때 손에 '노부인魯夫人'이라는 글씨가 있었다고 한다. 이에 대하여 두예는 다음과 같이 주석하였다.

손의 무늬는 자연스럽게 글자를 이룰 수 있다. 마치 천명과 같다. 고로 중자가 노국에 시집간 것이다.[83]

손금 모양이 '노부인'이란 글자처럼 보인 것을 두예는 '천명'이라 하였다. 양보쿤은 공영달이 이 주석을 신뢰하지 않았다고 했지만[84] 꼭 그렇지는 않다. 공영달은 석경石經의 고문에 '우虞'와 '노魯' 자 등이 마치 손금 무늬처럼 보인다고 하였으며, 손금의 이변이 "마치 하도락서河圖洛書 같은 천신天神의 언어이며 진실한 천명이다."라는 '옛 주장(舊說)'을 소개하였다.[85]

---

83 "以手理自然成字, 有若天命, 故嫁之於魯", 『春秋左傳正義』 권2, p.41.
84 楊伯峻, 『春秋左傳注』, p.4.
85 "舊說云, 若河圖洛書天神言語, 眞是天命", 『春秋左傳正義』 권2, p.41.

이는 두예의 주석에 대해 이해를 표시한 것이다. 두예는 은공이 섭정을 선택한 이유가 이와 같은 천명과 관련이 있다고 여긴 듯하다. 그는 이런 설명을 붙였다.

> 은공은 계실繼室의 아들이다. 그도 군주로 즉위할 수 있었으나 상서로운 징조 때문에 부친의 뜻이 이루어지도록 하였다. 다만 환공이 아직 어리기에 그를 태자로 옹립하고 국인을 이끌고 받들었다.[86] (밑줄은 저자 강조)

은공이 섭정에 머문 이유가 '상서로운 징조(禎祥)' 때문이라고 하였다. 그 징조는 곧 중자의 손금을 말할 것이다. 이것을 존중한 은공은 '천명'의 계시에 따라 군주의 자리마저 양보한 사람이 된다. 두예는 이러한 양보야말로 『춘추』의 시작'이 될 자격을 보여 준다고 판단한 듯하다. 『춘추』는 '현군인 은공의 섭정 → 천명을 받은 환공의 즉위'의 패턴으로 그 이야기를 시작하게 된 것이다.

이러한 이야기의 틀은 주 왕실의 시작을 상기시킨다. 주 왕실은 문왕과 무왕 이후, 주공 단의 섭정을 거쳐 성왕의 치세가 열렸다. 히라세 다카오는 이러한 이야기의 틀을 주 왕조의 처음을 구성하는 구도 즉 '형形'이라고 말한 바 있다.[87] 나아가 '문文 → 무武 → 성成'의 '형'은 정통 왕조가 시작할 때 반복되는 서사 구조임을 지적하였다. 이 세 단계 중에서 특히 '문'이 중요한데, 그것은 주 왕조가 열리기 전의 문왕을 의미하는 동시에 섭정이었던 주공 단을 뜻한다. 즉 '문'은 왕조의 시작인 동시에 현인의 준비기간을 의미한다. 주 왕실은 '문'의 섭정 단계를 거쳐서 출현했고, 주 초의 '형'은

---

86 "隱公, 繼室之子, 當嗣世, 以禎祥之故, 追成父志. 爲桓尙少, 是以立爲大子, 帥國人奉之", 『春秋左傳正義』 권2, p.42.
87 平勢隆郎, 『春秋と左傳』, p.37.

전국시대 각국 사서에 적용되었다고 한다.[88]

그렇다면 전국시대의 작품으로 추정되는『좌전』또한 이러한 이야기의 '형'을 따른 것이 아닐까. 그리고 두예는 바로 그 점을 지적한 것이 아닐까. 이러한 추정이 그릇되지 않다면, 두예는 주 초의 상황에 빗대어『춘추』의 처음을 설명하려 한 것으로 보인다. 섭정인 은공은 곧 '문'의 단계이고, 그 다음 천명을 받은 환공이 즉위한다. 그리고 이 과정을 거쳤기 때문에『춘추』의 노국은 정통 왕조가 된다.

두예는『좌전』의 기록에 근거하여 자신의 주장을 폈다. 하지만 그 이면에는 두예가 산 시대의 상황도 영향을 미쳤을 것이다. 제1부에서 우리는 두예가 보정 정치의 시대에 살았음을 확인한 바 있다. 두예가 산 시대에는 보정 장군이 국가 권력을 대행하고, 나아가 새 왕조를 탄생시키는 일이 반복되었다. 이러한 시대 상황은 두예의『춘추』해석에도 영향을 미치지 않았을까. 조위와 서진의 개창은 섭정을 거친 왕조 개창, 즉 히라세의 설명을 빌리면 '문 → 무' 구도로 진행되었다. 두예는 서진의 개창을 직접 목격하였고, 그전의 조위 수립 과정도 잘 알았을 것이다. 그에게는 보정을 거친 왕조 교체가 당연한 일로 보였을 것이다. 두예가 은공의 섭정에서 '『춘추』의 시작'의 이유를 구한 것도 그러한 시대 상황에서 영향을 받은 것으로 보인다.

3. 춘추의 이상: 출주黜周에서 흥주興周로

그러나 여전히 의문스러운 점이 있다. 지금까지의 논의에 큰 문제가 없다면, 결국 두예의 학문은 섭정을 거쳐 출현한 서진 왕조를 정당화하려 한 것이 아닌가라는 의문이 고개를 든다. 그렇다면 두예는 한 왕조의 정통성

---

88 가령『竹書紀年』은 戰國時代 魏國에서 지은 史書인데, 魏國의 魏文侯 (文) → 武侯 → 惠成 王의 즉위 순서는 周初의 '形'을 따른 것이라 하였다. 平勢隆郎,『春秋と左傳』, p.40.

을 추구했던 한대 학자들과 별 차이가 없어 보인다. 심지어 두예 학문의 종지가 부당하게 출현한 서진 왕조의 옹호라는 초순의 비판을 수용해야 할 것처럼 느껴진다.

이 문제와 관련하여 한대 학자들이 주장한 '출주왕노'설을 생각해볼 필요가 있다. 그들에 따르면 『춘추』는 주 왕실이 아닌 노국 정통론에 입각하여 새로운 제도 개창의 이상을 담은 책이다. 그것은 한 왕조의 출현을 적극적으로 옹호하는 논리였다. 하지만 두예는 이 문제에 강하게 반대하였다. "(『춘추』) 어디에 '주를 내치고 노국을 왕으로 여긴(黜周王魯)' 일이 있는가."[89]라고 반문하였다.

두예는 오히려 『춘추』가 주대의 전통을 충실히 반영한 경전임을 거듭 강조하였다. 그는 「춘추좌씨전서」에서 한선자韓宣子가 노국에 갔을 때 '역상易象'과 공자 이전에 있던 노국 『춘추』를 보고 "주례周禮가 모두 노국에 있다."[90]라고 말했음을 인용하였다. 두예는 노국 『춘추』가 바로 주의 예법을 담은 예경禮經이라고 주장하였다.[91] 『춘추』가 노국 역사를 근간으로 삼은 것은 노국을 중시해서가 아니라 노국이 '주례'의 질서와 가치를 충실하게 따랐기 때문이다. 공자가 『춘추』를 편찬한 목적은 주대 전통의 회복이었다. 공자는 그 뜻을 이렇게 표현하였다. "문왕이 이미 돌아가셨으니, 그 문文이 이제 나에게 있지 않은가?"[92]

두예는 은공이 주 왕실과 밀접한 관계를 맺은 군주라는 점도 그의 치세가 '『춘추』의 시작'이 된 이유라고 주장하였다. 은공에 대한 두예의 기대는 이렇게 표현되었다. "조상의 공업功業을 선양하고 주 왕실을 밝게 열었

89 "安在其黜周而王魯乎", 『春秋左傳正義』 권1, p.33.
90 "韓宣子適魯, 見易象與魯春秋曰, 周禮盡在魯矣, 『春秋左傳正義』 권1, p.10.
91 "韓子所見皆周之舊典禮經也", 『春秋左傳正義』 권1, p.11.
92 "仲尼曰, 文王旣沒, 文不在玆乎?", 『春秋左傳正義』 권1, p.30.

다면, 서주의 위대함을 다시 찾고 문왕과 무왕의 업적을 떨어뜨리지 않았을 것이다."[93] 요컨대 은공은 주 왕실의 전통을 계승할 적임자였으며, 은공에서 시작한『춘추』는 주의 가치와 질서가 전개된 역사 기록으로서 중요시되었던 것이다.

두예의 관점에서 은공은 섭정인 동시에 주의 전통을 계승할 적임자였다. 섭정을 거쳐 출현한 노의 정통성을 주의 전통을 계승하였다는 점에서 찾은 것이다. 이런 점에서 두예가 언급한 '천명'은 혁명의 지도자가 아닌 전통의 계승자에게 주어진 것이라 할 수 있다.

전통을 중시한 두예의 모습은『춘추』해석뿐 아니라 관료 생활에서도 드러난다. 두예는 한대의 전통과 제도를 존중하고 그것을 부활하려 했는데, 세 가지 일을 들 수 있다.

첫째, 제2부 제2장에서 검토한 재해 대책에서 두예는 '한대의 고사(漢時故事)'에 따라 한대에 조성된 수리 시설을 복원해야 한다고 주장하였다. 그 대신 조위시대에 신축된 것들은 일괄 파괴해야 한다고 하였다. "남아 있는 〔한대의〕 구피舊陂와 구알舊堨은 견고하고 잘 정비되어 있어 오늘날의 것과 같이 사람에게 해를 입히지는 않기에,"[94] "한대에 조성된 구피, 구알과 산곡에 있는 사가의 작은 피는 모두 수선하여 물을 채워 두어야 합니다."[95] 또한 "구피, 구알과 구거溝渠 가운데 보수하고 물을 채워둘 필요가 있는 것들은 모두 작은 흔적이라도 찾아 일률적으로 한대의 고사와 마찬가지로 만들어야"[96] 한다고 제안하였다. 두예는 자신의 뜻대로 사업을 추진하였다. 282년(태강 3) 양양 부근에서 전한 원제 대 남양군태수인 소신신邵信臣

---

93 "隱公能弘宣祖業, 光啓王室, 則西周之美可尋, 文武之迹不隊",『春秋左傳正義』권1, p.32.
94 "其或有舊陂舊堨, 則堅完修固, 非今所謂當爲人害者也",『晉書』권26, 「食貨志」, p.789.
95 "其漢氏舊陂舊堨及山谷私家小陂, 皆當修繕以積水",『晉書』권26, 「食貨志」, p.789.
96 "其舊陂堨溝渠當有所補塞者, 皆尋求微跡, 一如漢時故事",『晉書』권26, 「食貨志」, p.789.

이 세웠던 육문알六門堨을 복원하였다.[97]

둘째, 두예는 48세 때(269년 태시 5) 고과의 법규를 논하면서 한대 제도
의 장점을 지적하였다. "옛날 한대 자사는 한 해가 끝날 때 관리들의 상황
을 상주하였는데, 하나하나 고과를 매기지 않고 청탁淸濁만을 대략 보고할
따름이었다. 그러나 조위시대 관료들에 대한 고과는 경방京房(기원전 77~
기원전 37)이 남긴 뜻에 따라 그 법이 지극히 엄밀해졌다. 하지만 지나치게
번쇄하여 그 평가의 본질에서 어긋나게 되었다."[98] 조위시대의 제도보다
한대의 구제도가 관료 평가의 본질적 정신에 부합한다고 본 것이다.

셋째, '양암단상제'를 주장한 데에는 한대의 관행을 따르려는 의도가 담
겨 있었다. 이 간소화된 복상服喪 제도는 한 문제 대 이래 지속된 관행이었
다. 이것을 두예가 경전에서 근거를 찾아 정규 제도로 격상하고자 했음은
앞에서 살펴보았다.

이와 같이 두예는 혁신보다는 전통을 강조하는 학인 관료였다. 그는 조
위시대 이후의 변화에 대체로 부정적인 입장을 취하였다. 조위 이래 국가
의 제도와 상복 예제, 그리고 수리시설의 조성이 모두 부화하고 적정한 수
준을 넘어섰다고 보았다. 또한 그 폐해를 시정하고 한대의 전통으로 돌아
가야 한다고 보았다. 그가 서진 왕조의 창건에 동조한 이유는 이러한 인식
과 관련이 있을 것이다. 즉 전통적이고 장기적인 가치를 추구하는 데 서진
왕조의 수립이 더욱 유리하다는 생각이 깔려 있었다고 생각해볼 수 있다.
이러한 태도는 한대 춘추학자들의 혁신적 태도와는 분명히 다르다.

앞에서 우리는 두예가 공자를 평범한 사대부의 하나로 재해석하였고,

---

97 洪廷婀, 「魏晉南朝時代 荊州의 河道와 江陵의 地域 內 位相」, 『東洋史學研究』 98, 2007,
　p.201; 『水經注疏』 권29, pp.2466~2467; 佐久間吉也, 『魏晉南北朝水利史研究』, p.250.
98 "昔漢之刺史, 亦歲終奏事, 不制算課, 而淸濁粗擧. 魏氏考課, 卽京房之遺意, 其文可謂至密.
　然由於累細以違其體", 『晉書』 권34, 「杜預傳」, p.1026.

국가를 위한 춘추학이 아닌 사대부의 춘추학을 추구하였음을 지적한 바 있다. 두예의 시대에는 귀족으로 칭해진 문벌 관료들의 자율성이 과거에 비해 크게 신장되었다. 또한 복수의 황제국가가 병존하였고, 왕조 교체도 반복되었다. 이러한 상황에서 사대부들은 개별 왕조를 넘어서 장기적으로 계승되는 보편적 가치에 더욱 많은 관심을 가지게 되었을 것이다. 이러한 시대의 변화가 두예의 춘추학에 적극적으로 반영된 것이 아닐까 한다.

이제 이 장의 논의를 정리하겠다. 이 글의 출발점은 두예가 경전 해석을 조작했다는 초순의 주장에 대한 의문이었다. 그러나 필자가 검토한 바에 따르면 '양암단상제'와 '서시례'를 통해 본 두예의 학문은 현실 정치의 이해관계와 무관하다. 그는 일관되고 합리적인 태도로 의례와 사실 간의 관계를 해명하고자 했을 뿐, 그것을 통하여 어떠한 정치적 이익을 도모했다고 보기 어렵다.

하지만 그렇다고 해서 두예의 학문이 현실 세계와 무관한 진공상태에서 등장한 것은 아니다. 「춘추좌씨전서」의 두 번째 문답은 이 점을 보여 준다. 여기에서 우리는 두예의 『춘추』 해석이 다음의 특징을 가지고 있음을 알 수 있다. 그는 ① '획린' 해석을 통해 공자를 평범한 사대부의 한 사람으로 보았으며, ② '『춘추』의 시작'에 대하여 문제를 제기함으로써 섭정 → 왕조 개창을 정당화하였고, ③ '출주왕노'가 아닌 '흥주興周'의 관점, 즉 혁명이 아닌 전통의 계승을 중시하는 입장에서 『춘추』를 해석하였다. 이러한 주장은 귀족 사대부 집단이 역사를 주도하는 집단으로 성장하고, 보정을 통하여 왕조가 교체되는 상황이 반복되며, 왕조의 잦은 교체가 전통적 가치를 중시하도록 이끈 위진시대의 상황을 떠올리게 한다. 그러한 점에서 두예의 『춘추』 해석은 그 당시의 역사 상황을 적극적으로 반영한 것이라 할 수 있다.

은공 조 주석과 진사晉史의 단한斷限

「춘추좌씨전서」를 통해 확인한 두예의 춘추관은 사대부의 책임 의식과 섭정 통치의 중시, 그리고 혁신보다 전통의 계승을 강조한 것이 특징이다. 그 가운데 『춘추』의 시작'에 관한 주장은 보정체제와 직접 관련된 사안이다.

이 문제는 「춘추좌씨전서」 이외에 다른 자료들을 통해서도 검토될 수 있다. 첫째, 두예와 다른 시대에 살았던 후대 학자들의 눈을 통해 살펴보겠다. 『춘추』의 시작'에 대한 후대 학자들의 의견은 두예의 주장이 특정한 역사 시기의 산물이라는 점을 보여줄 수 있다.

둘째, 두예의 주장이 일반 주석에서 어떻게 등장하는지를 살펴보겠다. 앞에서 보았듯이 『춘추』의 시작'에 관한 논의는 은공 시대를 어떻게 평가할 것인가라는 문제와 밀접히 관련된다. 즉 그 시대를 긍정적으로 보는지 아니면 부정적으로 보는지는 개별 사건들에 대한 해석과 연관된다. 따라서 두예가 은공 시대 기사들에 단 주석을 구체적으로 검토해 보고자 한다. 은공에 대한 통상적 평가와[1] 두예의 주석을 비교해 보면 두예의 춘추관을 좀 더 명확히 알 수 있을 것이다.

셋째, 두예의 춘추관이 서진 사회에 미친 영향을 알아보겠다. 서진 시기에는 진사晉史 서술의 기점에 대하여 활발한 논쟁이 있었다. 학자들은 '진사의 시작'에 대한 논쟁을 진사 '단한斷限 논쟁'이라 부른다.[2] 겉보기에도 이 논쟁은 '『춘추』의 시작'과 모종의 관련이 있어 보인다. 필자가 아는 한 지금까지 『춘추』와 진사 단한 문제 간의 관련성이 논의된 적이 없었다. 이 사안을 검토함으로써 두예의 주장이 당시의 역사 논쟁과 관련되어 있음을 밝혀 보고자 한다. 더 나아가 두예 주장의 학문적 의의를 좀 더 심층적으로 드러낼 것이다.

I. '『춘추』의 시작'에 관한 논의들

『춘추』에는 노나라 은공부터 애공까지 12명의 군주가 다스린 242년의 역사가 전개된다. 은공은 주공 단의 장자 백금伯禽이 처음 노국에 봉건된 뒤 14번째 군주이며, 주 평왕이 동쪽으로 천도한 뒤부터 따지면 효공과 혜공을 이은 세 번째 군주이다. 그는 주 평왕 49년(기원전 722)에 군주의 자리에 올랐고, 11년간 재위한 뒤 주 환왕桓王 8년(기원전 712)에 이복동생 환공에

---

1 일반적으로 은공의 정치는 부정적으로 설명된다. 가령 우카이성은 隱公이 국가 통치의 大體를 장악하는 데 실패했다고 비판하였다. 吳闓生 撰, 白兆麟 校注, 「隱公之難」, 『左傳微』 권1, 合肥: 黃山書社, 1995. 샨융롄은 은공이 攝政을 한 것이 여러 혼란을 부른 원인이라고 하였다. 單永蓮, 「小議隱公"攝政"」, 『商丘職業技術學院學報』 31(2007-4). 한편 은공이 內政에 잘못이 많았지만 外政에는 성과를 이루었다는 견해도 있다. 陳光林 主編, 方朝暉 編著, 『春秋左傳人物譜』 上, 濟南: 齊魯書社, 2001.

2 관련 연구로 다음이 있다. 周一良, 「魏晉南北朝史學與王朝禪代」, 『魏晉南北朝史論集』, 北京: 北京大學出版社, 1997; 龐天佑, 「論晉代的史學與政治」, 『湖南文理學院學報(社會科學版)』 29-4, 2004; 李傳印, 『魏晉南北朝時期史學與政治的關係』, 武漢: 華中科技大學出版社, 2004.

게 살해되었다.[3]

만일 『춘추』가 공자와 무관한 사서에 불과하다면[4] 은공의 치세가 그 기점이 된 것은 우연에 불과한 일일 수도 있다. 구제강顧頡剛(1893~1980)은 은공 이전의 역사 기록이 남아 있지 않았다는 청대 경학가 강영江永(1681~1762)의 주장을 인용하면서 그 같은 주장을 폈다.[5] 하지만 『춘추』를 공자가 편찬한 경전이라 믿는 학자들은 은공의 시작에 중대한 의미가 있다고 믿었다.

그렇다면 전통 시대 학자들의 생각은 어떠했을까. 이 점을 알기 위해 『문연각사고전서文淵閣四庫全書』의 「춘추류」 서적들을 검토하였다. 경부經部 권26~29에는 115권의 『춘추』 관련 서적이 시대 순으로 등장한다. 여기에서 『춘추』의 시작에 관한 논의를 뽑아 보면 대체적인 논의 방향을 알 수 있을 것이다. 그 결과를 정리한 것이 다음 〈표1〉이다.

---

3 郭克煜 等著, 『魯國史』, 北京: 人民出版社, 1994, p.434.
4 자오보슝은 孔子가 『춘추』를 作하지도 修하지도 않았으며, 단순한 史文인 『춘추』를 교재 삼아 학생들에게 교육하였을 뿐이라고 주장하였다. 趙伯雄, 『春秋學史』, pp.5~8. 양보쥔도 공자가 『춘추』를 가지고 제자들에게 교수하였을 뿐이라고 하였다. 楊伯峻, 『春秋左傳注』, p.16. 하지만 최근에도 공자의 作/修 春秋說은 꾸준히 제기되고 있다. 戴維, 『春秋學史』, pp.3~7 참조.
5 楊普羅·王三北, 「春秋何以始自隱公新解」, 『西北師大學報(社會科學版)』 32-2(1995), p.30.

〈표 1〉『사고전서』「춘추류」서적의『춘추』시작에 관한 논의

	저자	서명	『춘추』가 은공에서 시작된 이유	출전
한	何休	『公羊解詁』	은공부터 애공까지 12세世로 하늘의 수를 갖추었고, 은공의 시대는 '전해 들은 바(所傳聞)'의 시대이다.	6
진	杜預	『左傳注』	은공은 군주를 양보한 현군이며 주 평왕의 중흥기와 연결된다.	7
	范寧	『穀梁傳注疏』	문왕文王의 도가 사라진 시대에 은공의 치세가 접해 있어 이곳에서 시작하였다.	8
당	陸淳	『春秋集傳微旨』	은공과 환공 모두 적자가 아닌 서자이다. 따라서 은공이 양위를 위해 섭정한 것은 예에 어긋난 일이다.	146-539
	啖助	(元 兪皋)『春秋集傳釋義大成』9	주 평왕 후기부터 풍속이 크게 쇠퇴하였다. 그래서 평왕 말기, 은공 초기에『춘추』가 시작되었다.	159-32
송	孫復	『春秋尊王發微』	공자의『춘추』편찬은 '천하에 왕이 없기 때문'이지 은공 때문이 아니다. 은공 초 평왕의 치세가 끝난 뒤에는 천하에 왕이 없어졌고 이때부터『춘추』가 시작되었다.	147-3
	王晳	『春秋皇綱論』	은공은 용렬한 인물이나, 큰 죄악을 범한 이는 환공이다. 그의 죄악은 은공 때에 시작되었기에『춘추』는 은공에서 시작하였다.	147-132
	劉敞	『春秋權衡』	주 평왕 때문이라면『춘추』는 혜공에서 시작해야 한다. 은공은 양국의 현군이 아니다. 그의 섭위攝位는 사실상 찬위簒位였다.	147-173
	孫覺	『春秋經解』	맹자의 "시가 사라진 뒤『춘추』를 작하였다(詩亡然後 春秋作)"라는 주장 지지.	147-555
	蘇轍	『春秋集解』	서자인 은공이 섭위한 것은 예에 맞지 않는 일이다.	148-3
	崔子方	『春秋經解』	맹자의 주장 지지. 주의 도가 회복되지 못하고 혼란이 발생한 은공 시기에 시작되었다.	148-177

---

6 『十三經注疏 整理本 春秋公羊傳注疏』권1, p.32.
7 『春秋左傳正義』권1, p.32.
8 『十三經注疏 整理本 春秋穀梁傳注疏』권1, p.8.
9 (元) 兪皋,『春秋集傳釋義大成』에 啖助의 견해가 언급된 것을 재인용하였다.

	張大亨	『春秋通訓』	은공과 환공은 모두 서자이다. 혜공이 연장자인 은공 대신 환공을 세우고자 한 것이 난세의 원인이다. 그 잘못을 바로잡기 위해 은공에서 시작한 것이다.	148-537
	葉夢得	『葉氏春秋傳』	『춘추』는 12개월의 천수天數를 맞추고자 '획린' 사건이 일어난 때부터 12대를 소급해 은공에서 시작하였다.	149-5
	葉夢得	『春秋左傳讞』	은공은 섭위한 게 아니라 실제 군주였다.	149-497
	高閌	『春秋集註』	주 평왕의 시대가 은공 때 끝나고 왕법이 더 이상 행해지지 않게 되었기 때문이다. 맹자의 설 지지.	151-256
	陳傅良	『春秋後傳』	『춘추』는 평왕이 아니라 수갈繻葛의 전쟁에서 전사한 환왕 때 시작되었다. 그가 은공 4년에 즉위하였기에 은공 조에서 『춘추』가 시작되었다.	151-597
	呂祖謙	『左氏傳說』	은공이 군주가 되지 않고 섭위에 머문 것이 곧 혼란의 원인이다. 그로써 시해를 자초하였다.	152-5
송	沈棐	『春秋比事』	은공과 환공은 모두 잉첩의 자식이다. 따라서 장자이며 현자賢者인 은공이 즉위해야 하였다. 그러나 섭위를 택함으로써 혼란을 자초하였다.	153-31
	李明復	『春秋集議』	맹자의 주장 지지.	155-217
	張洽	『春秋集注』	평왕의 치세는 난세의 시작이었고, 그는 은공이 즉위할 무렵 사망하였다. 그래서 은공에서 『춘추』가 시작되었다. 맹자의 주장 지지.	156-8
	趙鵬飛	『春秋經筌』	『춘추』는 주 평왕 말년 천하의 혼란을 돌이킬 수 없게 되었을 때 시작되었고, 그때가 은공 시기였다. 맹자의 주장 지지.	157-5~6
	呂大圭	『呂氏春秋或問』	은공이 즉위한 평왕 49년은 중흥의 희망이 사라진 때이다. 그래서 『춘추』가 시작되었다.	157-481~482
	家鉉翁	『春秋集傳詳說綱領』	은공은 양위로 난세를 초래하였고, 그의 치세에 찬시簒弑 사건이 4차례나 일어났다. 이 난신적자들을 필주筆誅하기 위해 은공 때 『춘추』가 시작되었다.	158-6~7
	俞皐	『春秋集傳釋義大成』	평왕 치세 말기에 자강自强의 희망이 사라졌다. 그래서 은공에서 시작하였다. 맹자의 주장 지지.	159-32~33
원		『春秋本義』	주 평왕의 치세에 왕도가 단절되었다. 맹자의 주장 지지.	160-40~41
	程端學	『春秋或問』	노 은공은 상사常事에 현賢한 군주였다. 은공이 아니라 주 평왕의 문제 때문에 은공 말기에 『춘추』가 시작되었다.	160-521

원	王元杰	『春秋讞義』	은공 원년에 ① 군신 간의 의義 ② 부자간의 친親 ③ 붕우 간의 신信 ④ 형제간의 인륜이 모두 무너지는 사건이 발생하였다. 이를 필주하고자『춘추』가 시작되었다.	162-7~8
	鄭玉	『春秋闕疑』	맹자의 주장 지지.	163-4
	趙汸	『春秋集傳』	천하 화란의 근원이 은공 치세에 있었다. 그래서 은공에서 시작하였다.	164-7
	汪克寬	『春秋胡傳附錄纂疏』	호안국胡安國의 글에 주석을 달아 맹자의 주장을 지지.	165-26
명	胡廣	『春秋大全』	맹자의 주장 지지.	166-43
	熊過	『春秋明志』	맹자의 주장 지지. 평왕 치세에 왕의 통치가 사라졌다.	168-2
	兪汝言	『春秋平義』	맹자의 주장 지지. 평왕이 선왕의 왕도 부흥에 실패하였다. 주의 도가 사라지자『춘추』를 만들었다.	174-411
청	毛奇齡	『春秋毛氏傳』	『춘추』의 시작은 의義와 무관하다.	176-13
	徐廷垣	『春秋管窺』	맹자의 주장 지지. 평왕 말년에 왕자王者가 사라지고 시가 망亡하였다.	176-684

* 출전의 숫자는『문연각사고전서』의 '권수-쪽수'이다.

〈표1〉은 '『춘추』의 시작' 문제를 송·원대 학자들이 주로 언급하였음을 보여 준다. 청 초 경학자 모기령毛奇齡(1623~1716)은『춘추』의 시작에 특별한 의미를 부여할 필요가 없다고 하였다. "대개『춘추』가 노 은공에서 시작한 데에는 의례義例가 없다."[10] 『춘추』를 노나라 역사서의 유문遺文에 불과한 것으로 보려는 고거학적 경향이 이 말에서 엿보인다.

　당 이전에는 춘추삼전에 대한 주석서 세 종류만 있다. 한대와 위진남북조시대의 춘추서들은 당대『오경정의』이후 대부분 망실되어 남아 있는 책이 거의 없다.[11] 후한 말 하휴何休(129~182)는 은공에서『춘추』가 시작

---

10 "若夫春秋始魯隱, 並無義例", (淸) 毛奇齡,『春秋毛氏傳』,『文淵閣四庫全書』176, p.13.
11 위진남북조시대의 춘추학 저서로 魏晉 시기 100종 641권, 南北朝 시기 57종 338권이 있었고, 춘추학자는 魏晉 시기 101명, 南北朝 시기 78명이 있었다. 陳明恩,「魏晉南北朝『春秋』學初探—以史籍所錄『春秋』類著作爲例—」,『經學硏究論叢』9, 臺北: 臺灣學生書局, 2001; 沈玉成 ·劉寧,「第6章 杜預『集解』和南北學風」,『春秋左傳學史稿』 참조. 沈秋雄의『三國兩晉南北朝

된 이유를 은공 치세에 대한 평가와 무관한 점에서 찾았다.[12] 동진의 범녕
范寧(339~401)은 『곡량전』 주석에서 문왕文王의 도가 사라진 "그 시기가 은
공에 접해 있어 이때 〔『춘추』의〕 시작을 가탁하였다."[13]라고 하였다. 두예의
견해까지 고려하면 춘추삼전春秋三傳의 주석서들은 모두 『춘추』의 시작을
은공 개인의 부정적 측면과 연결하지 않았음을 알 수 있다. 은공이 군주
의 자리를 양보한 것에 대해서도 긍정적이었다. 송의 심비沈棐는 말하였다.
"〔춘추〕 삼전은 모두 은공이 환공에게 겸손한 뜻을 가진 것을 칭양하였다."[14]

그러나 담조啖助(724~770)와 육순陸淳(?~806) 등 당 후기의 학자들은 다
른 주장을 폈다. 이들은 『춘추』 해석의 방향을 새롭게 제시하였다.[15] 육순
은 은공이 양위한 것은 예에서 벗어난 일이라고 비난하였다. 담조는 은공
의 치세가 왕도가 추락한 평왕 치세 말기에 해당한다는 점을 강조하였다.
두 사람은 은공의 행위와 그의 치세를 부정적으로 보았고, 그 점 때문에
은공이 『춘추』의 기점이 되었다고 보았다. 그 주장은 송·원대 학자들에게
계승되었다. 요컨대 당 중기 이후 은공에 대한 이해가 새로운 경향을 띠게
된 것이다. 송·원대 학자들이 주장한 바는 대략 세 가지로 정리된다.

첫째, 은공의 행위와 그의 치세를 부정적으로 보았다. 송대 학자 왕석王
晳의 주장이 대표적이다. 그가 보기에 은공은 재주와 식견이 없는 어리석
고 용렬한 사람이었다. 그가 한 일도 대부분 잘못되었다. 특히 못난 환공

春秋左傳學佚書考』(臺北: 國立編譯館, 2000)에는 12편의 『春秋左傳』書의 佚文이 수록되어
있다. 그 가운데 隱公 관련 기사로 (魏)王肅, 『春秋左氏傳傳注』 1조, (晉)孫毓, 『春秋左氏傳義
注』 1조, (晉)京相璠, 『春秋土地名』 13조, (晉)徐邈, 『春秋左氏傳音』 1조, (陳)沈文阿, 『春秋左
氏經典義略』 6조, (陳)王元規, 『續春秋左氏傳義略』 1조 등이 보인다. 여기에서도 『春秋』의 시
작에 관한 논의는 보이지 않는다.

12 何休는 두 가지 이유를 들었다. ① 『春秋』의 서술은 哀公에서 발단하고, 그로부터 12의 天數
를 소급하여 12대 先代 군주인 隱公에서 시작한다. ② 孔子가 목격한 '所見'에서 '所聞' 그리
고 '所傳聞'으로 소급하여 隱公이 되었다. 『十三經注疏 整理本 春秋公羊傳注疏』 권1, p.32.

13 "於時則接乎隱公, 故因玆以託始", 『十三經注疏 整理本 春秋穀梁傳注疏』 권1, p.8.

14 "三傳皆稱公遜桓之志", (宋) 沈棐, 『春秋比事』, 『文淵閣四庫全書』 153, p.31.

15 啖助, 趙匡, 陸淳 등은 三傳보다 『春秋』를 중시하였다. 趙伯雄, 『春秋學史』, pp.386~390.

에게 군주의 자리를 양보한 일은 가장 큰 비난거리다. 은공은 대의에 밝지 못하고 예법을 존중하지 않은 인물인 것이다.[16]

하지만 은공 개인의 문제만 거론된 것은 아니다. 원대 학자 정단학程端學 (1278~1334)은 은공이 '평상시 일(常事)'에 현명했다고 하였다.[17] 그는 은공 개인보다 그의 치세에 일어난 사건에 주목하였다. 조방趙汸에 따르면 "화란의 근본을 따져 보면 모두 은공 치세에 시작되었다. …… 고로 은공 치세에 〔『춘추』가〕 시작되었다."[18] 또 다른 원대 학자 왕원걸王元杰은 은공 치세 원년, 즉 『춘추』의 첫 해에 인륜의 모든 영역이 무너졌다고 하였다. ① 은공은 군주가 되었지만 천자의 명을 받지 않아 군신 간 의리가 무너졌고, ② 혜공은 환공에게 자리를 넘기려 하여 혜공과 은공 간 부자 관계가 단절되었고, ③ 은공은 주국邾國과 맹약을 맺고도 정벌을 하여 붕우朋友의 신뢰를 잃었다. ④ 또한 정백鄭伯은 동생 공숙단共叔段을 정벌하여 형제간 윤리가 무너졌고, ⑤ 환공의 모친인 중자仲子는 첩 신분으로 천자의 재물을 하사받아 부부의 도가 혼란에 빠졌다.[19] 이처럼 군신 간, 부자 간, 붕우 간, 형제간, 부부간의 도덕이 모두 무너진 해에 『춘추』가 시작되지 않을 수 있겠는가라고 왕원걸은 반문하였다.[20]

둘째, 은공 섭정에 대한 평가가 부정적으로 돌아섰다. 일부 학자는 섭

---

16 "隱公 …… 昏庸之人, …… 不明大義, 不能尊禮法之正", (宋) 王晳, 「始隱」, 『春秋皇綱論』, 『文淵閣四庫全書』147, p.133. 王晳은 隱公에서 『春秋』가 시작한 이유는 桓公의 죄악이 은공 때 시작했기 때문이라고 하였다.

17 "隱公賢乎常事耳", (元) 程端學, 『春秋或問』, 『文淵閣四庫全書』160, p.521.

18 "本其禍端所起, 皆在隱公之世, …… 是故始於隱公也", (元) 趙汸, 『春秋集傳』, 『文淵閣四庫全書』164, p.7.

19 이 사건들은 모두 은공 원년조 『춘추』 경문에 나온다. 3월에 은공은 邾國과 蔑에서 맹약을 맺지만 은공 7년 邾國을 정벌하였다. 5월에 鄭 莊公은 친동생인 共叔段을 정벌하였다. 7월에는 주 천자 平王이 사신을 보내 惠公 부인인 仲子에게 喪事에 필요한 물건(賵)을 보냈으나 예법에 맞지 않은 처사로 크게 비난받았다.

20 "凡此敗倫傷教之事, 並見於隱公元年, 其惡已彰, 其亂已極, 春秋不始于隱公", (元) 王元杰, 『春秋讞義』, 『文淵閣四庫全書』162, p.8.

정 자체가 아니라 은공이 섭정할 자격이 없음을 비난하였다. 왕석은 양위讓位 자체는 명분이 지고하며 지극히 아름다운 결정이지만, 은공처럼 '혼용昏庸한 사람'이 양위한 것은 잘못된 일이라 하였다.[21] 송의 가현옹家鉉翁 (1213~1297)은 군주의 자리를 양보한 일 자체는 미덕의 표현이나, 그 결과로 혼란을 감수해야 했음을 지적하였다.[22] 은공의 섭정은 국정을 파탄으로 몰고 간 장본이었다.[23]

한편 좀 더 많은 학자들은 은공의 '섭정'과 양위가 문제라고 주장하였다. 송대 소철蘇轍(1039~1112)은 은공이 서자이고 환공이 적자이기 때문에 서자인 은공이 섭정에 나선 것은 적서의 차이를 무시하고 예법에 어긋난 일이라고 비판하였다.[24] 은공이 직접 즉위했어야 한다는 주장도 있다. 은공과 환공은 사실 둘 다 서자이기 때문에[25] 나이가 많고 현자인 은공이 직접 즉위했어야 정치가 안정되었으리라는 주장이다.[26] 장대형張大亨은 아예 잘못을 은공의 부친 혜공에게 돌렸다. 그가 서자 가운데 어린 환공을 후계자로 염두에 둔 탓에 나이 많은 은공이 즉위하지 못하였고, 그것이 결국 노나라에 큰 혼란을 가져왔다고 주장하였다. 『춘추』가 은공에서 시작한 것은 바로 이러한 잘못의 근원을 바로잡기 위한 행위로 이해되었다.[27]

은공이 불순한 의도로 섭정했다는 주장도 있다. 즉 그가 섭정한 목적은

---

21 "隱公之才識智慮, 昏庸之人也, … 然則其讓桓是邪曰非也", (宋) 王哲, 『春秋皇綱論』, 『文淵閣四庫全書』147, p.133.

22 "讓雖美德 …… 以致召亂", (宋) 家鉉翁, 「原春秋託始 上」, 『春秋集傳詳說綱領』, 『文淵閣四庫全書』158, p.6.

23 呂祖謙은 은공 시기 신료들이 군주 명령을 받들지 않은 이유가 은공이 군권을 장악하지 않고 섭정에 머물렀기 때문이라고 하였다. (宋) 呂祖謙, 『左氏傳說』, 『文淵閣四庫全書』152, p.5.

24 "隱立而以奉桓, 其志可也, 而禮則不可", (宋) 蘇轍, 『春秋集解』, 『文淵閣四庫全書』148, p.3.

25 양보쥔楊伯峻은 桓公의 모친인 仲子를 '嫡妻'로 보았으나(『春秋左傳注』, p.4) 중자의 지위가 夫人인지 妾인지에 대해서는 宋元 시기에 논란이 있었다.

26 (宋) 沈棐, 「攝位非正」, 『春秋比事』, 『文淵閣四庫全書』153, p.31.

27 "惠公舍長隱而立少桓, 魯所以失世禍亂之原, 孰大於此, 是以春秋興起, 平王魯隱之事", (宋) 張大亨, 『春秋通訓』, 『文淵閣四庫全書』148, p.537.

권력 찬탈이라는 것이다. 송대 유창劉敞(1019~1068)은 은공이 환공을 군주가 아니라 태자로 삼고 자신이 섭정한 것은 찬위簒位라 하였다. 유창은 "누가 그의 마음을 알겠는가."[28]라고도 말하였다. 그렇기 때문에 은공이 환공에게 죽임을 당한 것은 군주 시해라 할 수 없다. 장대형도 은공의 섭정은 스스로 결정을 내린 것이며, "어찌 여기에 양보가 있는가."라고 반문하였다. "은공은 찬탈자와 다를 바가 거의 없"는 것이다.[29]

셋째, 송·원대 학자들은 '『춘추』의 시작'을 노의 일국사가 아닌 천하의 형세에서 구하였다. 은공의 노국 통치가 문제가 아니라 당시 주 천자가 다스리는 천하의 형세가 문제였다. 동쪽으로 천도한 뒤 주 평왕이 치세하는 동안 갈수록 부흥의 가능성을 상실했으며, 그의 치세 말기에 은공이 즉위했기 때문에 은공이 『춘추』의 기점이 된 것이다. 이러한 주장의 근저에는 『춘추』의 서술 범위가 노국사가 아닌 천하사라는 생각이 깔려 있다. "『춘추』는 주를 위하여 작성한 것이지 노를 위한 것이 아니다."[30]

그렇다면 『춘추』의 시작을 은공과 관련하여 생각할 필요가 없다. 송대 손복孫復(992~1057)과 손각孫覺(1028~1090)은 주 평왕 말기에 '천하에 왕이 없는(天下無王)' 난세가 도래하자 공자가 이 시기부터 『춘추』를 편찬하여 왕법을 세우려 했다고 주장하였다.[31] 이런 생각은 『맹자』에서 그 기원을 찾을 수 있다. "시가 소멸된 뒤 『춘추』가 작성되었다(詩亡然後 春秋作)"라는 맹자의 말은 '『춘추』의 시작'에 관한 가장 권위 있는 해석이다. 왕도가

---

28 "隱賤桓貴, 桓貴當立, 而隱不能奉之, 而立而已, 簒其位, 雖爲讓言, 誰知其心", (宋) 劉敞, 『春秋權衡』, 『文淵閣四庫全書』 147, p.173.
29 "桓當繼, 而隱攝居, 安得有讓," "隱之所以異於簒者, 無幾矣", (宋) 張大亨, 『春秋通訓』, 『文淵閣四庫全書』 148, p.537.
30 "蓋春秋之作爲周也, 非爲魯也", (宋) 趙鵬飛, 「始隱」, 『春秋經筌』 卷1, 『文淵閣四庫全書』 157, p.5.
31 "春秋自隱公而始者, 天下無復有王也", (宋) 孫復, 『春秋尊王發微』, 『文淵閣四庫全書』 147, p.3; "蓋以天下無王, 而孔子以王法正之, 誅罰褒賞者, 天子之行事也", (宋) 孫覺, 『春秋經解』, 『文淵閣四庫全書』 147, p.555.

행해진 주공의 시대에『시경』이 등장했지만 난세가 시작되어『시경』이 사라지자 공자가『춘추』를 저술하여 왕도를 보존하려 한 것이다.[32]

물론 다른 주장을 편 사람도 있었다. 송대 엽몽득葉夢得(1077~1148)은 은공 즉위가 기점이 된 이유로 하휴의 12공설을 거론하였다.[33] 당대 이전의 주장을 반복한 것이다. 하지만 그러한 주장은 〈표 1〉에서 한 차례 보일 뿐이다. 다수의 학자들은 맹자의 주장을 따랐다. 한편 주 평왕이 아니라 그다음 군주 환왕桓王의 즉위가 실제로『춘추』의 기점이라는 주장도 있다. 환왕이 일개 제후국인 정국과 교전하다가 대패한 수갈繡葛의 전쟁[34]이 진정한 쇠세衰世의 시작이라는 것이다.[35] 다만 주 평왕이든 환왕이든 말세론이라는 점은 같다.

지금까지 송·원대 학자들의 주장을 중심으로 '『춘추』의 시작'에 관한 여러 견해를 살펴보았다. 이 견해들의 공통점은 두예의 주장과 180도 다르다는 것이다. 통상 두예의『좌전』주석은 객관적이고 실증적이라고 평가받았다. 송·원대 학자들의 주장도 사실관계를 의도적으로 왜곡한 것은 아니다. 그렇다면 두예와 송·원대 학자들 간의 견해 차이는 어디에서 비롯되었을까.

---

32 趙伯雄,『春秋學史』, pp.81~82.『孟子』의 "王者之迹熄而詩亡, 詩亡然後春秋作"이란 구절에 대해 漢代 趙岐는 "太平의 道가 衰하고 王의 자취가 소멸하자 頌聲이 더 이상 지어지지 않아 詩가 亡하였다.『春秋』는 撥亂을 목적으로 하며, 衰世에 작성되었다."라고 풀이하였다.『十三經注疏 整理本 孟子注疏』권8上, p.267. 좀 더 상세한 논의는 朱本源,「詩亡然後春秋作論」,『史學理論研究』, 1992-2 참조.

33 "春秋者, 代天子以行法者也 …… 斷自隱公爲十有二公", (宋) 葉夢得,『葉氏春秋傳』,『文淵閣四庫全書』149, p.4.

34 繡葛에서 벌어진 이 전쟁은 기원전 707년, 周 桓王 13년(魯 桓公 5년)에 발생하였고, 桓王의 군대가 鄭國의 군대에 大敗하였다.

35 주 桓王은 은공 4년에 즉위하였다. 송대 학자 陳傅良은 은공 초기 千乘之國에 대한 양보의 기풍과 尊君親上의 기풍을 보여 주는 사례들도 등장하지만, 은공 3년 鄭國과 周室의 관계가 악화되고 桓王이 즉위한 은공 4년 급기야 양자 사이에 전쟁이 발생하자 그 시점부터 '作春秋'하였다고 주장하였다.『春秋後傳』,『文淵閣四庫全書』151, p.597.

여기에서 우리는 개별 조문의 해석과 다른 차원의 문제가 『춘추』 해석에 개입되어 있음을 인정할 수밖에 없다. 두예의 주석은 실증에 충실하였으나 그것만으로는 설명할 수 없는 해석의 공간을 남겼다. 『춘추』와 『좌전』은 경학자가 속한 시대적·역사적 요구에 부응한 열린 텍스트이며, 두예와 송·원대 학자들은 각기 자신의 시대가 요구하는 바에 충실하였다. 이러한 점을 염두에 두고 은공 조의 기사들에 대한 두예의 주석을 검토해 보자.

II. 은공 조 두예 주석의 특징

양보쥔의 『춘추좌전주』[36]에 있는 일련번호에 따르면 은공 11년간 모두 102건의 기사가 등장한다. 이들에 대한 두예의 주석은 대개 간결하고 사실관계에 충실한 내용으로 이루어져 있다. 하지만 그중에 독특한 해석으로 주목을 끄는 주석들이 있다. 이들을 정리하면 〈표 2〉와 같다.

〈표 2〉 『좌전』 은공 조 기사에 대한 두예의 특징적인 주석

시기	사건 개요	두예의 주석	다른 견해
(1) 1년 10월	은공이 혜공 장례에 불참함.	섭정이기에 상주 역할을 양보한 일을 칭찬함.	군주로서 불참한 것은 '은혜 없는 일'이라 비판함.
(2) 1년 12월	공자 익사益師가 사망했으나 은공은 소렴小斂에 불참함.	군주를 포폄하기에는 부족한 일임.	공자 익사를 폄책함으로써 은공 시대의 정치를 비난함.

---

36 楊伯峻, 『春秋左傳注』, 北京: 中華書局, 1981.

(3) 1년 ① 4월 ② 겨울 ③ 12월	은공의 명령 없이 일어난 일 ① 비백費伯, 낭郞 지역에 성을 쌓음. ② 공자 예豫의 출사出使와 맹약 체결 ③ 남문南門 건설		군주의 명령 없이 일어난 일들로 은공 시기 정치의 혼란을 상징함.
(4) 2년 봄	융戎의 맹약 요청을 사양함.	오랑캐에 대한 신중한 처우를 칭찬함.	
(5) 2년 여름	극국極國 정벌	극국을 노의 부용국으로 보아 맹약과 무관한 일로 봄.	극국을 융戎의 읍으로 보아 맹약을 위반한 은공을 비난함.
(6) 2년 12월	환공의 모친 중자仲子가 사망함.	중자를 '부인夫人'이라고 호칭하여 은공이 겸양했다고 칭찬함.	
(7) 3년 4월	은공의 모친 성자聲子가 사망함.	겸양하면서도 모친에게 효도를 다한 은공을 칭찬함.	은공이 겸양했다는 두예의 해석에는 근거가 없음.
(8) 3년 가을	주 왕실에서 노국에 사람을 보내 평왕 장례에 쓸 재물을 요구함.	노국이 주 왕실에 미리 물자를 보내지 않은 불경不敬함을 비판함.	주로 주 왕실의 무례를 비판함.
(9) 4년 가을	공자 휘翬가 은공의 동의 없이 출병함.	불의不義한 전쟁을 반대한 은공을 칭찬함.	후일 은공 시해를 모의한 공자 휘를 폄책함.
(10) 5년 봄	은공이 당棠에 가서 고기잡이를 구경함.	변지邊地를 순행한 일로 옹호함.	군주가 유희를 위해 멀리 행차한 일을 비난함.
(11) 5년 9월	환공의 모친을 위해 궁을 세우고 육일무六佾舞를 추게 함.	부친 혜공의 뜻을 받든 효심과 주법周法에 따라 육일무를 추게 한 일을 칭찬함.	
(12) 6년 겨울	주변국에서 곡물을 모아 기근이 든 주 왕실에 보냄.	은공이 주 왕실에 곡물을 취합하여 보내준 것을 칭찬함.	두예가 근거 없이 사건을 과장했다고 평가함.
(13) 8년 3월	정국이 사신 완宛을 보내 노국과 토지를 교환함.		천자의 읍을 자의적으로 교환한 은공을 비난함.

* 공란은 아무런 평가를 남기지 않았음을 뜻한다.

〈표2〉의 내용을 구체적으로 소개하면 다음과 같다.

(1) 은공 1년 10월, 은공은 부친 혜공의 장례식을 거행하였으나 장례식에 참석하지 않았다. 은공이 불참하였기 때문에『춘추』에는 이 일이 기록되지 않았고(不書),『좌전』에는 "혜공이 사망하였을 때 송과 전쟁 중이었고, 아직 태자가 어려 장례를 치르기에 부족함이 있었다. 그래서 이때 다시 장례를 거행하였다."[37]라는 설명이 있다.

은공의 불참은 이례적인 일이었다. 이에 대해 두예는 은공이 양위하였기 때문에 상주 노릇을 하지 않았다고 설명하였다.[38] 즉 섭정으로서 겸양의 태도를 보인 것이다. 하지만 섭정이라 할지라도 부친의 장례에 불참한 것은 납득하기 어려운 일이다. 한의 가규賈逵는 은공의 불참을 '은혜를 저버린 일'이라고 비판하였다. 청의 유문기劉文淇도 "상복을 벗고 난 뒤에도 개장改葬을 하면 시마복緦麻服의 상복을 입어야 하는데, 〔하물며 아직 상복을 벗지 않은 상황에서 개장할 때〕 은공이 참석하지 않은 것을 보아 은혜를 모른다는 점을 알 만하다."[39]라고 하였다. 이러한 해석에 따른다면『춘추』에 혜공의 장례가 기록되지 않은 것은 은공을 폄책한 일이 되며, 은공의 장례 불참을 '겸양'으로 소개한 두예의 주석은 은공을 과도하게 미화한 해석이다.

(2) 은공 1년 12월『춘추』에 "공자公子 익사益師가 졸卒하였다."라고 쓰여 있다. 이 기사에는 사망한 날짜가 없다.『좌전』은 그 이유를 이렇게 설명하였다. "은공이 〔시신에 옷을 입히고 이불로 싸는〕 소렴小斂 의식에 불참하여 날짜를 기록하지 않았다."[40] 이에 대해 두예는 "이 일의 득실로는 인군

---

37 "惠公之薨也, 有宋師, 大子少, 葬故有闕, 是以改葬",『春秋左傳正義』권2, p.71.
38 "以桓爲大子, 故隱公讓而不敢爲喪主",『春秋左傳正義』권2, p.71.
39 (賈逵) "葬嗣君之事, 公弗臨, 言無恩." / (劉文淇) "除服後改葬, 尙用緦服, 則公之弗臨, 無恩可知", 劉文淇 撰,『春秋左氏傳舊注疏證』, p.14.
40 "公不與小斂, 故不書日",『春秋左傳正義』권2, p.72.

人君을 포폄할 수 없다."[41]라고 하여 이 기사가 은공 포폄과 무관하다고 하였다. 그런데『곡량전』은 "사망한 날짜를 기록하지 않은 것은 〔공자 익사를〕 미워하였기 때문이다(不日卒, 惡也)."라 하였고, 범녕은 "〔공자 익사를〕 죄 준 것이다. 그래서 생략하였다."[42]라고 주석을 달았다. 이 말은 "만일 익사가 올바른 길(正道)로 은공을 보좌했다면 군주는 국가를 양보(推國)하는 뜻을 갖지 않았을 것이고, 환공은 〔은공을〕 찬시簒弑할 마음도 갖지 않았을 것"[43]이라는 의미로 해석되었다. 즉『곡량전』을 따른다면 은공의 양위는 자신의 찬시를 유발한 잘못된 일이 된다. 두예가 이 사건이 군주의 포폄과 무관하다고 설명한 것은 이와 같은 비난을 차단하기 위함이 아니었을까.

(3) 은공 1년 조에는 은공의 명령 없이 진행된 사건 셋이 나온다. 이해 4월 대부 비백費伯이 낭郞 지역에 성을 쌓았고, 10월 공자 예豫가 사신으로 나가 주국邾國과 맹약을 맺었으며, 12월에 새롭게 남문이 건설되었다. 그래서『춘추』경문에는 이 일들이 모두 등장하지 않고,『좌전』에는 '비공명非公命' 즉 군주의 명령 없이 일어난 일이라 명시되었다. 훗날 학자들은 이 사건들이 은공 시대의 정치적 무질서를 보여 준다고 하였다. 은공이 난세의 기점임을 의미한다는 것이다.

그러한 해석을 고려할 때, 두예가 이 사건들에 대해 아무런 논평을 하지 않은 점을 주목할 만하다. 두예는 군주의 명령을 받은 일만이『춘추』에 등재될 수 있다는 서법만을 언급하였다.[44] 이러한 주석은 송·원대 학자들의 주장과 크게 대조적이다. 그들은 섭정으로 즉위한 은공이 권위를 갖지 못

---

41 "事之得失, 旣未足以褒貶人君",『春秋左傳正義』권2, p.54.
42 "罪, 故略之",『十三經注疏 整理本 春秋穀梁傳注疏』권1, p.9.
43 "若益師能以正道輔隱, 則君無推國之意, 桓無簒弑之情."『十三經注疏 整理本 春秋穀梁傳注疏』권1, p.9. 唐代 楊士勛의 疏에 인용된 樂信의 말이다.
44 "史之策書, 皆君命也",『春秋左傳正義』권2, p.57.

해서 앞의 사건들이 발생했다고 하였다.[45] 두예가 침묵했던 것은 은공을 우호적으로 보았기 때문이 아닐까.

(4) 은공 2년 봄, 은공은 노국의 잠潛이란 곳에서 융戎과 회합하였다. 『좌전』에는 "융이 맹약을 청하였으나 은공이 사양하였다(戎請盟, 公辭)."라고 기록되어 있다. 즉 회합만 하고 맹약은 하지 않았다. 이에 대하여 두예는 "이적을 막을 때는 한 번의 시도로 만족할 수 없다."[46]라고 주석하였다. 공영달은 『공양전』 문공 9년 기사를 인용하여[47] "이적을 막을 때는 응당 점진적으로 교화해야 한다. 한 번의 시도로 그들을 만족시킬 수는 없다."[48]라고 하였다. 그럼으로써 오랑캐에게 신중하게 접근한 은공을 칭찬하였다. 하지만 두주공소杜注孔疏 외에 은공을 두둔한 주석은 더 이상 찾기 어려웠다.

(5) 은공 2년 여름, 『춘추』에는 노국 경 무해無駭가 군대를 이끌고 극국極國에 '입入'하였고, 8월에는 은공이 그들과 맹약을 체결하였다고 기록되어 있다. 두예는 극국에 대하여 노국에 속한 작은 부용국이라고 주석하였고,[49] 한의 가규는 "극은 오랑캐의 읍이다."[50]라고 하였다. 만일 극국이 오랑캐 읍이자 노국의 부용국이라면 두 견해가 양립 가능하다.

그러나 공영달은 극국이 오랑캐의 읍이 될 수 없다고 하여 가규의 견해를 비판하였다. 만일 가규의 해석대로 극이 오랑캐 읍이라면 (4)에서 보듯 은공은 융과 회합하여 우의를 다진 직후 군대를 일으켜 그 도읍을 정벌한

---

45 方朝暉 編著, 『春秋左傳人物譜』上, 單永蓮, 「小議隱公"攝政"」, 『商丘職業技術學院學報』 31(2007-4) 등에 이러한 견해가 제기되었다. 송·원대 학자들 중에서 呂祖謙, 家鉉翁, 王元杰, 趙汸 등이 그와 같이 주장하였다.

46 "禦夷狄者, 不壹而足", 『春秋左傳正義』 권2, p.77.

47 "許夷狄者, 不一而足也", 『十三經注疏 整理本 春秋公羊傳注疏』 권13, p.343.

48 "言制禦夷狄, 當以漸敎之, 不一度而卽使足也", 『春秋左傳正義』 권2, p.77.

49 "極, 附庸小國", 『春秋左傳正義』 권2, p.74. 양보쥔도 極國을 魯의 附庸國으로 보았다. 楊伯峻, 『春秋左傳注』, p.20.

50 "賈云, 極, 戎邑也", 劉文淇 撰, 『春秋左氏傳舊注疏證』, p.15.

것이 된다. 사건 순서는 다음과 같다.

> 은공 2년 봄, 은공은 융과 회합하였으나 맹약을 맺지 않았다. (4)
> 은공 2년 여름, 노국 경 무해가 극국(융?)을 침입하였다. (5)
> 은공 2년 8월, 은공은 융과 당에서 맹약을 맺었다.[51]

봄에 회합한 융을 여름에 공격한 것은 잘못된 일이다. 그래서 공영달은 다음과 같이 말하였다. "양위한 현군賢君이 이런 행동을 했을 리 없다. 〔만일 그랬다면〕양사직필良史直筆이라 했는데 어째서 이 사실을 비난하지 않았겠는가."[52] 현군 은공이 그런 일을 했을 리 없고 사관이 이를 비난하지도 않았으니 극국은 오랑캐가 아니다. 이러한 논리로 공영달은 극국을 노의 부용국이라 주석한 두예의 의도를 뒷받침하였다.

그러나 유문기는 가규의 주장을 지지하였다. "융적의 성품이 무상無常하여 은공이 맹약을 맺지 않았다. …… 극국에 침입하여 융이 피해를 입었는데도 불구하고 가을에 다시 맹약을 청하였으니, 이에 그들의 성심이 드러났다. 그래서 은공이 더불어 맹약을 맺었다. 가규는 위아래의 기사를 평이하게 검토하여 위와 같이 설명하였다."[53] 그렇다면 은공은 회합한 오랑캐를 다시 공격하여 피해를 입힌 군주가 된다. 은공이 현군이란 선입견이 없다면 이러한 해석이 자연스러워 보인다. 그러나 두예는 은공이 현군이란 생각에 묶여 극국을 오랑캐가 아닌 부용국으로 간주하였다.

(6) 은공 2년 12월, 『춘추』에 "부인 자씨가 사망하였다(夫人子氏薨)."라

---

51 "公及戎盟于唐",『春秋左傳正義』권2, p.75.
52 "讓位賢君, 固應不爾, 良史直筆, 焉得無譏?",『春秋左傳正義』권2, p.75.
53 "汶淇案, 戎性無常, 公之不與盟者, …… 追入極之後, 戎已受創, 秋, 復請盟, 其誠乃見, 故公遂與之盟, 賈氏尋檢上下, 故爲此說", 劉文淇 撰,『春秋左氏傳舊注疏證』, p.15. 유문기는『晉書』,『方輿紀要』등을 인용하여 極이 戎邑임이 확실하다고 주장하였다.

기록되어 있다. 사망한 자씨가 누구인지에 대해 춘추삼전의 견해가 다 다르다. 『좌전』은 환공의 모친, 『공양전』은 은공의 모친, 『곡량전』은 은공의 처라 하였다. 그런데 앞의 『춘추』 문장에는 서법상 두 가지 문제가 있다. 첫째, 자씨를 '부인'이라 기록한 것이 문제이다. 『좌전』의 기사대로 자씨가 환공의 모친이면 환공이 아직 군주가 아니기에 '부인'이라 할 수 없다. 그래서 두예는 이 표현이 은공이 환공을 실제 군주로 예우했음을 보여 준다고 하였다. 즉 자씨의 사망을 마치 자신의 모친상처럼 부고하였기 때문에 '부인'이라고 표현했다는 것이다.[54] 은공의 겸양을 강조한 주석이다.

둘째, 자씨의 장례 기사가 없다는 것이 문제이다. 군주 모친의 장례에는 군주가 참석해야 하므로 장례 기사가 응당 『춘추』에 있어야 한다. 『곡량전』은 이 기록의 부재가 은공을 폄책한 것이라 하였다. "은공이 〔나중에〕 시해되었으며 적도 토벌하지 못했기 때문에 〔은공의 부인에 대한〕 장례를 기록하지 않았다."[55]

그러나 두예의 주석은 달랐다. "반곡反哭하였다면 장례를 서書하지만, 반곡하지 않았다면 장례를 불서不書한다."[56] '반곡'이란 장례를 치른 뒤에 돌아와 종묘에서 다시 우제虞祭를 거행하는 절차를 말한다. 만일 이 절차까지 완료하지 않았다면 장례 사실 자체를 경문에 기록하지 않았다. 〈표 2〉의 사례 (7)이 여기에 해당한다. 뒤에 설명하겠지만, 두예는 은공이 모친 성자聲子의 장례 때 '반곡'의 예를 행하지 않음으로써[57] 섭정의 겸양을 보였다고 주장하였다. 그렇다면 환공의 모친인 부인 자씨의 장례 때에도 '반곡'의 예를 생략한 이유는 무엇인가.

---

54 "桓未爲君, 仲子不應稱夫人, 隱讓桓以爲大子, 成其母喪以赴諸侯, 故經於此稱夫人也", 『春秋左傳正義』 권2, p.76.
55 "隱弑, 賊未討, 故不書葬", 『十三經注疏 整理本 春秋穀梁傳注疏』 권1, p.14.
56 "反哭則書葬, 不反哭則不書葬", 『春秋左傳正義』 권3, p.82.
57 "君氏卒 …… 不反哭于寢 …… 故不曰薨", 『春秋左傳正義』 권3, p.82.

두예는 환공의 모친을 '부인'으로 칭하여 '겸양'의 태도를 보였다고 해석하였다. 하지만 환공 모친의 장례에서 '반곡'의 예를 생략한 이유를 설명하지 않았다. 즉 두예의 논리대로라면 은공의 행동은 모순된다. 자신의 모친상 때 '반곡'하지 않은 것이 겸양이라면, 환공의 모친상 때 '반곡'하지 않은 이유는 무엇인가. 두예는 이 문제를 쏙 빼놓고 오직 은공이 겸양했다는 사실만 부각하였다.

(7) 은공 3년 4월, 『춘추』에 "군씨가 사망하였다(君氏卒)."라고 기록되어 있다. 『좌전』에 따르면 군씨는 은공의 모친 성자聲子다.[58] 그런데 이 간단한 세 글자의 문장에는 서법상 세 가지 문제가 있다. 첫째, 현재 군주의 모친을 '성씨+부인'이라 칭하지 않고 '군씨'라고 한 점이다. '군씨'란 성씨가 군이 아니라 군주의 모친을 뜻한다.[59] 둘째, 군주 모친의 사망을 '훙薨'이 아니라 '졸卒'이라 표현한 점이다. 셋째, 사망 기록만 있고 장례 기록이 없다는 점이다.

두예는 이 문제들이 "은공은 감히 정식 군주(正君)의 예를 따를 수 없었으므로 마찬가지로 모친에게도 예를 갖출 수 없었기 때문에" 발생했다고 하였다.[60] 결국 은공의 겸양이 이유라는 것이다. 다만 군주의 모친임을 뜻하는 '군씨'라고 칭하여 다른 잉첩媵妾들과 구분하고, 모친에 대한 존경심을 표현하였다. 두예는 『석례』에서 이것이 은공의 '지극한 의義'라 평하였다.[61] 정리하자면, 은공은 군주이면서도 겸양하여 모친의 장례를 정식으로 치르지는 않았으나, '군씨'라 표현하여 효심을 드러냈다는 것이다.

하지만 후대 학자들의 의견은 달랐다. 장례가 미비했던 이유는 환공 모

---

58 "君氏卒, 聲子也", 『春秋左傳正義』 권3, p.82. 다만 『공양전』과 『곡량전』은 君氏를 천자의 대부인 '尹氏'라 하였다. 楊伯峻, 『春秋左傳注』, p.24.
59 "謂之君氏者, 言是君之母氏也", 『春秋左傳正義』 권3, p.80.
60 "隱不敢從正君之禮, 故亦不敢備禮於其母", 『春秋左傳正義』 권3, p.80.
61 "假稱君氏, 以別凡妾媵, …… 隱之至義也", 『春秋左傳正義』 권3, p.84.

친의 장례를 치른 후 불과 4, 5개월 만에 은공 모친의 장례를 치르기가 어려웠기 때문이다.[62] 또한 군주의 모친을 '군씨'라 한 것은 당연하며, 따로 칭찬받아야 할 일인지 의문을 표하였다.[63] 이러한 의견을 감안하면 두예의 주석은 은공을 포양하는 데 치우쳤다고 볼 수 있다.

(8) 은공 3년 가을, 『춘추』에 "무씨의 아들(武氏子)이 와서 부賻를 요구하였다(武氏子來求賻)."라는 기사가 있다. 같은 해(기원전 720년) 3월 주 평왕이 사망하자 주 왕실의 대부 무씨의 아들이 노국에 와서 장례 물품을 요구했다는 것이다. 두예는 이 경문이 미리 물자를 보내지 않은 노국의 잘못을 직접 폄책한 것이라고 보았다.[64] 즉 은공의 행동을 비난한 것이다. 반면 『공양전』은 "상사喪事에는 재물을 구하지 않는다. 재물을 구하는 것은 비례非禮다."[65]라고 하였다. 『곡량전』은 "주 왕실이 비록 구하지 않았다 할지라도 노국은 재물을 보내야 한다. 또한 노국이 비록 보내지 않았다 할지라도 주 왕실이 구해서는 안 된다. …… 쌍방을 비난한 것이다."[66]라고 하였다. 즉 『공양전』과 『곡량전』은 예법에 맞지 않게 재물을 구한 주 왕실을 비판했는데, 두예는 그 점을 언급하지 않았다.

양보쥔은 이 문제와 관련하여 두 가지를 주장하였다. 먼저 『주례』 정현 주석을 인용하여 '부賻'란 예법을 넘어선 과도한 재물을 칭한다고 하였다. 따라서 '부'를 요구한 주 왕실은 예법에 어긋난 행동을 한 것이다. 한편 노국은 희공 27년 원한 관계에 있던 제齊에도 부를 보내었다. 따라서 노에서 주 왕실 장례에 재물을 보내지 않았을 리 없으므로 두예의 주장에 근거가

---

62 楊伯峻, 『春秋左傳注』, p.26.
63 劉文淇 撰, 『春秋左氏傳舊注疏證』, p.19.
64 "魯不共奉王喪, 致令有求, 經直文以示不敬", 『春秋左傳正義』 권3, p.80.
65 "喪事無求, 求賻, 非禮也", 『十三經注疏 整理本 春秋公羊傳注疏』 권2, p.47.
66 "周雖不求, 魯不可以不歸, 魯雖不歸, 周不可以求之 …… 交譏之", 『十三經注疏 整理本 春秋穀梁傳注疏』 권1, p.17.

희박하다고 보았다.[67] 그럼에도 불구하고 두예가 은공과 노국의 잘못을 지적한 것은 다른 사례에 비추어 볼 때 이례적이다.

(9) 은공 4년 가을, 노 대부 공자 휘翬가 은공의 명령 없이 군대를 출동시켰다.『춘추』에는 "휘가 군대를 거느리고(翬帥師)"라고 기록되어 있다. '공자'라는 칭호 없이 이름만 썼는데, 그 이유에 대해『공양전』과『곡량전』에서는 공자 휘가 훗날 은공을 시해하는 일에 가담했기 때문이라고 하였다.[68] 공자 휘는 나중에 두예를 시해한 장본인이다.

하지만 두예는 공자 휘가 군주에게 불의不義한 출병을 강요하였기 때문에 이름만 썼다고 설명하였다.[69] 이 주석은『좌전』에 근거를 둔다. 공자 휘는 송이 주도하고 제후국들이 함께 정을 공격하는 전쟁에 노국도 참여하길 바랐다. 그런데 이때 위국衛國에서 군주 자리를 탈취한 주우州吁가 참가하여 차제에 자신의 찬위를 합법화하려 하였다. 이를 옳지 못하다고 여긴 은공은 이 전쟁을 불의한 전쟁으로 보고 참전을 거부하였다. 두예의 주석은 여기에 근거를 둔다.

(10)은 특별히 흥미로운 사례이다. 은공 5년 봄, 은공이 당棠이란 곳에 가서 사람들이 물고기 잡는 것을 지켜보며 놀았다.『좌전』은 이것이 '예를 어긴 일(非禮)'[70]이라 하여 은공을 비난하였고,『사기』에도 비난하는 기사가 있다.[71] 은공이 행차를 떠나기 전에 은공의 숙부 장희백臧僖伯은 군주 행동의 원칙을 설명하며 만류하였다. 그러나 은공은 "나는 변경 지방을 시찰

---

67 楊伯峻,『春秋左傳注』, pp.24~25.
68 "何以不稱公, 貶, 曷爲貶, 與弑公也",『十三經注疏 整理本 春秋公羊傳注疏』권2, p.52. "其不稱公子, 何也, 貶之也, 何爲貶之也, 與于弑公, 故貶之也",『十三經注疏 整理本 春秋穀梁傳注疏』권2, p.21.
69 "不稱公子, 疾其固請, 强君以不義也",『春秋左傳正義』권3, p.97.
70 "書曰公矢魚于棠, 非禮也",『春秋左傳正義』권3, p.110.
71 "公觀魚于棠, 君子譏之",『史記』권14,「十二諸侯年表」, p.551.

하려 합니다."[72]라고 대답하였다. 두예는 이 말에 대해 "겸손한 말로 그 지역을 순행巡行(略)하겠다고 한 것이다."라고 주석하였고, 덧붙여 희공 9년과 16년 두 차례 '동쪽 지방을 순시(東略)'한 일을 제시하였다.[73] 은공의 주장을 두둔한 것이다. 공영달도 "만일 〔은공이 간 곳이〕 국경 안쪽이라면 은공이 멀리 놀러갔다고 비난할 수 없다."[74]라고 하였다.

여기에서 주목할 점은 당의 위치에 관한 설명이다. 두예는 그곳이 '노국의 경계'[75]라고 주석하였다. 이 말대로 당이 노국 경계 안쪽에 있다면 그곳에 변경을 순찰하러 갔다는 은공의 설명은 맞다. 그렇다면 두예의 주석은 은공의 행동을 '비례非禮'라 한 『좌전』의 설명과 모순된다. 문제는 판본에 따라 두예 주석의 내용이 정반대라는 점이다. 북경대학교에서 발행한 『십삼경주소 정리본』에는 "노국의 경계"라 되어 있는 반면, 『문연각사고전서』에는 "실제로는 타국의 경계였다."[76]라 되어 있다. 사고전서본에 따르면 두예도 타국으로 나가 유희를 즐긴 은공을 비난하는 주석을 단 것이다.

필자는 두 판본 가운데 『십삼경주소 정리본』의 기사, 즉 '노국의 경계'가 두예 주석일 가능성이 높다고 본다. 그 이유는 두예의 『석례』「토지명土地名」 기사에서 찾을 수 있다. 이 기사에 당의 위치가 '노나라의 경계 내부(魯部內)'라고 명시되어 있기 때문이다.[77] 즉 당은 '노국의 경계'이다. 그렇다면 '실제로는 타국의 경계였다.'라는 사고전서본 기록은 왜 등장하였을까. 그 이유를 지금은 고찰할 길이 없으나,[78] 혹시 『좌전』 기사와 모순된 두

---

72 "公曰, 吾將略地焉", 『春秋左傳正義』 권3, p.110.
73 "孫辭以略地 …… 傳曰東略之不知, 西則否矣", 『春秋左傳正義』 권3, p.110. '傳曰' 부분이 僖公 9년과 16년 사례인 것은 孔穎達 正義 참조.
74 "若國竟之內, 不應譏公遠遊", 『春秋左傳正義』 권3, p.110.
75 "棠, 魯地竟", 『春秋左傳正義』 권3, p.110.
76 "棠, 實他竟", 『春秋左傳注疏』, 『文淵閣四庫全書』 143, p.81.
77 "釋例土地名 …… 棠在魯部內", 『春秋左傳正義』 권3, p.110.
78 달리 校勘記가 없어 어떠한 과정을 거쳐 문연각 사고전서본이 십삼경주소 정리본으로 수정되었는지를 더 따져보지 못하였다.

예 주석을 납득할 수 없었던 누군가가 그 내용을 자의적으로 수정한 결과가 아닐까. 아무튼 이 혼선에는 은공의 '비례'를 지적한 『좌전』과 은공을 두둔한 두예 주석 간의 괴리가 반영되어 있다.

(11) 은공 5년 9월, 3년 전 사망한 환공의 모친을 위해 세운 궁이 완성되었다. 은공은 그 묘당에서 육일六佾의 악무樂舞를 추도록 하였다.[79] 이 일에 대해 두예는 두 가지 점을 강조하였다. 첫째, 환공의 모친을 부인으로 삼고자 한 부친 혜공의 뜻에 따라 별도로 궁을 세워 환공의 모친을 우대하였다. 둘째, 은공이 중중衆仲의 상세한 자문을 거쳐 육일무를 추도록 하였고,[80] 중중이 '대전大典' 즉 주의 법도에 따라 자문에 응했음을 지적하였다.[81] 이로써 은공이 부친의 뜻을 이룬 효자이고, 주의 법을 존중한 군주임을 부각하였다. 역시 다른 주석에서 찾아볼 수 없는, 은공을 미화한 주석이다.

(12) 은공 6년 겨울, 주 왕실에서 노에 사신을 보내 기근 발생을 알렸다. 은공은 주를 위해 송宋, 위衛, 제齊, 정鄭에 곡물 구매를 요청하였는데, 『좌전』에서는 이 조치가 예에 맞는 일이라 하였다.[82] 그런데 이 일이 『춘추』 경문에 나오지 않는다. "군주가 거동하면 반드시 〔춘추에〕 기록한다."[83]라고 했으니, 만일 은공이 어떤 역할을 했음에도 불구하고 기록이 없다면 그렇게 한 이유가 있을 것이다.

이에 대해 두예는 주의 사신이 주 천자의 명이 없는데도 노에 찾아왔기 때문에 경문에 기록되지 않았다고 하였다. 그럼에도 불구하고 은공은 그의 청을 들어 주었고, 노만으로는 곡물이 부족하자 주변국에 도움을 요청

79 "九月, 考仲子之宮, 初獻六羽", 『春秋左傳正義』 권3, p.102.
80 "蓋隱公成父之志, 爲別立宮也, 公問羽數, 故書羽", 『春秋左傳正義』 권3, p.102.
81 "今隱公 …… 詳問衆仲, 衆仲因明大典", 『春秋左傳正義』 권3, p.114.
82 "京師來告饑, 公爲之請糴於宋·衛·齊·鄭, 禮也", 『春秋左傳正義』 권4, p.119.
83 (莊公 23년) "君擧必書", 『春秋左傳正義』 권10, p.316.

하였다. 그런 점에서 "전문은 은공의 현賢함을 드러내었다."[84]라고 주장하였다. 하지만 유문기가 지적했듯이 노에 구휼미가 부족했다는 근거를 찾을 수 없다.[85] 두예가 내용을 임의로 추가하여 은공을 칭찬한 것으로 보인다.

(13) 은공 8년 3월, 정鄭 장공莊公은 노에 사신을 보내 태산에 있는 팽읍祊邑을 주겠다고 하면서[86] 그 반대급부로 정에서 가까운 허전許田을 요구하였다. 환공 1년, 정과 노는 두 땅을 서로 교환하였다.[87] 허전에 주공의 별묘別廟가 있어 이곳에서 노국이 주공에게 제사지냈으며, 팽읍은 정국이 태산에서 제사를 올릴 때 물자를 공급하는 곳이었다. 『곡량전』은 이 일에 대한 『춘추』 기사에 사신 이름 완宛이 칭해진 것은 은공과 정백이 〔천자의 읍을 함부로〕 바꾼 것을 증오[88]했기 때문이라고 하였다. 사마천도 이 일을 "군자가 비난하였다."[89]라고 하였다. 즉 은공의 잘못이 비난을 받았다.

그러나 두예의 해석은 달랐다. 『좌전』에는 "정백이 태산의 제사를 폐지하고 주공의 제사를 지내겠다고 하면서" 토지를 교환하였다고 쓰여 있다. 두예는 이에 대해 "노국이 주공의 별묘 때문에 〔정국의 요청에〕 의문을 가질까 염려하여 〔정국은〕 이미 태산의 제사를 폐지하였고 노국을 위해 주공의 제사를 지내겠다고 겸손한 말로 요구하였다."[90]라는 주석을 달았다. 즉 토지를 교환한 정 장공과 노 은공은 비난받아야 할 이유가 없다는 것이다. 더 나아가 두예는 정 장공의 겸손한 태도를 두둔하였다. 물론 은공에 대한

---

84 "傳見隱之賢", 『春秋左傳正義』 권4, p.119.
85 劉文淇 撰, 『春秋左氏傳舊注疏證』, p.40.
86 "(經文) 鄭伯使宛來歸祊, 庚寅, 我入祊", 『春秋左傳正義』 권4, p.124.
87 "三月, 公會鄭伯于垂, 鄭伯以璧假許田", 『春秋左傳正義』 권5, p.152.
88 "名宛, 所以貶鄭伯, 惡與地也", 『十三經注疏 整理本 春秋穀梁傳注疏』 권2, p.29.
89 "君子譏之", 『史記』 권14 「十二諸侯年表」, p.552.
90 "(左傳) 鄭伯請釋泰山之祀而祀周公", "(杜注) 恐魯以周公別廟爲疑, 故云已廢泰山之祀, 而欲爲魯祀周公, 孫辭以有求也", 『春秋左傳正義』 권4, p.126.

비난도 찾을 수 없다.

지금까지 주목할 만한 두예의 주석 13건을 소개하였다. 이 주석들은 두예가 특별히 은공에게 우호적이었음을 보여 준다. (1)·(4)·(6)·(7)·(9)·(11)·(12) 등 7건에서는 은공을 직접 칭송하였다. 은공은 모친의 장례를 치르는 데 섭정으로서 겸양하였으며, 부친인 혜공의 유지를 소홀히 하지 않고 사망한 모친에게 지극한 효심을 드러냈다. 불의한 전쟁에 참전하기를 거부했으며, 오랑캐와 관계를 설정하는 데 신중한 자세를 취하였다. 주 왕실의 기근에는 발 빠르게 대처하여 충성을 다하였다. 단 (8)의 주석에서 두예는 주 왕실의 장례에 미리 물자를 보내지 않은 은공의 처사를 비난하였는데, 이는 주 왕실의 존엄성을 강조하려 했기 때문으로 보인다.

좀 더 흥미로운 주석은 (2)·(3)·(5)·(10)·(13) 5건이다. 은공의 잘못이 분명해 보이는 경전의 기사에 대해 두예는 침묵하거나 반대로 은공을 두둔하였다. 군주의 명령 없이 대부들이 자의적으로 행동하거나 주 왕실의 허락 없이 정국과 토지를 교환하는 등, 국내 질서와 국제 질서가 상궤를 이탈하였어도 두예는 은공을 비난하지 않았다. 가장 눈에 띄는 주석은 (5) 오랑캐 나라인 극국을 부용국이라 하여 은공이 신의를 저버렸다는 비난을 받지 않도록 한 것, (10) 은공이 놀러간 지역을 국경 안쪽이라 해설하여 은공의 잘못을 가린 것이다. 특히 후자는 은공의 행위가 '비례'라고 명시한 『좌전』기사와 정반대의 입장을 취한 것이었다.

따라서 두예의 주석을 읽으면 맹자와 후대 춘추학자들이 주장했듯이 은공 시대가 난세와 말세의 시작이라는 인상을 받기가 어렵다. 오히려 주대적 전통을 부흥시킬 중흥의 군주가 출현한 것 같은 기대감을 갖게 된다. 그것은 은공이 현군이기 때문에『춘추』의 기점이 되었다는 두예의 주장과 궤를 같이한다. '『춘추』의 시작'에 대한 두예의 독특한 견해가 개별 주석 하나하나에 그대로 반영되어 있음을 확인할 수 있다. 그렇다고 해서 두예가 사실을 왜곡하였다고 비난받을 만큼 주석의 내용이 노골적으로 편향되지는 않았다. 불완전한 경전의 문구를 은공을 두둔하는 방향으로 해석했다고 이해해도 무방할 듯하다. 그러한 두예의 견해는 섭정 즉 보정을 긍정적으로 평가하는 시대상황에서 비롯된 것이라 생각된다. 다음으로는 서진시대에 벌어진 '진사晉史의 시작'에 관한 논쟁은 그러한 추론에 설득력을 더해줄 것이다.

Ⅲ. 진사晉史의 단한

위진남북조 시기 왕조의 정사에는 그 시작이 왕조 개창 이전으로 소급되는 경우가 왕왕 있다. 가령 『삼국지』 「위서」는 조위 문제가 아니라 조조의 이야기에서 시작한다. 이것은 조위 왕조가 조조에서 시작되었다는 뜻이다. 왕조 개창이라는 명분보다 사실을 중시한 역사 서술이라 할 수 있다. 이와 같이 사서를 편찬할 때 왕조사의 기점을 정하는 것을 '단한斷限'이라 한다.[91]

현행 24사를 보면 정식으로 왕조가 개창되기 이전으로 단한이 소급된 경우는 『삼국지』(권1 「무제기: 조조」), 『진서晉書』(권1 「선제기: 사마의」, 권2 「경제기: 사마사」, 「문제기: 사마소」), 『위서魏書』(권1 「서기序紀」), 『북제서北齊書』(권1 「신무제기新武帝紀: 고환高歡」), 『주서周書』(권1 「문제기文帝紀: 우문태宇文泰」) 등 다섯 권이다. 즉 『삼국지』와 『진서』, 그리고 북조의 사서들에서만 단한을 소급한 경우가 보인다.[92]

---

91 劉知幾 著, 姚松 · 朱恒夫 譯注, 『史通全譯』 권4 「斷限」, 貴陽: 貴州人民出版社, 1997 참조.
92 南北朝의 斷限 문제에 대한 개괄은 劉節 지음, 辛太甲 옮김, 『中國史學史講義』, 서울: 신서원, 2000, pp.203~211 참조. 『北齊書』 단한에 대해서는 李傳印, 『魏晉南北朝時期史學與政治的

남조에서는 단한을 둘러싼 논의가 있었으나 오래가지 못하였다. 남조의 세가대족世家大族이 왕조에 대한 충성심이 낮아 이 문제에 관심이 적었기 때문이라 한다.[93] 단한 논쟁이 가장 치열했던 때는 서진 시기로 보인다. 현행『진사』는 사마의의「선제기」에서 시작하는데, 이는 서진시대에 전개된 단한 논의에 영향을 받은 것으로 보인다.[94] 서진 때 저술된『삼국지』도 조조 시대로 단한이 소급되어 있다.

서진 시기 단한 논의에 관한 기록은『진서』권40 가밀賈謐(?~300) 열전에 있다. 논쟁의 구도를 간략히 제시하면 〈표 3〉과 같다.

〈표 3〉 서진 시기의 단한 논쟁

진사晉史의 시점	논쟁에 참여한 학자들	
	무제 대	혜제 대
조위 정시 1년(240)	순욱荀勗	순준荀畯, 순번荀藩, 화혼華混
가평 1년(249)	왕찬王瓚	순희荀熙, 협조刁協
서진 태시 1년(265)		가밀賈謐, 왕융王戎, 장화張華, 왕연王衍, 낙광樂廣, 혜소嵇紹, 사형謝衡

* 논쟁의 결과 태시 1년에 시작하는 것으로 정해짐.

단한 논쟁은 서진 무제 대(265~290)와 혜제 대(290~306) 양 대에 걸쳐 지속되었다. 무제 대에는 사마의의 역할을 강조하여 조위 정시 단한설과 가평 단한설이 대립하였다.[95] 혜제 대에는 왕조 창건을 중시한 태시 단한설

關係」, 武漢: 華中科技大學出版社, 2004, pp.58~63 참조.
93 南朝에서 斷限 논의는 劉宋 시기 著作郎 徐爰의 上表에서 확인되지만 蕭道成이 齊를 창건한 이후부터는 단한을 소급하는 일이 사라졌고, 그 필요성을 이야기한 사람도 없었다. 周一良, 「魏晉南北朝史學與王朝禪代」, 『魏晉南北朝史論集』, 北京: 北京大學出版社, 1997 참조.
94 현행 24사의『晉書』는 唐太宗 때 찬수되었고, 모본은 위진남북조시대에 편찬된『晉書』로 대략 22부가 저술되었다. 저술 시기는 西晉 1부, 東晉 9부, 宋 7부, 齊 1부, 梁 5부 등이다. 郝潤華, 『六朝史籍與史學』, 北京: 中華書局, 2005, pp.101~102. 이들 諸家의 晉史들은 西晉 이래의 史書 체제를 답습했다고 추정된다.
95 司馬懿가 처음 輔政을 유촉받은 때가 明帝가 즉위한 黃初 7년(226)이나 명제 치세에는 그의 권력이 크지 않았다. 사마의는 명제가 죽기 직전인 景初 3년(239)에 다시 曹爽과 함께 輔政을

이 등장하여 다수의 지지를 얻었다. "가밀은 거듭〔태시 단한설을 주장하는〕왕융과 장화의 주장을 상신하였고 마침내 그에 따라〔태시 단한이〕시행되었다."[96]

선학들은 이 논쟁의 정치적 배경에 관심을 가졌다. 거자오광葛兆光은 한대 이후 통치가들이 어용의 학술로 선호한 것이 사학이었고, 단한 논쟁도 그 와중에 발생한 일이라 하였다.[97] 팡텐유龐天佑는 정치적 이해가 단한 논쟁을 장악하는 과정을 단계적으로 설명하였다. 무제 대 제기된 정시 단한설과 가평 단한설의 대립은 조위 말기 사마의와 사마사·사마소가 국가권력을 좌우했던 '사실'에 기초한다. 그러나 혜제 대에는 사학과 거리가 먼 현학 명사들이 중심이 되어 주장한 태시 단한설이 서진 왕조사의 기점이 되었다고 하였다.[98] 저우이량周一良은 조위 황제 제왕 방을 폐출하고 고귀향공을 시해한 사건을 진 왕조 내부에서 발생한 권력 투쟁 사건으로 뒤바꾸려 한 것이 단한 논의의 일차 목적이라 하였다.[99]

서진 개창 이후에도 조위 황제 고귀향공을 시해한 일은 그 사건에 연루

유촉받았다. 그다음 해에 正始 연간이 시작되기에 정시 단한설은 바로 이때에 司馬氏가 天命을 받았다고 본다. 하지만 정시 연간 초기에는 조상이 권력을 장악하고 사마의는 수세적 위치에 있었다. 따라서 사마의가 高平陵 정변을 일으켜 실제 권력을 장악한 249년을 기점으로 삼은 嘉平 단한설이 등장한 것이다. 周一良,「曹氏司馬氏之鬪爭」,『魏晉南北朝史札記』, 北京: 中華書局, 1985 참조.

96 관련 사료는 다음과 같다. "이전에 조정에서 『晉書』의 斷限을 세우기 위하여 의논하였는데, 中書監 荀勗은 응당 曹魏 正始 연간(240~249)에 起年해야 한다고 주장하였고, 著作郎 王瓚은 嘉平 연간(249~254) 이하의 朝臣들을 모두 晉史에 넣고자 하였다. 당시에는 누구의 말에 따를지 결정하지 못하였다. 惠帝가 즉위한 뒤 다시 논의하게 하였는데, 賈謐은 泰始 연간(265~274)부터 시작해야 한다고 청하였다. 이에 三府에 의논을 부치니, 司徒 王戎, 司空 張華, 領軍將軍 王衍, 侍中 樂廣, 黃門侍郎 嵇紹, 國子博士 謝衡 등은 모두 賈謐의 의론에 따랐다. 騎都尉 濟北侯 荀畯, 侍中 荀藩, 黃門侍郎 華混은 응당 正始 연간에 開元해야 한다고 주장하였다. 博士 荀熙, 刁協은 嘉平 연간의 起年을 주장하였다. 賈謐은 거듭 王戎과 張華의 주장을 상신하였고 마침내 그에 따라 시행되었다.",『晉書』권40,「賈謐傳」, pp.1173~1174.

97 葛兆光,「晉代史學淺論」,『北京大學學報』1981-2, p.77.

98 龐天佑,「論晉代的史學與政治」,『湖南文理學院學報(社會科學版)』29-4, 2004.

99 周一良,「魏晉南北朝史學與王朝禪代」. 리촨인도 같은 견해이다. 李傳印,『魏晉南北朝時期史學與政治的關係』, pp.54~55.

된 관료들을 압박하였다. 정계의 실력자였던 가충賈充(217~282)은 태시 8
년(272) 연회 자리에서 반대파로부터 "고귀향공은 어디에 있는가?"라는
힐난을 들었다.[100] 당시 시해 현장에서 가충은 고귀향공에 대한 공격을 독
려했었다. 이에 가충은 즉각 연회 자리를 파하고 관직 반납을 요청하였다.
태강 1년(280) 오나라가 멸망한 뒤 황제 손호孫皓(242~283)가 붙잡혀 오자,
가충은 그의 가혹한 정치를 면전에서 비난하였다. 그러자 손호는 자신은
군주를 시해한 불충不忠한 신하에게 가혹했을 뿐이라고 맞받아쳤다. 이에
가충은 "아무 말 못 하고 심히 부끄러워"[101]하였다. 만일 서진 왕조사의 단
한이 소급된다면 가충은 이 문제에서 벗어날 명분을 얻었을 것이다.

　논쟁의 결과 서진 단한은 태시 연간으로 결정되었다. 즉 명분이 실질을
대신한 것이다. 이러한 논쟁의 귀추는 정치 논리가 역사 논리를 제압한 결
과로 볼 수 있다.[102] 혹은 저우이량이 언급한 대로 선대禪代의 '정치적 민감
도'가 떨어진 탓일 수도 있다. 그러나 현행『진서』를 비롯해 위진남북조 시
기 여러 종류의 진사晉史는 다시 조위 시기로 단한이 상향되었다.[103] 즉 조
정에서 합일된 태시 단한설은 실제 진사를 서술할 때에는 무시된 것이다.
이렇게 된 이유가 궁금했으나 그에 대한 설명을 찾기가 어렵다.

　이와 관련하여 육기陸機(261~303)[104]의 「진서단한의晉書斷限議」[105]에 논
의의 단서가 있다. 동진 관리 이충李充에 따르면 "육기는 '진단晉斷'에 관해

100　"純曰, 高貴鄕公何在?",『晉書』권50,「庾純傳」, pp.1397~1398.
101　"充默然甚愧",『資治通鑑』권81, p.2569.
102　龐天佑,「論晉代的史學與政治」, p.64.
103　後代 孫盛의『晉陽秋』, 王隱, 虞預, 臧榮緖 등 諸家의『晉書』, 干寶의『晉紀』등은 모두 司馬
　　懿에서 시작하였으며 唐代의『晉書』도 사마의 부자에서 本紀를 시작하였다. 周一良,「魏晉
　　南北朝史學與王朝禪代」, p.428.
104　西晉의 문장가인 陸機는 趙王倫 막부의 參軍으로 정변에 참가해 賈謐 등을 주살한 공로로
　　關中侯의 작위를 받았다. 그의 열전에「辯亡論」,「豪士賦」,「五等論」등의 문장이 전한다.
　　『晉書』권54,「陸機傳」, pp.1473~1481.
105　이 문장은 徐堅 等著,『初學記』권21,「史傳第3」, 北京: 中華書局, 2005, p.503에 있다.

논의하였는데, 타당한 논의로 이름이 났다."[106] 그의 주장에 동조한 사람들이 많았음을 추정해볼 수 있는 말이다. 『진기晉紀』 4권을 편찬하기도 했던 육기는 다음과 같이 말하였다.

삼조三祖(사마의, 사마사, 사마소)는 실제로는 끝내 신하였다. 그래서 신하의 일로 기록하였으니, 불가불不可不[107] 열전과 같아야 한다. 이것은 실록을 말한다. 그러나 그 명名은 제왕과 같다. 그래서 제왕의 장부에 의거하여 불가불 본기로 칭해야 한다. 이것이 '추왕追王의 의'다.[108]

사마씨 삼부자가 '실實'은 신하였으니 열전에 등재되어야 하나, 그 '명名'은 사실상 제왕과 같기 때문에 그들의 사적을 본기에 써야 한다고 하였다. 이 말만 가지고는 육기가 정시 단한과 가평 단한 중 어느 쪽을 따랐는지는 알 수 없으나, 태시 단한설을 거부한 점은 분명해 보인다.

이 글에서 명분과 실질 문제를 언급하고 있다는 점이 주목된다. 역사가는 진사의 시작을 저술할 때 명분과 실질의 괴리라는 문제에 직면하게 된다. 사마의 이래 보정 기간은 명분상 조위 왕조 시기였으나 실제로는 사마씨 정권이 지배한 때였다. 그런 점에서 육기의 말과는 반대로 사마씨 삼부자는 실제로는 제왕이었고, 명분상으로만 신하였다. 따라서 '실록'을 기록하려면 그들의 사적은 본기에 들어가야 한다. 다만 육기의 말은 비록 명실관계를 거꾸로 기술하기는 했으나, 조위 후기에 대한 역사 서술이 명분과

---

106 "陸機議晉斷, 亦名其美矣", 李充, 「翰林論」, (淸) 嚴可均 校輯, 『全上古三代秦漢三國六朝文』 2, p.1766. 劉節도 "많은 사람들이 그의 견해에 찬동하였다."라고 말하였다. 劉節, 『中國史學史講義』, p.206.
107 『初學記』에는 '不可'라고 되어 있으나 嚴可均은 '不可不'로 보정하였다. 周一良, 「魏晉南北朝史學與王朝禪代」, p.427 참조.
108 "三祖實終爲臣, 故書爲臣之事, 不可(不)如傳, 此實錄之謂也. 而名同帝王, 故自帝王之籍, 不可以不稱紀, 則追王之義", 徐堅 等著, 『初學記』 권21, 「史傳第3」, p.503.

실질의 괴리라는 문제와 밀접히 연관되어 있음을 지적했다는 점에서 주목할 만하다. 단한 논쟁은 역사적 사실을 충실히 서술해야 한다는 당위와 연관이 있는 것이다.

이미 언급했듯이 당시 사람들에게 보정의 권력 장악은 사실상 국가 권력의 이동을 의미하였다.[109] 따라서 단한을 보정 시기로 소급하는 것은 역사적 '사실'에 부합하며, 역사 서술의 원칙에도 합당한 일이다. 손성과 왕은 등 여러 사가들이 진사를 서술할 때 단한을 상향 조정한 것은 이러한 생각을 가졌기 때문일 것이다. 같은 시기에 『춘추』 단한을 고민한 두예도 마찬가지였을 것이다.

두예가 진사 단한 논쟁에 직접 연루된 흔적은 보이지 않는다. 하지만 그가 이 문제를 모르지는 않았을 것이다. 급총문서汲塚文書를 정리하여 두예에게 영향을 미친 순욱荀勖(?~289)은 논쟁에 직접 개입하여 정시 단한설을 주장하였다.[110] 두 사람이 단한 문제를 토론했을 가능성이 있다. 또한 사마씨와의 관계를 고려한다면 두예가 정시설이건 가평설이건, 단한을 소급하여 사마씨의 죄를 덮는 일에 굳이 반대하지 않았을 것이다. 그가 『춘추』 단한을 보정 시기로 설정하여 은공을 옹호한 일이 사마씨 지지와 겹쳐 보이는 것은 부인할 수 없는 일이다. 하지만 두예의 주장에는 좀 더 중요한 면이 있는 듯하다. 그것은 실제 사실을 기록하려는 사가의 태도라 할 수 있다.

그 점을 보여 주는 것이 북제의 사관인 이덕림李德林(531~591)[111]의 주장이다. 북제 시기에는 제사齊史 단한 문제가 논란이 되었다. 이덕림은 단한을 결정하는 기준이 언제 천명을 받았는가(수명受命)와 언제 전 왕조가 종

---

109 金翰奎, 『古代東亞細亞幕府體制研究』, 서울: 一潮閣, 1997, p.8.
110 『晉書』 권39, 「荀勖傳」, p.1154.
111 李德林은 北齊에서 中書舍人 등을 역임하면서 國史 편찬에 참여하였다. 『隋書』 권42 (p.1193)에 열전이 있다.

결되었는가(대종代終)라고 하였다.[112] 그는 북제 왕조가 "실제로 무제[고환高歡(496~547)]에서 시작되었는데, 겸손하여 그 '수명受命'을 감춘다면 어찌 직사直史라고 할 수 있겠는가?"[113]라고 말하였다. 즉 고환이 보정으로 국가 권력을 장악한 시점부터 왕조사를 서술하는 것이 올바른 역사 즉 직사直史에 해당한다는 것이다. 다시 말해 보정이 '불가불 본기'로 편입되어야 하는 이유는 그것이 직사의 서술이라는 사가의 책무에 합당하기 때문이다. 여기에서 우리는 단한의 소급이 사실을 직서해야 하는 역사가의 임무에 따른 것으로 이해되고 있음을 볼 수 있다. 그렇다면 두예 또한 이와 같은 직서의 윤리의식을 가지고 있었던 것이 아닐까.

두예의 주석에는 서로 모순되는 부분들이 있다. 은공 조 주석들에서는 은공의 행동을 변호하려는 의도가 드러나며, 『좌전』과 상충하는 의견이 보이기도 한다. 이런 점을 보면 두예 주석이 항상 역사적 사실에 충실했다고 볼 수는 없다. 하지만 넓은 시야로 보면 두예는 직사의 서술을 추구한 사가들의 입장을 대변하였다. 은공의 섭정을 강조한 그의 보정을 거쳐 왕조가 교체된 당시 현실에서 영향을 받았을 것이다. 왕조사의 시작을 보정의 시대로 소급한 것은 왕조 개창의 명분보다 실제 국가 권력이 이동한 사실을 중시한 서술이다. 이러한 서술들은 또한 『춘추』의 시작을 보정에서 구한 두예의 『춘추』 해석에서 영향을 받지 않았을까.

제4부에서는 한 걸음 더 나아가 사실을 강조하는 두예 학문의 특성이 『춘추』 해석과 학문 발전에 어떻게 작용했는지를 알아보겠다.

---

112 "恐晉朝之議, 是幷論受命之元, 非止代終之斷也", 『隋書』 권42, 「李德林傳」, p.1197.
113 "大齊之興, 實由武帝, 謙匿受命, 豈直史也?", 『隋書』 권42, 「李德林傳」, p.1196.

제 4 부

춘추학에서 역사학으로

역사학의 발전은 위진남북조시대 학술사에서 특기할 만한 일이다. 연구
자들은 이 시대 역사학의 특징으로 ① 경학에서 분리 독립한 사학 ② 전문
사관史官 설치 ③ 사부史部 저작 증가 ④ 민간의 사서 편찬 증가 ⑤ 민족사,
지방사, 가족사, 인물전人物傳, 역외사域外史, 사론史論, 사주史注 등 다양한
내용과 형식의 사서가 등장한 점 등을 꼽았다.[1] 이러한 사실들 때문에 '양
진육조兩晉六朝는 중국 사학이 가장 번성한 시대'라는 평가도 있다.[2] 경학
의 권위가 추락하고 불교 등 외래 사조의 영향이 컸던 위진남북조시대에

---

1 金毓黻, 「5章 漢以後之史官制度」, 『中國史學史』, 石家庄: 河北敎育出版社, 2000; 周一良, 「魏
晉南北朝史學發展的特點」, 『魏晉南北朝論集』, 北京: 北京大學出版社, 1997; 郝潤華, 『六
朝史籍與史學』, 北京: 中華書局, 2005; 瞿林東, 「3章 史學的多途發展」, 『中國史學史綱』, 北京:
北京出版社, 1999; 李傳印, 『魏晉南北朝時期史學與政治的關係』, 武漢: 華中科技大學出版社,
2004; 邱敏, 『六朝史學』, 南京: 南京出版社, 2003.
2 呂謙擧, 「兩晉六朝的史學」, 『中國史學史論文選集』 1, 臺北: 華世出版社, 1979, p.348.

역사가들은 현학과 불교의 관념적 논의에 대항했고, 역사 서술을 통해 유교적 이상을 보존하였다.[3]

제4부에서는 두예의 춘추학이 이 시대 역사학 발전에 미친 영향에 대해 알아본다. 앞에서 단한 논쟁을 소재로 하여 두예의『춘추』해석이 서진대 역사 서술과 관련이 있음을 논의하였다.

지금까지 진행된 연구에 따르면 위진남북조시대에 역사학이 발전한 원인으로 크게 두 가지 점이 지목되었다. 첫째, 국가가 역사 서술을 적극 활용하였다. 저작랑著作郎과 수사학사修史學士 등 전문 사관이 처음 출현했고, 그들은 신흥 왕조의 정통성을 확립하는 데 복무하였다.[4] 둘째, 새롭게 부상한 문벌 귀족이 자신의 권력을 정당화하기 위해[5] 다양한 형태의 역사 서술을 시도하였다.[6]

이처럼 많은 연구자들이 사학 발전의 정치적·사회적 요인을 연구하였으나, 이에 비해 사학 발전을 가져온 학문 내부의 변화는 별 관심을 받지 못하였다. 사실 위진시대에는 사학이 경학에서 분리되어 자립하는 중대한 변화가 있었다.[7] 그래서 경학 서적만 있는『한서』「예문지」와 달리『수서』

---

3 葛兆光,「晉代史學淺論」,『北京大學學報』1981-2.
4 高國抗,「魏晉南北朝時期史學的巨大發展」,『暨南學報』1984-3; 高敏,「試論魏晉南北朝時期史學的興盛」,『史學史研究』, 1993-3; 周一良,「魏晉南北朝史學與王朝禪代」,『魏晉南北朝史論集』, 北京: 北京大學出版社, 1997 등 참조.
5 龐天佑,「門閥士族與魏晉南北朝時期的史學」,『浙江師範學院學報』1994-2; 逯耀東,『魏晉史學的思想與社會基礎』, 北京: 中華書局, 2006 등 참조.
6 『隋書』「經籍志」史部에는 正史뿐 아니라 古史·雜史·霸史·起居注·舊史·職官·儀注·刑法·地理·譜系·薄錄 등 13종류의 사서가 등장한다. 그 수효는 874부, 1만 6,558권에 달하는데,『史記』,『漢書』,『東觀漢記』등을 제외하고 절대다수가 私家 저작이다. '雜史'는 기왕의 紀傳體 서술 형태에서 벗어난 새로운 체재의 史籍으로서 소수민족과 典章制度의 역사, 方志, 개인의 전기, 譜牒 등 다양한 형태의 사서가 출현하였다. 萬繩楠,「9章 史學文獻的蓬勃發展」,『魏晉南北朝文化史』, 合肥: 黃山書社, 1989; 郝潤華,『六朝史籍與史學』, 北京: 中華書局, 2005.
7 이 시기 학문 분야의 '自覺' 사조는 余英時,「漢晉之際士之新自覺與新思潮」,『中國知識人之史的考察』, 南寧: 廣西師範大學出版社, 2004 참조. 첸무는 經學과 史學의 내용적 통일성을 강조한 바 있다. 錢穆,「經學與史學」, 張越 篇,『史學史讀本』, 北京: 北京大學出版社, 2006,

「경적지」의 도서 목록은 경經·사史·자子·집集 4분야로 구분되었다.『진서晉書』열전에는 다수의 문학지사文學之士들이 경·사 두 방면의 지식을 보유하고 있음을 전하여, 경학과 사학의 분립을 생생하게 증명해 준다.[8] 이러한 변화는 종이의 사용에 따른 서적 증가에 의해 촉진된 점도 있겠으나,[9] 무엇보다 학자 스스로 경학이 아닌 사학을 하고 있다는 자의식을 가질 때 가능한 일이다. 그렇다면 그와 같은 자의식은 언제 어떠한 과정을 통해 형성되었을까. 지금까지의 연구에서는 이러한 문제가 충분히 논의되지 않았다.[10]

---

p.39(原載, 홍콩『民主評論』3권, 20기, 1953. 10. 5.; 杜維運·黃進興 主編,『中國史學史論文選集』, 臺北: 華世出版社, 1976). 경·사 간의 관계는 시대에 따라 변모하였다. 저우위통周予同에 따르면 漢代에는 史家 經에 依附하였으나 魏晉~北宋 시대에는 史가 분리되어 經 다음에 위치하였다. 南宋~淸代에는 史와 經이 동등한 대우를 받았으나 5·4 운동 이후에는 經이 史에 依附한 시기가 도래하였다. 許道勛·沈莉華 整理注釋,「周予同論經史關係之演變」,『復旦學報』社科版, 1998, 1. 經史分離에 대한 최근의 논의는 逯耀東,「經史分途與史學評論的萌芽」,『魏晉史學的思想與社會基礎』, 北京: 中華書局, 2006; 胡寶國,「經史之學」,『漢唐間史學的發展』, 北京: 商務印書館, 2003 등 참조.

8 다음과 같은 예들이 있다. '博涉經史'(司馬孚:『晉書』권37, p.1081/馮紞:『晉書』권39, p.1162/甘卓:『晉書』권70, p.1862/李玄盛:『晉書』권87, p.2257), '探玩經史'(鄭沖:『晉書』권33, p.991), '敦悅經史'(唐彬:『晉書』권42, p.1217), '篤志經史'(盧欽:『晉書』권44, p.1254), '該博經史'(索靖:『晉書』권60, p.1648), '博覽經史'(邵續:『晉書』권63, p.1703/黃泓:『晉書』권95, p.2492) '經史明徹'(王珣:『晉書』권65, p.1756) '雅好經史'(虞預:『晉書』권82, p.2143), '明練經史'(謝沈:『晉書』권82, p.2151) '博通經史'(劉殷:『晉書』권88, p.2287/王育:『晉書』권89, p.2309).

9 魏晉 이래 종이 사용의 확대는 학문 분화를 가져온 기술적 요인이었다. 그전에는 대나무 등을 이용하여 정보와 지식을 기록하다가 붓과 종이를 사용하면서 필사 작업이 크게 수월해져 서적이 대량으로 증가하였고, 도서 항목의 세분화가 불가피해졌다. 興膳宏·川合康三,『隋書經籍志詳攷』, 東京: 汲古書院, 1995. pp.1~4. 종이 서적이 확산되면서 수만 권의 장서를 보유한 개인, 필사를 생업으로 삼은 사람들이 등장하였다. 陳德弟,「魏晉南北朝興旺的傭書業及其作用」,『歷史敎學』492, 2004 참조.

10 지금까지의 경·사 분리에 관한 연구를 보면 주로 사회사적 배경이 강조될 뿐, 사상사적 측면은 관심을 받지 못하였다. 루야오둥등은 사학 독립의 이정표가 되는 작품으로 ① 裴松之,『三國志』주석 ② 譙周,『古史考』③ 班彪,『叙略』④ 張輔,「史漢優劣論」 등을 꼽았다. 그리고 西晉 시기 汲塚 文書 발견을 강조하였다. 逯耀東,「經史分途與史學評論的萌芽」,『魏晉史學的思想與社會基礎』, p.181. 와타나베 요시히로는 사학 독립의 계기에 대한 기존 설명을 다음과 같이 세 갈래로 정리하였다. ① 전쟁의 혼란기에 과거에서 인간의 규범을 찾고자 노력한 결과(重澤俊郞,「文獻目錄を通して見た六朝の歷史意識」,『東洋史硏究』18-1, 1959) ② 杜預의『春秋左氏經傳集解』가 보급되어 史學의 독립이 재촉된 일(川勝義雄,『史學論集』, 東京: 朝日新聞

본래 사史는 사관史官 혹은 사서史書를 뜻하였다. 그러다가 후대로 갈수록 역사라는 지식 체계 전반을 칭하는 것으로 그 의미가 확대되었다. 그 변화의 시작은 대략 후한 말 이후로 추정되고,[11] 위진시대 이래 본격화되었다.

당시에는 역사에 대한 회의적 시각도 있었다. 후한 말 조위시대 학자 외희隗禧는 "『좌씨전』은 서로 살상하는 〔기록을 담은〕 책일 따름이다. 깊이 연구할 만한 것이 못 된다."라고 말하였다.[12] 『좌전』의 다양한 사실들이 그저 '서로 살상하는' 이야기, 무의미하게 명멸하는 사건에 불과하기 때문에 그 안에서 어떠한 가치도 찾을 수 없다는 말로 이해된다. 하지만 외희 같은 회의론자만 있었던 것은 아니다. 또 다른 부류의 사람들은 역사적 사실을 통하여 새로운 이념과 질서의 근원을 모색하고자 하였다. 두예의 『춘추』 해석은 그러한 사례의 하나가 아닐까 한다. 그의 논리와 주장은 무엇이었을까. 제4부에서는 이 점을 다룬다.

社, 1973; 加賀榮治, 『中國古典解釋史 魏晉篇』, 東京: 勁草書房, 1964) ③ 史部의 분리와 전문 史官의 설치(西嶋定生, 「中國における歷史意識」, 『岩波講座 世界歷史』 30, 1971). 와타나베 요시히로는 「別傳」 출현과 裴松之 주석의 중요성을 강조하였다. 渡邊義浩, 「史の自立」, 『三國政權の構造と「名士」』, 東京: 汲古書院, 2004 참조. 루야오둥과 와타나베 요시히로는 문벌 사회의 대두라는 사회적 현상으로 인해 史가 자립할 수 있었다고 보았다.

11 취린둥은 그러한 의미 변화가 盛唐 이후에 있었다고 했으나(瞿林東, 「史的含意與史學及史學史意識」, 『中國史學的理論遺産』, 北京: 北京師範大學出版社, 2005, p.128.) 후한 말을 지목한 루야오둥의 주장이 더 설득력 있어 보인다. 루야오둥은 당시 司馬遷의 『太史公書』가 『史記』로 개명된 것도 '史'의 의미가 확대된 결과라 하였다. 逯耀東, 「經史分途與史學評論的萌芽」, 『魏晉史學的思想與社會基礎』, p.181.

12 "左氏直相斫書耳, 不足精意也", 『三國志』 권13, p.422, 『魏略』.

두예의 『춘추』 해석법:
「춘추좌씨전서」 첫째 문답을 중심으로

두예 춘추학의 주장과 논리를 가장 압축적으로 전달하는 문헌이 「춘추좌씨전서」다. 여기에 등장하는 두 개의 문답 가운데 둘째 문답은 제3부 제1장에서 소개하고 그 내용이 두예 학문의 역사성과 관련이 있음을 논의하였다. 이제 소개할 첫째 문답은 두예가 『춘추』를 해석하는 방법을 설명한 것이다. 문답의 내용을 요약하면 다음과 같다.

〔질문〕　경문에서 같은 사건을 달리 표현한 경우에도(事同文異) 아무런 의미가 없다면 『춘추』의 의미를 어떻게 파악할 수 있는가.

〔대답〕　(ㄱ) 『춘추』는 문장으로 서술되었기 때문에 글자 하나하나만으로는 그 의미를 해명할 수 없다.

　　　　 (ㄴ) 과거 학자들과 달리 〔나 두예는〕 오로지 『좌전』에 기초하여 '『춘추』의 의'를 해명하고자 하였고, 『좌전』 안에서 독자적 의례를 창안하였다.

(ㄷ) 종래 별개의 책이던『춘추』와『좌전』을 합쳐서『경전집해』한 권으로 만들었으며, 의례 등을 따로 모아『석례』를 편찬하였다.[1]

두예는 한대 학자들의『춘추』해석법에 반대하였다. 그들은 "같은 사건을 달리 표현한 경우(事同文異)"처럼 사소한 표현의 차이에 대의大義가 있다고 믿었다. 그런 해석법을 보통 미언대의微言大義라 칭한다.

그러나 두예는 "글자 하나하나만으로는" 대의를 파악할 수 없다고 반박하였다((ㄱ)). 대신『좌전』을 통해『춘추』의 의미를 해명할 수 있다고 주장하였다((ㄴ)). 이처럼『좌전』을 중시하는 태도를 '전문주의傳文主義'라 부른다.[2]『좌전』에 수록된 역사적 사실들을 통하여『춘추』의 의미를 찾는 것이다. 두예가『춘추』와『좌전』을 합본한((ㄷ)) 이유도 여기에 있다. 그런데 두예가 이와 같이 역사적 사실을 중시하게 된 이유는 무엇일까. 두예의『좌

---

1 전체 문답의 내용은 다음과 같다.
   〔질문〕혹자는 말하였다. "『춘추』는 문사를 달리하여 의미를 드러낸다. 그런데 그대의 말대로라면 경문에서 같은 사건을 달리 표현한 경우에도(事同文異) 아무런 의미가 없게 된다. 그러나 先儒가 전하는 바는 모두 그렇지 않다고 하였다."
   〔대답〕답하여 말하길 "(ㄱ)『춘추』는 비록 한 글자로 포폄한 경우가 있지만 모든 문장은 몇 개의 구절을 갖추어 말을 만든다. 이는 八卦의 爻를 섞어 64괘를 만드는 것과 다르다. 따라서 〔춘추의 의미는〕응당『좌전』〔문장〕에 의거하여 판단해야 한다. ……
   (ㄴ) 지금 나 두예가 이설을 제기하는 이유는 오로지 좌구명의 傳文을 가지고『춘추』경문을 해석하려 하기 때문이다.『춘추』경문의 조례는 반드시 전문에서 나오고, 전문의 義例는 모두 여러 '凡'에서 그 근거를 찾는다. 또한 變例에 기초하여 포폄을 바로잡고,『공양전』과『곡량전』두 전문에서 가려 이단의 설을 버린다. 이것은 대개 좌구명의 뜻이기도 하다. 만일 전문에 의심스럽거나 착오가 있다면 갖추어 밝혀 놓되 해결하지 말고 훗날의 현인을 기다린다. ……
   (ㄷ) 경문을 1년 단위로 나누고, 전문의 해당 연도 기사를 붙이고, 또한〔경문과 전문의〕의를 종류별로 모아 두고 사안에 따라 해설하였다. 그것을『經傳集解』라고 이름 붙였다. 또한 별도로 書例들을 모으고 지명, 譜第, 歷數에 관한 기사들을 따로 모아 각각의 독립된 책을 만들었는데, 모두 40부 15권에 이른다.〔서례를 별도로 모아〕여러 학자들 사이의 차이를 드러낸 뒤 그에 따라 해석하였다. 그 책의 이름을『釋例』라고 하였다. 학자들로 하여금 취합해 놓은 서로 다른 주장들을 알도록 하기 위해『석례』에 그러한 내용을 상세하게 제시하였다."『春秋左傳正義』권1, pp.24~28.
2 鎌田正,『左傳の成立と其の展開』, p.728.

전』중심주의는 통상 금고문학의 대립에서 고문학이 우위를 점하게 된 탓으로 설명되지만 충분한 설명이라 할 수 없다. 두예가 어떻게 역사적 사실에서 의미를 도출해낼 수 있다고 생각했는지 그 구체적인 논리가 궁금한 것이다. 제1장은 이러한 궁금증을 풀기 위해 준비되었다.

Ⅰ. 개별과 보편

두예는 「춘추좌씨전서」 도입부에서 공자가 간정을 하기 전부터 『춘추』가 사서였음을 강조하였다.[3] 『춘추』가 1차적으로 사관의 기록을 담은 역사서라는 것이다. 이 말은 두예의 『춘추』 해석법의 기본 전제가 되기 때문에 중요하다.

이해를 돕기 위해 한 가지 예를 들겠다. 『춘추』 기사에는 노국과 함께 정벌에 나선 동맹국 군주가 전장에서 사망한 일들이 기록되어 있는데, 그 표현이 약간씩 다르다. 희공 4년 조에는 "허국의 군주 신신이 사망하였다(卒)."[4]라고 했고, 성공 13년 조에는 "조의 군주가 군대에서 사망하였다(卒于師)."[5]라고 하였다. 군주의 사망을 '졸卒'과 '졸우사卒于師'로 각각 표현하였다. 허국 군주도 전장에서 죽었으니 '군대에서 사망하였다(卒于師)'라 할 수 있으나 그냥 '사망하였다(卒)'라고만 기록한 것이다. 한대 학자들은 이 미세한 차이에 의미를 두어 당시 제 환공의 위덕이 천하에 퍼져 있어서 허국 군주가 밖에서 죽었어도 마치 국내에서 죽은 것처럼 기록했다고 해석

---

3 "春秋者, 魯史記之名也 ······ 仲尼因魯史策書成文", 『春秋左傳正義』 권1, p.3, p.12.
4 "夏, 許男新臣卒", 『春秋左傳正義』 권12, p.375.
5 "曹伯盧卒于師", 『春秋左傳正義』 권27, p.865.

하였다.[6] '미언대의微言大義'의 예로 볼 수 있는 이와 같은 해석은 역사적 근거보다는 주로 학자의 주관적 상상력에 따른다.

그러나 두예는 그러한 상상을 억제하였다. 사망한 장소를 기록하지 않은 것은 그저 우연에 불과하며[7] 특별한 의미가 없다고 하였다. 『춘추』를 작성한 "사관들 중에는 글이 화려한 사람도 있고 질박한 사람도 있어 그 문장이 자세하기도 하고 간략하기도 하다. 이것을 반드시 고칠 필요는 없다."[8] 따라서 글자 하나의 차이에서 의미를 끌어내는 한대식 『춘추』 해석법은 무의미하다.

그런데 성인이 아닌 평범한 사가들이 남긴 역사적 사실에서 무슨 대의를 얻을 수 있을까. 외희의 의문처럼 '서로 살상하는' 이야기들이 무슨 교훈을 전달할 수 있을까. 이러한 문제에 대한 두예의 생각을 엿보기로 한다. 그는 앞에서 요약한 대답 중 (ㄱ) 부분에서 다음과 같이 말하였다.

『춘추』에서 …… 모두 몇 개의 구절을 갖춤으로써 말이 이루어진다. 이는 팔괘八卦의 효爻를 섞어 64괘를 만드는 것과 다르다. 따라서 응당 『좌전』〔문장〕에

---

6 『穀梁傳』注에는 "齊桓威德洽著, 諸侯安之, 雖卒於外, 與其在國同"라고 되어 있으며, 賈逵는 "不言卒於師, 善會主加禮, 若卒於國"이라 풀이하였다. 『春秋左傳正義』 권12, p.375. 그 밖에 『三傳比義』에 따르면, 許國이 楚國과 가까웠으므로 전쟁터에서 부상을 입은 許穆公이 국내로 돌아와 사망했다는 해석도 있다. 承載 撰, 『春秋穀梁傳譯注』, 上海: 上海古籍出版社, 2004, p.216.

7 『釋例』에서 "만일 朝會하였을 때 〔朝會에 참가한 다른 나라 제후가〕 사망하였다면, 혹은 師라고 書하고 혹은 地名을 書한다. 이 점에 대한 史의 문장에는 義가 존재하지 않는다."라고 하였다. 『春秋左傳正義』 권12, p.375. 孔穎達도 "史에는 상세한 부분과 간략한 부분이 있다. 여기에는 義例가 없다."라고 하였다. 『春秋左傳正義』 권12, p.375. 양보쥔은 許穆公의 사망 기사 전후에 모두 戰場의 상황임을 충분히 알 수 있는 내용이 나오기 때문에 다시 '于師'라는 표현을 붙일 필요가 없었다고 하였다. 楊伯峻, 『春秋左傳注』, p.287.

8 "史有文質, 辭有詳略, 不必改也", 『春秋左傳正義』 권1, p.13. 두예는 春秋經이 魯國 史官이 기록한 策書를 모태로 하여 만들어진 것으로, 孔子가 策書 문장을 교감하고 일부를 刊正하여 현재의 春秋經을 만들었고, 나머지는 모두 舊史를 그대로 따랐다고 하였다. 『春秋左傳正義』 권1, p.13. 따라서 舊史의 문장에 표현의 차이가 발생할 수밖에 없다.

의거하여 〔『춘추』의 의미를〕 판단해야 한다.[9]

　두예는 『주역』과 비교하여 자신의 생각을 이야기하였다. 먼저 '문장'으로 서술된 『춘추』와 괘와 효 등 기호의 조합을 해석한 『주역』의 차이에 대해 말하였다. 『주역』은 괘 하나하나의 위치가 의미를 만들며, 각각 3개의 효爻로 조합된 건乾·태兌·리離·진震·손巽·감坎·간艮·곤坤의 팔괘가 다시 합쳐져서 64괘를 만든다. 이 64괘는 하나하나가 6개씩의 효爻로 이루어지는데, 그중 하나만 위치를 바꾸어도 다른 괘가 된다. 그렇기 때문에 효 하나하나는 독립적인 의미소이다. 반면 『춘추』는 글자들이 모여 이루어진 문장이 의미의 최소 단위를 이룬다. 문장이 아닌 개별 글자만으로는 의미가 만들어질 수 없다. 따라서 『춘추』의 의미는 개별 글자가 아닌 문장을 통해서 파악된다. 이것이 『춘추』와 『주역』의 차이이다.

　하지만 두예는 『주역』을 인용하면서 자신의 생각을 펴 나갔다. 「춘추좌씨전서」에는 여러 경전들의 문장이 인용되어 있는데, 그중 『논어』와 『주역』에서 온 것이 각각 일곱 구절씩으로 제일 많다. 그 가운데 다른 경전의 인용구는 별 의미가 없으나[10] 『주역』 인용구들은 두예의 논리 전개에 핵심적 역할을 하였다. 다음 〈표 1〉은 「춘추좌씨전서」에 인용된 『주역』의 문구를 정리한 것이다.

9　"春秋雖以一字爲褒貶, 然皆須數句以成言, 非如八卦之爻, 可錯綜爲六十四也, 固當依傳以爲斷", 『春秋左傳正義』 권1, pp.24~25.

10 『詩經』 「大雅」 편에서 한 구절, 『禮記』의 「中庸」, 「禮運」에서 각각 한 구절, 『尙書緯』에서 한 구절을 이용하였다. 『시경』에서는 "周公之祚胤也"(「大雅, 生民之什, 旣醉」), 『禮記』에서는 ① "大體轉相祖述"(「中庸篇」) ② "曲從義訓 以示大順"(「禮運篇」), 『尙書緯』에서는 "麟鳳五靈"(孔穎達, 「整理本 春秋左氏傳」), 『論語』에서는 ① "仲尼自衛反魯 脩春秋"(「子罕篇」) ② "危行言孫 以辟當時之害"(「憲問篇」) ③ "文王旣沒 文不在玆乎?"(「子罕篇」) ④ "文武之迹不隊"(「子張篇」) ⑤ "子曰 如有用我者 吾其爲東周乎"(「陽貨篇」) ⑥ "子路欲使門人爲臣 孔子以爲欺天"(「子罕篇」) ⑦ "婉而成章"(「公冶長篇」) 등이다. 孔穎達의 注疏와 가와카쓰 요시오, 청위안민 등의 註譯에서 밝혀진 내용이다.

<표 1> 『주역』을 인용한 「춘추좌씨전서」 문구

	인용구	『주역』 출전
①	其文緩, 其旨遠, 原始要終	「계사 하」
②	其微顯闡幽, 裁成義類者	「계사 하」
③	三曰婉而成章	「설괘전」
④	推此五體 …… 觸類而長之, 附于二百四十二年行事, 王道之正, 人倫之紀, 備矣	「계사 상」
⑤	春秋雖以一字爲褒貶, 然皆須數句以成言, 非如八卦之爻, 可錯綜爲六十四也, 固當依傳以爲斷	「계사 상」
⑥	若夫制作之文, 所以章往考來, 情見乎辭, 言高則旨遠, 辭約則義微 1. 章往考來 2. 情見乎辭 3. 言高則旨遠, 辭約則義微	「계사 하」의 문장을 조합하여 구성
⑦	先儒以爲制作三年, 文成致麟	『역전易傳』에 근거한 고사

두예는 『주역』에서 인용한 문구로 『좌전』 문장의 역할을 설명하였다. 『주역』의 괘, 효처럼 『좌전』의 문장은 "부드럽고 그 뜻이 멀리 미쳐 학자들로 하여금 처음부터 끝까지 살피게 한다(① 其旨遠, 原始要終)." 또한 『좌전』의 범례는 "나타난 것을 미묘하게 하고 깊숙한 것을 드러내며(② 其微顯闡幽)" 그 문장은 "완곡하게 서술하여 장법을 이루는데(③ 婉而成章)," 그것은 『주역』이 여섯 가지 위位로 장법章法을 이루는 것과 같다(故易, 六位而成章). 또한 『좌전』의 문장은 "과거를 명확하게 하고, 미래를 생각하는 근거가 되는 것(⑥-1 章往考來)"으로 "성인의 마음은 그 문장에 드러나며"(⑥-2 情見乎辭) 그 "말이 고상하면 내용이 심원해지고, 사가 간결하여 짧아지면 함축하는 뜻은 미묘해진다(⑥-3 言高則旨遠, 辭約則義微)."

이러한 설명을 보고 두예가 『좌전』의 문장을 마치 괘, 효처럼 묘사했다는 지적이 있다.[11] 특히 다음 문장이 그러하다. 『주역』 팔괘를 "확대하여 같

---

11 川勝義雄, 『史學論集』, p.150.

은 부류의 일들에 접촉하여 확장하면 천하의 가능한 일을 모두 아우를 수 있듯이"[12] 『좌전』의 문장도

　　같은 부류의 일들에 접촉하고 확장하여(觸類而長之) 242년 동안 발생한 일에 적용해 보면 왕도의 정법正法과 인륜의 기강이 갖추어져 설 수 있다(④).[13]

여기에서 『좌전』의 문장을 대하는 두예의 철학이 드러난다. 『주역』의 괘가 천하의 일을 포용하듯이 『좌전』의 문장도 그럴 수 있으며, 『주역』이 만물의 변화에서 보편적 이념을 찾아내듯이 『춘추』와 『좌전』을 통해서도 '왕도의 정법正法과 인륜의 기강'을 얻을 수 있다. 다만 차이가 있다면 『춘추』는 "몇 개의 문구를 사용해야 말을 만들 수 있어, 팔괘의 효를 뒤섞어 (⑤錯綜) 64괘를 만드는 것과 다르니, 진실로 전에 의거하여 경의 뜻을 판단"할 따름이다. 『좌전』의 역사적 사실과 『춘추』의 의미는 『주역』의 논리처럼 서로 관계를 맺는다. 보편 의미는 개별 사실을 통해 확인될 수 있다.

　　본래 역학과 사학의 관계는 밀접하였다. 역의 '변變', '통通' 사상은 역사 이해에 심오한 영향을 미쳤다. 사마천과 반고가 그러했고, 그 관계는 후대로 갈수록 깊어졌다. 후한 말 이후 역학이 합리적이고 인간 중심적인 해석을 지향하면서[14] 역사학과의 관계는 더욱 가까워졌다. 「춘추좌씨전서」의 내용은 개별 사실과 보편 가치의 관계에 대한 두예의 논리가 역학에서 나

---

12 "引而伸之, 觸類而長之, 天下之能事畢矣", 『十三經注疏 整理本 周易正義』 권7, 「繫辭上」, p.332.
13 "觸類而長之, 附于二百四十二年行事, 王道之正, 人倫之紀備矣", 『春秋左傳正義』 권1, p.23.
14 漢代에 발달한 象數易은 후한 후기 荀爽의 단계에서 人事를 중시하는 義理易으로 전환되었다. 이러한 경향은 荀悅, 仲長統, 王符에게 영향을 미쳤고, 漢末 荊州學派와 曹魏 시기 王肅과 王弼의 단계에서 義理易은 易學 연구의 주류가 되었다. 張壽, 『秦漢易學思想硏究』, 北京: 中華書局, 2005, pp.18~20. 魏晉 시기 易學의 발전이 이 시기 史學에 미친 영향은 다음 글에 종합적으로 소개되어 있다. 吳懷祺, 「漢魏易學的變化與史學」, 『易學與史學』, 北京: 中國書店, 2004.

왔음을 짐작하게 한다.

여기에서 현학의 유행을 고려할 필요가 있다. 제2부 제1장에서 말했듯이 두서의 철학은 개별과 보편 간의 관계에 유의하였다. 두서는 『체론』에서 '체·용'의 논리로 개별적 만물과 보편적 예의 관계를 설명하였다. 만물에 내재한 '체'는 그것이 작용하는 만물을 '통하여' 드러나는 보편적 원리나 법칙이다. 두서는 그러한 본체를 예로 규정함으로써 예와 만물의 관계를 보편과 개별의 관계로 이해하였다. 이 같은 '체·용'의 논리가 역학에서 온 것임은 잘 알려져 있다. 그런 점에서 두예의 「춘추좌씨전서」는 두서의 영향을 받았다고 할 수 있다.

두예에게 과거의 사실은 무의미하게 명멸하는 일회적 존재가 아니다. 그것은 보편 이념을 전달하는 개별자이다. 이를 통하여 불변의 진리를 헤아릴 수 있듯이 인간사의 진리도 개별 사실의 밖에서 구할 수 없다. 이러한 관점으로 『춘추』를 본다면, 『춘추』의 의리가 『공양전』과 『곡량전』이 아닌 『좌전』의 역사적 사실을 통해서 가장 잘 드러난다고 생각할 수 있다. 문제는 『춘추』와 『좌전』에 기록된 역사적 사실이 자명하지 않다는 점이다. 두예는 과연 '역사적 사실'이란 어떤 것이라고 이해하였을까.

Ⅱ. 기록과 사실

사서의 기록은 과거 사실을 정확히 담을 수 없으며, 기록자의 주관에 영향을 받기도 한다. 그렇기 때문에 사서에서 무엇이 사실인지를 확인하려면 항상 주의가 필요하다. 『좌전』도 예외가 아닐 터인데, 이 문제에 대한 두예의 판단 기준은 어떤 것이었을까.

첫째, 기록된 사실은 실제 발생한 일이라고 보았다. 두예는 「춘추좌씨전서」서두에서『춘추』가 사실(事)을 일월시년日月時年 단위로 묶어 기록한 책이라 하였다.[15] 『춘추』는 실제 발생한 일(사실)을 시간 순서대로 나열한 책이라는 것이다.

두예는 사실을 대사大事와 소사小事로 나누었다. 군주가 거동하였거나 이웃 나라에서 부고赴告를 보낼 만큼 중대한 일은 대사로, 그에 미치지 못하는 일은 소사로 분류하였다. "대사는 책策에 기록하고 소사는 간독簡牘에 기록"되었으며,[16] 책策에 기록된 대사는 후일『춘추』의 경문에 실리고, 간독에 기록된 소사는『좌전』에 실렸다.[17]

여기에서 우리가 사실을 정확히 이해하려면 알아야 할 지식이 있다. 사실은 특정 시간과 공간에서 발생한 일련의 사건이다. 따라서 적확한 '사실'을 확인하려면 제 요소를 고려해야 한다. 두예는 "지명地名 · 보제譜第 · 역수曆數 3가지는『춘추』의 사실(事)에서 …… 번다하게 등장하기 때문에 특별히 편과 권을 설정하여 설명하였다."[18] 즉 두예는『춘추』와『좌전』에 등장하는 지리(공간)와 역법(시간), 개별 가문(사람)에 관한 내용을 정리했는데 그 분량이 40부 15권에 이르렀다고 한다.[19] 이렇게 세심한 작업은[20] 두예가 사실을 획정하는 데 얼마나 주의했는지를 단적으로 보여 준다.

둘째, 두예는 사실의 논리성에 크게 주의하였다. 이 문제는 이미 가가 에이지가 잘 설명했으므로 그가 거론한 선공宣公 2년 화원華元과 양짐羊

---

15 "春秋者, 魯史記之名也, 記事者, 以事繫日, 以日繫月, 以月繫時, 以時繫年, 所以紀遠近, 別同異也",『春秋左傳正義』권1, p.3.
16 "大事書之於策, 小事簡牘而已",『春秋左傳正義』권1, p.9.
17 "大事者 … 經之所書皆是也, 小事者 … 傳之所載皆是也",『春秋左傳正義』권1, p.9.
18 "地名 · 譜第 · 歷數三者, 雖春秋之事, 於經傳無例者繁多, 以特爲篇卷",『春秋左傳正義』권1, p.28.
19 "又別集諸例及地名 · 譜第 · 歷數, 相與爲部, 凡四十部, 十五卷",『春秋左傳正義』권1, p.28.
20 川勝義雄,『史學論集』, p.141. 趙翼도 杜預注의 '細心'에 대하여 평가하였다. 趙翼,『陔餘叢考』권2, 「杜預注左傳」, 石家庄: 河北人民出版社, 2003, p.47.

犫(숙장叔牂)의 대화가 실린 기사를 상기하는 선에서 그치겠다.[21] 가가 에이지의 평가에 따르면, 한대 경학자 복건服虔은 경전의 기록만을 근거로 해석을 시도하였으나, 두예는 경전 전체 기사를 통독한 후 사실을 획정하려 하였다.[22] 즉 기록을 논리적으로 해석하여 기록이 전하는 사실의 진위를 판명해야 한다는 것은 두예가 사실을 획정하는 기준 중 하나였다. 가가 에이지는 『좌전』의 "사史는 실實이자 논리"라고 말하였다.

셋째, 두예는 사실을 판단할 때 그에 상응한 예적 절차가 진행되었는지를 고려하였다. 만일 예적 절차가 진행되지 못했다면 해당 사실이 발생하지 않았다고 간주하였다. 대표적으로 군주의 즉위에 관한 기록이 이에 해당된다. 『춘추』에는 노의 군주 12명이 등장하는데, 그 가운데 은공, 장공, 민공, 희공 등 4명의 즉위 기록이 없다.

『공양전』과 『곡량전』은 은공의 경우 그가 즉위를 원치 않았기 때문에 즉위 기록이 없으며, 장공·민공·희공의 경우는 선군인 부친이 시해된 고통을 감추고자 즉위 사실을 기록하지 않았다고 보았다.[23] 즉 군주들의 즉위는 사실이며, 어떤 명분 때문에 그 기록을 감추었다고 소개되었다.

『좌전』의 설명은 이와 다르다. 여기에는 4명의 군주가 즉위할 때에 처한

---

21 宣公 2년 봄, 宋은 鄭과 전쟁을 벌였다가 크게 패한다. 宋 지휘관 華元은 鄭에 포로로 잡혔다가 풀려났는데, 귀환 도중에 전투 당시 자신의 전차를 몰았던 羊犫(叔牂)을 만났다. 이때 두 사람은 다음과 같은 대화를 나누었다. "見叔牂 ① 曰「子之馬然也?」② 對曰「非馬也 其人也」③ 旣合而來奔." 이 대화에 대하여 漢代 주석가인 賈逵와 鄭衆, 그리고 신원을 알 수 없는 이의 '一說'과 두예의 해석이 각각 다르다. 그중 두예는 주관을 배제하고 『좌전』 전체에 등장하는 '對曰', '來奔' 등의 용례에 근거하여 합리적 해석을 내렸다고 평가되었다. 加賀榮治, 『中國古典解釋史 魏晉篇』, pp.337~338, p.402 참조.
22 加賀榮治, 『中國古典解釋史 魏晉篇』, p.339.
23 "君弑則子何以不言卽位? 隱之也", 『十三經注疏 整理本 春秋公羊傳注疏』 권6, p.130. "繼弑君, 不言卽位之爲正, 何也? …… 則子不忍卽位也", 『十三經注疏 整理本 春秋穀梁傳注疏』 권5, p.71. 鍾文烝은 "卽位하는 것은 禮이고 忍不忍의 문제는 情의 문제다."라는 葉夢得의 말을 인용하였다. 鍾文烝, 『春秋穀梁經傳補注』, 北京: 中華書局, 1996, p.134. 다만 정식 즉위 의례를 거행할 수 없었다고 해석한 사례도 있다. 承載 撰, 『春秋穀梁傳譯註』, p.104.

구체적 상황이 소개되었다. 은공은 정식 군주가 아닌 섭정이었고, 장공은 즉위 당시 모친 문강文姜이 나라 밖에 있었다. 민공이 즉위할 때에는 나라에 반란이 발생하였고, 희공이 즉위할 때에는 그가 나라 밖에 있었다. 이러한 이유로 군주 4명의 즉위 기록이 없다는 것이다. 이에 대해 가규와 복건은 『공양전』과 『곡량전』을 따라서 4명의 군주가 실제 즉위했지만 이러저러한 사정 때문에 즉위 사실을 삭제했다고 하였다.[24] 다시 말해 즉위는 역사적 사실이나, 그것을 포폄하기 위해 즉위 기록을 삭제했다는 것이다.

반면 두예는 군주 4명이 즉위의 예를 거행하지 않았기 때문에 즉위 기록이 없다고 하였다. 적합한 즉위 절차를 밟지 않았으니 즉위 기록이 없는 것이 당연하며, 즉위한 '사실'도 애초에 없다는 것이다. 은공은 섭정이므로 즉위의 예를 행할 수 없었다. 나머지 세 군주도 여러 사정 때문에 즉위의 예를 거행하지 못하였다. 그들이 즉위한 '사실'이 없으니 그 기록이 없는 것은 당연하다. 이처럼 두예는 예적 절차가 충족되지 못하면 해당 사실도 없다고 보았다.

두예는 「춘추좌씨전서」에서 "대사大事는 책策에 기록하고 소사小事는 간독簡牘에 기록한다."라고 하였다. 대사란 군주가 거동하거나 종묘에 고하거나, 이웃 나라에 부고赴告할 만한 일로서 그에 상응한 예적 절차가 수반된다. 만일 그 절차를 이행하지 않았다면 대사는 기록될 수 없다. "사史의 기록은 실實에 근거해야 하며, 그 사事를 헛되이 기술하지 않는다."라고 한 공영달의 말도 참고할 만하다.[25] 예식을 행하지 않았다면 그 일은 실질을 갖추지 못하였으므로 '사실'이 될 수 없다.

두예는 사실을 이해하는 데 매우 신중하였다. 실제 발생하고, 다른 기록과 논리적으로 연결되며, 예적 절차를 이행하여 명실이 합치될 때에만 사

---

24 "舊說賈·服之徒以爲四公皆實卽位, 孔子脩經, 乃有不書", 『春秋左傳正義』 권2, p.55.
25 "史之所書, 據實而錄, 未有虛書其事者也", 『春秋左傳正義』 권8, p.249.

실로 인정하였다. 그리고 개별 사실을 정확히 이해해야만 성현의 진리를 파악할 수 있다고 보았다. 이것이 두예가 사실을 이해하는 데 신중했던 이유일 것이다.

Ⅲ. 의례와 문장

신중하게 획정된 역사적 사실들에서 성현의 진리를 파악하는 방법은 두예『춘추』해석법의 핵심이라 할 수 있다.

먼저 생각해볼 것이 의례義例다. 의례는 경전의 의리를 보여 주는 사례를 모은 것이다. 의례를 세워서 『춘추』의 의리를 파악하는 방법은 한대 학자들의 장기였다. 두예도 그것을 계승하여 독창적인 의례를 세웠고 후대 학자들의 상찬을 받았다. 그는 자신이 세운 의례를 다음과 같이 설명하였다. "『춘추』 경문의 조례는 반드시 전문傳文에 나오고, 전문의 의례는 모두 여러 '범凡'에서 그 근거를 찾는다. 또한 변례變例에 기초하여 포폄을 바로잡고, 『공양전』과 『곡량전』 두 전문에서 가려 이단의 설을 버린다."[26] 그의 의례는 『좌전』만을 근간으로 하고 주공의 범례와 공자의 변례로 이원화한 점이[27] 독창적이었다.[28] 하지만 독창적인 만큼 납득하기 어려운 문제도 가

---

26 "經之條貫, 必出於傳. 傳之義例, 揔歸諸凡. 推變例以正褒貶, 簡二傳而去異端", 『春秋左傳正義』 권1, p.26.
27 예를 들어 "(桓公 2년) 무릇(凡) 군주가 출행하면 종묘에 제사지내면서 고해야 한다."라는 문장처럼 '凡'으로 시작되는 문장은 凡例에 해당한다. 두예는 이것이 周公이 세운 法이라고 주장하였다. 또한 "(은공 1년) 〔성을 쌓은 일을 『춘추』에〕 기록하지 않은(不書) 것은 은공의 명령이 아니었기 때문이다."라는 문장은 變例의 일종으로 간주하였다. 『춘추』에 축성 기록이 없는 것은 의도적인 刊正의 결과로 군주의 명령 없이 진행된 토목 공사를 비난하는 뜻이 함축되어 있다. 두예는 이러한 간정을 공자가 했고, 書·不書·先書·故書·不言·不稱·書曰 등의 방식으로 포폄의 뜻을 세운 문장들을 묶어 變例라고 범주화하였다. 즉 『좌전』에는 주공의 범례와 공자의 변례 등 두 종류의 의례가 있다고 정리하였다.
28 鎌田正, 「杜預の春秋義例說」, 『左傳の成立と其の展開』; 沈玉成·劉寧, 『春秋左傳學史稿』,

지고 있었다.[29]

그런데 두예의 학문에서 의례가 어느 정도 중요한지에 대해서는 논란의 여지가 있다. 그는 『좌전』의 역사적 사실에 '왕도의 정법과 인륜의 기강'이 있다고 하였다. 즉 보편 이념은 의례가 아닌 『좌전』의 역사적 사실을 통해 이해된다. 그래서 두예의 생각이 '실질적으로 의례설을 부정'한다는 지적이 있었다.[30] 두예가 세운 의례는 분명 독창적이지만, 그것이 『춘추』의 대의를 파악하는 가장 중요한 기준은 아니었다.

진리를 담아내는 방법으로 좀 더 주목할 것은 문장의 역할이다. 「춘추좌씨전서」에는 의례를 소개하는 내용에 이어 의리를 전달하는 다섯 가지 유형의 문장이 소개된다. 의례와 이 문장론을 합쳐 '삼체오례론三體五例論'이라고 칭하는데, 삼체三體란 범례, 변례, 의례를 담지 않은 비례非例의 문장을 말하고, 오례五例란 『춘추』의 의리를 전달하는 다섯 가지 문장 유형을 말한다.[31] 다음은 그 유형에 대한 설명이다.

첫째는 글을 미묘하게 기록하여 뜻을 드러낸 것으로(微而顯) 문장은 이쪽에 보이나 그 의미는 저쪽에 있는 경우를 말한다. ……

둘째는 사실을 기술하여 그 뜻을 깊이 드러낸 것으로(志而晦) 간략한 말로 법제를 보이고 미루어서 법식을 알도록 하는 것을 말한다. ……

셋째는 완곡하게 기술하여 장법章法을 이룬 것으로(婉而成章) 문사文辭를 완곡하게 기술하여 대순大順의 도리를 보이는 것을 말한다. ……

---

pp.142~148; 趙伯雄, 『春秋學史』, pp.286~292 등 참조.

29 가령 周初에 周公이 정치 혼란을 서술하는 '凡例'를 만들 수 없었다는 점, 義例 내용이 일부 禮制나 『春秋』 서법에 관한 것에 불과하므로 『左傳』의 방대한 내용을 포괄하는 기준이 될 수 없다는 점 등이 지적되었다. 晁岳佩, 「杜預 '禮經' 說駁議」, 『山東師大學報(社會科學版)』 1996-2 참조.

30 川勝義雄, 『史學論集』, p.132.

31 "正義曰, 傳體有三, 卽上文發凡正例·新意變例·歸趣非例是也. 爲例之情有五, 卽下文五曰是也." 『春秋左傳正義』 권1, p.21.

넷째는 사실을 남김없이 기록하여 어그러짐이 없는 것으로(盡而不汙) 해당 사실을 그대로 기술하여 문장을 갖추어 뜻을 보인 것을 말한다. ……

다섯째는 악을 징계하고 선을 권면한 것으로(懲惡而勸善) 이름을 구하고자 한 자는 가리고, 숨고자 하는 자는 드러내는 것을 말한다.[32]

첫째, '미이현'은 가장 완곡하게 의리를 표현하는 문장이고, 둘째, '지이회'는 '미이현'보다 직접 의리를 표현하는 문장이다. 그리하여 점차 강도가 높아지다가 마지막에 나오는 '징악이권선'은 선악의 가치 평가를 가장 직설적으로 말하는 문장이다. 이렇듯 오례의 문장은 의리를 표현하는 방식 전체를 포괄한다.

따라서 범례와 변례 등 의례를 기술한 문장도 오례의 문장 유형에 포함된다.[33] 공영달은 공자의 변례를 전하는 문장은 '미이현', 주공의 범례를 기술한 문장은 '지이회'에 해당한다고 보았다.[34] 이처럼 오례의 문장을 이해함으로써『춘추』의 대의를 확인할 수 있다. 두예는 그 점을 다음과 같이 말하였다. "『좌전』 문장의 5가지 형식을 같은 부류의 일들에 접촉하고 확장하여 242년 동안 발생한 일에 적용하면 왕도의 정법과 인륜의 기강이 완비될 것이다."[35]

그렇다면 두예는 문장을 어떤 방법으로 이해하였을까. 앞에서 말했듯이 문장은 역사적 사실을 완벽하게 담아낼 수 없다. 그렇기 때문에 문장에

---

32 "一曰微而顯 文見於此 而起義在彼 …… 二曰志而晦 約言示制 推以知例 …… 三曰婉而成章 曲從義訓以示大順 …… 四曰盡而不汙 直書其事 見文見意 …… 五曰懲惡而勸善 求名而亡", 『春秋左傳正義』 권1, pp.20~23. 유사한 문장이『左傳』成公 14년 조에도 나온다. "春秋之稱, 微而顯, 志而晦, 婉而成章, 盡而不汙, 懲惡而勸善, 非聖人, 誰能脩之",『春秋左傳正義』 권27, p.879.

33 趙伯雄,『春秋學史』, p.289.

34 "一曰微而顯者, 是夫子脩改舊文以成新意 …… 二曰志而晦者, 是周公舊凡, 經國常制",『春秋左傳正義』 권1, p.24.

35 "推此五體, 以尋經·傳, 觸類而長之, 附于二百四十二年行事, 王道之正, 人倫之紀備矣",『春秋左傳正義』 권1, p.23.

222 제4부 춘추학에서 역사학으로

서 역사적 사실을 확인하고 의미를 이해할 때에는 늘 신중해야 한다. 문장에 담긴 '왕도의 정법과 인륜의 기강'은 절대 저절로 파악되지 않는다.

한 가지 예를 들어 보겠다. 장공 16년 12월 제 환공이 동맹 회합을 열었는데, 『춘추』에는 그 일이 "[노 장공이] 제후, 송공, 진후, 위후 …… 등과 회합하여 유幽에서 동맹하였다."[36]라고 기록되어 있다. 이 문장에서 두예는 소국 군주 진후陳侯가 대국 군주 위후衛侯보다 먼저 기록된 점에 주목하였다. 두예는 주석에서 그 의미를 다음과 같이 설명하였다.

> 진국陳國은 소국이다. 매번 맹·회 기록에서 위衛국 아래에 기록되었다. 제 환공이 처음 패업을 달성하자 초국도 강성해졌다. 진후陳侯가 두 대국 사이에 끼이자 …… 마침내 위국 위에 기록되기 시작했고, 『춘추』가 끝날 때까지 그러하였다.[37]

즉 기록에서 진과 위의 위치가 바뀐 것은 당시 국제 관계의 변화를 보여준다. 장공 16년 무렵 북방의 제와 남방의 초가 대립하는 형국이 되자 두 나라 사이에 낀 진陳의 지정학적 중요성이 커졌다. 그 중요성을 표현하기 위해 『춘추』에 진이 위보다 먼저 기술되었다는 것이다. 이처럼 작은 서술 차이로 국제 정세를 표현하는 이 문장은 '미이현', 즉 직접 드러나지 않지만 은근히 의미를 전달하는 유형으로 간주될 수 있다.

주목할 만한 사실은 그와 같은 국제 정세의 추론이 막연하게 이루어진 것이 아니란 점이다. 두예는 『석례釋例』 반서보班序譜를 통하여 『춘추』 전체 기사에서 진과 위가 기술된 양상을 보여 주었다. 그에 따르면 은공부터

---

36 "會齊侯·宋公·陳侯·衛侯 …… 同盟于幽", 『春秋左傳正義』 권9, p.290.
37 "陳國小, 每盟會皆在衛下, 齊桓始霸, 楚亦始彊, 陳侯介於二大國之間, …… 遂班在衛上, 終於春秋", 『春秋左傳正義』 권9, p.290.

장공 14년까지 모두 4차례 위국과 진국이 회동하였는데, 그 기사에서는 모두 위국이 진국보다 먼저 기록되었다. 그러나 장공 16년 이후 두 나라의 8차례 회동 기사에서는 위치가 바뀌어 진국이 앞에 나왔다.[38] 따라서 장공 16년의 기록은 진과 위의 관계를 이해하는 데 중요한 의미를 가진 것이 된다. 두예는 『좌전』 전체에서 관련 기사를 추출해 비교함으로써 개별 사건의 의미를 파악할 수 있었던 것이다. 이와 같은 논리적 추론 방식은 주관적으로 사건의 의미를 상상하는 미언대의와는 전혀 다른 방법이다. 두예가 역사적 사실의 중요성을 확인하고 그 의미를 찾는 방법은 대략 이러한 것이었다. 하나의 역사적 사실은 관련 기록이 전하는 사실들과 비교될 때 비로소 그 의미를 드러낸다. 그리고 그 비교 대상의 범위는 『춘추』와 『좌전』 전체이다.

두예는 『좌전』의 문장이 "부드럽고, 그 뜻이 멀리 미치고," "문사를 풍부하게 기록해 학자들의 마음을 편안하게 하여," "강과 바다가 대지를 잠기게 하고 고택膏澤이 만물을 적시듯이 〔풍부한 『좌전』의 문장이 『춘추』의 경문에 윤기를 주어 그 정신을 드러내니)[39] 학자들은 의식이 봄의 얼음처럼 풀리고 모든 조리가 자연스럽게 통한 뒤에야 참으로 터득하는 바가 있을 것이다."[40] 라고 말하였다.

역사적 사실의 의미는 이처럼 문장의 풍요로운 의미를 이해함으로써 파악할 수 있다. 그것은 주관적 상상이 아니라 다른 사실들과의 관계를 전체적으로 분석하고 비교함으로써 얻어진다. 이것이 두예 경전 해석법의 진정한 특징이다. 두예의 학문은 경학 이념에서 벗어나 객관적인 역사 연

---

38 『春秋左傳正義』권9, p.291; 楊伯峻, 『春秋左傳注』, p.201.
39 괄호 부분은 가와카쓰 요시오의 역주에서 차용하였다. 川勝義雄, 『史學論集』, p.108.
40 "優而柔之, 使自求之, 壓而飫之, 使自趣之, 若江海之浸, 膏澤之潤, 渙然水釋, 怡然理順, 然後爲得也", 『春秋左傳正義』권1, p.16.

구의 특성을 현저하게 갖추었다. 이로써 한대 경학의 왕좌에 있던 춘추학이 역사학의 발전을 선도하게 되었다.

두예 주석의 체계

조위시대 저명한 경학자 왕숙王肅(195~256)은 한대 경학의 신비주의적 경향을 배척하고 실증적인 경전 해석을 시도한 인물로 알려져 있다. 또한 정현과 함께 예학의 쌍벽을 이루었는데, 왕숙의 예론은 과거 관행을 중시한 합리적인 이론으로 평가받고 있다.

왕숙의 학문은 왕필과 두예에게 영향을 미쳤다. 『수서』 「경적지」의 찬자는 두 사람이 왕숙의 "뜻을 명확히 함으로써 그로부터 고학古學이 점차 수립될 수 있었다."[1]라고 평하였다. 또한 "왕필과 두예는 모두 왕숙의 후예이다. 왕필은 『역』을 주석하여 왕숙의 학설을 조술祖述하였고, …… 두예는 『좌전』을 주석하여 왕숙의 학설에 아부阿附하였다."[2]라고 말한 학자도 있다. 이러한 평가를 보면, 『역』과 『좌전』을 경학 연구의 중심에 둔 왕숙의 학문이 왕필과 두예에 와서 각각의 결실을 맺었음을 알 수 있다. 왕숙의 영

---

1 "魏代王肅, 推引古學, 以難其義. 王弼·杜預, 從而明之, 自是古學稍立.", 『隋書』 권32, 「經籍」1, p.941.
2 蒙文通, 『經史抉原』, 成都: 巴蜀書社, 1995, p.79.

향을 받은 왕필이 현학을 수립했다면[3] 두예는 사학의 발전에 이바지했다고 생각해봄 직하다.

왕숙은 역사 기록을 중시하였다. 조위 명제가 사마천을 비난했을 때 왕숙은 역사가로서 사마천을 두둔했고 사마천이 저술한 실록實錄의 가치를 강조하였다.[4] 다만 그의 학문은 맞수인 정현의 학문처럼 새로운 해석의 방법과 체계를 세우는 수준에는 이르지 못한 것으로 보인다.[5] 반면 두예의 주석에는 당시까지 알려진 『좌전』 주석에서는 찾을 수 없는 새로운 주석 유형이 있다. 그것은 크게 세 가지이다. 첫째, 전체적인 해석의 범례를 설명하는 '타개방차他皆放此' 유형이다. 둘째, 역사적 사실들 간의 관계를 설명하는 'A 위爲 B 전傳'·'A 위爲 B 장본張本/기본起本' 유형이다. 셋째, 두예 자신의 견해를 말하는 '전언傳言' 유형이다. 관견에 따른다면 아직까지 이러한 주석 유형에 주목한 학자는 없었다. 이 장에서는 이들에 대하여 차례대로 설명함으로써 두예가 세운 『좌전』 해석의 체계를 드러내 보이고자 한다.

I. 주석의 범례: '타개방차' 유형

두예 주석의 특징적인 첫 번째 서술 유형은 '다른 곳도 이와 같다'라는 뜻의 '타개방차他皆放此' 유형으로, 『춘추좌씨경전집해』에서 20건 등장한

---

3 王曉毅, 「第2章 正始玄學의 尊基人 王弼」, 『儒釋道與魏晉玄學形成』 참조.

4 王肅은 明帝에게 다음과 같이 말하였다. "司馬遷이 사실을 기록한 데에는 헛된 미화도 없고, 악을 감춘 일도 없습니다. 劉向과 揚雄이 그 서사의 뛰어남과 良史의 재능에 탄복하여 〔史記를〕 實錄이라 불렀습니다. …… 사마천을 〔궁형에 처하고〕 蠶室로 보낸 것으로 보아, 마음에 앙심을 품은 것은 孝武帝지 사마천의 史가 아닙니다." 『三國志』 권13, 「王肅傳」, p.418.

5 金錫佑, 「禮學에서 史學으로─王肅과 杜預 학문의 비교를 중심으로」, 『中國史研究』 86, 2013 참조.

다(〈표 1〉 참조).

〈표 1〉 '타개방차' 유형 주석의 내용

	시기	내용	전거	분류
①	은공 1	『춘추』에 기록된 책서策書 내용은 군주의 명령에 따른 것	2-57	ⓒ
②	은공 1	『좌전』에 인용된 시 해석의 원칙	2-64~65	ⓑ
③	은공 1	『춘추』의 기록은 책서에 기초함	2-70	ⓒ
④	은공 1	『좌전』 기사는 사책史策뿐 아니라 간독 기사에 근거함	2-70	ⓒ
⑤	은공 2	『좌전』 기사는 사실에 기초함	2-75	ⓒ
⑥	은공 2	『좌전』 기사를 통해 시비가 판별될 수 있음	2-77	ⓒ
⑦	은공 5	『좌전』에서는 사건의 선후를 명시함	3-111	ⓒ
⑧	은공 6	『춘추』에서는 사계절을 갖추어 서술함	4-116	ⓐ
⑨	은공 6	주석에서 지리에 관해 서술할 때의 규정	4-117	ⓐ
⑩	은공 7	『춘추』는 책서에 기초하여, 『좌전』은 다수의 기록물에 기초하여 서술함	4-121~122	ⓒ
⑪	은공 9	『좌전』의 상세한 기사가 필요한 이유	4-135	ⓒ
⑫	환공 4	『춘추』에서는 사계절을 갖추어 서술함	6-185	ⓐ
⑬	장공 10	『춘추』에 의례를 서술하지 않고 『좌전』에 직서한 사례	8-274	ⓒ
⑭	장공 16	『춘추』에서 참전국을 나열하는 규정	9-289	ⓐ
⑮	장공 22	『좌전』에 있는 점치는 기사의 의미	9-312	ⓑ
⑯	장공 29	『춘추』에 있는 축성築城 기사의 의미	10-333	ⓑ
⑰	희공 15	『좌전』에 있는 점사占辭들의 의미	14-438	ⓑ
⑱	희공 23	『좌전』에서 시의 일부 구절을 인용하지만 시편詩篇 전체 이름을 칭하는 이유	15-474	ⓐ
⑲	문공 9	『춘추』에서 노국의 일을 서술하는 원칙	19-607	ⓐ
⑳	성공 16	『춘추』 기사는 부고赴告를, 『좌전』 기사는 사실을 따름	28-888	ⓒ

* '전거' 항목의 숫자는 『十三經注疏整理本 春秋左傳正義』(北京: 北京大學出版社, 2002)의 권수와 쪽수임.

이들은 내용에 따라 다시 세 가지로 분류된다.

ⓐ 서법 관련 6건: 『춘추』 서법 4건 ⑧, ⑫, ⑭, ⑲ / 『좌전』 서법 1건 ⑱ / 두예 주석 서법 1건 ⑨

ⓑ『춘추』·『좌전』 내용 관련 4건: ②, ⑮, ⑯, ⑰

ⓒ『춘추』·『좌전』 성격 관련 10건: ①, ③, ④, ⑤, ⑥, ⑦, ⑩, ⑪, ⑬, ⑳

　여기에서 중요한 항목은 10건에 달하는 ⓒ로, 주로『춘추』와『좌전』의 서술 원칙과 그 성격을 언급한 주석이다. 이들을 검토하기 전에 먼저 ⓐ와 ⓑ에 대하여 간략히 소개하겠다.

　ⓐ 서법 관련 주석 가운데 ⑨는 지리 고증에 관한 주석이다. "지명들 가운데 의문스러운 경우에는 모두 유有라고 쓴다. 그럼으로써 그것이 분명하지 않음을 나타낸다. …… 다른 경우도 이와 같다(他皆放此)."[6]라고 하였다. 즉 고증 내용을 확신할 수 없을 때는 서술어를 따로 '유有'라고 쓰고 그것이 주석 서술의 범례임을 이야기하였다.[7] 이러한 주석은 두예가 명확한 사실의 서술에 상당히 유의했음을 보여 준다. 그 밖에 여러 가지 서법의 범례에 관한 내용이 '타개방차' 유형으로 제시되었다.[8]

　ⓑ의 주석은『춘추』·『좌전』의 내용을 어떻게 이해할 것인가에 관한

6　"鄂, 晉別邑. 諸地名疑者皆言有, 以示不審. 闕者不復記其闕. 他皆放此",『春秋左傳正義』권4, p.117.

7　예를 들어 은공 6년, 은공이 齊侯와 맹약을 맺은 장소인 '艾'에 대하여 "泰山 牟縣의 東南에 艾山이 有."라고 주석하였다.『春秋左傳正義』권4, p.116. 술어로 '有'가 아니라 '在'를 쓴 경우는 지리 주석의 내용이 확실한 경우이다. 鄭太鉉 譯註,『譯註 春秋左氏傳』1, 서울: 傳統文化硏究會, 2001, p.214.

8　5건의 '他皆放此' 유형 주석에서 書法에 관한 凡例가 제시되었다. ⑧, ⑫는 특별한 사건이 없어도 한 해의 네 계절을 모두 기록해야 함을 이야기하였다. ⑧ "雖無事而書首月, 其四時以成歲, 他皆放此",『春秋左傳正義』권4, p.116. ⑫ "故春秋有空時而無事者. 今不書秋冬首月, 史闕文. 他皆放此",『春秋左傳正義』권6, p.185. ⑭는 전쟁에 참가하는 국가를 나열할 때는 다른 서법이 적용됨을 이야기하였다. 통상 국가를 나열할 때 周 天子와 同姓國을 먼저 쓰고, 다음에 異姓國을 쓴다. 그러나 참전 국가를 나열할 때는 국가 크기의 大小에 따라 기록하고, 主兵 국가를 맨 앞에 둔다.『春秋左傳正義』권9, p.289. 공영달은 그것이 "殷의 실질을 따른" 것이라 하였다. ⑲는 魯國史 서술의 서법이 다른 국가사의 서법과 다르다는 점을 이야기하였다. "諸魯事, 自非指爲其國, 襃貶則皆從國史, 不同之於他國. 此春秋大意, 他皆放此",『春秋左傳正義』권19상, p.607. ⑱은『左傳』에서 詩를 인용할 때 통상 詩 首章의 뜻을 취한다고 하였다. "(희공 23) 詩, 斷章也, 其全稱詩篇者, 多取首章之義, 他皆放此",『春秋左傳正義』권15, p.474.

것들이다. 『좌전』에 인용된 시를 이해할 때 유념해야 할 원칙이 제시되었는데,[9] 그 내용이 합리적이다.[10] 『좌전』에는 주술적 예언에 관한 기사도 많이 등장한다. 두예는 '타개방차' 유형 주석으로 복서卜筮의 기사들이 '선한 의도와 그 장기적 영향'을 제시하는 한, 그것은 의미가 있다고 하였다. 그러나 점술의 남용은 경계하였다.[11] 이와 같이 ⑧의 주석은 『춘추』·『좌전』의 내용을 합리적으로 해석하려는 원칙을 보여 준다.[12]

'타개방차' 유형 주석의 핵심인 ⓒ를 살펴보자. 두예는 여기에서 『춘추』와 『좌전』의 성격을 언급하고, 『춘추』·『좌전』 해석법의 요지를 천명하였다. 관련 기사의 요점만 제시하면 다음과 같다.

① (은공 1) 사책史策에 기록된 일은 군주의 명령으로 시행된 사안에 한정된다. 다른 경우도 이와 같다.[13]

③ (은공 1) 각 제후국에서 큰 사건이 발생하였을 때 그 일을 통고하면 사책에

---

9 ② (은공 1) "군자가 시를 논평할 때는 文에 얽매여서 그 意를 해쳐서는 안 된다고 하였다. 그 이유는 『左傳』의 詩가 '오늘날'과 다르기 때문이다. 다른 경우도 이와 같다(詩人之作, 各以情言, 君子論之, 不以文害意, 故春秋傳引詩不皆與今說詩者同, 後皆倣此)." 『春秋左傳正義』 권2, pp.64~65.

10 昭公 8년 『左傳』에 인용된 시에 대하여 두예는 "叔向(?~기원전 528?) 시대에는 이 詩의 뜻이 이와 같았으나, 지금 詩를 설명하는 사람들과 다소 다르다(當叔向時, 詩義如此, 故與今說詩者小異)."라고 하였다. 『春秋左傳正義』 권44, p.1449. 『詩經』이 찬집되기 전 『좌전』에 등장하는 詩는 西晉시대에 볼 수 있는 『시경』의 시와 그 문장이 다르다는 점을 지적한 것이다. 그래서 『좌전』의 시를 이해할 때는 『시경』이 아닌 『좌전』에 인용된 시를 해석해야 함을 범례로써 이야기하였다.

11 ⑮에서 卜筮의 기사들이 선한 의도와 그 장기적 영향을 제시한다고 하였다. "卜筮者 …… 丘明故舉諸縣驗於行事者, 以示來世, 而君子之其善者·遠者, 他皆放此", 『春秋左傳正義』 권9, p.312. 가령 陳氏의 성공에 관한 예언은 그들이 禮를 지키고 德을 쌓은 결과이기에 정당하다. ⑰에서는 『周易』을 준용하여 占을 친 경우에만 占辭를 인정할 수 있다고 하여 주술적 견해의 남용을 경계하였다.

12 그 밖에 ⑯ 장공 29 『春秋』의 築城 기사들에 대하여 "때에 맞았기 때문 …… 다른 곳도 이와 같다."라고 주석하였다.

13 "傳曰君舉必書, 然則史之策書皆君命也. 今不書於經, 亦因史之舊法, 故傳釋之…… 他皆放此", 『春秋左傳正義』 권2, p.57.

기록하고, 통고하지 않으면 기록하지 않는다. 다른 곳도 이와 같다.[14]

④ (은공 1) 전문傳文은 사책뿐만 아니라 간독의 기록도 취하여 서술한 것이다. 다른 곳도 이와 같다.[15]

⑤ (은공 2) 『좌전』의 혼례 기사에는 표현의 차이가 있을 수 있다. <u>그 차이는 사관이 사실에 따라 기술하였기 때문에 발생한 것일 뿐이다.</u> 다른 곳도 이와 같다.[16]

⑩ (은공 7) 중니가 『춘추』를 수찬할 때 책策의 문장을 계승하여 경문을 만들었다. 반면 좌구명이 기록한 <u>전문傳文은 다수의 기록을 찬집한 것이다.</u> 다른 경우도 이와 같다.[17]

⑳ (성공 16) 경문에 '침공'으로 쓰인 부분이 전문에는 '정벌'로 표기되어 있다. 그 표현이 서로 다른 것은 경문은 부고赴告에 따라 기록하고, <u>전문은 사실에 따라 기록하기</u> 때문이다. 다른 곳도 이와 같다.[18]

위의 주석들은 『좌전』이 『춘추』보다 중요한 이유를 이야기한다. 사책史策에는 군주가 명령한 일이나(①) 타국이 부고한 일이 기록되며(⑳), 그것을 바탕으로 『춘추』의 경문이 만들어진다(③⑩). 그렇기 때문에 『춘추』에는 제한적이고 형식적인 기록만 있다. 하지만 『좌전』은 간독을 포함해 다수의 기록을 찬집하여 만들어졌다(④⑩). 그래서 더욱 많은 '사실'이 수록되어 있다(⑤⑳). 이와 같이 『춘추』의 기록은 형식적이고 제한된 것이지만

---

14 "凡諸侯有命, 告則書, 不然則否. 史不書於策, 故夫子亦不書于經. 傳見其事, 以明春秋例也. 他皆放此", 『春秋左傳正義』 권2, p.70.

15 "莊二十九年, 傳例曰凡物, 不爲災, 不書, 又於此發之者, 明傳之所據, 非唯史策, 兼采簡牘之記. 他皆放此", 『春秋左傳正義』 권2, p.70.

16 "傳曰卿爲君逆也, 以別卿自逆也. 逆女或稱使, 或不稱使. 昏禮不稱主人, 史各隨其實, 而書非例也. 他皆放此", 『春秋左傳正義』 권2, p.75.

17 "此言凡例, 乃周公所制禮經也. 十一年不告之例, 又曰不書於策. 明禮經皆當書於策. 仲尼脩春秋, 皆承策爲經. 丘明之傳博采衆記, 故始開凡例, 特顯此二句. 他皆放此.", 『春秋左傳正義』 권4, pp.121~122.

18 "滕, 宋之與國. 鄭因滕有喪而伐宋, 故傳擧滕侯卒. 侵 · 伐, 經 · 傳異文, 經從告, 傳言實. 他皆放此.", 『春秋左傳正義』 권28, p.888.

『좌전』에는 역사적 사실이 충실히 담겨 있다.

따라서 역사적 사실을 파악할 때는『춘추』보다『좌전』이 더 유용하다. 또한 사안의 옳고 그름도『좌전』의 기사만으로 판단할 수 있다. ⑥ 주석에서는『좌전』에 "사건이 구체적으로 기술되어 있으니, 그것을 보면 시비가 판별되어 경계할 바를 충분히 알 수 있다. 다른 경우도 이와 같다."[19]라고 하였다. ⑬ 주석에서도『좌전』의 전문만으로 사건의 전말을 이해할 수 있다고 하였다.[20] ⑦ 주석은 사건의 실제 발생 시점이『좌전』에 명시되어 있음을 범례로 제시하였다.[21]

특히 주석 ⑪은『춘추』해석법의 요점을 '타개방차' 형식으로 이야기하였다.

경문에는 비록 기록이 없지만 전문에 그 사실을 기록해둔 이유는 반드시 널리 기록하고, 구체적으로 말하여 학자들로 하여금 사건의 원인을 탐구하고, 그 결과를 추단하고, 그 지엽의 일들을 통하여 근본 문제를 탐구하려 했기 때문이다. 다른 곳도 이와 같다.[22]

"전문에 그 사실을 기록해둔 이유"는 풍부한 사실들을 통하여 역사적 사건들 간의 인과관계를 탐구함으로써 그 사건의 본질적 의미를 이해할 수 있기 때문이다. '사실'의 의미는 사실 밖에 있는 별개의 기준이 아니라 역사적 사실들 간의 관계에서 찾아진다. 이러한 내용을 담은 '타개방차' 유형 주석은 두예의『춘추』해석법의 범례를 제시하는 것처럼 보인다.

---

19 "而傳備其事, 案文則是非足以爲戒, 他皆放此",『春秋左傳正義』권2, p.77.
20 "(장공 10) 譚國이 멸망한 사건에 대하여 傳文에서는 '담국이 無禮하였기 때문'이라고 하였다. 경문에 다른 義例는 없다. 다른 곳도 이와 같다."『春秋左傳正義』권8, p.274.
21 "於下事宜得月, 以明事之先後, ⋯⋯ 他皆放此",『春秋左傳正義』권3, p.111.
22 "雖經無正文, 所謂必廣記而備言之, 將令學者原始要終, 尋其枝葉, 究其所窮. 他皆放此",『春秋左傳正義』권4, p.135.

다음의 사례는 두예의 사실 강조를 잘 보여 준다. 장공 원년 "3월 부인夫人이 제齊로 도주했다(夫人孫于齊)."란 『춘추』 기사의 뜻에 대하여 논란이 있었다.[23] 당시 장공의 모친인 부인 문강文姜은 노국 밖에서 망명 중이었는데, 3월에 다시 노에서 제로 도망했다는 기사가 불쑥 나온다. 이에 대해 한대 주석가 가규와 복건은 그것이 실제 일어난 일이 아니라 나라 밖 모친을 불러들이지 않음으로써 모자간 의리가 끊어졌음을 강조하는 미언이라 하였다.[24] 그러나 두예는 이 기록이 사실이며, 따라서 문강이 제로 망명하기 전에 노에 귀국한 일이 있다고 하였다.[25] 청대 경학자 유문기는 두예의 이 주장이 "처음 창안된 것으로 전유前儒에게는 모두 없었다."[26]라고 하였다. 공영달은 두예가 그같이 해석한 이유에 대해 "사史의 기록은 실實에 근거한다. 사事를 허서虛書하는 일은 없기 때문이다."[27]라고 말한 바 있다. 그는 경·전의 기록이 기본적으로 실제 발생한 사실을 기술한 것이라는 두예의 해석 원칙에 충실하였다. 다음은 이와 관련된 공영달의 언급이다.

· (희공 30) 경은 실행된 일의 기록이다.[28]
· (환공 11) 좌구명이 작전作傳한 것은 해경解經을 위해서였다. 만일 경과 전의 내용이 서로 다르다면 모든 경우에 전문이 실實이다.[29]
· (애공 13) 경문은 노사魯史 책서에 근거하고, 전문은 노의 간독에서 사실을 채

23 이 사례는 가가 에이지의 글에서 소개된 바 있다. 加賀榮治, 『中國古典解釋史 魏晉篇』, pp.484~487.
24 "賈逵服虔皆以爲桓公之薨, 至是年三月期而小祥, 公憂思少殺, 念及于母, 以其罪重不可以反之, 故書遜于齊耳", 劉文淇 撰, 『春秋左氏傳舊注疏證』, p.134.
25 "莊公父弑母出, 故不忍行卽位之禮, …… 姜於是感公意而還", 『春秋左傳正義』 권8, p.249.
26 "創爲其說, 前儒盡不然也", 劉文淇 撰, 『春秋左氏傳舊注疏證』, p.134.
27 "左氏先儒皆用此說, 杜不然者, 史之所書, 據實而錄, 未有虛書其事者也", 『春秋左傳正義』 권8, p.249.
28 "經書實行之事", 『春秋左傳正義』 권17, p.535.
29 "丘明作傳本以解經, 經傳不同, 皆傳是其實", 『春秋左傳正義』 권7, p.223.

록한다. 노에서 기록한 바는 반드시 실에 근거한다.[30]

공영달은 경문이건 전문이건 기록된 것은 곧 사실이며, 만일 경문과 전문의 내용이 다르다면 전문을 더 신뢰해야 한다고 주장하였다. 즉 공자가 간정한 『춘추』보다 다수의 역사적 사실을 담은 『좌전』이 더욱 중요한 책이라는 것이다. 두예의 '타개방차' 유형 주석은 이러한 해석의 원칙을 명확히 드러내었다. 필자가 아는 한 이러한 유형의 주석은 두예 이전에 없었고, 『좌전』이 『춘추』보다 중요하다는 주장도 제기된 바 없었다. 두예는 공자의 권위보다 역사적 사실을 더욱 중시하였으며, 그런 점에서 그의 『춘추』 해석법은 역사학적 방법론을 따른다고 보아도 무방해 보인다.

II 인과관계: 'A 위 B 전', 'A 위 B 장본/기본' 유형

역사적 사실의 의미는 사실 밖의 기준이 아니라 사실들 간의 관계에서 파악된다. 무수히 많은 이야기의 보고인 『좌전』에 대하여 두예는 그 이야기들 간의 관계를 설명하는 주석을 많이 달았는데, 주로 세 가지 설명 형식을 취하였다. 그것은 'A 위爲 B 전傳', 'A 위爲 B 장본張本', 'A 위 B 기본起本'이다. '전傳'은 어떤 사건에 대한 주석 혹은 설명을 뜻하며, '장본'과 '기본'은 시작, 발단, 원인 등을 의미한다. 따라서 이 유형들은 주로 사건들 간의 (즉 기사 A와 B 간의) 인과관계를 설명하는 주석이다. 〈표 2〉는 『춘추좌씨경전집해』에 실린 세 유형의 주석 224건의 출현 횟수를 정리한 것이다.

---

30 "經據魯史策書, 傳采魯之簡牘, 魯之所書, 必是依實", 『春秋左傳正義』 권59, p.1924.

<표 2> 'A 위 B 전', 'A 위 B 장본', 'A 위 B 기본' 유형 주석의 출현 횟수

군주	A 위 B 전	A 위 B 장본	A 위 B 기본	합계
은공	5	1		6
환공	1	1	2	4
장공	3	3		6
민공	2	1		3
희공	12	7	2	21
문공	13	6		19
선공	13	3		16
성공	18	11	3	32
양공	31	4	7	42
소공	33	4	12	49
정공	4	6	5	15
애공	6		5	11
합계	141	47	36	224

'A 위 B 전' 유형이 141건으로 가장 많고, 'A 위 B 장본' 유형이 47건, 'A 위 B 기본' 유형이 36건이다. 이들은 형식은 다르지만 대부분 기사 A와 B 의 관계를 인과관계로 설명하거나 A가 B의 예언이라고 설명한다는 점에서 유사하다. 하지만 두예가 단어를 달리 쓴 데에는 분명한 이유가 있을 것이다.

이들 세 유형은 A 기사와 B 기사의 출전에 따라 다시 두 가지 유형으로 분류할 수 있다. 'A 위 B 전' 유형은 A 기사의 출전은 모두 『좌전』이고, B 기사의 출전은 거의 다 『춘추』이다. 'A 위 B 장본'과 'A 위 B 기본' 유형은 A와 B 기사의 출처가 거의 다 『좌전』이다. 이 점에 주목하여, 'A 위 B 전' 유형 주석과 'A 위 B 장본/기본' 유형 주석으로 나누어 검토하겠다.[31]

---

31 세 유형과 비슷한 형태로 인과관계를 표현한 'A 爲 B 起'(17건) 'A 爲 B'(4건) 유형 주석이 있다. 이들도 A, B 기사 출전이 『좌전』인 경우가 많기에 'A 爲 B 張本/起本' 유형에 포함하였다. 이들을 모두 합하여 224회이다.

1. 'A 위 B 전' 유형 주석

다음은 이 유형의 실례이다.

> ① (은공 1) 爲經元年春不書卽位傳[32] (『춘추』경 원년 봄에 즉위를 기록하지 않은 기사에 대한 전이다.)
>
> ② (은공 6) 爲桓五年諸侯從王伐鄭傳[33] (환공 5년 제후들이 주왕을 도와 정국을 정벌한 기사에 대한 전이다.)

①은 은공이 섭정에 머문 이유를 소개한 기사 말미에 달린 두예의 주석이다. 해당 기사가 경문에 은공의 즉위가 기록되지 않은 이유라는 뜻이다. ②는 은공 6년 정 장공이 주 천자에게 알현하였으나 합당한 예우를 받지 못한 일에 달린 주석이다. 두예는 이때의 부당한 대우가 10년 뒤 환공 5년에 제후들이 주왕을 도와 정국을 정벌한 이유가 되었다고 하였다.[34] 이처럼 ① ②는 특정한 『좌전』 기사 A가 어떤 『춘추』 기사 B를 설명하는지를 이야기한다.

그렇다면 이런 주석이 필요한 이유는 무엇일까. 두예는 모든 『좌전』 기사가 해경解經을 위해 존재한다고 하였다. 『좌전』의 서술 분량은 『춘추』의 열 배 이상이다.[35] 이처럼 큰 차이 때문에 애초에 두 책이 아무 관계가 없다는 주장도 있었다. 『춘추』와 『좌전』의 관계에 대해 두예는 이렇게 말하였다.

---

32 『春秋左傳正義』 권2, p.42.
33 『春秋左傳正義』 권4, p.120.
34 (桓公 5년) "秋, 蔡人, 衛人, 陳人從王伐鄭", 『春秋左傳正義』 권6, p.188.
35 『春秋』는 16,116자, 『左傳』은 198,945자이다. 野間文史, 『春秋左氏傳―その構成と基軸』, 東京: 硏文出版, 2010, p.39.

좌구명이 공자에게 경을 받은 뒤, 경은 수정을 가할 글이 아니기에 별도로 전을 지어 설명하였다. 때로는 경문보다 앞서 이야기를 시작하고(先經) 혹은 경문 뒤에서 그 의미를 종결하고(後經), 혹은 경문의 사안이 연유한 바를 설명하고(依經), 혹은 경문 가운데 뜻은 같으나 서술이 다른 사례들을 모으기도 하여(錯經) 그 의리에 따라 전문을 지었다.[36]

즉『좌전』의 모든 문장은 '선경', '후경', '의경', '착경'의 형태로『춘추』 기사를 해명한다. 두예는『좌전』의 이야기들이 '춘추의 의리'를 설명하는 모습은 마치 강물과 바닷물 혹은 이슬과 비가 대지와 만물에 스며드는 것과 같다고 하였다.『춘추』의 242년 가운데 장공 5년 한 해의『춘추』와『좌전』 기사는 공교롭게도 서로 아무런 관계가 없다. 이때에도 두예는 그렇게 된 사정을 설명하는 주석을 달았다.[37]

이와 같이『좌전』이『춘추』의 해경을 위한 책이란 점을 생각한다면, 어째서 두예가 'A 위 B 전' 유형의 주석을 따로 달았는지 궁금해진다. 모든 기사가 해경을 위한 것이므로 굳이 따로 주석을 달 필요가 없기 때문이다.

두예는 이 문제를 설명한 바가 없으므로, 여기에서는 해당 주석들을 모두 검토하여 그 이유를 파악해 보겠다. 다음의 〈표 3〉은 해당 주석 141건을 정리한 것이다. 'A 위 B 전' 유형 주석의 A·B 기사 내용을 간략히 제시하고 그 관계를 따져보았다.

---

36 "左丘明受經於仲尼, 以爲經者不刊之書也, 故傳或先經以始事, 或後經以終義, 或依經以辯理, 或錯經以合異, 隨義而發",『春秋左傳正義』권1, p.14.
37 "此年經傳各言其事者, 或經是直文, 或策書雖存而簡牘散落, 不究其本末, 故傳不復申解, 但言傳事而已",『春秋左傳正義』권10, p.325.

〈표 3〉 'A 위 B 전' 유형 주석의 내용 분석

	A	B	A·B 관계	전거
은공 (5건)				
1	(전傳) 은공 섭정의 배경	(경經) 원년 즉위 불서不書의 이유	인과 (서법)	2-42
2	(전) 5, 노가 송의 구원 요청을 거부함	(경) 은공 7, 노 은공이 주邾를 정벌함	인과	3-115
3	(전) 6, 정백이 주 천자에게 무례하게 굶	(경) 환공 5, 제후들이 천자와 정을 정벌함	인과	4-120
4	(전) 7, 진사陳使의 불행을 예언함	(전) 환공 5~6, 진에 환란이 발생함	예언	4-123
5	(전) 7, 정 공자 홀公子忽이 혼인함	(경) 환공 11, 정 공자 홀이 망명함	인과	4-123
환공 (1건)				
6	(전) 6, 정 공자 홀이 제齊의 청혼을 거부함	(경) 환공 11, 정 공자 홀이 망명함	인과	6-205
장공 (3건)				
7	(전) 8, 제 양공襄公이 무도함	(경) 장공 9, 제에 내란이 일어나 소백小白이 즉위함	인과	8-268
8	(전) 11, 송 민공閔公이 경솔함	(경) 장공 12, 송 민공이 피살됨	인과 분년	9-281
9	(전) 32, 괵공虢公이 무도하자 괵의 멸망이 예언됨	(경) 희공 2, 괵의 하양下陽이 멸망함	예언	10-342
민공 (2건)				
10	(전) 1, 진晉 태자의 권한이 강하자 사위士蔿가 태자의 불행을 예언함	(경) 희공 5, 진 태자 신생申生이 살해됨	예언	11-348
11	(전) 2, 군주 시해에 애강哀姜이 참여함	(경/전) 희공 1, 제인齊人이 애강을 살해함	인과	11-353
희공 (12건)				
12	(전) 3, 제 환공이 채희蔡姬에게 분노함	(경) 희공 4, 제齊가 채국蔡國을 정벌함	인과 분년	12-374
13	(전) 4, 진晉 태자가 모함을 받고 자결함	(경) 희공 5, 진 태자 신생申生이 살해됨	인과 분년	12-385
14	(전) 5, 진陳 대부가 정 신후申侯를 모함함	(경) 희공 7, 정에서 대부 신후를 살해함	인과	12-391
15	(전) 10, 진晉 대부 비정丕鄭이 진秦에 가서 중이重耳 옹립을 요청함	(경) 희공 11, 진晉에서 대부 비정을 살해함	인과 분년	13-418
16	(전) 11, 오랑캐들이 주 왕성을 침공함	(경) 희공 24, 주 천자가 정으로 망명함	인과	13-419
17	(전) 12, 제후들이 위衛에 축성함	(경) 희공 13, 적狄이 위를 침공함	배경	13-420
18	(전) 19, 진秦이 양梁에 축성함	(경) 희공 11 겨울에 양국이 멸망함	배경	14-451
19	(전) 20, 노 장문중臧文仲이 송 양공의 실패를 예견함	(경) 희공 21, 송이 녹상鹿上에서 회맹을 주도함	예언	14-456
20	(전) 21, 송 자어子魚가 송 군주에게 미칠 화를 예견함	(경) 희공 22, 송과 초가 홍泓에서 전쟁함	예언	14-458
21	(전) 24, 위衛에서 형邢 정벌을 모의함	(경) 희공 25, 위가 형을 멸망시킴	인과	15-487
22	(전) 32, 진秦의 패전을 예언함	(경) 희공 33, 효崤에서 진이 패전함	예언 인과	17-542

23	(전) 33, 장문중臧文仲이 노 희공에게 제조현을 요구함	(경) 희공 33, 희공이 제에 감	인과	17-546
문공 (13건)				
24	(전) 1, 주의 사신이 노 공손오公孫敖 아들의 관상을 봄	(경) 문공 8, 공손오가 거국으로 망명함	예언	18-556
25	(전) 1, 진秦 맹명孟明이 다시 정치를 담당함(爲政)	(경) 문공 2, 진秦과 진晉이 팽아彭衙에서 전쟁함	인과 분년	18-562
26	(전) 2, 진秦의 진晉 정벌을 예언함	(경) 문공 3, 진秦이 진晉을 정벌함	예언	18-567
27	(전) 4, 노 장공의 첩 성풍成風이 사망함	(경) 문공 5, 천자가 장례 예물을 사여함	인과 분년	18-580
28	(전) 5, 진晉 대부 양처부陽處父의 화난을 예언함	(전) 문공 8, 진에서 양처부를 살해함	예언	19-584
29	(전) 5, 진晉의 여러 대부들이 사망함	(경) 문공 6, 진이 열병식을 거행하고 군지휘관을 조정함	인과 분년	19-584
30	(전) 7, 노 공손오公孫敖 형제들 간에 분쟁이 발생함	(경) 문공 8, 공손오가 거로 망명함	인과	19-600
31	(전) 8, 주 천자가 사망함	(경) 문공 8, 노 공손오가 주에 감	인과	19-602
32	(전) 10, 희맹 때 균麇 군주가 이탈함	(경) 문공 11, 초가 균을 크게 정벌함	인과 분년	19-612
33	(전) 11, 성郕 태자가 백성의 신임을 얻지 못함	(경) 문공 12, 성백郕伯이 노로 망명함	인과 분년	19-618
34	(전) 12, 진晉 서갑胥甲의 오판으로 진군秦軍이 도주함	(경) 선공 1, 진晉이 대부 서갑을 추방함	인과	19-624
35	(전) 15, 계문자季文子가 제후齊侯의 불행을 예견함	(경) 문공 18, 제 의공懿公이 피살됨	예언	19-646
36	(전) 18, 송 내란에 조군曹軍이 개입함	(경) 선공 3, 송 군대가 조를 포위함	인과	20-672
선공 (13건)				
37	(전) 3, 진晉과 정鄭이 맹약함	(경) 선공 3, 여름에 초楚가 정을 침공함	인과	21-693
38	(전) 5, 진陳과 초가 맹약함	(경) 선공 6, 진晉·위衛가 진陳을 침공함	인과 분년	22-705
39	(전) 6, 진晉 순림보荀林父가 적적赤狄의 멸망을 예견함	(경) 선공 15, 진晉이 적狄을 멸함	예언	22-706
40	(전) 9, 등滕 군주 사망	(경) 선공 9, 송이 등을 포위함	인과	22-715
41	(전) 11, 정 양공襄公이 진晉을 섬김	(경) 선공 12, 초가 정을 포위함	인과 분년	22-725
42	(전) 12, 필지전邲之戰에서 진晉의 패배와 선곡의 화를 예언함	(경) 선공 13, 진晉 대부 선곡이 살해됨	예언	23-739
43	(전) 12, 정 양공 등이 초에 입조함	(경) 선공 14, 진晉이 정을 정벌함	인과	23-754
44	(전) 12, 위衛 공달孔達이 맹약을 배반하고 진陳을 구원함	(경) 선공 14, 위 공달이 살해됨	인과	23-757
45	(전) 13, 진晉이 위의 배맹背盟을 비난함	(경) 선공 14, 위 공달이 살해됨	인과	24-759
46	(전) 14, 공손귀보公孫歸父의 망명을 예견함	(경) 선공 18, 노 공손귀보가 망명함	예언	24-761

47	(전) 14, 노 선공에게 초에 빙문할 것을 주장함	(경) 선공 15, 노 선공이 초왕을 회견함	인과 분년	24-763
48	(전) 15, 진晉 조동趙同의 패망을 예견함	(경) 성공 8, 진晉 대부 조동이 살해됨	예언	24-773
49	(전) 17, 진晉 대부가 제에서 모욕당함	(경) 성공 2, 진晉·제 간에 안지전鞍之戰이 발발함	인과	24-778

성공 (18건)

50	(전) 1, 노 장선숙臧宣叔이 전쟁을 대비함	(경) 성공 2, 제齊가 노를 정벌함	배경 분년	25-788
51	(전) 5, 진晉 대부 조영趙嬰이 망명함	(경) 성공 8, 진晉 조동趙同이 조괄趙括을 살해함	배경	26-826
52	(전) 5, 송이 회맹에 불참함	(경) 성공 6, 제후국들이 송을 침공함	인과	26-826
53	(전) 6, 진晉이 신전新田으로 천도함	(경) 성공 6, 거울에 계손季孫이 진에 감	인과	26-833
54	(전) 6, 진晉이 채蔡를 침공함	(경) 성공 8, 진晉이 채를 재차 침공함	배경	26-834
55	(전) 8, 거莒의 방어 소홀을 경고함	(경) 성공 9, 거인들이 유망함	예언	26-844
56	(전) 9, 진晉 맹약 주도, 오吳가 불참함	(경) 성공 15, 종리鍾離 회맹에 오가 참가함	배경	26-846
57	(전) 9, 정백鄭伯이 초와 회합함	(경) 성공 9, 진인晉人이 정백을 붙잡음	인과	26-847
58	(전) 11, 주공초周公楚가 주왕에 불만을 가짐	(경) 성공 12, 주공초가 진晉에 망명함	인과 분년	27-875
59	(전) 11, 진秦이 진晉과의 맹약을 배반함	(경) 성공 13, 제후국이 진秦을 정벌함	인과	27-859
60	(전) 13, 진의 사신 극기郤錡가 공경스럽지 않자 그의 패망을 예언함	(경) 성공 17, 진晉에서 극기를 살해함	예언	27-865
61	(전) 13, 조曹 성공成公이 찬위함	(경) 성공 15, 진후晉侯가 조백曹伯을 잡음	인과	27-876
62	(전) 14, 무례한 위衛 태자의 패망을 예언함	(경) 양공 14, 위후衛侯가 망명함	예언	27-879
63	(전) 15, 초가 맹약을 배반하자 자멸을 예언함	(경) 성공 16, 초가 언릉鄢陵에서 패전함	예언	27-882
64	(전) 15, 진晉 극씨郤氏의 멸망을 예언함	(경) 성공 17, 진 극씨 3인이 살해됨	예언	27-885
65	(전) 16, 회맹에서 진후晉侯가 조曹 성공成公을 만나지 않음	(경) 성공 16, 조백曹伯의 귀환을 기록하지 않음	인과 (서법)	28-904
66	(전) 17, 제후가 국좌國佐의 아들을 국외로 보냄	(경) 성공 18, 제후가 대부 국좌를 살해함	인과	28-913
67	(전) 18, 송과 제후국이 팽성彭城을 포위함	(경) 양공 1, 팽성이 포위됨	분년	29-932

양공 (31건)

68	(전) 2, 내자萊子가 제의 회합에 불참함	(경) 양공 6, 제후齊侯가 내국을 멸함	인과	29-940
69	(전) 4, 초가 무례한 진陳을 침공함	(경) 양공 4, 진陳이 돈頓을 포위함	예언 인과	29-951
70	(전) 4, 진晉이 증鄫의 노 편입을 승인함	(경) 양공 5, 숙손표와 증 세자가 진에 감	인과	29-958
71	(전) 8, 정이 진晉 대신 초를 따름	(경) 양공 9, 진晉이 정을 정벌함	인과	30-985
72	(전) 9, 진인秦人이 진晉을 침공함	(경) 양공 10, 진晉이 진秦을 정벌함	인과	30-1000

73	(전) 10, 회맹 때 제상齊相이 무례하자 화난을 예견함	(경) 양공 19, 제 대부 고후高厚가 살해됨 양공 25, 제 장공이 피살됨	예언	31-1011
74	(전) 10, 정에 내란이 발생하여 공자 가嘉가 집정함	(경) 양공 19, 정의 집정 공자 가가 살해됨	인과	31-1020
75	(전) 12, 주실과 제후齊侯가 혼약함	(경) 양공 15, 주 사신이 왕후를 맞이함	인과	31-1040
76	(전) 14, 망명한 위후衛侯의 귀환을 예언함	(경) 양공 26, 위 헌공이 귀국함	예언	32-1062
77	(전) 15, 진후晉侯가 사망하여 회합이 무산됨	(경) 양공 16, 다음 해 격량湨梁에서 회맹함	인과	32-1073
78	(전) 17, 조曹가 위衛의 침략을 고발함	(경) 양공 18, 진晉이 위 석매石買를 체포함	인과	33-1082
79	(전) 20, 진陳 공자 황黃이 경씨慶氏의 멸망을 예언함	(경) 양공 23, 진陳이 경씨 두 명을 살해함	예언	34-1108
80	(전) 20, 위 영식甯殖이 축출한 군주의 귀국을 유언함	(경) 양공 26, 위후衛侯가 귀국함	인과	34-1109
81	(전) 21, 초楚 정치의 혼란을 경고함	(경) 양공 22, 초 영윤 자남子南이 피살됨	배경	34-1115
82	(전) 22, 안평중이 제후齊侯의 단명을 예언함	(경) 양공 25, 제 장공莊公이 피살됨	예언	35-1126
83	(전) 22, 안자晏子가 제의 진晉 침공을 예언함	(경) 양공 23, 제가 진을 정벌함	예언	35-1128
84	(전) 24, 정이 진晉에 벌진伐陳을 요청함	(경) 양공 25, 정이 진陳을 침입함	인과	35-1154
85	(전) 24, 초의 속국 서구舒鳩가 배반함	(경) 양공 25, 초 군대가 서구를 멸함	인과	35-1157
86	(전) 25, 진晉 조무趙武가 선정善政함	(경) 양공 27, 진晉과 초가 맹약함	예언	36-1172
87	(전) 27, 제의 사신이 무례하자 그의 불행을 예언함	(경) 양공 28, 제의 사신 경봉慶封이 망명함	예언	38-1211
88	(전) 27, 위 영희甯喜가 피살됨	(경) 양공 28, 영희의 가신 석악石惡이 망명함	인과	38-1212
89	(전) 28, 자산子産이 채후蔡侯의 불행을 예견함	(경) 양공 30, 채후가 세자에게 피살됨	예언	38-1234
90	(전) 28, 제 경봉慶封이 재앙을 당할 것을 예언함	(경) 소공 4, 경봉이 피살됨	예언	38-1243
91	(전) 28, 정 양소良霄가 재앙을 당할 것을 예언함	(경) 양공 30, 정 양소가 살해됨	예언	38-1246
92	(전) 29, 제의 고지高止와 송의 화정華定이 불행을 당할 것을 예언함	(경) 양공 29, 고지가 연으로 망명함 소공 20, 화정이 진陳으로 망명함	예언	39-1256
93	(전) 30, 정 자산이 내정의 불안을 예견함	(경) 양공 30, 정 양소良霄가 망명함	예언	40-1279
94	(전) 30, 정 자산이 진陳의 멸망을 예언함	(경) 소공 8, 초가 진陳을 멸함	예언	40-1284
95	(전) 30, 무도한 초 영윤의 화난을 예언함	(경) 소공 13, 초 영왕靈王이 피살됨(영윤이 영왕으로 즉위한 뒤)	예언	40-1288
96	(전) 31, 노 소공의 불행을 예언함	(경) 소공 25, 노 소공이 망명함	예언	40-1294
97	(전) 31, 무례한 등藤 군주의 사망을 예언함	(경) 소공 3, 등 성공成公이 사망함	예언	40-1295
98	(전) 31, 거莒의 폐세자가 군주를 죽이고 임금이 됨	(경) 소공 1, 거의 군주가 오吳로 망명함	인과	41-1309

소공 (33건)

99	(전) 1, 초 영윤의 죽음을 예언함	(경) 소공 13, 초 영왕靈王이 피살됨(영윤이 영왕으로 즉위한 뒤)	예언	41-1320
100	(전) 1, 정 자남子南·자석子晳 분쟁	(경) 소공 2, 정 자석이 살해됨	인과	41-1326
101	(전) 1, 정 자석子晳의 패망을 예언함	(경) 소공 2, 정 자석이 살해됨	예언	41-1339
102	(전) 1, 초 영왕이 회맹을 소집함	(경) 소공 4, 초가 신申에서 회맹을 개최함	예언	41-1346
103	(전) 4, 진晉이 초의 회맹 요구를 수용함	(경) 소공 4, 초가 신申에서 회맹함	인과	42-1374
104	(전) 4, 초 영왕의 교만함과 그의 단명을 예언함	(경) 소공 13, 초 영왕靈王이 피살됨	예언	42-1383
105	(전) 6, 송 우사右師 화해華亥의 멸망을 예언함	(경) 소공 20, 화해가 망명함	예언	43-1419
106	(선) 6, 북연北燕 군수의 복국復國이 불가능함을 예견함	(경) 소공 7, 제와 북연이 화친함	예언	43-1420
107	(전) 8, 진후晉侯의 불행을 예언함	(경) 소공 10, 진 평공平公이 사망함	예언	44-1450
108	(전) 10, 진후晉侯의 사망을 예언함	(경) 소공 10, 진 평공이 사망함	예언	45-1470
109	(전) 11, 노 소공昭公의 불행을 예언함	(경) 소공 25, 소공이 제로 망명함	예언	45-1483
110	(전) 11, 초가 진陳·채蔡에 중신 파견을 경고함	(전) 소공 13, 진陳·채蔡가 반란을 일으킴	예언	45-1485
111	(전) 12, 송사宋使 화정華定의 도망을 예언함	(경) 소공 20, 송 화정이 망명함	예언	45-1490
112	(전) 12, 노 계평자季平子 집안에 내란이 발생함	(경) 소공 5, 숙궁叔弓이 비읍費邑을 포위함	인과	45-1500
113	(전) 14, 거莒에서 계위 분쟁이 발생함	(경) 소공 14, 거에서 의회意恢를 살해함	인과	47-1540
114	(전) 15, 주 천자의 무례함과 혼란을 예언함	(경) 소공 22, 주 왕실에서 내란이 발생함	예언	47-1551
115	(전) 17, 혜성 관측, 각국의 재해를 예견함	(경) 소공 18, 4개국에 화재가 발생함	예언	48-1577
116	(전) 18, 주 대부 모득毛得의 패망을 예언함	(경) 소공 26, 모백毛伯이 초로 망명함	예언	48-1580
117	(전) 20, 오원伍員이 오 군주의 시해를 예언함	(경) 소공 27, 오 군주 료僚가 피살됨	예언	49-1600
118	(전) 20, 송에서 화씨華氏 등이 내란을 일으킴	(경) 소공 20, 화씨, 향씨向氏가 망명함	인과	49-1601
119	(전) 21, 악관樂官이 천자의 사망을 예언함	(경) 소공 22, 주 경왕景王이 사망함	예언	50-1627
120	(전) 21, 채蔡 군주가 망할 것이라고 예언함	(경) 소공 21, 채후蔡侯가 망명함	예언	50-1627
121	(전) 21, 초왕이 송의 화씨華氏를 수용함	(경) 소공 22, 화씨 등이 초나라로 망명함	인과	50-1634
122	(전) 22, 거莒 국인들이 군주를 미워함	(경) 소공 23, 거국 군주가 노로 망명함	인과	50-1637
123	(전) 23, 초에서 국도에 축성하자 초의 멸망을 예언함	(경) 정공 4, 오가 초를 침입함	예언	50-1657
124	(전) 24, 정鄭 발의로 회맹을 준비함	(경) 소공 25, 황부黃父에서 회맹함	인과	51-1661
125	(전) 24, 초의 오 공격 비판, 영도郢都 상실을 예언함	(경) 정공 4, 오의 군대가 영도를 침입함	예언	51-1662
126	(전) 25, 송의 악대심樂大心이 패망을 예언함	(경) 정공 10, 악대심이 망명함	예언	51-1664

127	(전) 25, 송 소공昭公의 사망을 예언함	(경) 소공 25, 송 소공이 사망함	예언	51-1665
128	(전) 25, 송 대부가 노 소공의 망명을 예언함	(경) 소공 25, 노 소공이 망명함	예언	51-1666
129	(전) 25, 송 악대심의 패망을 예언함	(경) 정공 10, 송의 악대심이 망명함	예언	51-1676
130	(전) 25, 초왕이 축성하자 그의 사망을 예언함	(경) 소공 26, 초왕이 사망함	예언	51-1686
131	(전) 30, 오에서 초의 공격 방법을 논의함	(경) 정공 4, 오가 초에 침입함	인과	53-1747
정공 (4건)				
132	(전) 2, 주邾 장공의 술자리 사건	(전) 정공 3, 주 장공이 사고로 사망함	인과 분년	54-1770
133	(전) 10, 숙손씨 집안에 내분이 발생함	(경/전) 정공 10, 숙손무숙叔孫武叔이 제로 망명함	인과	56-1833
134	(전) 13, 위衛 공숙수公叔戌의 망명을 예언함	(경) 정공 14, 위 공숙수가 노에 망명함	인과 예언 분년	56-1842
135	(전) 15, 무례한 노·주邾 군주의 사망을 예언함	(경) 정공 15, 노 정공이 사망함 애공 7, 주 은공이 잡힘	예언	56-1849
애공 (6건)				
136	(전) 1, 초가 채인蔡人을 강제로 이주시킴	(경) 애공 2, 채가 오吳로 천국遷國함	인과	57-1853
137	(전) 7, 노가 주邾를 정벌하자 주가 오에 구원을 요청함	(경) 애공 8, 오가 노를 정벌함	인과	58-1892
138	(전) 7, 조曹가 송宋을 침공하자 송이 조를 포위함	(경) 애공 8, 송이 조를 침입함	인과 분년	58-1893
139	(전) 9, 제齊가 오吳에 출병 요청을 취소함	(경) 애공 10, 오가 제를 정벌함	인과	58-1900
140	(전) 10, 오가 노에 출병을 통고함	(경) 애공 11, 오가 제를 정벌함	배경 인과	58-1904
141	(전) 11, 공자가 토지에 대한 과세를 비판함	(경) 애공 12, '용전부用田賦' 정책을 행함	예언	59-1914

* '인과' '예언' '배경': A 기사와 B 기사의 내용 관계
* '인과(서법)': A 기사가 B의 경문의 서법에 대한 원인을 설명함
* '분년分年': 연도별로 기사를 분할하였을 때 전후 관계를 확인해 줌

위 표에서 주목할 만한 사안은 세 가지이다. 첫째, 거의 예외 없이 A 기사는 『좌전』에 나오고 B 기사는 『춘추』에 나온다. 특히 A 기사는 단 한 차례의 예외도 없이 『좌전』 문장이다. 다시 말해 'A 위 B 전' 주석이 『춘추』 기사에 달린 일은 없다는 것이다. 그렇기 때문에 'A 위 B 전'에서 '전'은 『좌전』의 '전'이며, B 경문에 대한 전문이다. 다만 4, 11, 29, 110, 132번 등 5건

은[38] B 기사가 『좌전』에 나오므로 예외적으로 전문과 전문의 관계를 설명하는 주석이다. 이러한 사례가 등장한 이유에 대해서는 뒤에 설명하겠다.

둘째, A·B 기사의 시간 관계를 보면 거의 다 전문 A가 경문 B보다 과거의 일이다. 전문이 "경문보다 앞서 이야기를 시작"하는 '선경先經'의 예인 것이다. 다만 11, 13, 15, 58, 67, 138번 등 6건은 전문과 경문의 사건이 동시에 발생했지만 선후 관계로 기록된 경우이다. 이는 두예가 『좌전』과 『춘추』를 합본하면서, 한 해 전 전문의 사건이 다음 해 경문에 등장하면서 생긴 일로 보인다. 사건이 발생한 후 타국의 부고訃告[39]가 늦게 도착하여 선후 관계가 된 경우도 있다. 이런 몇 가지 외에 〈표 3〉의 모든 기사는 '선경'의 사례이다.

셋째, A 기사와 B 기사 사이의 내용 관계가 대부분 인과 또는 예언 관계이다. 〈표 3〉에서 '인과'란 A와 B 기사가 서로 인과관계에 있다는 말이다. 예를 들어 21번 주석에서는 위국의 대부들이 형국 정벌을 모의한 일(A)이 원인이고, 위후가 형국을 멸한 것(B)이 결과이다. 두예는 "다음 해 형국을 멸하는 일에 관한 전이다."[40]라고 설명하였다. 이런 예는 얼마든지 찾을 수 있다. 27번 주석에서 문공 4년 장공의 첩인 성풍이 사망하자(A) 이듬해 주왕의 사신이 파견되었다(B). 두예는 "다음 해, 주왕의 사자가 와서 함含과 봉賵 등 장례 물품을 사여해준 일에 관한 전이다."[41]라고 하였다.

'예언' 관계의 주석도 많다. 10번 주석을 보면, 진晉 헌공은 태자에게 군대를 직접 지휘하게 하였고, 곡옥曲沃에 태자의 성을 쌓게 하였다. 그러자

---

38 〈표 3〉의 11번 B '齊人殺哀姜' 기사는 경문과 전문의 내용이 같다. 다만 주석의 표현이 傳文과 일치하기 때문에 傳文 A와 傳文 B의 관계로 분류하였다.
39 訃告란 인접 국가에 일을 알리는 문서로 凶事는 '赴', 그 밖의 일은 '告'라고 한다. 『春秋左傳正義』 권1, p.12.
40 "爲明年滅邢傳", 『春秋左傳正義』 권15, p.487.
41 "爲明年王使來含賵傳", 『春秋左傳正義』 권18, p.581.

대부 사위士蔿는 "태자는 임금이 될 수 없을 것이다."[42]라고 예언하였다. 태자의 힘이 지나치게 강해져 결국 폐위될 것이라는 말이다. 이 예언에 대해 두예는 "진이 태자 신생申生을 살해한 일에 관한 전문이다."[43]라고 주석하였다. 태자 신생은 6년 뒤 희공 5년에 피살되었는데, 두예는 주석을 통해 사위의 예언이 옳았음을 이야기한 것이다.

'예언' 내용이 주술적인 것도 있다. 108번은 별자리를 보고 진晉 평공의 사망을 예언한 기사에 대한 주석이다.[44] 115번은 혜성의 출현을 보고 송·위·진陳·정 등 4개국의 화재 발생을 예견한 기사에 대한 주석이다.[45] 이 두 건 외에 다른 예언 기사들은 모두 정치적·윤리적 사안에 관한 것들이다.

한편 '분년分年'과 '배경'으로 분류한 주석이 있다. '분년'은 '분년비부分年比附'의 줄임말로, 연도별로 경문과 전문을 합본하고 분할된 전문 기사와 경문 기사의 관계를 설명할 때 사용된 주석을 말한다. 모두 18건이다. 가령 67번 주석은 성공 18년 전문과 양공 1년 경문이 '분년비부' 관계임을 표현한 것이다. '배경'은 A, B 기사의 관계가 '인과'도 아니고 '예언'과 그 결과의 관계로 보기도 어려운 경우를 말한다. 17번 주석에서 두예는 제후국들이 위나라에서 성을 쌓았다는 기사가 이후 적狄이 위국을 침략하게 된 전문이라고 주석하였다.[46] 이때 축성 사건은 적인이 침략한 원인은 아니었다. 따라서 사건의 '배경'을 보여 주는 기사로 분류했다. 이러한 주석은 7건이다.

이상 A와 B 기사의 내용 관계를 보았는데, 141건의 내용 관계를 분류하여 〈표 4〉에 정리하였다. '인과'와 '예언' 어느 한쪽으로 명료하게 구분하

---

42 "士蔿曰, 大子不得立矣",『春秋左傳正義』권11, p.348.
43 "爲晉殺申生傳",『春秋左傳正義』권11, p.348.
44 "爲晉侯彪卒傳",『春秋左傳正義』권45, p.1470.
45 "爲明年宋衛陳鄭災傳",『春秋左傳正義』권48, p.1578.
46 "爲明年春狄侵衛傳",『春秋左傳正義』권13, p.420.

기 어려운 주석은 양쪽으로 각각 계산하였다. 따라서 합계 수치는 141건
이 넘는다.

〈표 4〉 A, B 기사의 내용 관계 분류

	은공	환공	장공	민공	희공	문공	선공	성공	양공	소공	정공	애공	합계
인과	4	1	2	1	8	9	9	9	14	8	3	5	73
예언	1		1	1	3	4	4	5	17	24	2	1	63
배경					2			3	1	1			7
분년			1		3	5	3	3			2	1	18

'인과'는 73건, '예언'은 63건이다. 두 항목을 합하면 136건으로 압도적
다수를 이룬다. 즉 'A 위 B 전' 유형 주석은 주로 전문과 경문 기사 간의
'인과'와 '예언' 관계를 설명한 주석이다. 이러한 결과를 근거로 우리는 두
예가 'A 위 B 전' 유형 주석을 단 이유가 사건들 사이의 '인과'와 '예언' 관
계를 설명하기 위함이었다고 말할 수 있다.

정리하자면 'A 위 B 전' 유형 주석의 특징은 다음 세 가지이다. ① 거의
예외 없이 전문과 경문의 관계를 설명한다. ② 전문은 시기적으로 항상 경
문에 앞서는 선경先經 기사이다. ③ 사실들 간의 '인과' 및 '예언' 관계를
설명하는 데 주로 활용된다.

예외적으로 전문과 전문의 관계를 설명하는 5건(4, 11, 29, 110, 132번)의
주석은 'A 위 B 전' 유형 주석의 특성과 관련이 있어 보인다. 만일 이 유형
이 두 기사 사이에 해경 관계를 밝히는 데 국한된다면 이런 예외는 나올
수 없다. 이들은 이 유형이 두 기사 간의 인과 및 예언 관계를 해명하기 위
한 것임을 보여 주는 것이라 할 수 있다.

2. 'A 위 B 장본/기본' 유형 주석

다음은 이 유형의 실례이다.

① (장공 21년) "爲僖二十四年鄭執王使張本"[47] (희공 24년 정이 주왕의 사신을 붙잡은 일의 원인이다.)

② (민공 1년) "傳爲魏之子孫衆多張本"[48] (위의 후손이 많아지게 된 원인이다.)

③ (희공 22년) "爲二十四年天王出居于鄭起"[49] (희공 24년 주 천왕이 정에 망명한 원인이다.)

④ (애공 1년) "爲二十二年越滅吳起本"[50] (애공 22년 월이 오를 멸하게 된 발단이다.)

⑤ (소공 29년) "爲定十三年筍寅·士吉射入朝歌以叛"[51] (정공 13년 순인과 사길석이 조가에 들어가 반란을 일으킨 원인이다.)

주석의 내용을 하나씩 살펴보자. ①에서는 주 혜왕의 향례亨禮 때 홀대를 받은 정 여공이 원한을 품었는데, 두예는 이 사건이 무려 37년이 지난 희공 24년에 정국에서 주왕의 사신을 억류한 사건의 '장본'이라고 하였다. 이 관계는 『좌전』 기사에 근거한다.[52] '장본'은 말 그대로 어떤 사건이 일어나게 된 원인이나 발단을 뜻한다. 또한 예언과 그 결과를 설명할 때도 사용된다. ②는 필만畢萬이 진晉의 관료가 되었을 때 시초점을 쳐서 길한 결과를 얻은 일에 대한 것이다. 두예는 이 일이 훗날 그의 자손이 번성하

---

47 『春秋左傳正義』권9, p.304.
48 『春秋左傳正義』권11, p.350.
49 『春秋左傳正義』권15, p.461.
50 『春秋左傳正義』권57, p.1860.
51 『春秋左傳正義』권53, p.1742.
52 "鄭伯怨惠王之入而不與厲公爵也", 『春秋左傳正義』권15, p.480.

제2장 두예 주석의 체계 **247**

게 된 '장본'이라고 하였다. 필만의 자손은 위魏 지역을 봉토로 받고 전국시대 위나라를 개창하였다.

③, ④에는 '기본' 혹은 '기'라는 표현이 등장한다. ③ 주석에서 두예는 주 양왕이 친족 간의 화목을 위해 대숙大叔 왕자王子 대帶를 경사로 불러들였는데, 이 일이 2년 뒤 주왕이 망명을 떠나게 된 사건의 '기', 즉 발단이라 하였다. ④는 오의 군주 부차가 사치를 일삼고 백성을 원수처럼 대하니, 스스로 패망할 것이라는 예언에 관한 것이다. 두예는 이 말이 21년 뒤 월이 오를 멸한 사건의 '기본起本'이라 하였다.

'위爲 …' 유형의 주석도 사건의 원인과 결과를 보여 준다. 『좌전』에 따르면 정에서 형정刑鼎을 주조하고 형법 조항을 새겨 넣자, 공자와 채사묵蔡史墨이 그것을 비판하였다. 이들은 국가의 법을 바꾸는 일이 국가를 멸망에 이르게 할 것이라고 예언하였다. ⑤에서 두예는 이 예언이 정공 13년 정에서 순인 등이 반란을 일으키게 된 원인이라 하였다. '위爲 …' 유형 주석은 4건에 불과하지만 사건의 원인과 결과를 이야기하고 있어 '장본/기본/기' 등의 표현이 생략된 것으로 보아도 무방할 듯하다. 그런 점에서 앞에서 예시한 주석들을 편의상 'A 위 B 장본/기본' 유형이라고 칭하겠다.

이 유형은 사건들 간의 인과관계나 예언을 설명하는 주석이다. 내용상 'A 위 B 전' 유형과 별반 차이가 없어 보인다. 그렇다면 굳이 표현을 달리한 이유는 무엇일까? 관련 사례를 모두 확인하여 그 점을 알아보겠다. 다음 〈표 5〉는 해당 유형의 주석을 모두 모은 것이다.

〈표 5〉 'A 위 B 장본 / 기본' 유형 주석

	A	B	표현	A · B 관계	전거
은공 (1건)					
1	(전傳) 5, 진晉 세족들이 서로 공벌함	(전) 환공 2, 진晉에 내란이 확대됨	장본	인과	3-111
환공 (3건)					
2	(전) 3, 예강芮姜이 예 군주를 축출함	(전) 환공 4, 진秦이 예를 침공함	장본	인과	6-184
3	(경經) 3, 주공州公이 조曹에 조현함	(경) 환공 6, '조현'하였기에 '식래寔來'라고 쓰임		인과	6-188
4	(경) 8, 정월에 증제烝祭를 거행함	(경) 환공 8, 5월 증제를 다시 기록해 폄책함		인과	7-213
장공 (3건)					
5	(전) 6, 등후鄧侯가 초왕을 살려줌	(경) 이후 초가 강성함 경문에 초사楚事가 등장하기 시작함	장본	인과	8-262
6	(전) 21, 주 천자가 정백鄭伯을 차별함	(전) 희공 24, 정이 주 사신을 억류함	장본	인과	9-304
7	(전) 26, 괵虢이 거듭해 진晉을 침공함	(전) 장공 27, 진晉이 괵을 정벌함	장본	인과	10-325
민공 (1건)					
8	(전) 1, 필만畢萬 가문의 번성을 예언함	(?) 위魏의 자손이 번성함	장본	예언	11-350
희공 (8건)					
9	(전) 2, 제 시인寺人이 군사기밀을 누출함	(전) 희공 17, 제에 내란이 발생함	장본	인과	12-372
10	(전) 2, 진晉 대부가 괵虢 멸망을 예언함	(전) 희공 5, 진晉이 괵을 멸함	장본	예언	12-372
11	(전) 2, 초가 정鄭을 정벌함	(전) 희공 3, 초가 침공하자 정이 화친을 요구함	장본	인과	12-372
12	(전) 11, 무례한 진후晉侯의 불행을 예언함	(경/전) 희공 23(24) 진晉 혜공이 사망함	장본	예언	13-419
13	(전) 22, 주왕이 왕자 대帶를 소환함	(경) 희공 24, 주왕이 정으로 망명함	기	인과	15-461
14	(전) 23, 무도한 진후晉侯의 불행을 예언함	(전) 희공 24, 진 회공懷公이 살해됨	장본	예언	15-468
15	(전) 23, 진秦 목공穆公이 중이重耳를 칭양하는 노래를 부름	(전) 희공 24, 진 목공이 중이를 귀국시킴	장본	예언	15-475
16	(전) 26, 초 신숙申叔이 곡穀에 주둔함	(전) 희공 28, 초가 곡에서 신숙을 철수시킴	장본	인과	16-498
문공 (6건)					
17	(전) 7, 진晉의 대부가 토지 반환을 주장함	(전) 문공 8, 진이 정鄭·위衛의 토지를 반환함	장본	인과	19-601
18	(전) 8, 진晉에서 토지를 빼앗긴 대부가 반란을 일으킴	(전) 문공 9, 반란군이 선극先克을 살해함	장본	인과	19-604
19	(전) 9, 초 약오씨若敖氏의 멸망을 예언함	(전) 선공 4, 초 약오씨가 멸족함	장본	예언	19-608
20	(전) 10, 초 대부가 송공을 모욕함	(전) 선공 14, 송인이 초 대부를 살해함	장본	인과	19-611
21	(전) 15, 조백曹伯이 노에 입조함	(경/전) 문공 15, 제齊가 조曹를 정벌함	장본	인과	19-640
22	(전) 17, 주周 대부가 융戎을 격파함	(전) 성공 1, 진후晉侯가 융과 천자의 화평을 주선함	장본	인과	20-657

선공 (3건)

23	(전) 1, 진晉의 국세가 약해짐	(전) 선공 2, 정鄭이 송宋을 정벌함	장본	인과	21-679
24	(전) 2, 조돈趙盾이 초 대부의 멸족을 예언함	(전) 선공 4, 초 약오씨若敖氏가 멸족함	장본	예언	21-684
25	(전) 8, 진晉 극결郤缺이 서극胥克을 파면함	(전) 성공 17, 서극의 아들이 극씨를 원망함	장본	인과	22-713

성공 (15건)

26	(전) 2, 초 신공무신申公巫臣이 하희夏姬를 취함	(전) 성공 7, 초가 신공무신 가문을 멸족하고, 진晉은 오吳와 교통함	장본	인과	25-811
27	(전) 4, 정鄭과 허許가 분쟁함	(전) 성공 5, 정이 초에 허를 고발함	장본	인과	26-825
28	(전) 7, 정백鄭伯이 진晉에 입조함	(경/전) 성공 7, 초가 정을 정벌함	장본	인과	26-835
29	(전) 7, 초 대부가 진晉에 김금됨	(전) 성공 9, 진후晉侯가 초인 포로를 만남	장본	인과	26-836
30	(전) 9, 범문자가 진晉 · 초 화친을 주장함	(전) 성공 9 12월, 초와 진晉이 화친함	장본	인과	26-849
31	(전) 9, 정이 허를 포위함	(전) 성공 10, 진晉이 정백鄭伯을 귀환시킴	장본	인과	26-850
32	(전) 11, 송 대부가 진晉 · 초의 화친을 주선함	(전) 성공 12, 송이 서문 밖에서 맹약을 성사함	장본	인과	27-858
33	(전) 12, 범문자가 맹약 중단을 예견함	(경) 성공 16, 진晉과 초가 언릉鄢陵에서 전쟁함	장본	인과	27-864
34	(전) 13, 주 성숙공成肅公의 전사를 예언함	(전) 성공 13, 성숙공이 하瑕에서 사망함	장본	예언	27-867
35	(전) 14, 진晉 대부의 화난을 예언함	(경) 성공 17, 진에서 극씨를 살해함		예언	27-878
36	(전) 15, 송 공공共公이 사망함	(전) 성공 15, 송에서 반란이 발발함	기	인과	27-883
37	(전) 16, 정이 초와 맹盟하고 진晉에 반叛함	(전) 성공 16, 진晉이 정을 정벌함	기	인과	28-888
38	(전) 16, 정鄭 요구이姚句耳가 초에 감	(전) 성공 16, 요구이가 먼저 돌아옴	장본	인과	28-889
39	(전) 16, 언릉 전쟁에서 초 공자를 포로로 잡음	(전) 성공 16, 초 공자로 하여금 극지郤至를 참소하게 함	장본	인과	28-900
40	(전) 18, 기 환공杞桓公이 진晉에 입조하여 혼인을 청함	(전) 양공 23, 진晉 평공平公이 음악을 거두지 않음	장본	인과	23-930

양공 (11건)

41	(전) 7, 위 손림보孫林父의 패망을 예언함	(전) 양공 14, 손림보가 군주를 축출함	기본	예언	30-979
42	(전) 14, 진晉 사앙士鞅이 난씨欒氏의 멸족을 예언함	(전) 양공 22, 진晉 난씨가 멸족함	장본	예언	32-1057
43	(전) 24, 초가 수군으로 오吳를 정벌함	(전) 양공 24, 오가 서구舒鳩를 끌어들임	기본	인과	35-1155
44	(전) 24, 주 천자가 목숙穆叔에게 대로大路의 수레를 사여함	(전) 소공 4, 목숙 사망 뒤 사여받은 수레로 장례를 진행함	장본	인과	35-1158
45	(전) 24, 진晉 정정程鄭의 사망을 예언함	(전) 양공 25, 진 정정이 사망함	장본	예언	35-1158
46	(전) 25, 위 헌공이 이의夷儀에 거주함	(전) 양공 25, 위 헌공이 이의에서 사신을 보냄	장본	인과	36-1173
47	(전) 25, 진晉 · 진秦의 맹약이 부실함	(전) 양공 26, 양국 간 맹약을 수성修成함	기본	인과 분년	36-1182

48	(전) 26, 위 내부 반란에 진晉이 개입함	(전) 양공 26, 진晉이 위衛를 토벌함	장본	인과	37-1190
49	(전) 27, 초 영윤令尹의 사망을 예언함	(전) 양공 28, 영윤 자목子木이 사망함	기본	예언	38-1217
50	(전) 29, 계찰이 숙손목자의 패망을 예언함	(전) 소공 4, 숙손씨의 가신이 반란을 일으킴	기본	예언	39-1258
51	(전) 31, 제의 내란으로 여러 공자들이 망명함	(전) 소공 10, 난씨欒氏 등의 난으로 공자들이 귀국함	기본	인과	40-1293
소공 (16건)					
52	(전) 1, 진晉 조맹趙孟의 죽음을 예언함	(전) 소공 1, 겨울에 조맹이 사망함	기본	예언	41-1324
53	(전) 2, 한선자韓宣子가 제 대부들의 불행을 예언함	(전) 소공 10, 제의 대부들이 망명함	장본	예언	42-1351
54	(전) 7, 노 소공이 초에 갔을 때 맹희자孟僖子가 역할을 못 함	(전) 소공 7, 맹희자가 자신의 부족함을 치욕으로 여김	장본	인과	44-1428
55	(전) 11, 숙향이 선자單子 사망을 예언함	(전) 소공 11, 겨울에 선자가 사망함	기본	예언	45-1483
56	(전) 13, 진晉이 경비가 소홀한 선우鮮虞를 공격함	(경) 소공 15, 진晉이 선우를 정벌함	기	인과	46-1533
57	(전) 15, 주 왕후 목후穆后가 사망함	(전) 소공 15, 진 대부가 주에 조문함	기	인과	47-1547
58	(전) 16, 진晉 소공昭公이 사망함	(전) 소공 16, 계평자季平子가 조문함	기	인과	47-1562
59	(전) 18, 조曹 평공平公이 사망함	(전) 소공 18, 장례에서 주 대부를 만남	기본	인과	48-1580
60	(전) 18, 주邾가 우鄅를 침공함	(경/전) 소공 19, 송이 주邾를 정벌함	기	인과	48-1585
61	(전) 19, 진秦의 여자가 초에 옴	(전) 소공 19, 초왕이 부인夫人으로 삼음	기	인과	48-1590
62	(전) 19, 초 태자가 대성大城에 주둔함	(전) 소공 20, 초 태자의 모반을 참소함	장본	인과	48-1591
63	(전) 20, 송의 내란으로 공자성公子城이 진晉으로 도주함	(전) 소공 21, 공자성이 진군을 이끌고 돌아옴	기본	인과	49-1606
64	(전) 21, 노가 진晉 사신을 예우할 때 11뢰牢로 접대함	(전) 애공 7, 오가 노에 백뢰百牢의 예우를 요구함	기	인과	50-1628
65	(전) 25, 노 소공을 도우려던 송 원공元公이 사망함	(전) 소공 26, 소공을 입국시키려는 제 경공景公에게 이 일을 전함	기본	인과	51-1685
66	(전) 27, 초에서 비무극費無極이 참소를 받음	(전) 소공 27, 초에서 비무극이 살해됨	장본	인과	52-1710
67	(전) 29, 형刑에 의존한 진晉 정치의 화난을 예언함	(전) 정공 13, 진에 내란이 발생함		예언	53-1742
정공 (11건)					
68	(전) 1, 주 장홍萇弘이 제 고장高張의 화난을 예언함	(경/전) 애공 3, 주에서 장홍이 살해됨 / 애공 6, 제 고장이 망명함	기	예언	54-1765
69	(전) 1, 주 공간공鞏簡公의 자제들을 등용하지 않음	(전) 정공 2, 공씨鞏氏가 간공을 살해함	장본	인과 분년	54-1768
70	(전) 3, 선우鮮虞가 진군晉軍을 격파함	(경/전) 정공 5, 진의 사앙士鞅이 선우를 포위함	장본	인과	54-1771
71	(전) 3, 초가 탐욕하여 채후蔡侯가 진晉에 초 공격을 요청함	(경/전) 정공 4, 초를 정벌하고자 소릉召陵에 회맹함	장본	인과	54-1772
72	(전) 4, 초 신포서申包胥가 진秦에 구원을 요청함	(전) 정공 5, 진군秦軍이 초에 옴	장본	인과	54-1794

73	(전) 6, 주에 내란이 발생하자 정과 진晉이 구원함	(전) 정공 6, 주 천자가 출거出居함	기	인과	55-1804
74	(전) 6, 노에서 양호陽虎가 권력을 장악함	(전) 정공 8, 양호가 반란을 일으킴	기	인과	55-1805
75	(전) 6, 주 천자가 출거出居함	(전) 정공 7, 천자를 영접함	기	인과	55-1805
76	(전) 7, 위후衛侯가 진晉을 배반하고 제齊와 결맹함	(전) 정공 8, 진晉 대부가 위후에 무례함	기	인과	55-1806
77	(전) 8, 송사宋使가 진晉에서 귀환 중 사망함	(전) 정공 9, 악대심樂大心을 진에 파견함	장본	인과	55-1810
78	(전) 8, 정 사천駟歂이 집정함	(전) 정공 9, 사천이 등석鄧析을 살해함	장본	인과	55-1817
애공 (5건)					
79	(전) 1, 오원伍員이 오의 멸망을 예언함	(전) 애공 22, 월越이 오를 멸망시킴	기본	예언	57-1856
80	(전) 1, 효자서子西가 오의 멸망을 예언함	(전) 에공 22, 월이 오를 멸망시킴	기본	예언	57-1860
81	(전) 11, 오원이 자결하면서 오의 패망을 예언함	(전) 애공 13, 월이 오를 토벌함	기	예언	58-1911
82	(전) 15, 위衛 대부들이 위 장공 공격을 모의함	(전) 애공 16, 위 사도司徒가 만성瞞成으로 도주함	기	인과	59-1943
83	(전) 25, 노 애공哀公이 대부들과 갈등함	(전) 애공 27, 애공이 주邾로 도주함	기	인과	60-1970

우선 주목되는 점은 〈표 5〉의 주석들이 대부분 『좌전』에 기록된 사건들의 관계를 설명한다는 것이다. A와 B 기사가 모두 『좌전』에 있는 것이 83건 가운데 70건이다. 나머지 14건 중에서도 12, 28, 60, 70, 71 등 5건은 경문과 전문의 기사가 같다. 이들까지 포함하면 75건의 주석이 『좌전』에 기록된 사실들 간의 관계를 설명한다. 이 점은 'A 위 B 장본/기본' 유형 주석의 가장 큰 특징이다. 다음 표가 그 특징을 한눈에 보여 준다.

〈표 6〉 두예 주석의 A, B 기사의 출전 비교

	A: 『춘추』, B: 『춘추』	A: 『좌전』, B: 『춘추』	A: 『좌전』, B: 『좌전』	계
'A 위 B 전'	0	136	5	141
'A 위 B 장본/기본'	2	5	75	82
	8의 B 기사에 해당하는 경문과 전문은 없음			

'A 위 B 전' 유형 주석의 대부분이 『좌전』과 『춘추』 기사의 관계를 설명하는 데 반해 'A 위 B 장본/기본' 유형 주석은 대부분이 『좌전』 기사들 간

의 관계를 설명한다. 이 점이 두 유형 간의 차이이다. 하지만 내용에는 별 차이가 없다. 두 유형 모두 사실들 간의 '인과' 혹은 '예언' 관계를 설명한다. 〈표 7〉은 'A 위 B 장본/기본' 유형 주석의 내용 관계를 정리한 것이다.

〈표 7〉 'A 위 B 장본/기본' 유형 주석의 내용 관계 분류

	은공	환공	장공	민공	희공	문공	선공	성공	양공	소공	정공	애공	계
인과	1	3	3		3	5	2	12	6	12	9	2	58
예언				1	4	1	1	4	5	4	1	3	24
배경					1					1	1	1	4
분년									1				1

한 주석이 '인과'와 '예언' 관계를 모두 의미하는 경우에는 각각 계산하여 합산하였다. 그 결과 전체 83건 가운데 '인과'는 58건, '예언'은 24건으로, 둘을 합하면 82건에 달한다. 압도적 다수이다. 'A 위 B 장본/기본' 유형도 'A 위 B 전' 유형과 마찬가지로 사실들 간의 인과관계나 예언 관계를 설명하기 위한 주석이라 볼 수 있다.

그렇다면 'A 위 B 전' 유형 주석이 『좌전』의 사실관계를 설명할 때 등장하지 않는 이유를 쉽게 알 수 있다. 그것은 'A 위 B 장본/기본' 유형 주석이 있기 때문이다. 두 유형 간에는 이 같은 차이가 있으나, 내용 면에서는 모두 사실들 간의 인과관계나 예언 관계 등을 해명하고 있다. 두예가 양자 간의 표현을 달리한 이유를 찾지는 못하였다. 추측컨대 'A 위 B 전'의 경우는 대개 『춘추』와 『좌전』 기사의 관계, 즉 경과 전의 관계임을 강조하여 전이라 칭했고, 『좌전』과 『좌전』 기사의 관계는 내용상 관계에 주의하여 '장본/기본'이라 표현한 것이 아닐까 생각해볼 따름이다.

'A 위 B 전' 유형과 'A 위 B 장본/기본' 유형 주석은 『춘추』를 해명하는 두예의 기본 태도를 보여 준다는 점에서 중요해 보인다. 두예는 사실 밖의

기준이 아니라 사실들 간의 관계를 파악함으로써 역사적 사실의 의미를 얻을 수 있다고 보았던 것이다.

3. 사실 간의 관계와 '춘추의 의리'

경전의 의리 파악은 경전 해석의 최종 목표다. 두예가 사실의 이해를 중시한 이유도 경전의 의리를 어떻게 해석할 것인가라는 문제로 귀결된다. 그의 방법을 구체적으로 파악하는 데에 주석의 사례를 제시하는 것만큼 좋은 방법은 없다. 한 가지 예를 들어 보겠다.

① 〈표3〉 5. (은공 7년) "爲鄭忽失齊昏援, 以至出奔傳"[53] (정의 홀이 제와 혼인을 거절하여 〔대국의〕 후원을 잃고 망명하게 된 배경이다.)

〈표 3〉 5란 〈표 3〉의 5번 주석을 가리킨다. 이 주석은 정국의 태자 홀이 진후陳侯의 딸과 혼인한 것이 훗날 제의 혼인 요청을 거절하여 망명길에 오르게 된 발단이라고 말한다. 이 사건과 관련한 사실이 다음과 같이『좌전』에 실려 있다.

(1) (은공 7년) 진후陳侯가 자기 딸을 〔정 공자 홀의〕 처로 삼아줄 것을 청하였고, 정 장공이 이를 허락하여 혼인이 이루어졌다.[54]
(2) (환공 6년) 제후齊侯는 〔자신의 딸〕 문강을 정 태자 홀의 처로 삼으려 하였으나 정 태자가 거절하였다. …… 그는 "사람에게는 각각 짝이 있는데, 제는 대국이어서 나의 짝이 될 수 없다. ……"라고 말하였다. 군자는 "스스로를 위한 좋은 계책이다."라고 평하였다.[55]

---

53 『春秋左傳正義』 권4, p.123.
54 "故陳侯請妻之, 鄭伯許之, 乃成昏", 『春秋左傳正義』 권4, p.123.
55 "齊侯欲以文姜妻鄭大子忽, 大子忽辭. …… 大子曰人各有耦, 齊大, 非吾耦也. …… 君子曰善

(3) (환공 11년) 제중祭仲이 말하였다. "반드시 〔제〕 여자를 취하십시오. 선군에 게는 안으로 총애하는 신료들이 많았으나 군주께서는 큰 세력의 후원이 없으 니, 장차 보위를 지키지 못할 것입니다." 〔그러나 공자 홀은〕 그 말에 따르지 않았다. …… 가을 9월 정해일, 소공昭公(공자 홀과 동일 인물)은 위로 망명하 였다.[56]

이 기사들은 정 소공, 즉 공자 홀의 혼인과 실각에 관한 것이다. 주석 ① 은 (1) 기사의 끝에 달려 있다. (1) 정 공자 홀이 진陳 여자와 결혼하였고, (2) 10년 뒤 기혼의 공자 홀은 제의 새로운 혼인 요청을 거부한다. (3) 정 의 경 제중은 그 선택을 비판했고, 5년이 흐른 뒤 공자 홀, 즉 소공은 망명 길에 올랐다. 두예는 주석 ①에서 공자 홀, 즉 소공이 제의 혼인 요구를 거 부한 것이 15년 뒤 위로 망명하게 된 원인이라고 설명하였다. 이처럼 파악 한 이유는 (3) 제중의 말에 있는 것 같다. 제중은 제 여자와 혼인할 것을 강 력히 주장하였다. 그는 기혼자 공자 홀이 중복 혼인을 거부한 것은 윤리적 으로 타당할지 모르나 공적 자리에 있는 군주의 판단 기준은 달라야 한다 고 보았다. 제와 혼인하기를 거부한 소공은 5년 후 추방되었는데, 두예는 여기에 근거하여 혼인 거부와 망명 간의 인과관계를 세운 것으로 보인다.

이와 같은 생각은 두예가 『좌전』 문장을 해석할 때 영향을 미쳤다. (2) 에는 공자 홀의 혼인 거부를 "스스로를 위한 좋은 계책(善自爲謀)"이라고 말한 군자의 평가가 나온다. 이에 대해 두예는 "홀로 자신의 처신만을 깨 끗이 하려고 하였으며, 그 모의가 국가의 문제에는 미치지 못하였다."[57]라 고 부정적으로 해석하였다. 이러한 해석은 전적으로 제중의 우려와 일치

自爲謀, 及其敗戎師也", 『春秋左傳正義』 권6, p.205.

56 "祭仲曰必取之! 君多内寵, 子無大援, 將不立 …… 弗從. …… 秋, 九月, 丁亥, 昭公奔衛", 『春 秋左傳正義』 권7, p.225.

57 "言獨潔其身, 謀不及國", 『春秋左傳正義』 권6, p.205.

한다. 하지만 그 해석의 타당성에 대해 양보쥔은 의문을 제시한 바 있다.[58]

이와 같이 두예가 주석에서 말한 인과관계에는 두예의 가치판단이 내포되어 있다. 두예는 군주의 행동이 사적 윤리보다 국가의 안위라는 공적 기준을 따라야 한다고 본다. 이처럼 사실들 간의 인과관계 설정은 주석가의 주관을 반영한다. 예언과 그 결과에 대한 주석은 주석가의 가치관을 더욱 잘 드러낸다. 다음 사례를 보자.

② 〈표 5〉 14. (희공 23년) "言懷公必無後於晉, 爲二十四年殺懷公張本"[59] (반드시 진에 회공의 후예가 없을 것이란 말이다. 희공 24년 회공을 죽인 장본이다.)

진晉 회공은 국외를 떠도는 망명자 중이重耳를 무서워하여, 중이를 수행하는 호언狐偃의 부친을 잡아다가 죽였다. 이 소식을 들은 대부 복언卜偃은 "백성들이 군주의 덕망은 보지 못하고 오로지 살육 소식만을 듣고 있으니, 어찌 군주의 후예가 있을 수 있겠는가?"[60]라고 예언하였다. 즉 회공이 무사하지 못할 것이란 말이다. ②는 이 말에 대한 두예의 주석으로, 이 예언이 1년 뒤 회공이 피살된 사건의 '장본'이라 하였다.

이유야 어디에 있건 이 일은 군주 시해로 종결되었다. 초순 같은 후대 유학자가 보기에 이는 용납될 수 없는 만행이다. 하지만 두예는 주석에서 이 사건을 사필귀정으로 설명하였다. 살육의 만행을 저지른 군주는 파멸할 것이란 예언이 결국 적중했다는 주석은 이 일에 대한 두예의 생각을 잘 보여 준다.

위에서 예시한 ①, ②는 모두 군주의 시해와 축출에 관한 주석이다. 이

---

58 양보쥔은 "이 말이 鄭忽이 혼인을 사양함으로써 후원을 잃어 마침내 나라를 잃게 된 것을 비난하는 말인지 확실하지 않다."라고 하였다. 楊伯峻, 『春秋左傳注』, p.113.
59 『春秋左傳正義』 권15, p.468.
60 "民不見德, 而唯戮是聞, 其何後之有?", 『春秋左傳正義』 권15, p.468.

문제에 관한 두예의 주석은 큰 논란을 일으켰고, 앞에서 본 '서시례'가 비난의 표적이었다. 하지만 3부 1장에서 검토했듯이 '서시례'에서 두예의 정치적 의도를 읽어 내기는 어렵다. 군주의 시해 사건에 대한 두예의 견해는 '서시례'보다 오히려 해당 사건들에 대한 일반 주석, 특히 'A 위 B 전', 'A 위 B 장본/기본' 유형 주석에 선명히 드러난다. 다시 말해 의례보다는 역사적 사실들 간의 관계 설명이 두예의 생각을 더욱 잘 보여 주는 것이다.

군주의 축출과 시해 기사에 관한 'A 위 B 전', 'A 위 B 장본/기본' 유형 주석의 사례들을 모아 보면 다음 〈표 8〉과 같다.

〈표 8〉 군주 시해와 축출에 관한 'A 위 B 전', 'A 위 B 장본/기본' 유형 주석

	A	B	표현	인과	예언
1	(전) 은공 7, 정 공자 홀이 혼인함	(경) 환공 11, 정 홀이 망명함	전	○	
2	(전) 환공 6, 정 홀이 제의 혼인 요청을 거부함	(경) 환공 11, 정 홀이 망명함	전	○	
3	(전) 장공 8, 제 양공襄公이 무도함	(경) 장공 9, 제 군주가 시해됨	전	○	
4	(전) 장공 11, 송 민공閔公이 경솔함	(경) 장공 12, 송 민공이 시해됨	전	○	
5	(전) 희공 11, 진晉 혜공의 무례를 비판함	(경/전) 희공 23(24), 혜공이 사망함	장본		○
6	(전) 희공 22, 주왕이 왕자 대를 부름	(경) 희공 24, 주왕이 망명을 자초함	기	○	
7	(전) 희공 23, 진晉 회공의 무도를 비판함	(경) 희공 24, 중이가 회공을 살해함	장본		○
8	(전) 문공 11, 성郕 태자에게 백성이 순종하지 않음	(경) 문공 12, 성백郕伯이 망명함	전	○	
9	(전) 문공 15, 계문자가 제후齊侯를 비판함	(경) 문공 18, 제 군주가 시해됨	전		○
10	(전) 성공 13, 조曹 계위 분쟁	(경) 성공 15, 조 성공을 붙잡음	전	○	
11	(전) 성공 14, 위衛 태자의 비례를 비판함	(경) 양공 14, 위 헌공이 망명함	전		○
12	(전) 양공 10, 제 태자 상相의 불경함을 비판함	(경) 양공 19, 제 고후高厚가 살해됨 양공 25, 제후가 시해됨	전		○
13	(전) 양공 22, 제 장공의 실신失信을 경고함	(경) 양공 25, 제 장공이 시해됨	전		○
14	(전) 양공 28, 자산이 채후蔡侯의 무도를 비판함	(경) 양공 30, 채 세자가 군주를 시해함	전		○
15	(전) 양공 30, 초왕의 무도를 비판함	(경) 소공 13, 초 영왕이 시해됨	전		○
16	(전) 양공 31, 노의 왕위 계승을 비판함	(경) 소공 25, 노 소공이 제로 망명함	전		○

17	(전) 양공 31, 등藤 성공成公의 불경을 비판함	(經) 소공 3, 등 성공이 사망함	전		○
18	(전) 소공 1, 초의 강신强臣을 비판함	(경) 소공 13, 초 영왕이 시해됨	전		○
19	(전) 소공 4, 초 영왕의 교만함을 비판함	(경) 소공 13, 초 영왕이 시해됨	전		○
20	(전) 소공 8, 진후晉侯에 대한 원망	(경) 소공 10, 진 평공이 사망함	전		○
21	(전) 소공 10, 진후의 사망을 예언함	(경) 소공 10, 진 평공이 사망함	전		○
22	(전) 소공 11, 소공의 불행을 예언함	(경) 소공 25, 소공이 제로 도주함	전		
23	(전) 소공 11, 숙향이 선자單子의 사망을 예언함	(전) 소공 11 겨울에 선자가 사망함	기본		○
24	(전) 소공 18, 주 모득毛得 예언	(경) 소공 26, 모백이 초로 망명함	전		○
25	(전) 소공 20, 오원이 오의 군주 시해를 예언함	(경) 소공 27, 오에서 군주를 시해함	선		○
26	(전) 소공 21, 악관樂官이 주 천자 사망을 예언함	(경) 소공 22, 주 경왕이 사망함	전		○
27	(전) 소공 21, 채 태자 비례 비판	(경) 소공 21, 채후가 망명함	전		○
28	(전) 소공 22, 거莒인이 군주를 비판함	(경) 소공 23, 거자가 노에 망명함	전	○	
29	(전) 소공 25, 송 소공의 상심喪心을 비판함	(경) 소공 25 겨울에 송공이 사망함	전		○
30	(전) 소공 25, 노 소공의 망명을 예언함	(경) 소공 25, 노 소공이 망명함	전		○
31	(전) 소공 25, 초왕의 축성을 비판함	(경) 소공 26, 초왕이 사망함	전		○
32	(전) 정공 2, 주邾 장공의 술자리 사건	(전) 정공 3, 주 장공이 사망함	전	○	
33	(전) 정공 6, 주 담편儋翩이 반란을 시도함	(전) 정공 6, 주 천자가 망명함	기	○	
34	(전) 정공 15, 노·주邾 군주의 비례非禮를 비판함	(경) 정공 15, 노 정공이 사망함 애공 7, 주 은공이 잡힘	전		○

위 표의 주석 34건 중 32건이 군주의 무도함과 불경不敬, 비례非禮가 죽임과 망명을 자초했다는 내용이다.[61] 25번과 33번만이 예외이며,[62] 신하가

---

61 〈표 8〉의 10번과 18번 주석은 인과관계가 불분명하다. 다만 10번은 成公 13년 曹國의 繼位 분쟁 때 曹國 成公이 太子를 살해하고 군주의 자리를 찬탈한 사건을 말한다. 따라서 晉侯가 그를 잡아 京師로 압송한 것은 成公의 惡行에서 비롯된 일이다(『春秋左傳正義』권27, p.876). 18번은 昭公 1년 叔向이 '楚의 强臣을 비판'했다는 것인데, 强臣은 당시 令尹으로 후일 靈王이 된다. 叔向은 그의 강압적 통치를 우려하였으므로(『春秋左傳正義』권41, p.1320), 靈王이 시해된 것도 자초한 일로 해석될 수 있다. 따라서 10, 18번도 군주가 불행을 자초한 경우로 볼 수 있다.

62 〈표 8〉 25번은 昭公 20년 吳에 망명 중이던 伍員이 공자 光이 군주 시해를 모의하고 있음을 알게 된 일에 대한 주석이다(『春秋左傳正義』권49, p.1600). 33번은 定公 6년 周의 儋翩 반란 기사에 대한 주석이다(『春秋左傳正義』권55, p.1804). 주 천자의 망명은 반란 탓이지 자신의 잘

군주를 해쳤다는 내용의 주석은 한 건도 없다. 다시 말해 군주 시해와 축출 사건에 관한 두예의 인과/예언 관계 주석은 거의 모두 군주를 원인 제공자로 본다.

이는 두예의 정치관과 무관할 수 없다. 정국 공자 홀의 망명 사건에 대한 주석처럼, 두예의 주석은 『좌전』의 내용에 따라 사건 하나하나의 인과 관계를 설명한 것처럼 보이지만, 관련 사례를 모두 모아 보면 일관된 메시지가 부상한다. 그의 주석을 읽다 보면 군주의 무도한 행위를 견책하는 논리에 자연스럽게 설득당하게 된다. 이처럼 사실들의 관계에 대한 '객관적' 진술을 통하여 '춘추의 의리'를 자연스럽게 전하는 것, 이것이야말로 두예 해경법의 요점이라고 생각한다.

한편 예적 규범에 관한 주석들도 따로 언급할 필요가 있다. 〈표 8〉을 보면 '예언' 관계 주석이 '인과'관계 주석보다 2배 이상 많다. 『좌전』 기사 중에는 어떤 현인이 등장하여 현안을 평가하고 미래를 예언하는 경우가 여러 번 등장한다. '군자왈君子曰' 같은 표현도 그에 해당한다.[63] 두예는 이 형식이 『좌전』에서 의리를 표현하는 하나의 방식임을 잘 인지했던 듯하며,[64] 그 예언의 실현 여부에 대해서 주석을 달았다. 관련 주석의 갯수는 54건이며 그중 '예적 규범'에 관한 주석이 24건으로 가장 많다. 이는 예적 규범의 실천 문제가 두예에게 중대한 사안이었음을 알려 준다.

관련 주석의 내용을 살펴보면, 우선 한 국가 내부에서 군신 간 혹은 부

못 때문은 아니었다.

63 '君子曰'은 주로 敍事의 끝 부분에 나오며, 人物과 事件에 評述을 덧붙인 형식을 띤다. 浦衛忠, 『春秋三傳綜合硏究』, 臺北: 文津出版社, 1995, p.70. '君子曰'은 『左傳』 전체에서 80건 정도 나오며, '君子謂', '君子是以', '君子以爲' 등의 표현도 같은 역할을 한다. 葛志毅, 「左傳"君子曰"與儒家君子之學」, 『河北學刊』 30-6, 2010.

64 晉 대부 叔向은 "君子의 말은 신뢰할 수 있으며 또한 징험이 있다(信而有徵)."라고 말하였다. 『春秋左傳正義』 권44, p.1449.

자간에 예를 어긴 경우 불행이 닥친다는 예언에 관한 주석이 눈에 띈다.[65] 하지만 행례行禮에 관한 주석 대부분은 국가 간 관계에서 발생한 사건들에 붙어 있다. 사신들이 타국에 빙문하였을 때의 일,[66] 노국 군주가 다른 나라에 가거나 타국 군주가 노나라에 방문했을 때의 일[67] 등에 주석을 달

---

65 그 내용은 다음과 같다.

〈표 5〉 34. 成公 13, 出兵 禮式 때 주나라 대신 成肅公이 不敬한 태도를 취하자 劉康公 曰 "그가 전장에서 살아 돌아오겠는가?" / 杜注: 成肅公이 瑕에서 사망하였다.

〈표 3〉 62. 成公 14, 衛 太子기 부친 장례 때 不敬히였다. 부인 姜氏 口 "이, 허늘이 위에 화를 내리는구나." / 杜注: 襄公 14, 衛侯가 망명하였다.

〈표 3〉 96. 襄公 31, 魯 昭公이 부친 장례 때 不敬하였다. 穆叔 曰 "그를 군주로 내세우면 季孫氏 집안에 커다란 우환이 발생할 것이다." / 杜注: 昭公 25, 昭公이 망명하였다.

〈표 3〉 109. 昭公 11, 魯 昭公이 모친 장례 때 不敬하였다. 史趙 曰 "昭公은 다른 나라에서 살 것이다." 叔向 曰 "魯 公室은 장차 쇠퇴할 것이다." / 杜注: 昭公 25, 昭公이 제로 망명하였다.

〈표 3〉 120. 昭公 21, 蔡 太子가 부친 장례 때 무례하였다. 叔孫婼 曰 "蔡는 아마 망할 것이다." / 杜注: 같은 해 蔡侯가 망명하였다.

66 〈표 3〉 23. 僖公 33, 齊 사신의 行禮를 칭양하였다. 臧文仲 "禮가 있는 나라에 복종하는 것이 사직을 보위하는 길이다." / 杜注: 魯 僖公이 齊에 입조하였다.

〈표 3〉 48. 宣公 15, 晉 대부 趙同이 周室에서 獻俘禮를 거행할 때 不敬하였다. 劉康公 曰 "그는 큰 재앙을 만날 것이다." / 杜注: 成公 8, 晉에서 趙同을 살해하였다.

〈표 5〉 33. 成公 12, 晉 사신이 楚에 빙문했을 때 楚나라 奏樂이 無禮하였다. 范文子 曰 "無禮한 자는 반드시 食言한다. 우리가 죽을 날도 얼마 남지 않았다." / 杜注: 成公 16, 晉와 楚가 鄢陵에서 전투하였다.

〈표 3〉 60. 成公 13, 晉 郤錡가 魯에서 不敬하였다. 孟獻子 曰 "禮는 몸의 근간이다. 그가 망하지 않으면 어찌하겠는가?" / 杜注: 成公 17, 晉에서 郤錡를 살해하였다.

〈표 3〉 73. 襄公 10, 會盟 때 齊 대부 高厚가 不敬하였다. 士莊子 曰 "그는 장차 화난을 면하지 못할 것이다." / 杜注: 襄公 19, 齊에서 高厚를 죽였다. 襄公 25, 莊公이 살해되었다.

〈표 3〉 92. 襄公 29, 知伯을 알현한 齊 高止와 宋 華定이 不敬하였다. 女齊 曰 "두 사람은 장차 화를 면하지 못할 것이다." / 杜注: 襄公 29, 高止가 燕으로 망명하였다. 昭公 20, 華定이 陳으로 망명하였다.

〈표 3〉 126. 昭公 25, 黃父와 회맹할 때 宋 樂大心이 周室에 곡식 공급을 거부하였다. 士伯 曰 "宋의 右師는 반드시 망할 것이다." / 杜注: 定公 10, 樂大心이 망명하였다.

67 〈표 5〉 12. 僖公 11, 晉 惠公이 天子의 爵位를 받을 때 無禮하였다. 內史過 曰 "晉侯에게는 후사가 없을 것이다." / 杜注: 僖公 23, 晉 惠公이 사망하였다.

〈표 5〉 35. 成公 14, 衛侯가 晉에 갔을 때 郤犨가 不敬하였다. 甯息 曰 "이는 화를 얻는 길이다." / 杜注: 成公 17, 晉에서 郤氏를 살해하였다.

〈표 3〉 89. 襄公 28, 蔡侯가 鄭 군주의 享禮 때 不敬하였다. 子産 "蔡侯는 화란을 면하지 못할 것이다. 小國 군주가 大國을 섬길 때 惰敖의 마음을 가지고 있으니 장차 죽지 않을 수 있겠는가?" / 杜注: 襄公 30, 蔡侯가 세자에게 피살되었다.

〈표 3〉 91. 襄公 28, 魯 襄公을 맞이한 鄭 良霄(伯有)가 不敬하였다. 穆叔 曰 "鄭國에 큰 화가 미칠 것이다. 敬은 民의 主人이다." / 杜注: 襄公 30, 鄭에서 良霄(伯有)를 살해하였다.

았다. 대국의 패자나 소국의 군주 모두 서로 예적 규범을 지켜야 한다고 강조한 주석도 있다.[68]

두예는 주석에서 『좌전』의 기사들이 모두 국가 간 사신이나 군주가 회합할 때 불경不敬하거나 무례無禮한 행동을 보인 데 대한 응징을 예언하고, 또한 적중했다고 말하였다. 희공 11년 진晉 혜공惠公이 천자 앞에서 무례하게 행동하자 내사과內史過는 혜공에게 후사가 없을 것임을 예언하면서 다음과 같이 말하였다. "예란 국가의 근간입니다. 경敬은 예를 태우는 수레입니다. 공경하지 않는다면 예가 행해지지 않으며, 예가 행해지지 않으면 위아래 질서가 혼란에 빠집니다. 그렇다면 어떻게 오래 살 수 있겠습니까?"[69] 이 기사에 대해 두예는 혜공이 선종善終하지 못했다고 주석하였다. 그런데 『좌전』 어디에도 혜공이 사망한 상황에 대한 기사가 없다. 그럼에도 불구하고 두예가 부정적인 주석을 단 이유는 혜공의 무례를 큰 문제로 보았기 때문이다. 이러한 생각은 정공 15년 기사에서 자공子貢이 "무릇 예는 생사존망의 체體다."라고 한 말에서도 영향을 받았을 것이다.

예적 규범의 준수 여부에 관한 24건의 주석 가운데 예를 행한 사람을 칭양한 경우는 두 건에 불과하다(각주 66의 〈표 3〉 23번과 각주 68의 〈표 3〉 86번).

〈표 3〉 97. 襄公 31, 魯 襄公의 장례에 참여한 滕國 成公이 不敬하였다. 子服惠伯 曰 "滕의 君主는 장차 죽을 것이다." / 杜注: 昭公 3, 滕 君主가 사망하였다.

〈표 3〉 135. 定公 15, 邾 隱公이 노에 입조했을 때 양국 군주가 모두 무례하였다. 子貢 曰 "두 사람 모두 사망할 것이다. 무릇 禮는 생사존망의 體다." / 杜注: 定公 15, 定公이 사망하였다. 哀公 7, 邾 군주가 잡혔다.

68 〈표 3〉 86. 襄公 25, 晉은 제후들에게 歲幣를 경감하고 예우를 강화하였다. 穆叔 曰 "전쟁은 당분간 중단될 것이다." / 杜注: 襄公 27, 晉과 楚가 盟約하였다.

〈표 3〉 104. 昭公 4, 會盟 때 楚 靈王이 교만하였다. 子産 曰 "楚王은 10년을 넘기지 못할 것이다." / 杜注: 昭公 13, 楚 靈王이 피살되었다.

〈표 5〉 55. 昭公 11, 會盟에서 單子가 不敬하였다. 叔向이 그의 죽음을 예견하였다. "저 單子에게 몸을 지킬 원기가 없다." / 杜注: 昭公 11, 單子가 사망하였다.

69 "禮, 國之幹也, 敬, 禮之輿也. 不敬, 則禮不行, 禮不行, 則上下昏, 何以長世?", 『春秋左傳正義』 권13, p.449.

나머지는 모두 불경과 무례에 대한 징벌적 예언이 적중하였음을 이야기한 주석이다. 이 기사들은 예의 이상과 현실 사이의 간극이 크게 벌어진 춘추시대의 역사 상황을 배경으로 한다. 그러나 두예의 주석은 현실이 규범에서 벗어나 있다고 해도 예의 지배력은 변함이 없음을 역사적 사실을 통해 증명한다. 앞에서 두예의 부친 두서의 독특한 예론에 대하여 살펴보았다. 그는 예를 만물을 지탱하는 본체로 묘사하였다. 예의 위반에 대한 징벌적 예언이 어김없이 실현되었음을 강조한 두예의 주석은 부친의 신념을 계승한 것처럼 보인다.

국제 질서에 관한 예가 강조된 점도 눈길을 끈다. 선학의 지적에 따르면, 두예는 국제 사회에서 '사대자소事大字小'의 예가 지켜져야 함을 강조했고, 예에 기반을 둔 세계 질서를 이상적인 것으로 보았다.[70] 그 세계는 국가와 민족, 공동체들이 각각 준수해야 할 예적 규범을 지키면서 참여하는 공간이다. 그것은 왕의 절대 권위와 이문화異文化 배척 위에 수립된 공양학의 대일통적 세계와 다르다. 두예의 생각은 다양한 권력 단위들이 독립성을 유지하는 동시에 구심적 정치 질서를 형성해 나간 후한 말 이후의 역사 상황과 잘 부합한다. 요컨대 두예는 주석을 통하여 무도한 군주를 경계하고 조화로운 세계 질서에 대한 희구를 표현했던 것이다.

Ⅲ. 이상적인 정치의 모습: '전언' 유형

세 번째 서술 유형은 '전언傳言' 유형이다. 이 서술 유형의 주석에서 두예

---

70 神谷成三은 두예가 事大字小의 禮를 존숭하고, 禮的 규범에 기초한 事大的 세계 질서를 적극적으로 표방했다고 주장하였다. 神谷成三,「左傳注解史上に於ける杜預と劉炫」,『漢學會雜誌』 2-1・2, 1934.

는 자신의 생각을 직접 표현하였다. 다음 주석을 보자. 은공 1년에 정국鄭
國 장공莊公은 동생 단段을 무력으로 축출하였다. 이에 두예는 다음과 같이
주석하였다.

전문에서 말하는 바는(傳言), 공자가 『춘추』를 작作할 때 구사舊史를 고쳐서
의義를 밝혔듯이, 〔장공莊公이〕 미리 손을 쓰지 않고 동생의 잘못을 양성하였다
고 하여 〔장공이〕 '실교失敎'했다는 것이다.[71]

'전언' 유형 주석은 전적으로 사건의 의미를 해명하는 내용이다. 여기에
서는 공자의 예를 들어 장공의 무력 축출의 의미를 설명한다. 두예는 다음
과 같은 주석을 남겼다.

왕자王者는 천하에 무적이다. 천하에는 누구도 왕자와 〔대등하게〕 전쟁할 수
없다. 그러나 춘추시대에는 도리어 그러한 사건들이 발생하였고, 그 사건이 경문
에 열거되어 있으니, 그런즉 <u>그 의義를 밝히지 않을 수 없다</u>.[72] (밑줄은 저자 강조)

춘추시대는 국가와 사회 그리고 인간 삶에서 응당 지켜져야 할 이상에
어긋난 사건들이 일상적으로 발생한 난세였다. 두예는 주석가라면 『춘추』
와 『좌전』의 사건들이 어떤 점에서 잘못되었는지를 밝혀야 할 의무가 있
다고 생각했던 듯하다. 위 사료가 그것을 잘 보여 준다.

실례를 하나 들겠다. 양공 14년 초와 오 사이에 전투가 벌어졌고, 그 뒤
초군이 철수하다가 오군의 기습을 받고 크게 패하였다. 이 사건에 대하여

---

71 "傳言夫子作春秋, 改舊史以明義. 不早爲之所, 而養成其惡, 故曰 失敎", 『春秋左傳正義』 권2,
p.62.
72 (莊公 11) "王者無敵於天下, 天下非所得與戰者. 然春秋之世, 據有其事, 事列於經, 則不得不
因申其義", 『春秋左傳正義』 권9, p.279.

두예는 "전문에서 말하는 바는(傳言), 미리 대비하지 않으면 전쟁을 할 수 없다는 것이다."라고 주석하였다.[73] 전쟁에 패하지 않으려면 '미리 대비' 해야 한다는 것이 이 사건이 전하는 의미라고 본 것이다.

대부분의 '전언' 유형 주석은 한 줄 이하의 짧은 문장이다. 그런 탓인지, 관견일 수 있으나 지금까지 '전언' 유형 주석에 주목한 연구자는 없었다. 하지만 비록 문장이 간단할지라도, '전언' 유형 주석은 두예가 관심을 둔 사안과 그의 생각을 탐색하는 데 중요한 단서가 된다.

'전언' 유형 주석으로 모두 145건이 확인된다. 그중에는 『좌전』의 문장을 단순히 인용하거나(12건), 『좌전』의 기사를 단순 부연한 것(25건)도 있다. 이 37건을 제외한 나머지 108건은 두예의 주관적 설명을 담고 있다. '전왈傳曰', '전운傳云'으로 시작하는 주석은 예외 없이 『좌전』 구절을 단순히 인용한 주석이므로 '전언' 유형 주석과 연관성이 없다. 반면 '전언'은 사마천의 '태사공왈太史公曰'이나 반고의 '찬왈贊曰'처럼 사평史評을 이끌기 위해 두예가 사용한 표현으로 보인다. 두예의 '전언' 유형 주석 145건의 내용을 분류하여 시기별로 제시하면 다음 〈표 9〉와 같다.

〈표 9〉 '전언' 주석의 내용 분류

	군주	두예의 평가 포함							불포함			전체 합계
		① 군주 평가		② 신하 평가		③ 천하·국가·가문의 흥망 평가	④ 기타 사안 평가	합계	단순 인용	단순 설명	합계	
		폄책	포양	폄책	포양							
1	은공	2					1	3	1	1	2	5
2	환공								1		1	1
3	장공	2						2	2	1	3	5
4	민공	1	1					2				2
5	희공	1			1		1	3	4	2	6	9

---

73 "傳言不備不可以師", 『春秋左傳正義』 권32, p.1066.

6	문공	1	1			1		3	2	1	3	6
7	선공				1	4		5	1	5	6	11
8	성공	2	1		1	3		7		2	2	9
9	양공	4	1		12	10	2	29	1	7	8	37
10	소공	5	1		13	7	6	32		4	4	36
11	정공	1		1	1	8	3	14		1	1	15
12	애공	2				2	4	8	,	1	1	9
합계		21	5	1	29	36	16	108	12	25	37	145

‘전언’의 내용은 ① 군주에 대한 평가(26건), ② 신하에 대한 평가(30건), ③ 천하·국가·가문의 흥망에 대한 평가(36건), ④ 예제 등 기타 사안에 대한 평가(16건) 등으로 나뉜다. 두예는 주로 천하·국가·가문의 흥망과 군주와 신하의 역할에 대하여 의견을 표하였다. 개별 사례의 내용은 부록의 〈표 6〉·〈표 7〉·〈표 8〉에서 볼 수 있다.

위의 〈표 9〉를 보면 군주와 신하에 대한 두예의 평가가 한 방향으로 기울어져 있다. 군주에 대한 평가 26건 가운데 부정적 언급은 21건이고 칭찬은 5건에 불과하다. 반면 신하에 대한 평가 30건 가운데 비판은 단 1건에 불과하다. 두예는 ‘전언’ 유형 주석을 통해 주로 군주를 비판하고 신하의 역할을 긍정한 것이다. 『좌전』 기사에 대한 두예의 평가에는 어쩔 수 없이 그의 정치적 견해가 스며들어 있을 것이다. 그 점에 대해 좀 더 이야기하겠다.

이념적으로 군주 권력은 신성한 존재이지만, 역사의 현실에서는 그러지 못하였다. 춘추시대가 난세가 된 이유 중 하나는 용렬庸劣한 군주들이 속출했다는 것이다. 두예는 군주를 몇 가지 종류로 나누었다.

성인은 천지의 변고와 자연의 요상妖祥으로써 〔사람들을〕 감동하게 한다. ‘지혜가 밝고 이치에 통달한 임금’은 선성先聖의 뜻을 알아 스스로 격려하며,

'중·하의 군주(中·下之主)'는 그 요상을 믿고서 함부로 행동하지 않는다.[74]

이 내용은 희공 15년 사당에 벼락이 떨어진 일에 대한 주석에 나온다. 여기에서 두예는 『좌전』 내용과 무관하게 자신의 견해를 폈다. 그는 군주의 급을 '지달知達', '중', '하'로 나누었다. 이들은 적어도 '변고'와 '요상'의 일에 반응할 줄 아는 자들이다.

한편 '전언'에서 언급한 군주들 중에는 그 수준에 못 미치는 자들도 수두룩하다. 부록 〈표 6〉을 보면 위衛 의공懿公(⑤), 진晉 여공厲公(⑩ ⑪), 송 평공平公(⑰), 초 영왕靈王(⑱ ⑲ ⑳) 등은 '하'급에도 못 미치는 열등하고 무도한 군주이다. 그 밖에 군주의 도덕적 자질(① 정 장공의 실교)과 정치적 단견(③ 담국譚國 군주), 유약함(⑨ 초 장왕)과 경박함(㉔ 제 경공) 등을 '전언'을 통해 언급하였다. 이와 같이 용렬한 군주들까지 포함한다면, 두예는 군주를 '지달', '중', '하' 그리고 그보다 못한 군주의 네 부류로 나누어 보았다고 할 수 있다.

두예의 부친 두서도 『체론體論』에서 비슷한 말을 하였다.

무릇 인신人臣을 논한다면 섬기는 군주의 종류에 따라 네 가지 부류로 말할 수 있다. 현주賢主의 신하, 명주明主의 신하, 중주中主의 신하, 용주庸主의 신하이다.[75]

군주를 네 부류로 나눈 점에서 두서와 두예 부자의 견해가 일치한다. 두서는 열등한 '용주'를 모시는 신하는 "군주에게 과실이 있다면 비록 바

---

74 "是以聖人因天地之變, 自然之妖, 以感動之. 知達之主, 則識先聖之情以自厲, 中下之主, 亦信妖祥以不妄", 『春秋左傳正義』 권14, p.440.
75 "凡人臣之論, 所以事君者有四, 有賢主之臣, 有明主之臣, 有中主之臣, 有庸主之臣", 『魏晉全書』 2, p.146.

로 간쟁할 수 없다 할지라도, 적어도 근심하는 기색을 얼굴에 드러내야 한다."라고 말하였다.[76]

『좌전』속 군주는 신성한 존재라기보다 제약과 책무의 대상으로 등장하는 경우가 많다. 개지추介之推는 군주가 하늘이 세운 존재라는 점을 강조했으나[77] 그런 말은 오히려 예외적이다. 은공 5년 은공의 숙부 장희백臧僖伯은 군주의 책무와 관련해 군주란 '휼민恤民의 마음'을 가져야 한다고 하였다.[78] 두예는 군주가 '사직의 대계'를 위해 움직여야 한다고 하였다.[79] 그에게 군주의 권위는 자동적인 것이 아니라 의무와 책임을 다할 때 주어지는 것이었다.

이에 반해 두예는 신하의 역할을 칭찬하는 '전언'을 다수 남겼다. 그 내용을 부록 〈표 7〉, 〈표 8〉에 정리하였다. 그 가운데 부록 〈표 8〉 양공 27년 기사는 두예의 생각을 잘 보여 준다. 당시 제齊에서 진晉으로 도망 온 사람이 함부로 주변 읍들을 공격하고 땅을 빼앗아 문제가 되었다. 이에 진晉의 집정인 조문자趙文子(趙孟)가 그를 제지하고 문제를 해결하였다. 이에 대하여 두예는 다음과 같이 주석하였다.

전문에서 말하는 바는(傳言), 조문자의 현賢함 때문에 〔진晉〕 평공이 비록 실정했어도 제후들이 여전히 화목했다는 것이다.[80]

조문자는 대부 서량대胥梁帶를 파견하여 주변 제후국들이 빼앗긴 읍을 돌려주었고, "제후들은 이로써 진과 화목해졌다."[81] 그래서 두예가 조문자

---

76 "君有過事, 雖不能正諫, 其憂見於顔色, 此庸主之臣也", 『魏晉全書』2, p.146.
77 "天實置之", 『春秋左傳正義』 권15, p.479.
78 "是宜爲君, 有恤民之心", 『春秋左傳正義』 권9, p.280.
79 그래서 鄭世子 忽이 '忘社稷之大計'하였음을 비판하였다. 『春秋左傳正義』 권7, p.234.
80 "傳言趙文子賢, 故平公雖失政, 而諸侯猶睦", 『春秋左傳正義』 권38, p.1211.
81 "諸侯是以睦於晉", 『春秋左傳正義』 권38, p.1211.

의 '현'함을 칭찬하는 주석을 단 것이다. 사실 조문자는 진 평공의 도움을 받았는데, 두예는 이 점을 언급하지 않았다.[82]

조문자에 대한 『좌전』의 평가는 대체로 부정적이다. 그는 진晉의 정경正卿으로 있으면서 "신과 백성을 버려서 신이 노하고 백성이 배반"하였다.[83] 치적이 없지는 않았으나 『좌전』에서 그의 이미지는 전체적으로 '나약함(懦)'에 가까웠다.[84] 이런 점을 감안할 때, 두예는 과도하게 조문자를 칭찬한 듯하다.

두예는 군주를 보좌하는 신료의 역할을 특히 강조하였다. 다음 '전언' 유형 주석들을 보자.

① "전문에서 말하는 바는 초楚가 모신謀臣이 있어서 흥할 수 있다는 것이다."[85]

② "(대신들의 겸양을 언급한) 전문은 진晉이 흥성한 이유를 말하고 있다."[86]

③ "(사마의 정치는) 국가를 다스리는 예를 얻었다. 전문에서 말하는 바는 초가 흥한 이유이다."[87]

④ "(자산의 정치에 대한) 전문은 정鄭이 흥성한 이유를 말하고 있다."[88]

⑤ "전문은 자연子然이 대숙大叔을 이어 정치를 행하여 정이 쇠약해졌음을 말하고 있다."[89]

---

82 平公에 대한 두예의 부정적 평가는 역사적 사실에 부합한다. 平公의 치세는 오랫동안 이어져 온 晉의 覇權이 근본적으로 동요되고 國勢가 약화된 시기로 平公이 失政했다고 말할 수 있다. 方朝暉 編著, 『春秋左傳人物譜』 下, 濟南: 齊魯書社, 2001, p.612.

83 "(昭公 1) 爲晉正卿, …… 棄神 · 人矣. 神怒, 民叛", 『春秋左傳正義』 권41, p.1324.

84 方朝暉 編著, 『春秋左傳人物譜』 下, p.538.

85 "(文公 16) 傳言楚有謀臣, 所以興", 『春秋左傳正義』 권20, p.651.

86 "(襄公 13) 傳言晉之所以興", 『春秋左傳正義』 권32, p.1045.

87 "(襄公 25) 得治國之禮, 傳言楚之所以興", 『春秋左傳正義』 권36, p.1180.

88 "(襄公 30) 傳言鄭所以興", 『春秋左傳正義』 권40, p.1291.

89 "(定公 9) 傳言子然嗣大叔爲政, 鄭所以衰弱", 『春秋左傳正義』 권55, p.1820.

이와 같이 두예는 현신賢臣의 역할이 국가의 흥망을 좌우한다고 보았다.[90] 자질 없는 군주가 많았던 춘추시대의 역사를 통해 이러한 견해를 갖게 된 것으로 보인다. 당시에는 현능한 신하의 역할이 군주의 권력 행사보다 중요하였다. 『좌전』기사에서도 그러한 인식을 엿볼 수 있다. 양공 14년 진晉의 악사樂師 사광師曠은 '보좌輔佐'의 중요성에 대해 말하였다.

하늘은 민을 낳고, 군주를 세워 그들을 돌보게 하여 그들의 본성을 잃지 않도록 하였다. 그래서 군주를 두고 또한 그를 보완하는 사람을 두어, 군주를 가르치고 보호하여 군주들이 도를 넘지 않도록 해야 한다. 그러므로 천자에게는 공公이 있고, 제후諸侯에게는 경卿이 있으며, 경에게는 측실側室이 있고, 대부에게는 이종貳宗이 있으며, 사士에게는 붕우朋友가 있고, 서인庶人·공工·상商·조皁·예隷·목牧·어圉에게도 모두 친근한 사람이 있어, 서로 보좌輔佐하여 잘하면 상을 주고 과오가 있으면 바로잡으며, 근심이 있으면 구제하고, 실패하면 잘못된 것을 고치도록 하였다. 또한 천왕 이하 각각 부형父兄과 자제子弟가 있어서 그 정령政令을 살피고 보완하도록 하였다.[91] (밑줄은 저자 강조)

군주는 하늘(天)이 세운 존재이지만 그의 정치는 공의 보좌를 받아야 한다. 그러한 '도움'은 천자에서부터 대부, 사, 그리고 서인에 이르기까지 모두에게 필요하다. 경, 측실, 이종貳宗, 붕우 등은 상급자의 과오와 실패를

---

90 인용된 사례들의 전후 사정은 다음과 같다. ① 楚에서 대기근이 발생하고 주변 소국들의 공격을 받았을 때 신하 蔿賈과 師叔 등의 힘으로 이들을 물리쳤다. ② 晉 悼公은 三軍의 지휘관들을 새로 임명하였는데, 대상이 된 신료들이 모두 사양하였다. 이들의 겸양은 晉의 국인들을 화합시켰다. ③ 楚 司馬 蔿掩가 세금 징수와 국방 등의 일을 잘 처리함으로써 '治國의 禮'를 얻었다. ④ 鄭 子産이 세금 징수와 국방 등의 일처리를 잘하였다. ⑤ 鄭의 馬四歂(子然)이 대부 鄧析을 죽이고 과도하게 형벌에 의존하여 나라를 다스렸다.

91 "天生民而立之君, 使司牧之, 勿使失性. 有君而爲之貳, 使師保之, 勿使過度. 是故天子有公, 諸侯有卿, 卿置側室, 大夫有貳宗, 士有朋友, 庶人·工·商·皁·隷·牧·圉皆有親暱, 以相輔佐也. 善則賞之, 過則匡之, 患則救之, 失則革之. 自王以下各有父兄子弟以補察其政",『春秋左傳正義』권32, pp.1063~1064.

보좌함으로써 선정善政을 유도할 수 있다. 두예는 이 기사에 "전문은 사광이 임금의 물음에 대하여 숨김없이 다 말한 행동을 훌륭하다고 말하고 있다."[92]라고 주석을 달아 찬성의 뜻을 표하였다.

두예는 주석의 '전언'을 통해서도 같은 주장을 폈다. 양공 30년 진晉에서 성을 쌓을 때 여러 신료들이 함께 공사에 동원된 노인의 나이를 추정하는 이야기가 나온다. 이 일을 전해 들은 노의 계무자季武子는 말하였다. "진나라를 가벼이 보아서는 안 된다. 조맹이 대부가 되자 백하伯瑕가 그를 보좌하고, 사조史趙와 사광師曠이 자문에 응하였으며, 숙향叔向과 여제女齊가 사師로서 군주들을 보좌하였다. 그 나라 조정에 군자가 많으니 어찌 가벼이 볼 수 있겠는가?"[93] 이 말에 대해 두예는 '전언' 형식으로 이렇게 주석하였다. "전문에서 말하는 바는, 진이 강하여 제후를 잃지 않은 이유와 그 내력을 밝힌 것이다."[94] 즉 『좌전』에서 칭찬한 보좌의 정치가 진이 강성한 이유라고 주장하였다.

이렇듯 보좌의 정치가 중요한 만큼 군신 관계는 맹목적인 상하 관계가 아니었다. 두예는 『춘추석례春秋釋例』에서 다음과 같이 말하였다.

> 만일 군주가 제멋대로 행동한다면 많은 신하들은 절망하고, 인정과 의리는 무너지고 단절되고 만다. 그렇다면 (군주와 신하의 관계는) 길거리에서 만나는 사람의 관계일 뿐이며, 더 이상 군주와 신하의 관계는 아니다.[95]

군주와 신하의 관계는 가변적이며, 만일 군주가 제 역할을 못하면 그 관

---

92 "傳善師曠能因問盡言", 『春秋左傳正義』 권32, p.1066.
93 "晉未可媮也, 有趙孟以爲大夫, 有伯瑕以爲佐, 有史趙, 師曠而咨度焉, 有叔向, 女齊以師保其君. 其朝多君子, 其庸可媮乎!", 『春秋左傳正義』 권40, p.1282.
94 "傳言晉所以强, 不失諸侯, 且明歷也", 『春秋左傳正義』 권40, p.1282.
95 "若尤高自肆, 羣下絶望, 情義坎隔, 是謂路人, 非君臣也", 『春秋左傳正義』 권21, p.698.

계는 해소될 수 있다. 두예는 "무릎을 꿇고 임금을 섬겼다면 두 마음을 품어서는 안 된다."[96]라고 하여 군주에 대한 충성을 강조하였다. 하지만 그에게 '충忠'이란 '민을 이롭게 하는 것(利民)'[97]이지 군주 개인을 위하는 것이 아니다.

두예는 신하가 '휼민恤民'의 주체라고 하였다. 신료가 "자신의 직위를 성실히 이행하는 것은 '휼민'을 위해서이다."[98] 공영달은 이 말에 대하여 "군주는 홀로 정치를 하지 않는다. 신하가 있어서 그를 보좌한다. 군주와 신하는 모두 '휼민'이란 목적을 위하여 존재한다."[99]라고 설명하였다.

이처럼 군주와 신하가 동일한 목적을 가진 존재라면 서로 지위가 바뀔 수도 있을까? 『진서』 권 34, 「두예전」에는 이 민감한 문제와 관련하여 주목할 만한 일화가 전한다.

두예는 후대에 이름을 남기는 일을 중시하였다. 늘 "높은 언덕이 계곡이 되고, 깊은 계곡이 언덕이 된다(高岸爲谷, 深谷爲陵)."라는 『시경』 구절을 암송하고, 돌을 깎아 두 개의 비를 만들었다. 여기에 자신의 공적을 기록하고, 하나는 만산萬山 아래에 묻고 다른 하나는 현산峴山 꼭대기에 세웠다. 그러면서 말하길 "나중에 산릉山陵이 심곡深谷이 될지 누가 알겠는가."라고 하였다.[100]

이 일화는 지각변동 현상을 '실험'한 중국 최초의 사례로 소개된 적이 있으나,[101] 정작 이 이야기의 진의는 다른 데 있다.

---

96 "屈膝而君事之, 則不可以貳", 『春秋左傳正義』 권15, p.468.
97 "上思利民, 忠也", 『春秋左傳正義』 권8, p.275.
98 "靖共其位, 所以恤民", 『春秋左傳正義』 권30, p.978.
99 "君不獨治, 爲臣以佐之. 君之與臣, 皆爲恤民而設之也", 『春秋左傳正義』 권30, p.978.
100 "預好爲後世名, 常言高岸爲谷, 深谷爲陵, 刻石爲二碑, 紀其勳績, 一沈萬山之下, 一立峴山之上, 曰焉知此後不爲陵谷乎!", 『晉書』 권34, 「杜預傳」, p.1031.
101 杜預 사후 900여 년이 흐른 뒤 宋代 초기 어느 지방관이 그가 남긴 비를 찾으려 했으나 이미 계곡의 강줄기 위치가 바뀌어 실패하였다. 李鄂榮, 「杜預的地殼變動思想與試驗」, 『中國地

"높은 언덕이 계곡이 되고, 깊은 계곡이 언덕이 된다(高岸爲谷, 深谷爲陵)."
라는 『시경』 구절은 『좌전』 소공 32년(기원전 510) 조에 나온다. 이해 망명
중인 노 소공이 나라 밖에서 사망하였는데, 진晉 사묵史墨은 노국 안에서
내치를 맡은 계평자季平子를 적극 옹호하였다. 계평자가 비록 군주를 축출
하고 소공의 귀국을 막았으나 백성의 신망을 한 몸에 받았기 때문에 그의
행동은 정당하다는 것이다. 사묵은 군주의 운명보다 민심의 향배가 더 중
요함을 이야기하였다.[102] 두예도 이 기사에 "(사직을) 받드는 사람은 고정
되어 있지 않다. 오직 덕이 있는 사람이 할 수 있다."[103]라는 주석을 달았다.

위의 『시경』 구절은 "군주와 신하의 자리는 고정된 것이 아닙니다. 예로
부터 그러하였습니다."[104]라는 사묵의 말 다음에 나온다. 두예는 『시경』 구
절에도 "높은 곳과 낮은 곳에 변역이 있음을 말한 것이다(言高下有變易)."라
는 주석을 달았다. 여기에서 '높은 곳'과 '낮은 곳'은 곧 군주와 신하의 자
리를 의미한다. 즉 이 시는 군신의 상하 관계가 가역적이라는 뜻을 내포한
것이다. 따라서 "나중에 산릉이 심곡이 될지 누가 알겠는가."라는 구절은
민심의 뒷받침을 받는다면 누구라도 군주가 될 수 있다는 말로 들린다.

두예가 이러한 생각을 갖게 된 데에는 몇 가지 이유가 있을 것이다. 부
친 두서는 군신 관계는 인류의 근간이며, 마치 머리와 팔다리가 한 몸을
이루듯 군신이 조화를 이루어야 한다고 주장하였다. 군주와 신하 간의 현
격한 차이를 부인하는 이 관념은 두예에게 영향을 미쳤을 것이다.

두예는 후한 말 이래 지속된 보정輔政 정치에도 영향을 받았을 것이다.
조위와 서진 등 새 왕조가 등장할 때는 어김없이 일정 기간 신하가 통치하

質』1986-12.
102 史墨은 季氏가 대대로 정치에 힘쓰니 백성이 군주를 잊었다고 하였다. "季氏世脩其勤, 民忘
君矣", 『春秋左傳正義』 권53, p.1759.
103 "奉之無常人, 言唯德也", 『春秋左傳正義』 권53, p.1759.
104 "君臣無常位, 自古以然", 『春秋左傳正義』 권53, p.1759.

는 '보정' 체제가 가동되었고, 그다음에 새로운 왕조가 수립되었다. 군주와 신하의 상하 관계가 바뀔 수 있다는 생각은 이러한 시대에서 비롯되었을 것이다.

초순은 이 같은 생각을 난신적자를 비호하는 것이라며 강력히 비난하였다. 하지만 군신 관계가 서로 보완적이거나 혹은 바뀔 수 있다는 두예의 주장은 군주와 귀족 관료가 '공치共治'한 후한 말 이래 이른바 '귀족제'적 사회에서는 가능한 것일 수 있다.

이 장에서는 두예 주석의 독창적인 형식적 특성을 설명하였다. 두예는 '타개방차' 유형 주석과 'A 위 B 전'·'A 위 B 장본/기본' 유형 주석을 통해 역사적 사실들 간의 관계를 부각하고, '전언' 유형을 통해 역사적 사실에 대한 평가를 드러냈다. 사실관계 해명을 통해 의리를 드러내고 사평史評을 단 그의 주석은 향후 본격적인 사주史注의 출현을 예감하게 한다.

이러한 특징에도 불구하고 두예 주석이 한대 주석을 계승한 것에 불과하거나 혹은 한대 주석을 절취했다는 주장은 여전히 사라지지 않고 있다. 다음 장에서는 이 문제를 검토한다.

사실의 강조:
한대 주석과 두예 주석의 비교

두예는 「춘추좌씨전서」에서 다음과 같이 말하였다. "지금 나 두예의 해석
이 (과거 해석과) 다른 까닭은, 오로지 좌구명의 전에 따라 경을 해석하였기
때문이다."[1] 또한 "진실로 『좌전』에 의거하여 (경의 뜻을) 판단해야" 하며,
"『춘추』의 조례는 반드시 『좌전』에서 나온다."[2]라고도 하였다. 즉 『좌전』
을 중심으로 『춘추』를 해석했다는 뜻이며, 두예는 그것이 자신의 주석과
과거의 주석의 차이점이라고 하였다.

이 주장은 과연 타당할까. 『좌전』 중심의 『춘추』 해석은 유흠 이래 한대
고문 경학의 특징이다. 따라서 두예의 주장은 한대 학문을 계승한 측면이
있다. 두예의 주석이 한대 주석의 모방에 불과하다거나, 한대 좌전학자인

---

1 "預今所以爲異, 專修丘明之傳以釋經", 『春秋左傳正義』 권1, p.26.
2 "固當依傳以爲斷", "經之條貫, 必出於傳", 『春秋左傳正義』 권1, p.25 / p.26.

복건服虔(생몰년 미상)의 성과를 '절취'했다는 주장은 이에 근거한다.[3] 이러한 주장은 최근에도 나오고 있다.[4]

하지만 그와 상반된 주장도 있다. 당대 공영달孔穎達(574~648)의 『춘추좌전정의』는 두예 주석의 우수성을 입증한 대표적 성과이다. 현대 학자 가운데 가마타 다다시鎌田正와 가가 에이지加賀榮治 등은 두예 주석의 독창성을 강조하였다. 가마타 다다시는 두예가 새로운 의례를 세움으로써 한대 좌전학의 수준을 넘어섰다고 했고, 가가 에이지는 두예 주석에 위진 경학의 새로운 경향이 깃들어 있다고 하였다.[5]

이처럼 두예 학문에 대한 평가는 대조적으로 나뉜다. 이 문제와 관련하여 "오로지 좌구명의 전에 따라" 해석했다는 두예의 말을 음미할 필요가 있다. 글자 그대로 이 말은 『좌전』의 기록에 따라 『춘추』를 해석했다는 뜻이며, 두예가 한대 주석을 모방했다고 주장한 사람들은 대개 그렇게 이해하였다. 반면 가가 에이지는 그 말이 『좌전』의 기록을 맹목적으로 따르기보다는 기록이 전하는 '사실'을 중시한다는 뜻이라고 주장하였다. 그는 두예의 이러한 주장이 위진 경학의 합리적인 경향에 따른 것이라 하였다.[6]

이처럼 상반된 주장 중 어느 쪽이 타당한지는 한대 주석과 두예 주석을

---

3 洪亮吉(『春秋左傳詁』), 丁晏(『左傳杜解集正』) 등이 그같이 주장하였다. 何晉, 「『左傳』賈服注與杜注比較研究」, 『國學研究』 4, 1997, p.1.
4 다음의 예가 있다.
　①청난저우는 杜預가 服虔 주석을 '略而不言'하여 '절취'의 혐의를 피하려 했다고 주장하였다. 程南洲 撰, 『東漢時代之春秋左氏學』, 上海: 華東師範大學出版社, 2011, pp.451~452.
　②선위청은 服注와 杜注 간 차이는 義例에 있을 뿐이라 하여 본문 주석의 유사성을 인정하였다. 沈玉成·劉寧, 『春秋左傳學史稿』, 南京: 江蘇古籍出版社, 1992, p.148.
　③자오보슝은 杜注의 단점이 前人 주석의 '절취'에 있다고 하였다. 趙伯雄, 『春秋學史』, 濟南: 山東教育出版社, 2004, pp.281~300.
　④다이웨이는 두예의 漢注 절취론이 '過深'하다고 보았으나 杜注의 독자성을 평가하지는 않았다. 戴維, 『春秋學史』, 長沙: 湖南教育出版社, 2004, pp.198~208.
5 鎌田正, 『左傳の成立と其の展開』, 東京: 大修館書店, 1963; 加賀榮治, 『中國古典解釋史 魏晉篇』, 東京: 勁草書房, 1964.
6 加賀榮治, 『中國古典解釋史 魏晉篇』, p.370.

직접 비교함으로써 알 수 있을 것이다.

다음 세 가지 기준에 따라 두예 주석과 한대 주석을 비교하고자 한다.

첫째, 두예 주석과 비교하는 한대 주석을 가규賈逵(30~101)와 복건의 것으로 제한하겠다. 한대 좌전학자 중에 지금까지 집본을 남긴 사람은 10여 명에 이른다. 그 가운데 정중鄭衆·가규·허신許愼·마융馬融(79~166)·정현鄭玄(127~200)·복건·영용潁容 등이 주요 학자로 꼽히며,[7] 특히 가규와 복건의 해석을 으뜸으로 친다.[8] 청대 출간된 이이덕李貽德(1783~1832)의『춘추좌씨전가복주집술春秋左氏傳賈服注輯述』과 유문기劉文淇(1789~1854)의『춘추좌씨전구주소증春秋左氏傳舊注疏證』은 두 사람의 주석을 복원한 대표적 성과이다.[9] 그 밖에 최근 출간된 우징안吳靜安의『춘추좌씨전구주소증속春秋左氏傳舊注疏證續』과 청난저우程南洲의『동한시대지춘추좌씨학東漢時代之春秋左氏學』 등이 한대 학자들의 주석을 잘 모아 두었다.[10]

둘째, 문장의 의미를 설명하는 주석으로 비교 대상을 제한하였다. 그 밖에 개별 글자의 뜻이나 인명·지명·국명 등을 다룬 주석은 제외하였다. 현재 남아 있는 가규의 주석 370여 조 가운데 55~78개조가 문의를 설명하는 것으로 추산된다.[11] 전체의 20%에 해당한다. 복건의 주석은 800여 조가

---

7 程南洲 撰,『東漢時代之春秋左氏學』, pp.28~32.

8 賈逵의 저술로『春秋左氏長經』20권,『春秋左氏解詁』30권,『春秋左氏經傳朱墨別』1권,『左氏條例』21편 등이 있고, 服虔의 저술로『春秋左氏經傳誼』31권,『春秋左氏膏肓釋痾』10권,『春秋左氏傳音』3권 등이 있다. 何晉,「『左傳』賈服注與杜注比較研究」, p.65.

9 劉家和,「從清儒的臧否中看『左傳』杜注」,『史學經學與思想』, 北京: 北京師範大學出版社, 2005, p.271.

10 우징안의 책은 劉文淇의『春秋左氏傳舊注疏證』의 속편에 해당한다. 劉文淇의『疏證』이 襄公 5년에서 끝나고, 우징안의 책은 襄公 6년부터 哀公 27년까지 이어진다. 吳靜安 撰,『春秋左氏傳舊注疏證續』1~4, 長春: 東北師範大學出版社, 2004. 청난저우의 책은 1978년 臺灣에서 출간된 학위 논문을 2011년 중국 대륙에서 정식 출판한 것으로, 東漢 주석가의 주석들을 특정 기준에 따라 분류 제시하였다.

11 현재 남아 있는 약 370조의 賈逵 주석 중 字義 해석에 관한 것은 160여 조, 字句의 구체적 설명과 文義의 궁극적 해명에 관한 것은 55조, 地名·國名에 관한 것은 60여 조, 人名에 관한 것은 95조라 한다. 鎌田正,『左傳の成立と其の展開』, p.491.

남아 있는데, 그중 문의 주석이 300조 이상이다.[12] 대략 40%에 달한다. 청 난저우는 『동한시대지춘추좌씨학』에서 가규의 주석 가운데 78개조, 복건 의 주석 가운데 301조를 문의 주석으로 보고 하나하나 소개하였는데, 필 자는 그들을 두예 주석과 비교하였다.

셋째, 문의 주석 가운데 한대 주석과 두예 주석 간 의견이 다른 경우를 비교하였다. 두예가 가규와 복건의 주석을 계승했거나, 혹은 별도의 주석 을 달지 않은 경우는 검토 대상에서 제외하였다. 이렇게 함으로써 한대 주 석과 두예 주석 간의 차이점이 무엇인지 알아보겠다. 따라서 의견이 다른 가규 주석 49건, 복건 주석 110건이 검토의 대상이다.[13]

I. 가규 주석과 두예 주석의 비교

논의의 편의를 위해 두예 주석과 문의 해석이 다른 가규 주석 49건을 〈표 1〉에 정리하였다. 먼저 해석 대상인 경·전의 원문을 제시한 후 가규 주석 과 두예 주석의 내용을 각각 요약하였다. 가규 주석은 '가', 두예 주석은 '두'로 표기하고, 가규와 복건의 주석 내용이 같으면 '가복賈服', 복건과 두 예의 주석 내용이 같으면 '복두服杜'라고 표기하였다.

---

12 服虔의 주석은 800여 조가 남아 있는데 "난해한 字義 해석 이외에도 天文, 지리, 人物, 직관, 祭祀, 卜筮, 禮儀, 器物, 遠古 이래의 歷史, 민간 方言 등 언급하지 않은 바가 없다."고 한다. 趙 伯雄, 『春秋學史』, p.244. 그 가운데 文義 주석은 대략 350개 조 이상이라 한다. 鎌田正, 『左傳 の成立と其の展開』, p.578.
13 허진은 가규·복건의 주석과 두예 주석이 서로 같은 것은 564건, 서로 다른 것은 254건이라고 하였다. 何晉, 「『左傳』賈服注與杜注比較研究」, p.66. 그러나 해당 조문을 제시하지 않아 무엇 이 같거나 다른지 확인할 수 없었다.

〈표 1〉 가규 주석과 두예 주석의 문의 해석 차이

	시기	문제의 소재	차이점	문의 분류
1	은공 1	(전) "公與邾儀父盟于蔑" 주 의보의 자를 칭한 이유	· 가복: 은공의 지효至孝와 겸양을 칭찬함 · 두: 부용국이 대국과 맹약을 맺어 '계호식민 繼好息民' 하였음을 칭찬함	⑥
2	은공 6	(경) "宋人取長葛" 정국을 불서不書한 이유	· 가복: 읍을 잘 다스리지 못한 것을 폄책함 · 두: 중복 서술을 피한 것. 의리와 무관함	②
3	환공 3	(경) "有年" 풍년이 든 이유	· 가: 환공 때 풍년은 이변에 불과함 · 두: 오곡이 모두 익으면 풍년. 의리와 무관함	③
4	환공 17	(경) "葬蔡桓侯" '공'이 아닌 '후'라 칭한 이유	· 가: 상주가 없었음을 표현함 · 두: 경문의 오류. 의리와 무관함	⑤
5	장공 1	(경) "夫人孫于齊" 이 기사의 의미	· 가복: 모자간 관계 단절을 강조함 · 두: 실제 망명한 사실을 기술함. 의리와 무관함	①
6	장공 1	(전) "夫人孫于齊 不稱姜氏" 강씨라 칭하지 않은 이유	· 가복: 모친과 관계 단절, 존부尊父의 의리 보임 · 두: 제나라와 단절했음을 뜻함	⑥
7	장공 8	(경) "師次于郎, 以俟陳人蔡人" 정벌의 대상은?	· 가: 노를 정벌하고자 함 · 복두: 성랑郕을 정벌하고자 함	①
8	장공 9	(경) "齊小白入于齊" 소백이 먼저 귀국한 이유	· 가복: 노 장공이 자규子糾를 막음 · 두: 소백의 당이 자규의 진입을 막음	①
9	장공 9	(경) "九月, 齊人取子糾殺之" 서로 다른 논점	· 가: 자규라 칭한 이유는 자규를 불쌍히 여김 · 두: '취取', '살殺'이라 한 이유는 제의 속임수 표현	⑥
10	장공 22	(경) "肆大眚" 사면령을 기술한 뜻	· 가: 문강을 사면한 뒤 장례를 치르려는 뜻 · 두: 대사면은 통상적인 일이 아니기 때문. 의리와 무관함	④
11	민공 2	(경) "狄入衛" '입入'이라 기술한 이유	· 가: 이적이 중국에서 뜻을 얻지 못하였음을 표현함 · 두: '입'이란 '그 땅을 얻지 못했음'의 표현. 의리와 무관함	③
12	희공 2	(경) "不雨" 거듭 서술한 이유	· 가: 백성을 걱정하는 뜻의 유무를 표현함 · 두: 각 계절마다 서술하는 것으로 의리와 무관함	③
13	희공 4	(경) "許男新臣卒" '수帥'를 불서한 이유	· 가: 회주가례會主加禮를 포양한 것 · 두: 문장의 상략에 불과함. 의리와 무관함	⑤
14	희공 29	(전) "介葛盧聞牛鳴 …" '조수지명鳥獸之鳴'을 이해 하는 자	· 가복: 그러한 능력을 가진 관원이 사이四夷에 있음 · 두: 그러한 능력을 가진 사람이 간혹 있음	②

15	희공 30	(전)"東門襄仲將聘于周, 遂 初聘于晉" 빙문의 순서	· 가복: 진晉 다음에 주를 빙문함 · 두: 주 다음에 진晉 빙문. 춘추시대에 처음으 로 진을 빙문함	①
16	문공 5	(경)"王使榮叔歸含且賵" 이 기사를 경문에 쓴 이유	· 가복: 함 · 봉을 한 명 사신에게 보낸 것 폄책 · 두: 함과 봉의 뜻 설명. 의리와 무관함	⑦
17	문공 9	(경)"晉人殺其大夫士穀及箕 鄭父" '급及'의 의미	· 가: 기정부箕鄭父가 주모자가 아님을 표현함 · 두: 서례가 아님. 의리와 무관함	①
18	선공 2	(전)"見叔牂, 曰子之馬然也?" 숙장은 누구인가?	· 가: 송의 수문대부守門大夫를 말함 · 두: (화원의 어자인) 양짐羊斟을 말함	②
19	선공 11	(경)"納公孫寧, 儀行父于陳" 이 기사의 의미	· 가: 두 사람을 진에 보낸 초의 행동을 포양함 · 두: 두 사람이 역적을 토벌한 공을 포양함	⑥
20	성공 2	(전)"取龍, 遂南侵及巢丘" 용 멸국을 경에 불서한 이유	· 가: 용인龍人 스스로 멸망을 초래하였음을 폄책함 · 두: 그 이유를 알지 못함	⑧
21	성공 3	(경)"鄭伐許" 장수를 칭하지 않은 이유	· 가: 정국을 이적으로 보아 그 무지함을 폄책함 · 두: 고사告辭가 간략한 것. 의리와 무관함	⑤
22	양공 1	(전)"晉 … 荀偃, … 伐鄭, 入 其郛" 경문에 불서한 이유	· 가: 이미 정국이 패한 뒤이기 때문 · 두: '순언荀偃이 원수元帥가 아니기 때문	③
23	양공 9	(전)"三分四軍" 이 기사의 의미	· 가: 4개 군대를 3분하여 12군으로 편성함 · 두: 4군을 3군으로 편성함	④
24	양공 16	(경)"戊寅 大夫盟" 맹약에서 군주를 빼고 대부 만 쓴 이유	· 가복: 대부의 전횡과 군주의 실권失權을 폄책함 · 두: 대부들이 함께 맹약함. 의리와 무관함	①
25	양공 19	(전)"取邾田自漷水, 歸之于 我" 이 기사의 의미	· 가복: 진晉의 치우침과 노의 탐욕을 폄책함 · 두: 주전邾田이 곽수 북쪽에 위치함. 의리와 무관함	①
26	양공 23	(전)"叔孫豹帥師救晉, 次于 雍楡, 禮也" 이 일이 어째서 예인가	· 가: 진晉 구원 이후 옹유에 주둔한 것이 예임 · 두: 맹주를 구했기에 예임	①
27	양공 27	(전)"故不書其族, 言違命也" 숙손에 대한 포폄	· 가복: 군주의 명령을 어기고 맹약에서 노국의 지위를 유지한 숙손을 포양함 · 두: 군주의 명령을 어긴 숙손을 폄책함	⑥
28	양공 29	(경)"吳子使季札來聘" 계찰을 누가 파견했는가	· 가복: 새로 즉위한 이말夷末이 파견함 · 두: 군주 여찰餘察이 죽기 전에 파견함	①
29	소공 1	(경)"三月取鄆" 주석의 대상이 다름	· 가: 노의 거莒 정벌을 불서한 이유에 대해 · 두: 장수를 불서한 이유 / '취取'의 서례	③

30	소공 7	(경) "暨齊平" 제와 화평한 국가는 어디인가	· 가: 노와 제가 화평함 · 복두: 연과 제가 화평함	①
31	소공 8	(경) "葬陳哀公" 장례는 누가 주관했는가	· 가복: 초가 진행함 · 두: 폐인嬖人 원극이 진행함	①
32	소공 8	(전) "自幕至于瞽瞍無違命" '막幕'은 누구인가	· 가: 순의 후손인 우사虞思 · 두: 순의 선조, 고수瞽瞍는 순의 부친	⑦
33	소공 9	(경) "陳災" 이미 멸국된 진을 다시 기록 한 이유	· 가복: 진을 가엾게 여김 · 두: 재해는 발생한 장소에 기록할 따름. 의리 와 무관함	③
34	소공 11	(전) "五大不在邊" '오대五大'란 무엇인가	· 가: 태자, 모제, 귀총공자 · 공손, 누세정경累 世正卿 · 두: 오관의 장長	④
35	소공 12	(경) "晉伐鮮虞" 장수를 쓰지 않은 이유	· 가복: 진을 이적과 같이 봄 · 두: 사서의 궐문. 의리와 무관함	⑤
36	소공 19	(전) "楚子之在蔡也" 이때 초왕의 신분은 무엇인가	· 가: 채공蔡公 · 두: 대부	①
37	소공 21	(경) "宋華亥 … 自陳入于 宋" '입入'의 의미	· 가: '국역國逆'의 서례 · 두: 서례가 아님. 외부에서 들어왔다는 뜻	②
38	소공 22	(전) "王弗應" 주 경왕의 태자를 새로 세웠 는가	· 가복: 태자 사후 새로 태자를 세우지 않음 · 두: 왕자 맹猛을 다시 옹립함	①
39	소공 23	(전) "使各居一館" 이 기사의 의미	· 가복: 주邾와 노의 사신이 각각 일 관씩 차지함 · 두: 노 숙손과 자복이 각각 일 관씩 차지함	①
40	소공 23	(전) "親其民人, 明其伍候" '오후伍候'의 의미	· 가: 오방의 후候 · 두: 백성을 부오部伍로 편제, 상호 감시	④
41	소공 25	(전) "民有好惡 · 喜怒 · 哀樂, 生于六氣" 이 기사의 의미	· 가: 호好 · 양暘, 악惡 · 음陰, 희喜 · 풍風 노怒 · 우雨, 애哀 · 회晦, 락樂 · 명明 형성 · 두: 육기는 음양풍우회명지기陰陽風雨晦明 之氣가 함께 생성	⑦
42	소공 32	(경) "公在乾侯, 取闞" '취'의 주체는 누구인가	· 가: 계씨가 소공에게서 탈취함 · 두: 소공이 사람을 보내 취함	①
43	소공 32	(경) "城成周" 맹약했으나 불서한 이유	· 가: 소공이 곤란에 빠져 맹약하지 않음 · 두: 소공이 밖에 있어 맹약을 고하지 못함	⑤
44	정공 5	(경) "歸粟于蔡" 서로 다른 의미 소개	· 가: 제후국들이 늦게 도착하여 장소를 불서함 · 두: 노국이 곡물을 공급함	①
45	정공 7	(경) "大雩" 중복 서술한 이유	· 가: 가뭄이 들었음을 말함 · 두: 시기가 지났음을 말함	②

46	정공 8	(전) "主人出, 師奔" '사분師奔'의 의미	· 가: 노군이 퇴각한 것은 전쟁 준비가 없었음을 의미함 · 두: 후방의 노군이 진격하였다는 뜻으로 의리와 무관함	①
47	정공 8	(전) "魯於是始尚羔" 이 기사의 의미	· 가: 주례에 따라 노국 경이 다시 상고尚羔함 · 두: 노국 경이 다시 '상고'함	①
48	정공 15	(경) "齊侯, 衛侯次于渠蒢" 이 사건의 의미	· 가: 휼린卹鄰의 뜻에서 송을 구하려 함. · 두: 구원하지 못하고 군대만 주둔. 의리와 무관함	③
49	애공 13	(전) "乃先晉人" 황지 맹약에서 누가 먼저 삽혈했는가	· 가: 실제 오가 먼저 함. 오는 외싸이기에 수정함 · 두: 결맹을 불서한 이유는 맹약을 치욕으로 여겼기 때문	①

위 49건을 검토할 때, 두예가 새로운 문의를 세운 이유가 무엇인지에 유의하였다. 그 결과 대략 8가지로 분류할 수 있었다.

① 사실관계의 이해: 19건

② 문장 표현의 이해: 5건

③ 의례의 적용: 7건

④ 관제·예제에 대한 이해: 4건

⑤ 부고赴告가 없었거나 사문史文의 상략詳略, 궐의闕疑 탓으로 이해: 5건

⑥ 조문의 의리에 대한 이해: 5건

⑦ 지명·국명 기타 명물名物 훈고의 차이: 3건

⑧ 기타 이유를 알기 어려운 경우: 1건

두예는 『춘추』와 『좌전』이 사관의 기록에서 시작되었기 때문에 일부 문장이 결락되거나 서술 방법이 고르지 못하다고 하였다. 그래서 일자포폄식으로 문의를 해석하지 않았다. ⑤의 5건이 그에 해당한다.[14]

---

14 가령 〈표 1〉 4. 환공 17년 기사에서 蔡國 군주 桓公이 사망했을 때 '桓侯'라 표현한 것은 폄책

앞에서 소개했듯이 많은 학자들은 두예가 세운 의례를 중시하였다. 그러면 두예는 신의례新義例를 문의 해석에 어느 정도 활용했을까. 〈표 1〉 11번 민공 2년 '입入'에 관한 설명은 주공의 '범례'를 따랐다.[15] 이 외에 3, 12, 33번 재해 서례, 22번 불서不書 서례, 29번 '취取' 서례, 48번 '차次' 서례가 신의례를 따른 예들로 모두 7건에 불과하다.

반면에 ① 사실관계 이해에 근거하여 새로운 문의를 제시할 경우는 모두 19건에 달한다. 이 가운데 5번 장공 1년 문강의 망명 사건에 대한 두예의 새로운 해석은 4부 2장에서 이미 설명하였다. 그 밖의 사례를 보면, 24번 양공 16년 경문에는 "무인일, 대부들이 결맹하였다(戊寅, 大夫盟)."라는 기사가 있다. 통상 경문의 맹약 기사에서는 대부를 '제후지대부諸侯之大夫'라고 기록한다. 그런데 여기에는 '대부'라고만 되어 있다. 『곡량전』에는 그이유가 "대부가 신하답지 않기 때문"이라고 나와 있다.[16] 즉 대부의 농단을 비난한 미언으로 본 것이다. 가규와 복건도 "대부의 전횡과 군주의 실권을 미워한 것이다."[17]라고 주석하여 그 취지를 따랐다. 반면 두예는 다음과 같이 주석하였다.

여러 대부들이 본래 [제의 사신인] 고후와 결맹하려 했으나 고후가 도망하였기 때문에 마침내 자신들끼리 함께 맹약을 맺은 것이다. 계택의 회합에서는 거듭 제후를 나열했으나, 이번에는 그사이에 다른 일이 없었으니 즉 [대부라고만해도] 앞의 [회합에 참여한] 제후의 대부임을 알 수 있기 때문이다.[18]

의 의미가 아니라 사관이 잘못 기록한 탓이다. 『史記』에서도 蔡國 군주는 모두 侯라고 칭해졌다. 楊伯峻, 『春秋左傳注』, p.148.

15 "凡書取, 言易也. 用大師焉曰滅, 弗地曰入", 『春秋左傳正義』 권32, p.1042.

16 "諸侯在, 而不曰諸侯之大夫, 大夫不臣也", 『十三經注疏 整理本 春秋穀梁傳注疏』 권16, p.297.

17 "賈·服皆以爲惡大夫專, 而君失權也", 吳靜安 撰, 『春秋左氏傳舊注疏證續』, p.223.

18 "諸大夫本欲盟高厚, 高厚逃歸, 故遂自共盟. 雞澤會重序諸侯, 今此間無異事, 卽上諸侯大夫可知", 『春秋左傳正義』 권33, p.1075.

이 설명은 구체적 사실에 입각해 있다. 제의 사신 고후가 도귀逃歸한 상황에서 남아 있는 대부들이 현지에서 자신들의 판단에 따라 맹약을 맺었다. 경문은 그러한 상황을 표현하기 위해 대부라고만 한 것이다. 또한 앞서 격량湨梁의 회합 때 이미 제후들을 경문에 나열하였으므로 그다음 이루어진 회합을 기록할 때 굳이 다시 제후를 쓸 필요가 없다고 여긴 것이다. 이렇게 보면 가규·복건은『곡량전』의 미언에 따라 해석했고, 두예는『좌전』의 사실에 따라 주석했다고 말할 수 있다.[19]

두예는 경문과 전문 기록을 무조건 따르지 않고, 실제 사실이 무엇인가를 따졌다. 28번 양공 29년의 경문은 그 점을 보여 주는 좋은 사례다.

오월 …… 혼闇이 오왕 여찰을 시해하였다. …… 오왕이 계찰을 파견하여〔노에〕빙문해 왔다.[20]

이 기사에서 계찰을 파견한 오왕이 누구인지를 두고 학자들 간에 이견이 있다. 가규와 복건은 이해 오왕 여찰이 죽임을 당한 뒤 새로 즉위한 오왕 이말夷末이 계찰을 파견했다고 하였다.[21]『좌전』에도 "〔계찰의〕출빙은 새 군주가 즉위했음을 통고하기 위함이다(其出聘也, 通嗣君也)."라고 기록되어 있다. 따라서 이해 즉위한 이말이 계찰을 파견했다고 보는 것이 문맥상 자연스러워 보인다. 그러나 두예는 전혀 다른 해석을 내놓았다.

오왕은 여찰이다. 그는 계찰을 상국에 파견하고 난 뒤에 죽었다. 계찰은 6월

---

19 李眙德은 이해 湨梁의 회합이 열린 뒤 天下 大夫가 모두 '奪君政'했다는『漢書』「五行志」기록을 논거로 삼아 賈·服注를 지지하였다. 吳靜安 撰,『春秋左氏傳舊注疏證續』, p.223.
20 "正月 …… 闇弑吳子餘祭 …… 吳子使札來聘",『春秋左傳正義』권39, pp.1248~1249.
21 "賈達·服虔皆以爲夷末新卽位, 使來通聘",『春秋左傳正義』권39, p.1249. 청난저우程南洲, 양보쥔楊伯峻, 우징안吳靜安 등의 주석은 賈·服說을 따랐다.

에 노에 도착하였다. 따라서 〔오왕 여찰의〕 상喪에 대해 듣지 못하였다.[22]

두예는 계찰을 파견한 사람이 이말이 아니라 여찰이며, 여찰이 죽임을 당하기 전에 계찰을 사신으로 파견했다고 보았다. 『좌전』 기사의 '사군嗣 君' 또한 이해 새로 즉위한 이말이 아니라 4년 전에 즉위한 여찰을 말한다. 즉위한 지 4년 뒤 빙문의 사신을 보내는 것은 너무 늦은 일처럼 보이지만, 계찰은 남방의 오가 중원 국가들에 보낸 최초의 사신이기에 그와 같은 시간의 지체도 이해될 수 있는 일이다.

두예 주장의 근거는 "계찰은 6월에 노에 도착하였다."라는 말에 있다. 오왕 여찰은 5월에 피살되었다. 오와 노 사이의 거리를 고려하면 계찰은 5월에 이미 출발했어야 한다. 그런데 새로 즉위한 군주가 바로 빙문의 사신을 파견하지는 않으므로 5월에 즉위한 이말이 계찰을 파견할 수는 없다. 따라서 계찰을 파견한 군주는 여찰이다.

두예는 계찰이 노에 와서 주악周樂을 관람하는 등 길례吉禮를 행했는데, 만일 그가 여찰이 죽은 다음에 파견되었다면 상중에 이렇게 하지 못했을 것이라 하였다. 이와 같은 논리 전개는 두예가 문헌의 기록을 맹종하지 않고 진정한 사실을 찾으려 했음을 보여 준다.

47번 정공 8년 『좌전』에는 노 정공定公이 진晉 병영에 가서 회례會禮를 행했다는 기사가 있다. 이때 진의 범헌자는 새끼 양을, 조간자 등은 기러기를 예물로 바쳤다. 이후 노국에는 새끼 양을 귀하게 여기는 풍습이 생겨났다고 한다. 가규는 이 풍습의 변화가 『주례』 전통의 회복을 뜻한다고 하였다.[23] 그러나 두예는 다음과 같이 설명하였다.

---

22 "吳子, 餘祭. 旣見札聘上國而後死. 札以六月到魯. 未聞喪也", 『春秋左傳正義』 권39, p.1249.
23 "賈逵云, 周禮 …… 魯廢其禮, 三命之卿皆執皮帛, 至是乃始復禮尙羔", 『春秋左傳正義』 권55, p.1811.

예에 따르면 경은 새끼 양을 예물로 올리고 대부는 기러기를 올린다. 그런데 노나라에서는 경과 대부(의 예가 그동안) 같았다. 그러다가 이번에 (범헌자가 새끼 양을 올리는 것을 보고) 새끼 양을 올리는 것이 존귀한 일임을 알았다.[24]

이 주석은 노에서도 진과 마찬가지로 정경인 계손만이 새끼 양을 바치고 숙손과 맹손은 한 등급 낮추어 기러기를 바치게 되었음을 알려준다.[25] 그럼으로써 두예는 당시 계손의 권력이 강했던 노국의 정치 상황을 언급한 것이다. 두예는 가규에 비해 상황을 구체적으로 설명하였다.

복건이 가규의 주석과 같은 주장을 한 경우는 17건이고, 복건 주석이 두예 주석과 같은 경우는 2건 있다. 30번 소공 7년『춘추』에 "제와 화평을 맺었다(暨齊平)."란 기사와 관련해 가규는『곡량전』기사를 따라 화평의 대상국으로 노를 지목하였다.『곡량전』에 '기暨'가 '외外'와 '내內'의 관계를 표현하는 말이라 되어 있으므로[26] 가규는 '내' 즉 노국이 화평의 한쪽 당사자라 하였다. 그러나 복건과 두예는 연이라 하였다. 이들은 같은 해에 제와 연 간에 분쟁이 발생하여 화평을 구한 일이 있음을 근거로 삼았다.[27] 가규는 '기'란 글자의 의미를, 복건과 두예는 앞뒤 사실관계를 중시한 것이다.

이상 몇 건의 사례를 통해 두예가 가규와 다른 문의를 세운 이유가 주로 사실의 해명에서 비롯되었음을 알 수 있다. 주목할 점은 두예의 신의례가 새로운 해석을 내리는 데 별다른 역할을 하지 못했다는 사실이다. 따라서 두예의 주석은 의례보다 사실의 해명을 중시했다고 말할 수 있다. 이것은「춘추좌씨전서」와 '타개방차' 유형 주석에 천명된 원칙이 실현된 것이

---

24 "禮, 卿執羔, 大夫執鴈, 魯則同之, 今始知執羔之尊也",『春秋左傳正義』권55, p.1811.
25 程南洲 撰,『東漢時代之春秋左氏學』, p.121.
26 "以外及內曰暨",『十三經注疏 整理本 春秋穀梁傳注疏』권17, p.322.
27 (經注) "前年冬, 齊伐燕, 間無異事, 故不重言燕", (傳注) "齊伐燕, 燕人路之, 反從求平, 如晏子言",『春秋左傳正義』권44, pp.1421~1422.

다. 다만 위 예에서 보듯 후한 말 복건의 주석에서도 두예 주석과 같은 사실 중시 경향이 보인다. 다음으로 이 두 사람의 주석을 비교하겠다.

Ⅱ. 복건 주석과 두예 주석의 비교

복건의 생몰 연대는 알려져 있지 않다. 열전에는 그가 영제 중평 연간 말(188년?)에 구강군九江郡 태수였고,[28] 경학자 정현(127~200)과 교류했다고 기록되어 있다. 따라서 대략 정현과 비슷한 나이로 추정된다. 가규(30~101), 복건, 두예(222~284) 세 사람은 대략 1세기 간격으로 등장한 셈이다.

 복건의 주저는『춘추좌씨전해의春秋左氏傳解誼』다. 정현이 우연히 복건의『좌전』강설을 듣고 자신의『좌전』주석을 그에게 양도했다는 일화가 유명하다.[29] 복건의 주석은 당대 이전까지 영향력이 컸다. 남북조시대에는 복건 주석의 추종자가 북조에 많았고, 두예 주석은 남조에서 유행하였다. 쌍방 간에 치열한 논쟁이 벌어지기도 하였다.[30] 그러나 당대 공영달의『오경정의五經正義』가 나온 뒤부터 복건 주석은 점차 영향력을 잃고 산일되었다. 남북조시대에는 복건 주석과 두예 주석이 대등하게 논쟁을 벌였는데, 이는 일방적으로 복건 주석을 옹호한 청대의 학계와 대조적이었다. 남북조시대에는 주로 복건과 두예 주석 간의 차이점이 강조되었으나, 청대에

---

28 『後漢書』69下,「儒林傳」, p.2583.
29 劉義慶 著, 余嘉錫 箋疏,『世說新語箋疏』, p.192.
30 玄學의 영향력이 강했던 南朝에서는 '簡明 通達'한 杜注가 유행했고, 保守的이고 實質을 강조했던 北朝에서는 服注의 영향력이 컸다. 쌍방 간의 논쟁도 치열하였다. 남조에서는 북방에서 내려온 崔靈恩 등의 학자가 服注를 기반으로『좌전』논쟁을 일으켰다. 북조에서는 두예 가문의 거점인 山東 지역에서 杜注의 영향력이 지속되었고, 그 영향력이 커지면서 논쟁이 발생하였다. 賈思同과 衛冀隆, 姚文安, 秦道靜 등이 참가한 이 논쟁은 대략 10년 이상 지속되었다. 沈玉成 · 劉寧,『春秋左傳學史稿』, pp.151~167; 戴維,『春秋學史』, pp.249~255.

는 쌍방 간의 유사성과 계승 관계가 강조되어 두예 주석의 독자성이 부인되었다.

　이처럼 남북조와 청조에서 상이한 방향으로 논쟁이 벌어진 이유는 복건 주석에 다양한 측면이 혼재하기 때문이다. 그의 주석에는 한대 경학의 전통적 면모와 한대 이후의 새로운 경향이 공존하였다. 이러한 점을 염두에 두고 복건과 두예 주석의 문의 해석 차이를 검토하겠다. 가규 주석과 마찬가지로 복건 주석도 청난저우가 소개한 복건 주석 301건 중 두예가 복건과 다른 문의를 제시한 주석 110건을 검토 대상으로 삼아 〈표 2〉에 정리하였다. '복'은 복건 주석, '두'는 두예 주석이고, '가두'는 가규와 두예 주석이 같다는 뜻이다. 가규와 복건 주석의 내용이 같은 경우에는 〈표 1〉의 일련번호를 적었다.

〈표 2〉 복건 주석과 두예 주석의 문의 해석 차이

	시기	문제의 소재	차이점	문의 분류
1	은공 1	(전) "惠公元妃孟子, 孟子卒" 서법의 문제	· 복: 맹자를 중복 서술한 것은 혜공과 구장具葬을 꺼렸기 때문임 · 두: '졸'이라 하여 비의 예를 갖추지 못함 / 시호가 없는 것은 남편보다 앞서 사망하였기 때문임	②
2	은공 1	(전) "繼室以聲子 生隱公" 시호 '성자'를 기록한 이유	· 복: 첩의 시호를 기록한 것은 비례임 · 두: 맹자의 질제일 가능성이 있음	④
3	은공 1	(경) "公與邾儀父盟于蔑"	· 〈표1〉의 1 참조	⑥
4	은공 6	(경) "宋人取長葛"	· 〈표1〉의 2 참조	②
5	은공 8	(전) "官有世功, 則有官族, 邑亦如之" 문의 해석	· 복: 이성異姓을 말함 · 두: 구관舊官 명칭으로 족族을 삼음	④
6	은공 11	(전) "潁考叔挾輈以走" 문의 해석	· 복: 끌채를 끼고 말을 채찍질하며 달림 · 두: 주輈란 수레 끌채(車轅)를 말함	①
7	환공 5	(경) "蔡人·衛人·陳人, 從王伐鄭" 서법의 해석	· 복: '칭인稱人'이란 3국의 대부를 말함 · 두: 주왕 패전을 불서한 것은 부고하지 않은 탓임	⑤

8	환공 6	(전) "接以太牢" 문의 해석	· 복: 자초子初가 살아서 부친을 접견함 · 두: 예에 따라 부인夫人을 접대함	④
9	환공 7	(경) "穀伯綏來朝, 鄧侯吾離來朝" 칭명하여 천시한 이유	· 복: 소국 간 상호 원조가 없고, 군주를 시해한 노를 사대함 · 두: 비루한 소국이고 조현의 예가 부족함	①
10	환공 11	(경) "齊人, 衛人, 鄭人盟于惡曹" 송을 불서한 이유	· 복: 송이 맹약에 늦게 도착함 · 두: 경문 누락. 의리와 무관함	⑤
11	환공 11	(전) "君多內寵" 정 소공의 '내총'은 누구인가	· 복: 서자庶子들 · 두: 서자인 자돌, 자미, 자의 등의 모친을 말함	①
12	환공 13	(경) "公會紀侯,鄭伯 己巳" 날짜가 뒤에 온 이유	· 복: 환공이 늦게 전장에 도착하여 전쟁일을 결정함 · 두: 패전을 기록하는 서법을 말함	①
13	환공 14	(경) "御廩災 … 嘗" 재해 이후 상제를 거행한 이유	· 복: 재해를 두려워하지 않음 · 두: 화재가 곡물에 피해를 주지 않았기 때문임	①
14	환공 17	(전) "日官居卿" 문의 해석	· 복: 일관은 경을 말함 · 두: 일관은 육경이 아니지만 그 지위가 경에 해당함	④
15	장공 1	(경) "夫人孫于齊"	·〈표1〉의 5 참조	①
16	장공 1	(전) "夫人孫于齊 不稱姜氏"	·〈표1〉의 6 참조	⑥
17	장공 9	(경) "齊小白入于齊"	·〈표1〉의 8 참조	①
18	장공 11	(전) "覆而敗之曰取某師" '복복覆'의 의미	· 복: 복병을 두어 불시에 공격함 · 두: 위력을 겸비, 그물을 펴서 포위하듯 기습 공격함	②
19	장공 18	(전) "公追戎于濟西,不言其來" 문의 설명	· 복: 환공은 융戎과 화친했으나 장공이 잇지 못함 · 두: 노인魯人은 융 침입을 몰랐기에 말하지 않음	①
20	장공 28	(경) "大無麥禾" 전문의 '기근'을 경문에 불서한 이유	· 복: 제 곡물로 기근에 이르지 않았기 때문임 · 두: 오곡을 수확한 뒤에 식량이 부족함을 알아 겨울에 기록함	①
21	장공 28	(경) "臧孫辰告糴于齊" 장손신이 제에 간 것을 기록하지 않은 이유	· 복: 고적告糴의 사안이 긴급하기 때문임 · 두: 장손신은 노나라 대부 장문중臧文仲임	⑦
22	장공 32	(전) "得神以興, … 以亡, … 皆有之" 문의 해석	· 복: 우순虞舜 때 봉황이 오고 백수百獸가 춤추었음 · 두: (우, 하, 상, 주 때에도) 신이神異한 일이 있었음	②

23	장공 32	(전) "成季奔陳" 문의와 서법 설명	· 복: 계우季友는 경보慶父를 죽일 힘이 없어 망명함 · 두: 망명을 불서한 것은 사관이 누락했기 때문임	⑤
24	장공 32	(전) "立閔公" 민공 즉위 때의 연령	· 복: 나이 9세 · 두: 민공은 장공의 서자이며 나이 8세임	①
25	희공 1	(전) "九月, 公敗邾師于偃" 문의 해석	· 복: 노는 주邾에 원한이 없음. 명분 없는 주 공격을 폄책함 · 두: 주가 노를 침공하려 해서 노가 공격함	①
26	희공 2	(전) "冀爲不道, 入自顚軨" '冀之旣病, 則亦唯君故' 문의 해석	· 복: 기冀가 진晉 정벌하자 우虞가 진을 구원함 · 두: 기가 우를 정벌한 일에 대하여 우가 보복 하여 기가 쇠약해짐	①
27	희공 4	(경) "楚屈完來盟于師, 盟于 召陵" 서법, 문의 해설	· 복: 초 대부 굴완을 사使라고 칭하지 않은 이유는 환공과 같이 존숭하였기 때문임 · 두: 결맹은 굴완의 판단으로 성사되었기에 그를 칭사稱使하지 않음	①
28	희공 15	(전) "西鄰責言, 不可償也"	역괘의 해석 차이	⑧
29	희공 15	(전) "車脫其輻"	역괘의 해석 차이	⑧
30	희공 15	(전) "寇張之弧"	효사爻辭의 설명 차이	⑧
31	희공 16	(전) "隕石 … 六鷁退飛 … 君失問" '군실문'의 의미	· 복: 군주 문제가 아닌 길흉의 소재를 물은 것은 잘못임 · 두: 음양 변화를 사람의 일로 물은 것은 잘 못임	①
32	희공 20	(전) "凡啓塞從時" 문의 설명	· 복: 중춘에 합闔·선扇을, 맹동에 건鍵·폐閉 를 수리함 · 두: 희공의 성문 수리를 폄책함	①
33	희공 23	(전) "策命委質" '질'의 의미	· 복: '위사지질어군委死之質於君'의 의미 · 두: '무릎을 굽혀' 땅에 몸을 굽히는 모습임	②
34	희공 23	(전) "降服而囚" 문의 해석	· 복: '부지기不知己'의 사람에게 몸을 굽혀 사과함 · 두: 사복士服을 벗고 죄수와 같이 사과함	②
35	희공 29	(전) "介葛盧聞牛鳴 …"	·〈표 1〉의 14 참조	②
36	희공 30	(전) "將聘于周, 遂初聘于晉"	·〈표 1〉의 15 참조	①
37	문공 5	(경) "王使榮叔歸含且賵"	·〈표 1〉의 16 참조	⑦
38	문공 7	(전) "諸大夫皆患穆嬴, 且畏偪" 누구의 핍박인가?	· 복: 목영穆嬴의 핍박을 두려워함 · 두: 국인들이 핍박할까 두려워함	①
39	문공 11	(전) "蕩意諸 不書歸之" 탕의제의 귀국을 불서한 이유	· 복: 탕의제가 부덕하기 때문임 · 두: 사관 기록의 누락 탓임	⑤

40	문공 13	(전) "繞朝贈之以策" '책'의 의미	· 복: 요조가 사회士會에게 준 책서策書 · 두: 말채찍	②
41	문공 15	(전) "宋華耦來盟, 其官皆從之" 문의 해석	· 복: 과도한 사치를 비판함 · 두: 고례에 따라 예를 갖춤	①
42	문공 15	(전) "一人門…, 一人門…" '문門'의 의미	· 복: 두 사람이 노 성문을 공격함 · 두: 두 사람이 노 성문을 지키다가 죽음	①
43	문공 17	(경) "齊侯伐我西鄙" 경문에는 서비西鄙, 전문에는 북비北鄙로 상이하게 기록된 이유	· 복: 경문에 북비北鄙를 쓰지 않은 것은 피휘임 · 두: 경문의 '서西'는 '북北'의 오기임	⑤
44	문공 17	(전) "鹿死不擇音" '음音'의 의미	· 복: 성음聲音을 말함(『장자』인용) · 두: 쉴 수 있는 그늘 '음蔭'으로 해석함	②
45	선공 1	(경) "夫人婦姜至自齊" 씨氏 쓰지 않은 이유	· 복: 복상 기간 중 취처娶妻한 일을 폄책함 · 두: 사관의 궐문임	⑤
46	선공 1	(경) "楚 … 侵陳 … 宋" 진晉이 구원한 일을 쓰지 않은 이유	· 복: 조돈이 송을 구원하자 초 군대가 해산하였기 때문임 · 두: 경문의 궐략임	⑤
47	선공 12	(전) "麰子曰" '체자'에 대한 설명	· 복: 체麰에 식읍이 있음 · 두: 체자는 선곡先縠을 말함	⑦
48	성공 6	(전) "(季武子) 立武宮" 문의 설명	· 복: 무공에게 기도하여 승리를 구함 · 두: 전쟁의 승리를 고함	①
49	성공 8	(경) "宋公使公孫壽來納幣" 혼주를 칭사稱使한 이유	· 복: 모친 명령이 불통하여 칭사함 · 두: 주혼자主婚者가 없어 송공이 직접 명령하여 칭사함	④
50	성공 10	(전) "晉侯夢大厲" '대려'의 의미	· 복: 공명公明의 귀신 · 두: 조씨趙氏의 선조	①
51	성공 15	(경) "宋魚石出奔楚" 망명자 중 어석만 기록한 이유	· 복: 어석만이 경卿이기 때문임 · 두: 어석의 망명만 부고赴告하였기 때문임	⑤
52	성공 16	(전) "㉠ 外絕其好, … ㉡ 食話言, ㉢ 疲民以逞" 초의 상황 설명	· 복: ㉠ 형刑으로 사악함을 바로잡지 않음 　　㉡ 의義로써 이익을 세우지 않음 　　㉢ 신信으로 군물群物을 지키지 않음 · 두: ㉠ 의로써 이익을 세우지 않음 　　㉡ 신으로 군물을 지키지 않음 　　㉢ 형으로 사악함을 바로잡지 않음	②
53	성공 16	(전) "皆曰, 國士在且厚, 不可當" 백주리, 묘분황의 말뜻	· 복: 두 사람 모두 초 공격을 반대함 · 두: 초 공격을 백주리는 반대하고 묘분황은 찬성함	①

54	성공16	(전) "使叔孫豹, 請逆于晉師" 숙손표는 어디에 있었나	· 복: 이미 제에 있었음 · 두: 이때 제로 망명함	①
55	성공16	(전) "宋齊衛皆失軍" '실군失軍'의 의미	· 복: 군량을 잃음 · 두: 주장主將과 군대가 서로를 잃음	②
56	양공3	(전) "建一官而三物成" '삼물성三物成'의 의미	· 복: 천거한 삼현三賢이 모두 직사職事를 잘 수행함 · 두: 득거得擧 · 득위得位 · 득관得官 의미	②
57	양공6	(전) "子罕善之如初" 문의 설명	· 복: 자한子罕이 모욕당하고도 우대한 것을 폄책함 · 두: 자한이 분노 누르고 편안을 얻음을 포양함	⑥
58	양공10	(전) "楚子伐魯西鄙" 경문에 이 일을 기록하지 않은 이유	· 복: 노가 진晉을 따랐다가 초의 정벌을 받은 일을 피휘함 · 두: 맹주를 따른 것은 피휘할 일이 아님	⑧
59	양공10	(전) "以位序" 문의 설명	· 복: 세경世卿 지위를 자식들이 순서대로 계승함 · 두: 관사官司의 장관이 각각 그 지위를 지킴	①
60	양공11	(전) "七姓 十二國" 13국을 12국이라 한 이유	· 복: 맹주국인 진晉 제외 · 두: 전문 오류	⑤
61	양공14	(전) "不獲成焉" 문의 설명	· 복: 군진軍陣을 갖춘 정식 전투에 이르지 못함 · 두: 진秦이 복종하지 않음	②
62	양공16	(경) "戊寅, 大夫盟"	· 〈표1〉의 24 참조	①
63	양공19	(전) "諸子" 문의 설명	· 복: 첩이 낳은 아들을 말함 · 두: 성이 자씨子氏인 여러 첩을 말함	②
64	양공19	(전) "婦人無刑" 문의 설명	· 복: 부인에 대한 형벌제도는 따로 없다고 남자를 따름 · 두: 경형黥刑과 월형刖刑이 없음	④
65	양공19	(전) "見衛 … 乃下 … 揖之, 乃登" 누가 성에 올랐는가	· 복: 제의 사졸들이 올라감 · 가두: 숙사위夙沙衛가 올라감	①
66	양공19	(전) "取邿田自漷水, 歸之于我"	· 〈표1〉의 25 참조	①
67	양공22	(전) "臧武仲如晉, 不書於經" 장무중의 일을 기록하지 않은 이유	· 복: 장무중은 경이 아님 · 두: 양공이 귀국 전에 장무중을 사신으로 파견하였기 때문임	①
68	양공23	(전) "禮, 爲鄰國闕" 진晉 평공을 폄책한 이유	· 복: 이웃 나라 복상 때 궐락闕樂해야 함 · 두: 이웃 나라의 상에 제후가 상복을 입지 않기에, 이웃 나라의 예로 폄책함	④
69	양공23	(전) "慶氏以陳叛" 이 일을 경문에 기록하지 않은 이유	· 복: 악인으로 그 뜻을 이루지 못했기 때문임 · 두: 노나라에 고하지 않았기 때문임	⑤

70	양공 23	(전) "七輿大夫與之" 문의 설명	· 복: 하군 여사下軍輿師 7인을 말함 · 두: 칠여七輿는 관명임	⑦
71	양공 24	(전) "太上有立德" '입덕立德'의 사례	· 복: 복희와 신농의 사적을 말함 · 두: 황제黃帝, 요, 순의 치적을 말함	①
72	양공 24	(전) "部婁無松柏" 문의 설명	· 복: 소국이 대국과 지위가 같음을 말함 · 두: 소국과 대국이 서로 다름을 말함	②
73	양공 25	(전) "史皆曰吉" 문의 설명	· 복: 두 괘卦가 다 그렇게 나옴 · 두: 최무자崔武子에게 태사太史들이 아부한 것임	②
74	양공 26	(전) "殺子叔及太子角" 태자 살해를 경문에 기록하지 않은 이유	· 복: 경문에는 군주 시해만 기록함 · 두: 고告하지 않았기에 기록하지 않음	⑦
75	양공 26	(전) "專祿以周旋" '전록專祿'의 의미	· 복: 신하가 자기 읍을 소국小國처럼 여김 · 두: 군주의 녹을 제 것처럼 함	①
76	양공 26	(전) "取衛西鄙 … 六十以與孫氏" '육십'의 의미	· 복: 60읍邑을 말함 · 두: 60정井을 말함	④
77	양공 26	(전) "晉侯賦「嘉樂」" '가악嘉樂'의 의미	· 복: '자가악自嘉樂'으로 풀어 해석함 · 두: 『시경』 '가악편嘉樂篇'을 말함	⑦
78	양공 26	(전) "遂襲我高魚…克而取之" 읍 탈취를 기록하지 않은 이유	· 복: 모두 피휘한 것 · 두: 피휘할 일 아님. 기록하지 않은 이유를 알 수 없음	⑧
79	양공 27	(전) "仲尼使擧是禮也, 以爲多文辭" '다문사'의 의미	· 복: 향연 때 나눈 문사文辭가 많아 특별히 거용함 · 두: 향연 때 빈賓·주主 간에 말을 전개하였기에 '문사가 많다'고 함	①
80	양공 27	(경) '不書其族'	〈표1〉의 27 참조	⑥
81	양공 27	(전) "趙孟爲客" 문의 설명	· 복: 맹주인 초왕이 조맹趙孟을 주빈으로 삼음 · 두: 객은 좌중이 존경하는 사람임	①
82	양공 27	(전) "淸免死之邑" '면사(免死)'의 의미	· 복: 백성이 '면사'할 수 있게 한 공로 · 두: 자신이 받을 상을 공손하게 표현함	①
83	양공 28	(전) "楚不幾十年未能恤諸侯" 문장의 의미	· 복: 이후 8년간 초는 정벌에서 승리할 수 없음 · 두: 길 잃어 멀리 간 자는 돌아오기 어려움	②
84	양공 29	(전) "其出聘也, 通嗣君也"	〈표1〉의 28 참조	①
85	소공 4	(전) "子産 作丘賦" '작구부'의 의미	· 복: 1구丘 토지에 과세(『주례周禮』) · 두: 1구 16정井 과세 이외 별도로 토지에 과세	④

86	소공 5	(전) "卿喪自朝, 魯禮也" '조朝'의 의미	·복: 도성 정문인 남문을 말함 ·두: 조근의 장소를 말함	⑦
87	소공 8	(경·전) "葬陳哀公"	·〈표 1〉의 31 참조	①
88	소공 9	(경) "陳災"	·〈표 1〉의 33 참조	③
89	소공 9	(경) "叔弓會楚子于陳" 4국 참여. 왜 숙궁만 서술했 는가	·복: 숙궁이 늦게 참가했기 때문임 ·두: 회례가 없었기에 노 사신만 기록함	①
90	소공 9	(전) "歲五及鶉火 …" 천문天文의 의미	·복: 무궁武宮의 해에 일이 발생하여 … ·두: 금년 세성歲星이 성기星紀에 있으니 …	⑧
91	소공 12	(경) "晉伐鮮虞"	·〈표 1〉의 35 참조	⑤
92	소공 13	(전) "獲其五帥" 문의 해석	·복: 오수五帥가 누구인지 설명함 ·두: 전투가 발생한 예장豫章 지역을 설명함	①
93	소공 22	(전) "王弗應"	·〈표 1〉의 38 참조	①
94	소공 23	(경) "吳敗頓, 胡, … 許之師于 雞父" 초 패배를 불서한 이유	·복: 초가 패배를 피휘하여 고하지 않음 ·두: 초는 전쟁에 참여하지 않았기 때문임	①
95	소공 23	(전) "使各居一館"	·〈표 1〉의 39 참조	①
96	소공 26	(전) "齊侯取鄆" 소공 25년과 26년에 이 기사 가 반복 등장하는 이유	·복: 소공 25년에는 운鄆을 포위하였고, 26년 에는 취함 ·두: 소공 25년에 취하였고 26년 기사는 소공 이 이곳에 거처하게 된 이유를 말함	①
97	소공 27	(전) 公子光 "我, 王嗣也, 吾 欲求之" 광은 누구의 아들인가	·복: 이매夷昧가 광을 낳음 ·두: 오왕 제번諸樊의 아들임	①
98	소공 27	(전) "使宰獻, 而請安" '청안請安'의 의미	·복: 빈객의 편안을 요청함 ·두: 주인(齊侯)이 스스로 물러나 휴식을 요 청함	①
99	소공 30	(전) "不先書鄆與乾侯, 非公, 且懲過也" 누구의 과오인가	·복: 집정관 계씨의 잘못을 분명히 함 ·두: 소공의 망령됨을 비판함	①
100	소공 31	(전) "不絶季氏而賜之死" 문의 설명	·복: 사실상 사사賜死하였다고 하나, 의미가 모호함 ·두: 자신에게 죽음을 내려도 계손의 후사 는 끊이지 않음	②
101	소공 31	(전) "吳其入郢乎, 終亦弗克" 꿈 해석의 의미	·복: 오가 승리하지 못할 것임 ·두: 일식 재변災變만 설명하고 꿈풀이를 하 지 않음	②

102	정공 14	(전) "衛侯爲夫人南子召宋朝, 會于洮" '회우조'의 의미	· 복: 두 문구 연결. 위衛와 노가 회합함 · 두: 두 문구 무관. 제와 송이 회합함	①
103	애공 1	(전) "使疆于江汝之間而還" 문의 설명	· 복: 채, 초가 강여지간江汝之間으로 진군함 · 두: 초가 채를 강여지간으로 옮기게 함	①
104	애공 1	(전) "在軍, 熟食者分而後敢食" '분分'의 의미	· 복: 음식을 반으로 나눈 뒤에 그 나머지를 먹음 · 두: 음식을 병사들에게 두루 나누어 줌. '분'은 '편徧'을 뜻함	②
105	애공 2	(경) "叔孫州仇·仲孫何忌·盟于句繹" 문의 설명	· 복: 계손이 돌아가고 나머지 두 사람이 맹약함 · 두: 구역은 주邾의 땅. 읍을 취하고 결맹을 협박함	②
106	애공 3	(전) "召正常" 문의 설명	· 복: 정상正常을 불러서 아이가 죽은 뜻을 묻고자 함 · 두: 계강자가 자신을 해칠까 두려워 불응함	①
107	애공 6	(전) "三代命祀, 祭不越望" '망제望祭'의 의미	· 복: 국중 산천 제사를 말함 · 두: 산천과 성신星辰에 제사함	④
108	애공 7	(전) "知必危, 何故不言" 누구의 말인가	· 복: 주邾 정벌 전쟁을 반대한 맹손의 말임 · 두: 주 정벌 전쟁에 찬성하여 계강자에게 아부한 제대부諸大夫의 말임	①
109	애공 14	(전) "仲尼觀之曰麟也, 然後取之" 문의 설명	· 복: 기린(麟)이 공자를 위해 왔음을 설명함 · 두: 노사魯史에서 '획린'을 서술한 이유를 설명함	②
110	애공 16	(전) "請以戰備獻" '헌첩獻捷'의 의미	· 복: 전쟁에 동원된 모든 장비와 군인이 대상임 · 두: 포획한 장비와 군인만 대상임	①

가규 주석에 비하면 복건 주석에 대해 두예가 다른 문의를 제시한 비율은 낮지만, 그럼에도 불구하고 1/3 이상의 조문에서 두예가 복건과 다른 문의를 냈음에 주목할 필요가 있다. 만일 청 유학자들의 주장대로 두예가 복건 주석을 모방 내지 절취했다면 이러한 결과가 나올 수는 없다.

우리의 관심사는 두예가 무슨 이유로 복건과 다른 문의를 세웠는가이다. 가규의 경우와 마찬가지 기준으로 그 이유를 분류해 보면 다음과 같다.

① 사실관계의 이해: 49건

② 문장 표현의 이해: 22건

③ 의례의 적용: 1건

④ 관제 · 예제에 대한 이해: 10건

⑤ 부고赴告가 없었거나 사문史文의 상략詳略, 궐의闕疑 탓으로 이해: 11건

⑥ 조문의 의리에 대한 이해: 4건

⑦ 지명 · 국명 기타 명물 훈고의 차이: 7건

⑧ 기타 이유를 알기 어려운 경우: 6건

여기에서 ③ 의례의 적용이 88번 단 한 건에 지나지 않는다는 점이 주목된다. 소공 9년『춘추』에 "4월, 진재陳災"라는 기록이 나오는데, 복건은 가규와 마찬가지로 이미 멸망한 나라인 진陳에서 재해가 발생했다고 기록한 것은 그 나라를 '불쌍히 여겼기(愍)' 때문이라 하였다. 그러나 두예는 "재해는 재災와 해害가 발생한 장소에 매어(災害繫於所災所害)" 기록하는 의례를 따랐다고 하였다. 진은 이때 나라가 아니라 초에 속한 지역의 이름이다. 이 예를 제외하고 두예가 의례를 근거로 새로운 문의를 제기한 경우는 볼 수 없었다.[31] 이처럼 두예 주석과 복건 주석을 비교해 보면 새로운 문의 해석에서 의례의 역할이 사실상 제로에 가까웠음을 알 수 있다. 두예의 의례를 각별히 강조해 온 그간의 연구 경향을 반성해볼 만한 결과이다.

② 문장 표현의 이해가 다른 경우는 22건으로, 가규 주석의 5건에 비해 비중이 두 배가량 늘어났다. 복건 주석에는 문장의 표현을 구체적으로 해명하는 내용이 많은데,[32] 그에 대해 이견을 제시한 두예 주석도 함께 늘어

---

31 〈표 2〉 13번 환공 14년 화재 기사에 대해 杜預는 書例를 한 차례 더 언급하였다. 다만 그 내용이 服注의 文義를 반박하는 것은 아니었다.

32 鎌田正, 『左傳の成立と其の展開』, p.578. 일례로 〈표 2〉 18번 '覆而敗之'는 복건과 두예가 '覆'의 뜻을 다르게 해석하여 문의 설명도 달라진 경우다.

난 것으로 보인다.

두예가 복건 주석과 다른 문의를 제시한 이유 또한 가규 주석처럼 ① 사실관계 이해에서 비롯된 경우가 가장 많다. 모두 49건이 이에 해당한다. 그중 한 사례를 구체적으로 살펴보자. 32번 희공 20년 『좌전』에 보면, 남문을 수축했다는 기사 뒤에 "범계새종시凡啓塞從時"라는 구절이 나온다.[33] 복건은 이에 대해 "합闔·선扇은 열기 위한(啓) 것이고, 건鍵·폐閉는 닫기 위한(塞) 것이다. 『월령』에는 '중춘에 합·선을 수리하고, 맹동에 건·폐를 수리한다.'라고 되어 있다. '때에 따른다'란 이 때를 따른다는 뜻이다."[34]라고 주석하였다. 통행로를 열거나 닫는 기능을 하는 공공시설은 농사일이 한가할 때에 제한적으로 수리해야 한다는 뜻이다. 이에 대한 두예 주석은 다음과 같다.

> 문門·호戶·도로·교량을 '계啓'라 하고, 성·곽·장墻·참塹을 '새塞'라 한다. 이들은 모두 관민의 출입을 통하게 하거나 막는 것으로 하루라도 없어서는 안 된다. 따라서 무너졌을 때에는 곧 수선해야 한다. 지금 희공이 성문을 수리하였는데, 이는 통행의 개폐에 긴급한 일이 아니었다. 고로 토목공사 제도를 언급하여 비난한 것이다. 다만 계새도 토목공사 제도에 따라야 한다고 오해할 것을 염려하여 전문에 별도로 무너졌을 때 바로 수선한다는 예例를 세운 것이다.[35]

두예는 '계'·'새'를 통행로를 여닫는 문으로 이해한 복건과 달리[36] 관민

---

33 "春, 新作南門. 書, 不時也. 凡啓塞從時", 『春秋左傳正義』 권14, p.455.
34 "服虔云, 闔扇, 所以開, 鍵閉, 所以塞. 月令仲春, 脩闔扇. 孟冬, 脩鍵閉, 從時, 從此時也", 『春秋左傳正義』 권14, p.455.
35 "門戶道橋謂之啓, 城郭塞塹謂之塞, 皆官民之開閉, 不可一日而闕, 故特隨壞時而治之. 今僖公脩飾城門, 非開閉之急, 故以土功之制譏之. 傳嫌啓塞皆從土功之時, 故別起從時之例", 『春秋左傳正義』 권14, p.455.
36 楊伯峻, 『春秋左傳注』, pp.386~387.

이 출입하는 시설을 통칭하는 의미로 이해하였다. 상식적으로 도로와 교량, 성곽 등이 무너졌다면 농한기까지 기다리지 말고 즉각 수리해야 한다. 그러지 않으면 백성이 곤란해질 것이다. 다만 이해 희공이 공사를 벌인 남문은 그러한 시설이 아니기 때문에 비난받은 것이다. 공영달은 이 주석에 대해 다음과 같이 평가하였다.

비록 두예의 말에는 명증明證이 없으나, 바로 문·호·도·교는 사람들에게 길을 열어 주기 때문에 '계'라 하고, 성·곽·장·참은 왕래를 막는 것이기에 '새'라 하였다. 비록 그 말에 근거하는 바가 없으나, 이理가 통하는 해석이라 할 수 있다.[37]

즉 명확한 증거는 없지만 두예는 '이가 통하는' 해석을 했다는 것이다. 이것이 두예 주석의 주요한 특징이다. 복건은 『좌전』 기사를 그대로 따라 주석을 달았지만, 두예는 그 기사의 사실관계를 '이가 통하는' 방향으로 해명하고자 하였다. 즉 두 사람의 주석은 자료를 그대로 추종한 것과 그것을 비판적으로 이해한 것 간의 차이를 보여 준다.

〈표 2〉의 25번이 유사한 사례이다. 희공 1년 9월, 희공이 노에 주둔한 주邾 군대를 공격하여 물리쳤다. 이에 대해 복건은 희공을 폄책하였다. "노에서 반란이 일어났을 때 주에서 군대를 보내자 허구虛丘에 주둔하도록 하였다. 노와 주 사이에 원한이 없었기에 〔주가〕 군대를 돌이켜 돌아가려 하는데 〔희공이〕 그들을 막고 공격하여 무찔렀다. 그래서 희공을 비난하였다."[38] 여기에서 언급된 노의 반란이란 희공 즉위 전에 민공을 시해한 경보慶父의

---

37 "雖杜之言亦無明證, 正以門戶道橋所以開人行路, 故以爲啓, 城郭牆塹所以障蔽往來, 故以爲塞. 雖言無所據, 而理在可通", 『春秋左傳正義』 권14, p.455.
38 "魯有亂, 邾使兵戌虛丘. 魯與邾無怨, 因兵將還, 要而敗之, 所以惡僖公也", 『春秋左傳正義』 권12, p.368.

난을 말한다. 이때 노를 도와주기 위해 출동한 주 군대를 노 군대가 공격한 것은 잘못된 일이라는 것이 복건 주석의 논지이다. 그렇다면 두예의 해석을 보자.

주인邾人이 애강哀姜을 제로 송환한 뒤 제인齊人이 애강을 죽였다. 그러자 주 군대는 그대로 허구에 주둔하면서 노국을 침공하려 하였다. 희공이 의義에 따라 제에 애강의 시신을 돌려줄 것을 요청하였다. 이에 제에서 애강의 시신을 노국에 돌려주었다. 그러자 주인邾人이 두려워져서 돌아가려 하였고, 희공이 길목에서 기다리다가 이들을 요격 패퇴시킨 것이다.[39]

제 군주의 딸 애강은 노 장공에게 시집왔다. 장공 사후 애강의 동생이 낳은 민공이 군주가 되자 애강은 경보와 내통하여 난을 일으켰고, 실패하자 주로 도주하였다. 난이 일어나자 주로 피신했던 희공은 난이 수습된 후 귀국하여 군주의 자리에 올랐다. 이처럼 주는 노의 내부 혼란에 깊숙이 연루되어 있었다. 두예의 주석에는 희공 1년에 벌어진 다음 사건들이 연결되어 있다.

7월 부인夫人 강씨姜氏가 이夷의 지역에서 죽었다. 제인이 그 시신을 가져갔다.
9월 노 희공이 주의 군대를 언偃에서 패배시켰다.
12월 부인씨夫人氏의 영구가 제에서 돌아왔다.

7월 애강이 주에서 사망한 뒤 제인齊人이 그 시신을 본국으로 가져갔다.

---

39 "虛丘, 邾地. 邾人旣送哀姜還, 齊人殺之, 因戍虛丘, 欲以侵魯. 公以義求齊, 齊送姜氏之喪. 邾人懼, 乃歸, 故公要而敗之", 『春秋左傳正義』 권12, p.368.

두예는 이때 희공이 제에 애강의 시신을 송환해 달라고 요청했을 것으로 보았다. 시신 송환은 12월에 이루어졌다. 한편 주는 7월 제와 노가 약속을 맺었다는 소식을 듣고, 출동한 군대를 철군하려 했다가 9월 노군의 공격을 받아 패하였다. 이러한 전후 관계를 볼 때 주는 노의 혼란을 틈타 노를 공격할 속셈이었고, 희공은 그 상황에서 반격을 가했다고 볼 수 있다. 따라서 그의 행위는 정당하다는 것이 두예의 해석이다.

공영달은 두예의 해석을 비판하였다. 그는 다음과 같은 이유에서 두예보다는 복건 주석의 취지에 동조하였다. "희공이 주로 피신한 일이 있기에 주는 그의 외주外主라 할 수 있다. 국난이 발생하자 주는 〔군대를 동원하여〕 내읍內邑을 지키려 하였다. 그런데 아무 이유 없이 그 군대를 공격하여 패퇴시켰으니 신의를 버림이 이보다 더 심할 수는 없다." 반면 두예 주석에 대해서는 "이 설은 근거한 바가 없다. 다만 그 이理가 당연하다고 여겼을 뿐이다(其理當然)."라고 하였다.[40] 즉 공영달은 두예가 자신의 논리에 따르느라 근거 없는 해석을 내렸다고 보았다.

공영달은 〈표 2〉의 32번 두예 주석에 대해서도 같은 취지의 말을 했다. 두예가 명확한 근거가 없을지라도 '이理를 따르는' 해석을 추구했다는 것이다. 이때의 '이'란 주어진 사실들 간의 관계를 합리적으로 연결하는 '논리'를 말할 것이다. 청대 유학자 심흠한沈欽韓은 "복건은 선사先師를 따랐고, 두예는 이견異見을 세우려는 마음이 있었다."라고 평했으나,[41] 그 이견은 자의적인 것이 아니라 사실들을 연결하는 '이'에 따라 세워진 것이라고 볼 수 있다. 두예는 '타개방차' 유형 주석에서 "사건의 원인을 탐구하고, 그 결과를 추단하고, 그 지엽의 일들을 통하여 근본 문제를 탐구하려(原始

---

40 "僖公奔邾, 則爲之外主, 國亂, 則戌其內邑. 無故而敗其師, 亡信背義, 莫斯之甚, …… 杜以爲不然, 故別爲此說, 此說亦無所據, 要其理當然也", 『春秋左傳正義』 권12, p.368.
41 程南洲 撰, 『東漢時代之春秋左氏學』, p.304.

要終, 尋其枝葉, 究其所窮)" 하는 것이 의미를 파악하는 길이라 말한 바 있다. 이러한 탐구 과정에는 증거 이외에도 원인과 결과, 지엽과 근본을 연결하는 합리적 사유가 필요하며, 공영달은 두예 주석에 그러한 특징이 있음을 부각한 것이다.

이러한 특징은 복건 주석에서도 찾을 수 있다. 사실관계 이해 면에서 복건 주석이 두예 주석보다 나은 경우도 있다. 〈표 2〉의 83번 양공 28년『좌전』의 "초는 앞으로 거의 10년간 제후의 패권을 다툴 수 없을 것(楚不幾十年未能恤諸侯)"이란 구절에 대해 복건은 다음과 같이 논리적인 주석을 달았다. "이 사행使行이 있던 해에(기원전 545) 초 강왕이 사망하였다. 이후 소공 4년(기원전 538)에 이르러 초 영왕이 제후들을 신申에서 회합하였다. 〔초 강왕이 사망한〕 해부터 따지면 8년이 된다. 고로 '거의 10년'이라 말한 것이다. 〔『좌전』의 말은〕 앞으로 10년 안에는 정벌할 수 없다는 뜻이다." 이에 비해 두예의 주석은 문장의 표현을 설명하는 데 그쳤다. "기幾란 가깝다는 말이다. 먼 곳에서 길을 잃은 자는 되돌아오기 어렵다는 뜻이다."[42] 혹시 두예는 복건의 주석에 동의하여 자신이 따로 설명을 붙일 이유를 느끼지 못했던 것은 아닐까?

〈표 1〉의 30번을 보면 소공 7년 '기제평曁齊平' 기사에 대해 복건과 두예 주석의 내용이 같다. 복건의 주석을 좀 더 자세히 살펴보자.

양공 24년 '중손갈仲孫羯이 제를 침범하였다', 25년 '최저崔杼가 노를 정벌하였다.' 그 일 이후로 제와 노는 서로 침벌하지 않았다. 또한 제는 대국이기에 노와 화평을 구할 이유가 없었다. 〔소공〕 6년 겨울에는 '제후齊侯가 북연北燕을 정벌하여 장차 간공簡公을 들여보내려 하였다.' 제후는 뇌물을 탐하였고, 더불어

---

42 "(服注) 此行也, 楚康王卒. 至昭四年楚靈王合諸侯于申, 距今八年, 故曰不幾十年. 是謂十年不克征也", "(杜注) 幾, 近也. 言失道遠者, 復之亦難", 『春秋左傳正義』 권38, p.1236.

화평 관계를 맺으려 하였다. 고로 전문에 '제가 〔화평을〕구하였다.'라고 하였다. '제는 괵虢에 주둔하였고, 연인燕人이 화평 조약을 맺었다.'[43]

복건은 양공 24년과 25년의 기사와 소공 6년의 기사를 잘 연결하여 소공 7년 '기제평'의 의미를 합리적으로 설명하였다. 그럼으로써 『곡량전』 및 가규와는 다른 내용의 주석을 세웠다. 두예도 복건과 동일하게 연과 제가 화평했다고 주석을 달았으나 내용은 좀 더 소략하다. 그는 "지난해 겨울에 제가 연을 정벌하였고, 그 후 중간에 다른 일이 없기 때문에 생략하고 중복해서 연을 말하지 않았다. 따라서 북연이 제와 화평했음을 알 수 있다."라고 하였다.[44] 사실관계를 밝히기보다 문장 표현에 초점을 맞춘 해석이라 할 수 있다.

이와 같은 예들을 볼 때, 사실관계를 합리적으로 해석하는 관점이 두예 주석만의 특징이라 보기 어렵다. 복건과 두예가 사실관계를 서로 다르게 이해하여 문의 해석이 달라진 경우도 여럿 보인다. 〈표 2〉의 주석 110건 가운데 21건이다.[45] 복건은 『공양전』과 『곡량전』의 설명을 인용하거나, 혹은 미언대 방식으로 문의를 해석하여 주석하였다. 동시에 실증적으로 사실관계를 해명하는 주석도 달았다. 후자에 방점을 두면 복건 주석과 두예 주석 사이의 차이는 크지 않다. 후한 말 인물인 복건의 주석에는 과거 한대의 미언대의식 경전 해석과 후한 말 이후 등장한 사실 중심의 합리적 경전 해석이 섞여 있었다고 볼 수 있다.

이상의 논의에 큰 무리가 없다면 한대 주석과 두예 주석의 관계를 다음

---

43 "襄二十四年仲孫羯侵齊, 二十五年崔杼伐我. 自爾以來, 齊魯不相侵伐. 且齊是大國, 無爲求與魯平. 此六年冬, 齊侯伐北燕, 將納簡公. 齊侯貪賄, 而與之平, 故傳言齊求之也. 齊次于虢, 燕人行成", 『春秋左傳正義』권44, p.1421.

44 "前年冬, 齊伐燕, 間無異事, 故不重言燕, 從可知", 『春秋左傳正義』권44, p.1421.

45 9, 11, 17, 19, 24, 25, 38, 54, 59, 65, 71, 75, 81, 82, 87, 94, 95, 97, 99, 102, 103 등이다. 번쇄함을 피하기 위해 구체적인 설명은 생략하겠다.

과 같이 평가할 수 있다.

첫째, 두예의 주석이 한대 학자들의 주석을 모방했거나 심지어 절취했다는 주장은 타당하다고 보기 어렵다. 두예가 가규 주석 78건 가운데 49건, 복건 주석 301건 가운데 110건에 대하여 다른 문의를 제시하였기 때문이다. 단순 훈고보다 문의 해석에서 주석가의 생각이 잘 드러난다는 점을 감안한다면, 두예가 과거 학자들의 학문적 성과를 모방했거나 절취했다는 의혹은 수용하기 어렵다.

둘째, 의례에서 두예 주석의 독창성을 찾는 주장을 재고해야 한다. 두예가 새로운 문의를 제시할 때 의례를 근거로 든 사례는 가규 주석의 경우 7건, 복건 주석의 경우 1건에 불과하였다. 두예의 의례는 주공의 범례와 공자의 변례가 병존했다는 내용의 파격성과 '서시례'가 불러일으킨 이념 논쟁 때문에 크게 주목받았지만, 정작 중요한 일반 주석들의 문의 해석을 보면 두예의 창의적인 주장은 압도적으로 사실관계에 대한 합리적 해석에서 비롯되었다.

셋째, 사실 중심의 해석은 두예 이전의 한대 주석에도 존재하였다. 가가에이지는 사실 중심 해석이 두예 학문의 핵심 방법이라고 주장했지만 두예 주석만 그 같은 특징을 가진 것은 아니다. 후한 말에 등장한 복건 주석에서도 그가 말한 이른바 '위진시대적 합리성'이 드러난다. 복건의 주석에는 한대적 특징과 위진시대적 특징이 혼재해 있다고 볼 수 있다.

다음 절에서는 지금까지의 분석을 근거로 두예 주석의 특징을 종합적으로 설명해 보겠다.

Ⅲ. 두예 주석의 특징

복건은 자신이 어떤 원칙하에 주석을 달았는지를 말한 적이 없다. 그의 주석이 일부만 남아 있어 확언하기는 어려우나, 그가 독립적인 의례를 세우지 않았고, 경문 대신 전문에만 주석을 단 점 등을 감안한다면[46] 복건에게 원칙이 있었을 가능성은 희박해 보인다. 미언대의의 주석과 사실관계를 확인하는 주석을 동시에 제시한 복건이 일관된 경전 해석의 원칙을 세우기는 어려웠을 것이다.

그에 비해 두예는 「춘추좌씨전서」와 '타개방차' 유형 주석을 통하여 해석의 원칙을 분명히 하였다. 『춘추』와 『좌전』이 사관의 사실 기록에서 시작되었고, 경·전 해석의 본질이 기록된 역사 사실의 해명에 있음을 명확히 하였다. 또한 '타개방차' 유형 주석을 통하여 그러한 원칙이 주석 전체를 관통하는 체례體例임을 천명하였다.

두예는 자신의 원칙에 부합하는 주석 형식도 제시하였다. 'A 위 B 전', 'A 위 B 장본/기본' 유형 주석을 통해 독자들은 『좌전』의 여러 사실들이 서로 어떻게 연결되는지를 이해할 수 있다. 이렇게 사실관계를 해석해 주는 주석은 두예가 처음 시도한 것일까? 필자는 복건의 주석에서 유사한 사례를 하나 발견하였다. 장공 21년 주 혜왕이 순수巡狩할 때 괵공에게는 주천酒泉이란 읍을 사여하고 정백鄭伯에게는 반감鐢鑑이란 장식물을 주었다. 『좌전』에는 "정백은 이 일로 말미암아 주왕을 미워하기 시작하였다(鄭伯由是始惡於王)."라고 쓰여 있다. 이 기사에 대한 복건과 두예의 주석은 다음과 같다.

---

46 鎌田正, 『左傳の成立と其の展開』, p.564.

복건: 희공 24년 왕의 사신을 붙잡았다. (반감의 장식물을 준) 이 일이 그 사건의 원인이다.

두예: 희공 24년 정이 주왕의 사신을 붙잡은 일의 원인이다.[47]

두 사람은 모두 장공 21년(기원전 673) 정백이 주왕에게 품은 불만이 희공 24년(기원전 636) 정국에서 주왕의 사신을 포로로 삼은 사건의 '장본'이라고 하였다. 즉 37년 간격으로 발생한 두 사건이 인과관계에 있다고 설명하였다. 희공 24년 『좌전』 기사에 명시된 인과관계[48]를 따른 것이다. 즉 'A 위 B 장본' 유형은 복건 주석에서 먼저 출현하였다. 이 문제와 관련해 청대 경학자 유문기劉文淇는 다음과 같이 말하였다.

공소孔疏의 예를 보면, 두주에 나오는 '위모년모사장본爲某年某事張本'이란 기사에 대해서 모두 따로 설명하지 않았다. 그것은 주석의 의도가 명확하기 때문이다. 그러나 지금 이 전문에 대한 (소에서는) 복주服注 원문을 인용하고 산절刪節하지 않았다. 이렇게 한 이유는 그 어의가 서로 계승하였음을 드러낸 것이며, 소의 저자가 주석을 해명한 말은 아니다.[49]

유문기의 말은, 'A 위 B 장본' 유형 주석이 복건에서 시작되었음을 공영달이 강조했다는 것이다. 그럼으로써 두예 주석의 독특한 서술 유형은 복건의 주석을 계승한 것이라는 생각을 내비쳤다. 이러한 설명은 두예 주석을 경시하고 복건 주석을 중시한 청대 학자들의 태도를 보여 준다.

필자는 이 주장에 동의하기 어렵다. 왜냐하면 현재 남아 있는 복건 주석

---

47 "服虔云 …… 僖二十四年, 遂執王使, 此爲彼張本" / (杜注) "爲僖二十四年鄭執王使張本", 『春秋左傳正義』 권9, p.304.
48 "鄭伯怨惠王之入而不與厲公爵也", 『春秋左傳正義』 권15, p.480.
49 "按孔疏之例, 凡杜注云爲某年某事張本者, 皆無所釋, 以注意已明也. 今此傳引服注原文, 未加刪節, 尋其語意相承, 非疏家解注之詞", 劉文淇 撰, 『春秋左氏傳舊注疏證』, p.183.

에서 이러한 사례는 이 한 건에 불과하기 때문이다. 반면 두예 주석에서는 〈표 2〉에서처럼 숱하게 찾아진다. 그리고 그것들은 「춘추좌씨전서」와 '타개방차' 유형 주석에 제시된 해석 원칙을 따른 것이다. 따라서 두예 주석은 해석의 원칙을 천명하지 않은 복건 주석과 구별되어야 한다. 두예의 주석에는 「서문」의 원칙 — '타개방차' 유형 주석의 범례 — 'A 위 B 전', 'A 위 B 장본/기본' 유형 일반 주석들이 체계를 갖추어 등장한다. 그에 비해 복건의 '장본' 주석은 일회적이다.

위진 경학의 특징으로 '통리通理', 즉 경·전의 자료 전체를 통합적·합리적으로 해석하는 경향을 꼽을 수 있다.[50] 두예의 주석이 전체적으로 일관된 체계를 갖추고자 한 것은 이와 같은 '통리'적 해석의 발양이라 할 수 있다. '전언傳言'이라는 사평史評 형식의 주석도 한대 주석에서는 선례를 찾기 어렵다.

'전언' 유형 주석에는 두예의 정치관이 직접 드러난다. 두예는 '전언' 진술을 통하여 군주와 신하의 공적을 평가하고, 국가 흥망의 원인을 진단하며, 강력한 군주보다 현능한 신하의 역할이 중요함을 강조하였다. 그러한 특징은 가규·복건 주석과 비교하면 좀 더 두드러진다. 〈표 1〉의 27번, 〈표 2〉의 80번의 예를 보겠다. 양공 27년(기원전 546) 송 대부가 미병弭兵의 맹약을 주도하였다. 당시 노의 집정 계무자는 군주 양공의 뜻이라며 맹약 참가에 반대하였다. 그러나 맹약 현장에 가 있던 숙손표叔孫豹는 계무자의 명령에 불복하고 맹약에 참가하였다. 이 일에 대해 『춘추』는 숙손표를 '표'라고만 표기했고, 『좌전』에는 그 이유가 "명령을 어겼음을 말한 것(違命也)"이라 표기되어 숙손표의 행동을 폄책하였다.

이 기사에 대하여 가규·복건 주석과 두예 주석의 내용이 다르다. 가규

---

50 加賀榮治,『中國古典解釋史 魏晉篇』참조.

는 맹약에 참가한 "숙손의 행동은 의로운 것"이라고 했고, 복건은 그 행동이 "국가를 존숭한(尊國)" 것이라 하였다. 즉 『춘추』 「좌전」과 달리 숙손표의 행동을 칭찬하였다. 이러한 평가는 자연스럽게 노국 내에서 맹약 참가를 불허한 집정대신 계무자를 비난하는 뜻을 담게 된다. 반면 두예는 "숙손표는 …… 힘이 약한 임금의 명령을 드러내는 것이 마땅한데도 자기가 생각하는 '소시小是'의 뜻을 이루었다. 그래서 그를 폄책하였다."[51]라고 주석함으로써 가규·복건과 정반대로 해석하였다. 국내의 집정대신 계무자보다 오히려 국외의 숙손표를 비판한 것이다. 공영달 또한 가규와 복건의 주석을 다음과 같이 비판하였다.

가규와 복건은 경문을 위배하고 전문에도 반하였다. 즉 좌씨를 배반하고, 공자와 다른 주장을 폈다. …… 복건은 그의 '존국尊國'을 선하다고 했지만 이는 좌구명의 말로 『좌전』을 해명한 것이 아니며, 공자의 뜻으로 『춘추』를 설명한 것도 아니다.[52]

이처럼 강력하게 가규·복건을 비판한 데에는 단순한 자구 해석 이상의 배경이 있어 보인다. 후한 전기 사람인 가규는 『좌전』을 통해 군君·부父의 권한을 확립하고, 한조漢朝가 요임금의 후예임을 증명하고자 하였다.[53] 후한 말의 정치 혼란 속에서 복건은 군주 권력의 회복을 희구하고, 조조의 전권 행사에 부정적이었다. 국가의 권위를 수립하는 문제에 각별한 관심이 있었던 두 사람은 군주인 양공 대신 권력을 행사한 계무자를 부정적으로 보았지만, 두예는 계무자의 집정을 부정적으로 보지 않았다. 이러한 이

---

51 "豹宜崇大順以顯弱命之君, 而遂其小是, 故貶之", 『春秋左傳正義』 권38, p.1219.
52 "賈服違經反傳, 背左氏, 異孔子. …… 服虔善其尊國, 是不以丘明之言解左傳, 不以孔子之意說春秋也", 『春秋左傳正義』 권38, p.1219.
53 鎌田正, 『左傳の成立と其の展開』, p.471.

견은 보정 정치에 대한 입장 차이에서 비롯되지 않았을까 생각된다.

〈표 2〉의 99번 소공 30년 조의 주석도 참고할 만하다. 노 소공은 당시 장기간 국외 망명 상태였다. 그런데 유독 이해 경문에서 "소공이 건후에 있다(公在乾侯)."라고 하여 그의 국내 부재가 언급되었다. 『좌전』에는 그 이전 시기 『춘추』 경문에 망명 사실이 등장하지 않는 이유가 "공을 비난하고, 과실을 징계(且徵過也)"하는 데 있다고 기록되어 있다.[54] 여기에서 '징계' 대상이 누구인가를 두고 복건과 두예 간에 의견이 갈렸다. 복건은 집정대신 계씨를 폄책한 것이라 했으나, 두예는 소공의 허물을 질책한 것이라 하였다. 두예는 『석례』에서 계씨에 대해 다음과 같이 말하였다.

> 비록 혼란한 군주가 있다고 할지라도 충현忠賢의 보좌를 받을 수 있다. ……
> 하늘이 계씨를 낳아 그로써 노후魯侯를 보좌하게 하였다.[55]

'하늘이 계씨를 낳았다(天生季氏).'라는 문장은 계씨의 보정을 전적으로 긍정하는 표현이다. 두예 춘추학에서 보정 정치의 긍정이 어느 정도 중요한 사안인지는 앞에서 다각도로 언급한 바 있다.

이렇게 본다면 가규·복건 주석과 두예 주석의 차이는 주석의 계승 문제뿐만 아니라 정치관의 차이에서도 비롯되었다고 말할 수 있다. 이 사안은 지금까지 심도 있게 논의된 바가 없다. 가규·복건 주석과 두예 주석 간의 정치 이념을 분석 비교하는 작업은 따로 논의가 필요한 주제이므로 여기에서는 화이관華夷觀과 재이관災異觀에 서로 명확한 차이가 있음을 소개하는 선에서 논의를 마무리하고자 한다. 먼저 화이관에 대한 복건과 두예의 주석을 비교해 보겠다.

---

54 "公在乾侯, 不先書郓與乾侯, 非公, 且徵過也", 『春秋左傳正義』 권53, p.1742.
55 "故雖有昏亂之君, 亦有忠賢之輔. …… 天生季氏, 以貳魯侯", 『春秋左傳正義』 권53, p.1743.

〈표2〉27. 희공 4년『춘추』 "楚屈完來盟于師, 盟于召陵"

복건: '래來'라고 표기한 것은 초를 외外로 여겼기 때문이다.

두예: (언급하지 않음)

〈표1〉11. 민공 2년『춘추』 "狄人衛"

가규·복건: 이적이 중국에서 뜻을 얻지 못했음을 의미한다.

두예: '입入'은 그 땅을 점유하지 못했음을 표현한다.

〈표1〉21. 성공 3년『춘추』 "鄭伐許"

가규: 장수를 칭하지 않은 것은 정국을 이적시夷狄視한 것이다.

두예: 고사告辭가 간략하였을 뿐이다.

〈표1〉35. 소공 12년『춘추』 "晉伐鮮虞"

가규·복건: 장수를 칭하지 않은 것은 진晉을 이적시한 것이다.

두예: 사관의 궐문闕文이다.

〈표1〉49. 애공 13년『좌전』 "乃先晉人"

가규: 맹약에서 오가 먼저 삽혈했지만 오는 외外이기에 진晉을 먼저 기록하였다.

두예: 맹약 체결을 기록하지 않은 것은 치욕으로 여겼기 때문이다.

두예는 오랑캐에 대해 차별 의식을 드러낸 가규·복건의 주석을 모두 수용하지 않았다. 공영달은 "『좌전』에는 중국이 이적을 따른 것을 폄책하는 서법이 없다."[56]라고 말하였다. 초와 오의 예에서 보듯『좌전』의 역사적 세계에서는 중화와 오랑캐의 구별이 가변적이다. 오랑캐는 처음에 이적이었다가 점차 화하華夏의 세계로 흡수되어 갔다. 이러한 역사적 사실에 충실한 두예는 경직된 화이관을 수용하지 않았던 것으로 보인다.

제4부 2장 Ⅱ절 마지막에서 두예가 중화와 오랑캐를 준별하는 공양학적 세계관 대신에 군주와 신하, 대국과 소국이 각각 준수해야 할 예적 규범을 지키면서 공존하는 세계를 이상적으로 보았다고 이야기한 바 있다.

---

56 "左氏無貶中國從夷狄之法",『春秋左傳正義』권45, p.1488.

그가 가규·복건의 주석을 받아들이지 않은 것은 그 같은 세계관 때문일 것이다. 또한 두예는 호·한의 잡거가 현실이 된 위진시대의 상황에서도 영향을 받았을 것이다.

이제 재이관을 중심으로 가규·복건 주석과 두예 주석을 비교해 보겠다. 다음 사례들을 보자.

〈표 1〉3년 환공 3년『춘추』"有年"

가규: 악행을 저지른 환공 때의 풍년은 있어서는 안 될 일이다.

두예: 오곡이 모두 익은 것을 '유년'이라 한다.

〈표 2〉20. 장공 28년『춘추』"大無麥禾"

복건: 기근을 기록하지 않았으니 기근에 이르지 않은 것이다.

두예: 오곡을 수확한 뒤 식량이 부족함을 알게 되어 겨울에 기록하였다.

〈표 1〉12. 희공 2년『춘추』"不雨"

가규: 거듭 '불우不雨'를 기록한 것은 민을 걱정하는 뜻을 표현한 것이다.

두예: 계절마다 우雨, 불우不雨 여부를 기록하는 것이 서법이다.

〈표 1〉33. 소공 9년『춘추』"陳災"

가규·복건: 진을 가엾게 여긴 것이다.

두예: 재해 장소를 기록한 것이며 의리와 무관하다.

〈표 1〉45. 정공 7년『춘추』"大雩"

가규: 거듭 '대우'를 기록한 것은 가뭄이 들었음을 말한다.

두예: 대우의 행사를 지낼 시기가 지났음을 말한다.

가규와 복건은 재이 기사에서 민을 걱정하거나 어느 나라를 가엾게 여겼다는 등 의미를 찾으려 하였다. 그에 비해 두예는 일관되게 그러한 해석을 수용하지 않고 재해를 기술하는 서법이나 재해와 관련된 구체적 상황 등을 설명하였다.

〈표 2〉의 31번 희공 16년 조 주석은 두예의 재해관을 잘 보여 준다. 이해에 운석이 떨어지고 바닷새가 바람 탓에 뒤로 나는 등 이변이 발생하였다. 송 양공이 이 일의 길흉에 대해 묻자 주 내사 숙흥叔興은 "군주께서 잘못 물었다(君失問)."라고 답하였다. 이 말에 대해 복건은 송 양공이 자신의 잘못을 묻지 않고 이변의 길흉 여부만 물은 것이 잘못이라고 주석하였다. 반면 두예는 사람의 일과 무관한 이변의 길흉 문제를 물은 것이 잘못이라고 주석하였다.[57] 즉 복건은 재이가 군주의 잘못에서 비롯되었다고 생각했고, 두예는 그것이 사람과 무관한 자연현상에 불과하다고 보았다. 이처럼 두 사람의 재이 관념은 근본적으로 달랐다.

두예의 재이관이 가장 명확히 드러난 사례는 제3부 1장 Ⅲ절에서 소개한 '획린獲麟'에 대한 해석이다. 많은 한대 학자들은 이 사건을 공자의 『춘추』 서술에 하늘이 감응한 일로 보았지만, 두예는 이해할 수 없는 자연현상으로 간주하였다. 그래서 공자가 "때에 맞지 않은 기린의 출현에 감개하여 『춘추』를 편찬"한 것이라 주장하였다. 이 주장은 한대 학자들의 춘추관을 획기적으로 바꾸었다. 제2부 2장에서 보았듯이 두예는 탁지상서로 수해 문제에 대처할 때에 재이 사상을 전혀 언급하지 않았다. 그는 재해를 막고 백성들의 굶주림을 구하기 위해 현실적인 대책을 제시했을 뿐이다.

지금까지 가규와 복건으로 대표되는 한대 주석과 두예 주석 간의 차이를 형식과 내용 두 측면에서 확인하였다. 두예 주석이 내적으로 구축한 정연한 해석 체계는 한대 주석에서 찾을 수 없는 특징이다. 또한 두예는 보정 정치와 화이관, 재해관 등의 측면에서 한대 주석가들과 전혀 다른 주장을 폈다.

이러한 두예 주석의 특징에는 위진시대라는 역사적 배경이 깔려 있다.

---

57 (服注) "襄公不問己行何失, 而致此變, 但問吉凶焉在" / (杜注) "襄公不知陰陽而問人事, 故曰君失問", 『春秋左傳正義』 권14, p.444.

형식의 체계성은 미언대의나 장구학을 지양하고 통합적이고 합리적인 경전 해석을 추구한 위진 경학의 풍조에서 배태된 것으로 보인다. 보정 정치에 대한 적극적 긍정, 혁명보다 전통의 강조, 한대적 화이관·재이관의 거부 등은 새로운 시대의 사고방식을 보여 준다. 사실관계의 해명에 충실한 두예의 주석은 이미 경주經注의 경계에서 벗어나 사서에 대한 주석, 즉 사주史注의 성격을 갖게 되었다. 그의 주석에 담긴 체계성은 향후 체례體例와 사실 해명, 사평 등 다양한 형식을 갖춘 육조 시기 사주史注[58]의 출현에 영향을 미쳤을 것이다. 두예 주석이 배송지 등의 사주 발전에 미친 영향은 심도 깊게 논의되어야 할 과제이므로 여기에서는 그러한 관계를 상기하는 선에서 그치겠다.

---

58 張瑞龍, 「從經注與史注的變奏看裴松之『三國志注』的學術地位」, 『史學月刊』 2004-6, p.98.

결론

두예의 춘추학을 당대의 역사적 상황과 연관 지어 새롭게 이해해 보려는 것이 이 책을 쓴 목적이었다. 여기에서 새롭다 함은 청대 경학자 초순의 주장을 극복하겠다는 뜻이다.

초순은 두예가 자신의 불충·불효한 처신을 합리화하기 위해 『춘추』 해석을 왜곡했다고 주장하였다. 또한 두예의 춘추학이 유행한 이유를 '난신 적자'가 출몰한 위진남북조시대의 정치 상황에서 찾았다. 그의 주장은 청대 학자들의 지지를 받았으며, 오늘날에도 영향을 미치고 있다. 자오보슝 趙伯雄이나 와타나베 요시히로渡邊義浩의 글에서 보듯 여전히 두예 학문은 정치적 의도에 따라 조작된 것으로 간주되곤 한다. 두예 학문을 긍정적으로 평가하는 가가 에이지加賀榮治나 가와카쓰 요시오川勝義雄는 아예 정치적·윤리적 문제를 논의에서 제외하여 의심의 여지를 남겨 두었다. 그 결과 두예 학문은 여전히 정치적 음모의 결과처럼 이해되고 있다.

이 문제를 본격적으로 논의하려면 먼저 위진시대 정치 상황과 두예 학문 특성 간의 관계를 이해해야 하는데, 초순을 포함하여 지금까지 발표된 연구들 중 이 문제를 검토한 것은 찾아보기가 어렵다.

두예는 정치적 명분과 현실 사이의 간극이 매우 큰 시대를 살았다. 그가 28살이 된 249년에 사마의司馬懿가 정변을 일으켜 권력을 장악한 뒤부터 265년 서진 왕조가 정식으로 출범하기까지의 시기가 특히 그러하였다. 당시 조위 왕조가 존재했으나 실제 국가 권력은 사마의, 사마사司馬師, 사마소司馬昭 등 3대에 걸친 보정輔政 대신이 장악하고 있었다. 주목할 점은, 이러한 상황이 한 왕조 이래 장기간 존속한 일반적인 권력 구조였다는 것이다. 학계에서는 그 권력 구조가 '보정체제輔政體制'라는 개념으로 설명된 바 있다.

'보정체제'는 한대 곽광霍光 이래 후한, 위진남북조, 수대에 이르기까지 존속한 권력 구조를 말한다. 이 시기에는 선제로부터 '보정'을 위촉받은 대신이 장군으로 막부幕府를 개설하여 독자적 정부를 구성하고, 동시에 '영상서사領尙書事' 직임을 수행함으로써 국가 권력을 장악하는 일이 자주 있었다. 따라서 당시 국가 권력의 특징은 황제 지배체제가 아니라 보정체제라는 개념으로 설명될 수 있다.[1]

보정체제론은 특히 두예가 살았던 위진시대의 역사적 상황을 이해하는 데에 유용하다. 보정체제론을 제기한 김한규金翰奎는 "위진 양대兩代 200년간 보정이 110년 동안이나 이루어졌음은 이 시기가 보정이라는 특수한 역사적 개념으로 특정지어질 수 있는 가장 대표적인 시기임을 의미한

---

1   金翰奎,「漢代 및 魏晉南北朝時代의 輔政」,「漢代 및 魏晉南北朝時代의 輔政體制」,「古代東亞細亞幕府體制研究」, 서울: 一潮閣, 1997.

다."2라고 하였다. 그렇다면 조위 시기의 사마씨 보정은 예외적이거나 불법적이지 않은 일반적인 현상이라 할 수 있다. 그 점을 감안한다면, 두예가 사마씨와 손잡은 일을 위진시대의 사람들이 반역적인 돌출 행위로 보았을 가능성은 커 보이지 않는다. 따라서 두예가 자신의 처신을 옹호하기 위해『춘추』해석을 왜곡할 이유도 없다. 그러한 점에서 두예에 대한 초순의 비판은 재고의 여지가 커 보인다.

두예의 학문을 보정체제라는 역사적 맥락 속에서 이해할 경우 새로운 문제들이 부각된다. 이 책에서는 모두 4부에 걸쳐 두예 학문에 대한 새로운 이해를 시도하였다.

제1부에서는 초순의『춘추좌전보소春秋左傳補疏』를 집중 분석하였다. 초순의 주장은 두예 학문의 역사적 의의를 다룬 학설 중 영향력이 가장 크다. 따라서 제1부는 일종의 학설사적 검토에 해당한다.

초순의 경학관은 독특했다. 청대의 경학가들은 주로 고증과 훈고라는 방법으로 경전을 연구하는 데 주력하였으나, 초순은 의리義理 해명을 더 중시하였다. 의리를 규명하지 않는 경학은 경학이 아니라고 말하였다. 두예 주석에 대해서도 개별 주석의 시비를 가리기보다 두예가 궁극적으로 주장한 바를 파악하는 데 힘을 모았다. 초순은 두예가 사마씨 집단과 결탁했던 자신의 변절을 윤식하려는 목적으로『춘추좌씨전』주석을 작성하였고, 두예 주석이 훗날 유행한 이유는 군주 시해와 정권 찬탈이 빈번히 발생한 육조수당시대에 정치적 정당성을 확보하는 데 유용했기 때문이라고 보았다. 초순은『춘추좌전보소』본문 128개조 가운데 의리 주석 15개에서 이같이 주장하였다.

하지만 필자가 초순의 주장을 하나하나 검토해본 결과, 객관적 증명이

---

2 金翰奎, 앞의 책, p.169.

가능한 조항은 하나도 없었다. 개연성 있는 일부 주장의 경우에도 구체적인 근거가 없고 모든 조항의 논리가 초순의 주관적 유추에 기대었다. 일관되게 확인된 것은 전제군주를 신성시한 초순의 정치 이념뿐이었다.

다만 초순의 주장 가운데 한 가지 점에 눈길이 갔다. 그는 섭정/보정을 행한 신하들에 대한 두예의 주석에 깊이 주목하였다. 춘추시대의 정치는 군주의 친정親政보다 주로 신하의 '위정爲政'으로 이루어졌다. 따라서 두예는 주석에서 '위정'의 신하들에 대해 많이 언급했는데, 초순은 그 주석들이 조위시대 사마의, 사마사, 사마소의 보정을 은연중에 옹호하려는 의도로 써졌다고 주장하였다. 그는 시종 춘추시대의 '위정'을 조위시대의 보정과 연결하는 논리를 폈다. 이러한 주장은 두예 주석의 역사적 의의를 이해하는 데 보정 정치가 핵심적인 사안임을 암시한다.

초순은 두예 주석의 정치성을 강조하기 위하여 두예를 매우 부도덕한 사람으로 몰았는데, 실제로 두예는 어떤 사람이었을까? 제2부는 그 같은 궁금증을 풀기 위해 써졌다.

제1장에서는 청년기 두예에게 영향을 미친 주변 사람들을 검토하였다. 두예의 삼촌 두관杜寬, 그리고 조부 두기杜畿가 발탁한 낙상樂詳은 모두 좌전학자이다. 종래 학자들은 이 두 사람이 두예에게 많은 영향을 미쳤을 것으로 보았다. 반면에 두예의 부친인 두서杜恕의 영향에 대해 주목한 사람은 없었다. 두서의 삶은 아들 두예의 삶과 흡사하였다. 두서는 조위 정부의 관료로서 현실 정치에 대해 적극 발언하였고, 그가 쓴 여러 건의 상주문이 남아 있다. 그는 특정 정파에 가담하지 않았으며, '부화浮華' 집단을 경멸했고, 관료와 학자로서 지켜야 할 원칙에 충실하였다. 이러한 모습은 훗날 서진시대 두예의 인생을 방불케 한다. 이 점을 감안한다면 두예는 누구보다 부친에게서 큰 영향을 받았으리라 추정할 수 있다. 반면 좌전학자인 두관과 낙상은 둘 다 정치 현실에 등을 돌리거나 무능하여 유능한 관료였던

두예와는 대조적인 삶을 살았다.

두서는 말년에 유배지에서 『체론體論』 등을 저술하였다. 이 책에서 그는 만물萬物의 본체本體를 예禮로 파악하였고, 군주와 신하가 지켜야 할 도덕적 규범이나 언言·행行·정치·법·용병用兵 등 여러 방면에서 지켜야 할 예적 규범을 '본체'의 내용으로 제시하였다. 그의 본체론은 당시 유행한 현학玄學의 체용론體用論을 연상시키며, 『체론』의 구체적인 내용은 『좌전』 기사에서 확보된 것으로 보인다. 이처럼 『좌전』에서 진리의 '본체'를 찾으려 한 두서의 논리는 『좌전』 내부에서 그 의미를 추구한 두예의 '전문주의傳文主義'적 연구법으로 발전한 것으로 보인다. 그렇다면 두예는 인생과 학문 두 영역에서 부친 두서의 영향을 받았다고 할 수 있다.

두예가 관료로서 행한 정책에서도 그의 가치관을 엿볼 수 있다. 제2장에서는 두예가 탁지상서로 재직할 때 제출한 재해 예방 정책을 살펴보았다. 이 일에 관해서는 자료가 비교적 상세히 남아 있다. 서진 시기에는 동남 회수淮水 유역에서 수해가 다발하였다. 두예는 수해를 막으려면 이 지역에 인공적으로 조성한 피陂·당塘 등의 저수 시설을 파괴해야 한다고 주장하였다. 저수지의 물을 방류하여 물고기로 굶주린 백성들을 먹이고, 물이 빠진 곳에 경작지를 조성하여 농사를 짓게 해야 한다는 것이 주장의 요점이다. 그의 주장은 피·당을 유지하고자 한 국가와 호강豪强 집단의 반발을 샀다. 국가는 수운水運을 통하여 군대를 이동시키기 위해 저수지가 필요했고, 호강 집단은 저수지를 차지하여 경제적 이익을 독점하려 하였다. 그들에 맞선 두예의 주장은 수해를 줄여 민생을 안정시킨다는 민본民本 이념에 충실한 것이었다. 국가와 권력집단의 이익보다 민본 이념이라는 원칙을 지키려 한 그의 행적에서 초순이 주장한 사악한 음모가의 모습을 찾기는 어렵다.

제3부에서는 그동안 비판받아 온 것처럼 두예의 학문이 과연 정치적으

로 편파적인지를 구체적으로 짚어 보았다.

제1장에서는 두예의 '양암단상제諒闇短喪制'와 '서시례書弒例', 그리고 『춘추』의 시작'에 대하여 검토하였다. 많은 학자들이 '양암단상제'와 '서시례'가 두예의 정치적 의도를 잘 드러낸다고 보아 왔다. '양암단상제'는 새로 즉위한 군주가 부모의 장례가 끝나면 곧 상복을 벗고 국사에 임할 수 있다는 취지의 예제를 말한다. 두예는 이 예제가 경전에 근거를 둔 것이라고 주장했으나, 상례 기간을 3년으로 보는 통념과 반대된 주장이어서 큰 논란을 불러일으켰다. 와타나베 요시히로는 서진 시기 무제의 동생인 사마유司馬攸를 황제로 추대하기 위해 두예가 '양암단상제'를 주장했다고 보았다. 필자가 이 문제에 관한 『좌전』 본문과 두예 주석들을 모두 검토해 본 결과 그러한 주장은 입증되기 어려운 것임이 드러났다. '양암단상제'는 『좌전』의 역사적 사실과 부합하며, 문장 간에 논리적 모순도 보이지 않는다. 또한 국가의 안위를 책임지는 군주는 긴 상복 기간을 가질 수 없다는 점에서 '양암단상제'는 민의 복리를 위하는 것이 예의 본질이라는 관념과도 부합하였다.

후대 학자들에게 '양암단상제'보다 더 큰 논란을 일으킨 것은 '서시례'였다. '서시례'란 군주가 무도한 탓에 스스로 시해를 자초하였다면 『춘추』 기사에서 군주의 이름을 칭하고, 사악한 신하 탓에 죽었다면 신하의 이름을 칭하는 서법을 말한다. 초순은 사마씨의 군주 시해를 정당화하기 위해 두예가 이 의례를 창안했고, 주공의 범례凡例로 격상했다고 주장하였다. 그러나 이와 관련된 『좌전』 본문과 두예 주석을 모두 검토해 보면 그러한 주장은 성립하기 어렵다. 『춘추』에 나오는 군주 시해 기사 23건 중 '서시례'가 적용된 기사는 19건이고, 그중 7건에서 군주의 이름이 칭해졌다. 이를 『좌전』 속 역사적 사실들과 비교해 보면 7건 모두 군주가 실제로 무도하였다. 즉 '서시례'의 군주 폄책은 역사적 사실과 부합한다.

『춘추』에서 신하의 이름이 칭해진 기사 12건을 『좌전』의 기사와 대조해 보면 6건은 오히려 군주가 무도한 경우였다. 만일 '서시례'를 본래 취지에 맞게 적용한다면 이 기사들에서도 군주 이름을 칭하여 군주의 무도함을 알려야 한다. 하지만 도리어 신하의 이름을 칭하여 신하의 죄를 부각하고 군주의 잘못을 감추었다.

이런 결과를 보면 두예가 '서시례'로써 군주의 무도함을 드러내고 시해를 정당화하려 했다는 주장은 설득력이 없다. 또한 두예는 군주가 무도했음에도 불구하고 신하의 이름을 칭한 기사에 빠짐없이 주석을 달아 서법과 사실 간의 괴리를 해명하였다. 이 주석들은 두예의 의도를 정확하게 보여 준다. 두예는 정치적 의도를 품고 주석을 단 것이 아니라 『좌전』 해석의 일관성을 지키기 위해 노력하였다.

두예 학문의 정치적 맥락을 파악하려면 「춘추좌씨전서春秋左氏傳序」의 둘째 문답을 주목해야 한다. 이 문답은 두예가 세 가지 점에서 한대 학자들과 전혀 다른 춘추관을 가졌음을 보여 준다. 첫째, 『춘추』의 끝에 등장하는 '기린을 포획한 일(획린獲麟)'의 의미 해석이다. 한대 학자들은 공자가 『춘추』를 완성하자 하늘이 그에 감응하여 상서로운 동물 기린을 보냈다고 이해하였다. 그들은 공자를 하늘이 감응하는 신성한 존재인 '소왕素王'으로 칭하였다. 그러나 두예는 공자를 평범한 사대부의 하나로 보았고, 그가 기린의 등장에 감격하여 『춘추』 저술에 착수했다고 주장하였다. 둘째, 두예는 『춘추』가 왜 은공조隱公條부터 시작하는지에 특별히 주목하였다. 두예 이전의 학자들은 이 문제에 별 관심이 없었다. 두예는 은공이 섭정으로서 나라를 다스린 현군賢君이기 때문에 그로부터 『춘추』가 시작되었다고 주장하였다. 섭정/보정의 통치에서 『춘추』가 시작했음을 강조한 것이다. 셋째, 한대 학자들은 『춘추』의 이상이 "주를 내치고 노국을 왕으로 여긴(黜周王魯)"데에 있다고 함으로써 한 왕조의 혁명적 정당성을 주장하였다. 그

러나 두예는 그에 반대하고, 과거의 전통을 중시하는 '흥주興周'의 논리를
『춘추』의 이상으로 보았다.

이 획기적인 세 가지 관점은 두예의 춘추관에 위진시대의 역사적 상황
이 투영된 결과라는 것이 필자의 생각이다. 위진시대에는 귀족의 정치 참
여가 확대되면서 사대부의 책임의식이 강조되었다. 이에 따라 공자도 세
상일에 근심하는 사대부의 한 사람으로 바라보게 되었던 것 같다. 또한 그
시대에는 보정 정치를 통한 신흥 왕조의 출현이 반복되면서 왕조의 시작
점으로서 보정이 중시되었다. 두예가 은공의 섭정에서 『춘추』가 시작되었
음을 강조한 이유도 그와 같은 시대 상황에서 찾을 수 있다고 본다.

왕조의 잦은 교체를 경험하면서 사대부는 혁명적 변화보다 전통의 가
치를 더욱 중시하게 되었을 것이다. 두예가 '출주黜周'보다 '흥주'의 이상
을 제기한 이유도 그러한 배경에서 이해될 수 있다. 만일 이상의 추론에
큰 잘못이 없다면, 초순의 주장과는 전혀 다른 각도에서 두예의 춘추학이
당시 역사 상황의 산물이라고 이야기할 수 있다.

『춘추』의 시작에 관한 두예의 주장은 보정 정치의 시대상과 밀접한 관
련이 있어 보이는데, 제3부 제2장에서는 은공 조 기사에 대한 두예의 주석
과 후대 학자들의 주석을 비교하여 그 점을 부각하였다.

우선 『문연각사고전서』「춘추류」115권의 책에서 '『춘추』의 시작'이 어
떻게 설명되었는지를 조사하였다. 주로 송·원의 학자들이 이 문제를 언급
했는데, 그들은 은공을 현군으로 본 두예와 정반대의 주장을 폈다. 그들은
은공의 치세를 난세의 시작으로 보았고, 정식 군주가 아닌 섭정의 통치가
혼란의 근원이라고 하였다. 다시 말해 은공의 치세에 천하가 난세로 진입
하였기에 『춘추』가 그때부터 시작되었다는 것이다. 이들의 주장은 맹자의
주장을 따른 것이다. 맹자는 치세의 경전인 『시경』이 소멸된 뒤 난세의 경
전인 『춘추』가 등장했다고 주장하였다. 이 주장은 은공을 현군賢君으로 미

화한 두예의 주장과 정반대이다. 송 이후 군주 독재 정치가 정착되면서 은공 현군론은 사라졌다. 즉 두예의 주장은 보정체제가 지속된 후한 말·위진~수대에만 통용된 생각임을 알 수 있다.

개별적인 두예 주석의 내용에서도 보정 정치를 옹호하는 주장을 볼 수 있다. 은공이 노국을 통치한 11년 동안의 기사에 대하여 두예는 일관되게 은공을 옹호하는 주석을 달았다. 특히 후대 주석과 명확히 다른 주석 13건에서 그러한 경향이 두드러졌다. 『좌전』 기사에서 분명히 은공을 폄책하였으나, 두예는 반대로 은공을 미화하는 주석을 단 경우도 있었다.

'『춘추』의 시작'에 대한 논의는 서진시대에 활발히 전개된 '단한斷限' 논쟁을 떠올리게 한다. 이것은 왕조사 서술을 어디에서 시작할 것인가에 대한 논쟁인데, 단한을 소급한 사서는 현행 24사 가운데 위진남북조 국가의 사서에서만 찾아진다. 『삼국지』와 『진서晉書』, 그리고 북조의 사서에서는 왕조의 시작이 보정 시기로 소급되어 있다. 따라서 단한 논쟁은 보정 시대가 낳은 것임을 알 수 있다. 이 논쟁은 서진대에 가장 치열하게 진행되었다. 서진의 역사가들은 서진 왕조사의 시작점으로 조위의 정시正始 1년, 가평嘉平 1년, 서진의 태시泰始 1년 등 세 안을 놓고 논쟁을 벌였다. 마침내 태시 1년으로 의견을 모았다고 하나, 현행 『진서』는 사마의 보정기(선제宣帝 본기)부터 시작된다.

단한 논쟁은 사실과 명분 중 무엇을 더 중시할 것인가를 두고 다툰 논쟁이다. 서진 왕조가 249년 사마의 정변에서 시작되었다는 주장은 사실을 중시한 것이며, 태시 1년(265) 정식 왕조의 출현에서 시작되었다는 주장은 명분을 강조한 것이다. 단한을 소급하여 조위 황제를 축출하고 시해한 사건을 덮으려 했다고 의심할 수도 있으나, 사마의의 보정 권력과 서진 왕조 사이에 본질적 차이가 없다는 점에서 단한의 소급은 역사적 사실에 충실한 것이라 할 수 있다. 같은 시기에 '『춘추』의 시작'에 대하여 주장을 편 두예와 진사의 시작 시기를 소급한 학자들은 모두 명분보다는 역사적 사실을 중시해야 한다는 입장을 가졌던 것이다.

끝으로 제4부에서는 세 편의 글을 통하여 두예 학문이 역사학의 발전에 미친 영향을 검토하였다. 조위시대 춘추학자 외희隗禧는 "좌씨전은 서로 살상하는 책일 따름이다. 깊이 연구할 만한 것이 못 된다(左氏直相斫書耳, 不足精意也)."라고 말하여 『좌전』의 역사적 사실은 연구할 만한 가치가 없다고 주장하였다. 하지만 두예는 그와 정반대로 역사적 사실에서 진리를 찾는 방법을 모색하였다.

「춘추좌씨전서」의 첫째 문답은 그 점을 잘 보여 주는데 제1장에서 그 내용을 소개하였다. 두예는 『주역』 철학의 영향을 받았다. 그는 『주역』의 괘卦·효爻가 천하의 일을 아우르듯이 『좌전』의 사실도 그러한 역할을 한다고 보았다. 보편적 진리는 개별적 역사 사실을 '통하여' 드러나게 된다. 두예는 역사적 사실을 전달하는 문장을 이해함으로써 『춘추』에 있는 진리를 드러낼 수 있다고 믿었다. 이와 같은 두예의 생각은 역사학이 학문 분과로서 독립하는 데 철학적 바탕이 되었다고 생각한다.

제2장에서는 두예의 주석에 세 가지 유형이 있음을 이야기하였다. 첫째, '다른 곳도 이와 같다(他皆放此)'라는 표현을 담은 주석이다. 여기에는 전체 주석의 범례에 해당하는 내용이 담겨 있는데, 특히 형식적 기록물인 『춘추』보다 역사적 사실이 풍부한 『좌전』이 진리를 이해하는 데 더욱 중요하다고 하였다. 두예는 경전 연구보다 역사 연구가 우리를 진리에 더 가깝게 인도한다고 믿은 듯하다. 둘째, 'A 위 B 전'·'A 위 B 장본/기본' 유형의 주석이다. 이들은 역사적 사실 간의 인과관계나 예언과 그 결과를 설명한다. 이로써 유교의 윤리적 가치나 예적 규범이 준수되는 조화로운 천하의 이상을 강조한다. 셋째, '전언傳言'이란 말로 시작하는 주석이다. 이 주석에서 두예는 역사적 사실들을 간략히 논평했는데, 그 내용은 주로 군주

를 보좌하는 신하의 역할이 국가의 흥성에 중요하다는 점을 일깨우는 것이었다.

이와 같이 두예는 「춘추좌씨전서」와 '타개방차' 유형 주석을 통해 역사적 사실 연구의 중요성을 천명하고, 'A 위 B 전'·'A 위 B 장본/기본' 유형 주석을 통해 사실관계의 해명에 주력하였을 뿐 아니라, '전언' 유형 주석에서 간략한 사평을 다는 등 일정한 체계를 갖춘 주석을 선보였다. 이러한 모습은 특정 자구의 해석에 매달린 한대식 『춘추』 연구의 전통에서 두예가 벗어나 있음을 보여 준다.

두예 주석과 한대 주석의 관계는 오래된 논쟁거리이다. 이 문제를 해명하면 두예 주석의 특징이 뚜렷해질 수 있다고 보여 마지막 3장에서 다루었다. 두예는 자신의 『춘추』 해석이 독창적인 것이라 자부했지만, 청대 학자들은 그의 주석이 한대 주석을 베끼거나 절취한 것에 불과하다고 평가 절하했다. 두예가 한대 주석의 성과를 널리 수용한 다음 자신의 견해를 세웠기 때문에 이 문제에 대해서는 오늘날에도 견해가 엇갈리고 있다.

하지만 한대 『좌전』 주석을 대표하는 가규賈逵·복건服虔의 주석과 두예 주석을 비교해 보면, 문의 해석에 차이가 적지 않음을 알 수 있다. 두예가 세운 새로운 문의는 주로 사실관계에 대한 면밀한 이해에서 비롯되었다. 반면 그가 창안한 의례는 별다른 역할을 하지 못하였다. 두예는 『좌전』 기록을 맹목적으로 추종하지 않았고, 『좌전』에서 무엇이 실제 '사실'인지를 논리적으로 파악하고자 하였다. 두예가 주장한 『좌전』 중심주의란 『좌전』 기록의 추종이 아니라 『좌전』의 '사실'을 중시한 태도인 것이다. 한대 주석과 문의 해석이 다른 부분은 주로 이러한 태도에서 비롯되었음을 여러 사례들을 통하여 설명하였다.

또한 두예 주석에서 보이는 해석의 체계성을 한대 주석에서 찾을 수 없다. 또한 군신 관계와 화이관, 재이관에서도 뚜렷한 차이가 엿보였다. 이들 사안에서 두예는 위진시대에 등장한 새로운 사고방식을 선보였다. 그러한 점들을 고려한다면, 한대 주석과 두예 주석 간에는 유사점보다 상이점이 훨씬 많다고 할 수 있다. 이와 같은 두예 주석의 독창성은 두예의 역량에서 나온 것이지만, 동시에 그가 살았던 시대 상황에서 발현된 것으로 이해될 필요가 있다.

결론적으로 두예의 학문은 그가 살았던 위진시대의 역사를 염두에 둘 때 가장 잘 이해된다고 말할 수 있다. 그는 보정 정치가 커다란 역할을 했던 때에 살았고, 그의 학문도 그 시대 안에서 자라났다. 그가 '『춘추』의 시작' 문제를 강조한 것이 그 점을 보여 준다. 두예는 왕조 창건의 명분보다 보정 권력의 실질을 중시하였고, 그러한 태도는 역사적 사실에서 진리를 추구하고자 한 두예 춘추학의 특성과 연결된다. 두예 춘추학이 경학의 경계를 넘어 사학의 발전을 촉진한 것은 이러한 특성 때문일 것이다. 반면에 그동안 두예에게 내려진 이념적 혹은 음모론적 평가들은 재평가되고 수정되어야 할 것이다.

부록

두예 연보

1세(222, 조위 문제 황초 3)

- 두예 출생[1]

- 9~10월 조위가 오를 정벌함. 조부 두기, 상서복야로 '통유사統留事'.[2]

- 부친 두서 25세.[3] 모친은 누구인지 전하지 않음.

2세(223, 문제 황초 4)

- 9월 이후 62세의 두기, 누선樓船을 제작하여 시승하다가 황하에서 익사함.

- 아들 두서가 작위를 세습하여 대후戴侯가 됨.[4]

11세(232, 명제 태화 6)

- 두서, 산기상시散騎常侍로 탁배擢拜됨. 수개월 뒤 산기황문시랑散騎黃門侍郎으로 천임됨.[5]

- 조정에 있으면서 여러 차례 상소함.[6] 주요 내용은 아래와 같음.[7]

① 자사刺史의 군권 지휘권 회수, 천하의 복심 4개 주에 대한 권농 정책을 주장함.

---

1 太康 5년(284) "閏月, 鎭南大將軍 當陽侯 杜預卒", 『晉書』 권3, 「武帝紀」, p.75. "卒, 時年六
   十三", 『晉書』 권34, 「杜預傳」, p.1032. 두 기사에 따라 杜預의 출생연대는 222년으로 추정된
   다.
2 『三國志』 권16, 「杜畿傳」, p.497.
3 루칸루는 26세로 보았으나(陸侃如, 『中古文學繫年』, 北京: 人民文學出版社, 1998, p.451), 착
   오로 보인다.
4 『三國志』 권16, 「杜畿傳」, p.497.
5 『三國志』 권16, 「杜恕傳」, p.598, 『杜氏新書』.
6 『三國志』 권16, 「杜恕傳」, p.498.
7 『三國志』 권16, 「杜恕傳」, pp.502~505.

가뭄을 지적하고[8] 전쟁보다 휼민의 필요성을 역설함.[9]

② '현지賢智'한 신하의 보좌를 받아야 함을 주장함.

③ 인사 청탁 풍조, 사예교위 공선孔羡의 대장군 사마의 동생 천거 등을 비판함.[10]

④ 소리小吏에 의한 탄핵 만연을 비판하고, 법보다 도리의 추구를 강조함.

16세(237, 명제 경초 1)

- 산기상시 유소劉劭가 고과법 72조를 제출하자[11] 두서가 이에 반대하는 의견을 상주함.[12]

- 고과보다 신하에 대한 신뢰가 중요함을 강조함. 법보다 사람의 문제를 강조함.

- 법술을 숭상하고 유가를 우활迂闊하다고 보는 세태를 비판함.

18세(239, 제왕 방 경초 3)

- 두서, 232~239년 8년간 황문시랑으로 근무함. 그의 주장이 귀하고 곧았다고 평가받음.

- 이해 제왕 방이 즉위함. 조상曹爽이 보정輔政으로 실권을 장악함. 등양鄧颺 등 부화파가 등용됨.

- 두서, 좌천되어 홍농태수로 천임해[13] '관화寬和', '혜惠·애愛'의 정치를 펼침.[14]

- 홍농군 의양현宜陽縣에 일천오一泉塢를 세움.[15] 두씨 가문의 본거지가 됨.

---

8 杜恕가 조정에서 일한 시기는 태화 6년부터 正始 1년까지 8년간이다. 이 기간을 전후하여 가뭄 기사는 明帝紀 태화 5년에만 등장한다(『三國志』권3, 「明帝紀」, p.98). 이것을 근거로 위의 상소를 太和 6년의 일로 비정하였다.

9 이해에 조정에서는 요동 정벌과 촉 정벌을 둘러싸고 찬반 논쟁이 전개되었다. 杜恕는 反戰을 주장하였다. 『資治通鑑』권72, pp.2277~2278.

10 司馬懿의 다섯째 동생 司馬通이 司隷從事로 천거된 것을 말하는 것으로 보인다. 『三國志』권16, 「杜恕傳」, p.505.

11 『三國志』권21, 「劉劭傳」, p.619.

12 『三國志』권16, 「杜恕傳」, p.502;『資治通鑑』권73, p.2327에 따라 연대를 景初 1년으로 비정하였다.

13 『三國志』권16, 「杜恕傳」, p.505.

14 『三國志』권16, 「杜恕傳」, p.506, 『魏略』.

15 『三國志』권16, 「杜恕傳」, p.506, 『杜氏新書』. 이곳은 杜氏의 거점으로 杜恕-杜預-杜尹 때까지 三代에 걸쳐 근거지였다.

- 두기와 두서의 묘가 일천오의 북쪽에 위치함.[16] 영가의 난 때 일천오가 함락됨.[17]

19~27세(240~248, 제왕 방 정시 연간)

- 두서, 홍농군태수로 있다가 정시 연간 어느 시기에[18] 조상趙相으로 전임됨.[19] 그 뒤 질병으로 관직에서 물러남.[20]
- 두서, 하동군태수에 임명됨. 수년 뒤 회북독군호군淮北督軍護軍이 됨.
- 다시 질병으로 면직됨. 지방장관으로 '대체大體'를 지키는 데 힘씀. 다만 인정을 베풀어 백성의 환심을 사는 데는 부친 두기에 미치지 못했다는 평가를 받음.[21]
- 얼마 후 어사중승으로 임명되어 중앙으로 복귀함. 그러나 곧 유주자사가 됨. 성시 9년의 일로 보임. 건위장군建威將軍 사지절使持節 호오환교위護烏丸校尉 직함을 겸함.[22]

28세(249, 제왕 방 가평 1)

- 정월, 사마의가 고평릉高平陵 정변으로 권력을 장악함. 조상 일파가 축출됨.[23]
- 두서, 관새를 무단으로 넘어온 선비 대인의 소자小子 1인을 참수한 뒤 상부에 보고하지 않아 정북장군征北將軍 정희程喜에게 탄핵당함.

---

16 "洛州 福昌縣, 後漢代 宜陽縣이다. …… 魏 尙書僕射 杜畿와 幽州刺史 杜恕의 墓가 모두 이 縣의 북쪽에 있다. 縣城은 魏代 一金塢城이다. 東南北 三面이 峭絶天險하다." 『通典』 권177, p.4654.

17 『晉書』 권63, 「魏該傳」, p.1713, 『水經注』에 다음 설명이 있다. "洛水又東, 逕一全塢南, 城在川北原上, 高二十丈, 南北東三箱, 天險峭絶, 惟築西面, 卽爲全固, 一全之名, 起于是矣", 『水經注疏』 권15, 南京: 江蘇古籍出版社, 1999, p.1301.

18 杜恕의 후임 弘農郡太守인 孟康은 正始 연간 중 "出爲弘農 領典農校尉"했다고 한다(『三國志』 권16, 「杜恕傳」, p.506, 『魏略』). 따라서 두서가 홍농군태수에서 趙相으로 이직한 것이 정시 연간의 일임을 알 수 있다. 그러나 임용 날짜와 去官 시기를 구체적으로 확인할 수는 없다.

19 趙王은 曹操와 王昭儀 사이에 태어난 曹幹이다. 明帝代 태화 6년 趙王으로 改封되었다. 文帝가 왕위를 계승할 때 조간 모친의 도움이 컸다. 그래서 문제는 遺詔를 내려 명제가 늘 조간에게 厚待하도록 하였다. 그러나 明帝 靑龍 2년(234) 조왕은 "私通賓客" 혐의로 탄핵되어 경고의 璽書를 받았다. 『三國志』 권20, 「文武世王公傳」, pp.585~586. 조왕은 이러한 조치에 분노했을 것이며 두서도 편안하게 공무를 수행할 수 없었으리라 생각된다.

20 『三國志』 권16, 「杜恕傳」, p.505.

21 『三國志』 권16, 「杜恕傳」, p.505.

22 『三國志』 권16, 「杜恕傳」, p.505.

23 『三國志』 권4, 「三少帝紀」, p.123.

328

- 두서, 정위廷尉에 수감됨. 부친 두기의 공로가 참작되어 서인으로 신분이 강등되고 장무군章武郡으로 유배 감.

30세(251, 제왕 방 가평 3)
- 8월 사마의가 사망하고 아들 사마사가 무군대장군撫軍大將軍 녹상서사錄尚書事로 보정 지위를 승계함.[24]

31세(252, 제왕 방 가평 4)
- 두서, 유배지 장무군에서 사망함. 유배 시절 『체론體論』 8절과 『흥성론興性論』 1편을 저술함.[25]

33세(254, 제왕 방 정원 1)
- 9월 제왕 방이 폐위되고 고귀향공이 즉위함.[26]

34세(255, 제왕 방 정원 2)
- 2월 사마사가 사망함. 사마소司馬昭가 대장군 녹상서사로 보정輔政의 직무를 승계함.[27]

36세(257, 고귀향공 감로 2)
- 두예, 사마소의 누이동생 고릉공주高陵公主와 혼인함. 상서랑尙書郎이 됨.
- 두예, 두기의 공적을 찬양한 낙상樂詳의 추천으로 조부 두기의 작위를 세습하여 풍락정후豊樂亭侯가 됨.[28] 읍 100호가 사여됨.[29]

---

24 『三國志』 권4, 「三少帝紀」, p.124.
25 『三國志』 권16, 「杜恕傳」, p.507.
26 『三國志』 권4, 「三少帝紀」, p.132.
27 『三國志』 권4, 「三少帝紀」, p.133.
28 『晉書』 권34, 「杜預傳」, p.1025.
29 『三國志』 권16, 「杜恕傳」, p.507.

39세(260, 원제 경원 1)

- 5월 고귀향공이 친위쿠데타를 일으켰다가 피살됨.[30] 6월 원제가 즉위함.[31]

40세(261, 원제 경원 2)

- 두예, 4년간 상서랑으로 재직함. 이후 사마소 막부의 참군사參軍事가 됨.
- 『진서』에서는 두예가 상부相府 참군사가 되었다고 하나[32] 사마소가 정식으로 상 국相國에 취임한 때는 경원 4년임.[33] 즉 이해에 장군 막부의 참군사가 됨.[34]

41세(262, 원제 경원 3)

- 겨울, 두예가 촉 정벌 군대를 지휘하는 진서장군鎭西將軍 종회鍾會의 장사長史가 됨.[35]

42세(263, 원제 경원 4)

- 5월 종회, 10여만 군대를 이끌고 진격하여 11월 촉을 멸함.[36] 이 전쟁에 참가함.

43세(264, 원제 함희 1)

- 정월 종회, 성도에서 반란을 일으킴. 반란이 진압된 뒤 종회의 속료들은 모두 숙 청되었으나 두예만 돌아옴. 1,150호 증읍增邑.[37]

---

30 『三國志』 권4, 「三少帝紀」, p.144, 『漢晉春秋』.
31 『三國志』 권4, 「三少帝紀」, p.147.
32 『晉書』 권34, 「杜預傳」, p.1025.
33 『晉書』 권2, 「文帝紀」, p.43.
34 陸侃如, 『中古文學繫年』, p.291.
35 『晉書』 권34, 「杜預傳」, p.1025. 루칸루는 1년 뒤인 263년의 일로 繫年 했으나(陸侃如, 『中古文學繫年』, p.608) 鍾會가 鎭西將軍으로 임명된 때가 이해 겨울이기 때문에(『三國志』 권28, 「鍾會傳」, p.789) 두예가 長史가 된 것도 거의 동시의 일이 아닐까 한다.
36 『三國志』 권4, 「三少帝紀」, p.149.
37 『晉書』 권34, 「杜預傳」, pp.1025~1026. 애초 司馬昭가 杜預를 鍾會의 長史로 임명한 데에는 종회를 견제하려는 의도가 있었다고 추정된다. 종회는 사마소의 蜀漢 정벌을 지지한 거의 유일한 신료였으나 당시 상류사회의 公敵으로 몰린 상태였다. 그는 과거 正始 玄學派의 일원 이면서도 嵇康을 살해하고 玄學 名士 집단을 탄압한 주범으로 상류귀족 사회에서 '인면수심 의 개'라고 욕먹고 있었다. 따라서 종회가 반란을 일으킬 가능성이 점쳐지는 상황이었다. 王曉 毅, 「鍾會─名法世家向玄學轉化的典型」, 『中國史研究』 1997-2 참조.

- 3월 사마소司馬昭가 진왕晉王으로 책봉됨.[38]
- 7월 사마소, 제도 개혁에 착수함. 중호군中護軍 가충賈充이 법률 개정을 주도하고[39] 두예도 참여함.[40]

44세(265, 원제 함희 2~서진 무제 태시 1)

- 12월 조위 황제가 진 사마염에게 선양함.[41]

45세(266, 무제 태시 2)

- 두예, 수하남윤守河南尹 직책을 담당함.[42] 힘써 "대체大體"를 숭상함.[43]

47세(268, 무제 태시 4)

- 정월 율령이 완성됨. 두예가 율령에 791조항의 주석을 닮.[44]

48세(269, 무제 태시 5)

- 고과 법규가 제정됨.[45]

---

38 『三國志』 권4, 「文帝紀」, p.150.
39 『晉書』 권2, 「文帝紀」, p.44.
40 율령 개정 작업에는 賈充 이외에 두예 등 14명이 참여하였다. 『晉書』 권30, 「刑法志」, p.927.
41 『晉書』 권3, 「武帝紀」, p.50.
42 『晉書』 권34, 「杜預傳」에서는 泰始 4년 율령 반포 뒤 '守河南尹'이 되었다고 한다. 그래서 루칸루는 이 일을 泰始 4년으로 繫年했다(陸侃如, 『中古文學繫年』, p.633). 그러나 「刑法志」에서는 司馬昭가 晉王일 때 '守河南尹 杜預' 등 14명이 율령 개정에 참가했다고 한다. 이것은 264년 西晉 출범 이전에 두예가 이미 '수하남윤'이었을 가능성을 시사한다. 하지만 여기에도 문제가 있다. 촉 정벌 이후 河南尹은 李胤이었고, 그는 泰始 初에 尙書가 되었다. 그가 이직한 후 杜預가 '수하남윤'이 된 것으로 보인다. 그래서 이해의 일로 비정하였다.
43 『晉書』 권34, 「杜預傳」, p.1026.
44 『晉書』 권34, 「杜預傳」, p.1026. 晉律은 조문이 간략하여 南朝에서는 張斐와 杜預의 注解가 함께 유행하였다. 張注는 731조, 杜注는 791조이다. 南齊의 王植은 둘을 합쳐서 『晉律』 1530조, 20卷의 책으로 묶었다. 『南齊書』 권48, 「孔稚珪傳」, pp.835~836. 『晉書』 「刑法志」에 晉律의 조문이 620조라 기록되어 있으나 『唐六典』에 1530조라고 기록된 이유가 여기에 있다. 韓國盤, 『中國古代法制史研究』, pp.254~258. 두예는 상주문에서 다음과 같이 말하였다. "법률이란 …… 문장이 간략하고 例가 명확해야 한다. …… 형법의 근본은 간략함과 명확함에 있으며, 반드시 그 명분이 무엇인지 살필 수 있어야 한다. …… 지금 주석한 바는 모두 법의 의미를 망라하고, 명분에 따라 바로잡은 것이다(法者, …… 非窮理盡性之書也. 故文約而例直, …… 刑之本在於簡直, 故必審名分, …… 今所注皆網羅法意, 格之以名分)", 『晉書』 권34, 「杜預傳」, p.1026.
45 『資治通鑑』은 이 일을 泰始 4년, 268년의 기사로 보았다(『資治通鑑』 권79, p.2505). 그런데 상

49세(270년: 무제 태시 6년)

- 두예, 진주자사秦州刺史 영동강교위領東羌校尉 경거장군輕車將軍 가절假節로 임명됨. 선비족을 막기 위한 방법으로 마함법馬埳法을 제안함.[46]
- 두예, 사예교위 석감石鑒에게 탄핵을 받아 면직됨.[47]

50세(271, 무제 태시 7년)

- 11월 내사한 흉노 선우 유맹劉猛이 반란을 일으킴. 두예, 산후散侯 신분으로 대책 제안.[48]
- 두예, 탁지상서度支尚書가 됨. 적전藉田 세움, 변경 정책, 상평창 설립, 곡물 가격, 소금 운반, 부세 조례, 변강과 관련된 정책 50여 조를 제안하여 모두 수용됨.[49]

주문에 「己丑詔書」가 등장한다. 己丑은 泰始 5년(269)이다. 따라서 필자는 泰始 5년의 일로 보았다. 두예는 고과법의 취지를 다음과 같이 말하였다. "사람을 배제하고 법에만 의존한다면 곧 이치를 해칠 것이다. 현재 관리들의 우열을 科擧하려면 무엇보다 지위가 높은 관료에게 위임하여 각자가 지휘하는 관료들을 考하는 것이 가장 좋은 방법일 것이다(臣聞上古之政, 因循自然, 虛己委誠 …… 及至末世 …… 疑耳目而信簡書. …… 擧人而任法, 則以傷理. 今科擧優劣, 莫若委任達官, 各考所統)", 『晉書』 권34, 「杜預傳」, pp.1026~1027.

46 오랑캐 진입로에 사방 3尺의 구덩이를 파고 둘레에 槍을 위장 매설해 두어 적군의 진격을 막는 방법이다. 『太平御覽』 권337, 兵部68, 「攻具下」, 北京: 中華書局, p.1548.

47 『晉書』 권34, 「杜預傳」, p.1027. 鮮卑 禿髮樹機能이 秦州에서 거병하여 秦州刺史 胡烈이 살해되었다. 『資治通鑑』 권79, p.2513. 石鑒은 都督隴右諸軍事 安西將軍으로, 杜預는 秦州刺史 領東羌校尉 輕車將軍 假節로 임명되어 鮮卑 토벌에 나섰다. 석감은 두예에게 즉각 공격을 명령했으나 두예는 이듬해 봄까지 기다리자고 주장하여 대립하였다. 석감은 두예를 '擅飾城門官舍', '稽乏軍興' 등의 죄목으로 탄핵하였다. 두예는 廷尉로 소환되었으나 尙主의 신분으로 八議의 특전을 받고 侯爵으로 贖論하였다. 秦州刺史는 泰始 5년에 처음 설치되었다. 『晉書』 권3, 「帝紀 武帝」, p.58. 처음 刺史는 胡烈이었고, 泰始 6년 석감이 安西將軍으로 都督秦州하고 호열은 6월에 兵敗被殺되었다. 두예가 호열을 대신하여 진주자사로 임명되었으나 얼마 후 중앙으로 압송되었다. 그 후 泰始 7년 석감도 召還된다. 李景이 진주자사로 임명되었다. (淸) 萬斯同, 『晉將相大臣年表』, 『二十五史補編』 권3, 北京: 中華書局, 1998, p.3386. 따라서 위의 일은 모두 泰始 6년에 비정할 수 있다.

48 『晉書』 권34, 「杜預傳」, p.1027.

49 『晉書』 권34, 「杜預傳」, p.1027. 당시의 것으로 보이는 상주문 일부가 남아 있다.
　①「奏履藉田」, 『全晉文』 권42, 「杜預」, p.1698; (淸) 嚴可均 校輯, 『全上古三代秦漢三國六朝文』, 北京: 中華書局, 1995.
　②賢良方正 천거의 表, 『初學記』 권20, 薦擧 제4, 北京: 中華書局, 2005, p.478.
　③民間의 急用으로 절굿공이, 절구, 독, 냄비, 작은 가마솥, 옹솥 등이 있음을 지목하였다. 『太平御覽』 권757, 器物部2, p.3360.

- 두예가 석감을 탄핵함.[50] 이후 두예와 석감 모두 면관免官됨. 두예는 후작侯爵을 유지하면서 탁지상서 직임을 수행함.[51]

53세(274년, 무제 태시 10)

- 두예, 다시 탁지상서로 제수됨.[52]
- 7월 황후 양씨楊氏 사망. 두예가 양암단상諒闇短喪을 주장함.[53] 3년간 상복 착용의 불합리성을 지적함.[54] 형식보다 내면의 마음을 강조함.[55] 지우摯虞가 반론을 제기하자[56] 이에 증거를 수집하여 논지를 보강함.[57]
- 두예, 『이원건도력二元建度曆』을 저술하여 역법을 보완함.[58]
- 두예, 황하 부평진富平津에 다리를 건설함.[59] 북위시대 황하[60]와 위수渭水[61]에 교

---

50 泰始 7년, 正月, 豫州刺史 石鑒이 吳軍을 공격한 뒤 首級을 虛張한 문제로 죄를 받게 되었다. 『資治通鑑』 권79, p.2514.

51 『晉書』 권34, 「杜預傳」, p.1027.

52 『晉書』 권34, 「杜預傳」, p.1027. 루칸루는 이 일을 泰始 10년으로 비정하였다. 陸侃如, 『中古文學繫年』, p.659.

53 『資治通鑑』 권80, p.2535.

54 3년간 喪服 착용은 "非必不能 乃事勢不得"한 일로서, 聖人은 이해하기 어려운 제도를 虛設하지 않는다고 주장하였다. 『晉書』 권30, 「禮」 中, pp.618~619.

55 『晉書』 권20, 「禮」 中, pp. 618~623. 두예는 다음과 같이 말하였다. "君子의 禮는 원칙대로 행하는 경우도 있고, 혹은 원칙을 비껴가 예를 경감하는 경우도 있다. 원래대로 똑같이 준수하는 경우도 있고, 상황에 따라 禮를 삭감하는 경우도 있다. 자신의 內心에 따르는 것이다(君子之於禮 有直而行 曲而殺 有經而等 有順而去之 存諸內而已)", 『晉書』 권20, 「禮」 中, p.622.

56 『晉書』 권51(「摯虞傳」, p.1426)에서는 이 일을 惠帝 元康 연간의 일로 기록하였다. 하지만 루칸루는 摯虞가 太子舍人일 때, 즉 泰始 10년의 사료로 보았다(陸侃如, 『中古文學繫年』, p.661). 惠帝 때는 두예 사후이므로 열전의 기록은 잘못이고 루칸루의 말이 옳다.

57 두예는 博士 段暢으로 하여금 증거를 수집하여 논지를 보강하도록 하였다. 『晉書』 권20, 「禮」 中, pp.618~623. 『隋書』 「經籍志」의 『喪服要集』 2권(『隋書』 권32, 「經籍志」 1, p.920), 『太平御覽』의 『集要』 등이(『集要』 「凡輓 天子六紼 諸侯四 大夫士二」, 『全晉文』 권43, 「杜預」, p.1705) 여기에 해당된다. 두예의 주장은 후일 편찬된 『春秋左氏經傳集解』에서도 반복된다.

58 『晉書』 권34, 「杜預傳」, p.1028. 이해 侍中 劉智도 曆法을 개정하여 泰始 10년의 상징성을 강조하였다. 『晉書』 권18, 「律曆」 下, pp.562~563.

59 다수의 사람들이 교량 건설에 반대했으나 두예는 『詩經』의 '造舟爲梁'이란 구절은 河橋를 만든 기록이라고 주장하며 강행하였다. 황제는 두예에게 "그대가 아니었다면 이 다리는 세워지지 못했을 것"이라 말하였다. 『晉書』 권34, 「杜預傳」, p.1028.

60 北魏 태종 때 于栗磾는 두예가 교량을 세운 일을 故事로 삼아 大船을 엮어 다리를 만들고 六軍이 횡단하도록 하였다. 『北史』 권23, 「于洛拔傳」, p.837.

61 渭水의 수심이 낮아 배가 다닐 수 없자 雍州刺史 최량은 "과거에 杜預는 黃河에 橋梁을 세웠다. 하물며 위수는 長河와 다르다. 또한 魏晉시대에 이미 교량이 있었다. 나는 지금 이곳에 다

량을 건설할 때 모범이 됨.

- 주묘周廟의 의기欹器[62]가 한말漢末 혼란 때 사라짐. 두예가 새로 만듦.[63]

57세(278, 무제 함녕 4)

- 가을 수해와 황충 피해 발생. 두예, 이에 대한 대책을 상소함.[64]

- 두예, 태시 7년(271)부터 이해까지 7년간 탁지상서로 근무함.[65] 모르는 일이 없다고 해서 조야에서 그를 '두무고杜武庫'라 칭함.[66]

- 11월 진남대장군鎭南大將軍 도독형주제군사都督荊州諸軍事로 임명됨.[67]

- 두예, 오국 서릉독西陵督 장정張政 군대를 습격하여 대파함. 350호가 증봉增封

리를 세우기로 결정하였다."라고 말하였다. 僚佐들은 모두 반대했으나 백성이 이롭게 여겼다. 그래서 지금도 '崔公橋'라고 부른다. 『北史』권44,「崔亮傳」, p.1631.

62 欹器(㩻器)는 두레박 모양의 古代 禮器인데 양쪽에 귀가 달려 있어 물이 차면 중심이 위로 올라가 뒤집어진다. 이것을 본 황제는 지나치면 엎어진다는 교훈을 상기하였다. 『晉書辭典』, p.631.

63 『晉書』권34,「杜預傳」, p.1028.

64 『晉書』권34,「杜預傳」, p.1028.
① 兗州, 豫州 동쪽의 諸陂가 파괴되었는데, 백성들에게 그곳의 수산물을 취하게 하고, 물이 빠지고 나면 그곳을 경작지로 활용하자고 주장함.
② 典牧都尉가 기르는 種牛를 풀어 곡식으로 바꾸거나 상으로 지급하자고 주장함. 3만 5,000 두를 將吏士庶에게 나누어 주어 春耕에 활용한 뒤 1頭當 300斛을 내도록 하면 700만 斛의 수입이 발생할 것이고, 1만 두의 種牛는 남겨 두어 관에서 사육하자고 제안함. 魏興西北山 들판에 있는 소와 양의 수에 대한 두예의 上奏文 일부가 남아 있다. 『太平御覽』권899, 獸部11, 牛中, p.3992; 『太平御覽』권899, 獸部 11, 牛中, p.4003; 『全晉文』권42,「杜預」, p.1698. 두예 上奏는 이 시기에 제출된 것으로 추측된다.
③ 陂塢의 폐단과 문제점을 적시하고, 漢代 이래 옛 陂塢은 수선하여 물을 저장하되, 魏代에 새로 조성된 것들은 모두 터서 물이 흐르게 하자고 주장함. 『晉書』권26,「食貨志」, p.789.

65 胡三省은 두예가 泰始 6년에 度支尙書가 되었다고 보았다. 『資治通鑑』권80, p.2550. 하지만 泰始 7년이 맞다. 7년의 기간 중 泰始 7년부터 10년까지는 侯爵으로 本職을 수행하였고 그 뒤 다시 度支尙書로 임명되었다.

66 『晉書』권34,「杜預傳」, p.1028.

67 『晉書』권34,「杜預傳」, p.1028. 武帝의 吳 정벌에 대해 賈充을 위시하여 다수의 신료가 반대하고 羊祜, 張華, 杜預만이 찬성하였다. 征南大將軍 羊祜는 吳國 정치의 혼란을 들어 開戰을 주장하였다. 그가 질병으로 出戰하지 못하게 되자 두예를 후계자로 추대하였다. 양호는 무제에게 "吳를 取하기 위해서 신이 반드시 직접 갈 필요는 없습니다. 그러나 平定한 후에 대해서는 皇上이 응당 관심을 가져야 합니다. …… 吳國을 평정하는 일이 끝난 뒤에는 응당 付授되는 일이 있을 것입니다. 원컨대 신중하게 사람을 선택하시길 바랍니다."라고 말하며 두예를 추천했다. 『晉書』권34,「羊祜傳」, p.1021.

됨.[68]

58세(279, 무제 함녕 5)

- 두예, 상표上表하여 오 정벌을 거듭 주장함.[69] 무제가 개전하기로 결정함.[70]
- 11월 가충을 대도독으로 삼아 20여만 군대가 오 정벌에 나섬.[71]

59세(280, 서진 무제 태강 1)

- 정월 강릉에 군대가 주둔하여 10일 사이에 누차 오의 성읍을 함락함.
- 2월 두예, 기병奇兵 800으로 낙향樂鄕을 점령하고 오 도독 손흠孫歆을 생포함.[72]
- 두예, 강릉江陵을 점령하고 오 강릉독江陵督 오연伍延을 참수함.[73]
- 무제가 두예로 하여금 형양榮陽을 장악하게 하고 일부 군사는 왕준王濬 등에게 주도록 함.[74]
- 회의에서 가충이 전염병 발생 위험이 큰 여름을 피해 휴전하자고 주장함. 두예

---

68 두예는 吳國과 邊將을 이간질하고자 上表하여 이 전투에서 포로로 잡은 사람들을 孫皓에게 돌려줄 것을 청하였다. 이에 손호는 과연 張政을 소환하고 武昌監 劉憲으로 대신하도록 하였다. 이는 大軍이 임박한 상황에서 將帥를 移易하였기 때문에 傾蕩之勢를 이루게 된 것이다. 『晉書』 권34, 「杜預傳」, p.1028.

69 孫皓가 北上한다는 소식에 武帝가 戒嚴을 명하고 朝廷에서는 다음 해 出兵을 주장하였다. 두예는 上表하여 孫皓의 군대가 國都를 비워 두고 서쪽으로 진격할 수 없으니 즉각 정벌할 것을 주장하였다. 10여 일 동안 반응이 없자 다시 上表하고 朝廷의 풍토를 성토하였다. 그동안 孫皓가 武昌으로 遷都하여 抗戰한다면 내년의 공격이 실패로 돌아갈 수 있다고 주장하였다. 『晉書』 권34, 「杜預傳」, p.1029.

70 『資治通鑑』 권80, p.2558.

71 『晉書』 권3, 「武帝紀」, p.70.

72 『晉書』 권34, 「杜預傳」, pp.1029~1030.

73 江陵 장악 이후 沅湘 以南에서 交廣 지역에 이르는 吳의 州郡이 모두 '望風歸命, 奉送印綬'하였다. 참수하거나 생포한 吳의 都督 監軍이 14명, 牙門, 郡守가 120여 명이었다. 『晉書』 권34, 「杜預傳」, p.1030. 江陵을 공격했을 때 吳人은 두예가 病癭(목에 혹, 종기가 생기는 병)이 있음을 알고 표주박을 개의 목에 걸어 전시하였다. 매번 큰 나무가 마치 혹처럼 생긴 것이 있으면 번번이 도끼로 쳐서 하얀 부분이 나오게 하고 '杜預頸'이라 불렀다. 江陵城 함락 뒤 두예는 이들을 모두 잡아들여 죽였다. 『晉書』 권34, 「杜預傳」, pp.1030~1031.

74 『晉書』 권3, 「武帝紀」, p.71. 처음 武帝는 王濬이 두예의 節度를 받게 하려 했으나 두예는 미리 편지를 보내 왕준의 공로를 칭송하고 무제가 이러한 조치를 취하게 하였다. 『晉書』 권42, 「王濬傳」, p.1210.

는 반대함.[75]

- 왕준의 수군이 건업을 함락함. 오 황제 손호孫皓가 항복함.[76]

- 5월 두예, 포상으로 당양현후當陽縣侯로 책봉되고 봉읍 9,600호로 증액됨. 아들 두탐杜耽이 정후亭侯로 봉해짐.[77] 두예는 양양襄陽 군진으로 돌아와 누차 사임을 요청함.[78]

59~62세(280~283, 무제 태강 1~4)

- 두예, 형주로 돌아와 무비武備에 힘쓰고, 학교를 세우고, 관개사업을 일으킴. 1만 여 경의 땅에 물을 대고, 형만荊蠻의 무리가 할거하던 파구호巴丘湖에 물길을 냄.

- 사람들이 두예를 '두보杜父'라고 칭송함.[79] 그를 특이한 존재로 보는 시선도 있었음.[80]

60세(281, 무제 태강 2)

- 급군汲郡 옛 무덤에서 『죽서기년竹書紀年』이 발굴됨.[81] 두예, 이 책을 열람한 뒤 『좌전』이 『춘추』의 본뜻을 전달하는 책임을 확신함.[82]

---

75 『晉書』 권40, 「賈充傳」, pp.1169~1170.
76 『晉書』 권3, 「武帝紀」, p.71.
77 『晉書』 권34, 「杜預傳」, p.1030.
78 『晉書』 권34, 「杜預傳」, p.1030.
79 『晉書』 권34, 「杜預傳」, p.1031. 두예는 "禹와 稷의 功業은 濟世를 바라는 것이었고, 내가 바라는 바도 크게 다르지 않다."라고 말하였다. 자신의 勳績을 새긴 비석 두 개를 만들어 하나는 山陵에, 다른 하나는 深谷에 세웠다. 말을 탈 줄 모르고 활을 쏘아도 甲札을 관통하지 못했지만 매번 將率의 반열에 올랐다. 사람들과 교우관계를 맺을 때는 공손하고 예의가 있었고, 감추는 것 없이 물었으며, 가르치기를 멈추지 않았다. 일의 진행은 민첩했고, 말은 신중하였다. 다만 方鎮에 있으면서 여러 차례 洛中의 貴要한 사람들에게 뇌물을 보냈다. 그것은 이익을 구해서가 아니라 단지 '害를 입지 않기 위하여' 한 일이었다고 한다. 『晉書』 권34, 「杜預傳」, p.1032.
80 술에 취하여 書齋에 누워 있던 두예를 밖에서 다른 사람이 창으로 엿보니 한 마리 큰 뱀이 고개를 수그리고 토하고 있어 사람들이 기이하게 여겼다고 한다. 『晉書』 권34, 「杜預傳」, p.1032.
81 汲郡 사람 不準이 魏襄王 혹은 安釐王의 것이라 불리는 무덤을 도굴하여 竹書 數十車 분량을 얻었다. 대개 魏國의 史書인데 『春秋』와 相應하는 내용이 많았다고 한다. 『晉書』 권51, 「束晳 열전」, p.1432.
82 두예는 다음과 같이 말하였다. "그 文意가 春秋經과 크게 유사하여 고대 國史 策書의 常態를 확인"하게 되었으며, 그 내용이 "대부분 『左傳』과 부합하고 『公羊』, 『穀梁』과 달라 두 책은 近世의 穿鑿일 뿐 『春秋』의 本意와는 무관함을 알 수 있다." 『春秋左傳正義』, 「後序」, pp.1982~1983.

- 두예,『춘추좌씨경전집해』,『석례』,『맹회도盟會圖』,『춘추장력春秋長曆』등을 출간하여 좌전학의 일가를 이룸.[83]『여기찬女記讚』을 찬술함.

63세(284, 무제 태강 5)

- 두예, 도독형주제군사로 형주에 5년간 머문 뒤 이해 사예교위에 임명됨. 상경길에 12월 등현鄧縣에서 사망함.[84]
- 무제가 두예에게 정남대장군征南大將軍 개부의동삼사開府儀同三司를 추증함. 시호 성成.
- 두예, 조부 두기와 부친 두서가 묻힌 홍농군 의양현宜陽縣 일천오가 아닌 낙양 부근에 묘역을 정해 안장됨.[85]
∗ 1982년과 1983년 두 차례에 걸쳐 사마소의 능묘 숭양릉崇陽陵 부근 5좌의 배장묘가 발굴되었는데 두예의 묘는 그 가운데 하나로 추정됨.[86]

---

83 그 文義가 화려하지 않고 '質直'하여 世人이 중시하지 않았다. 오직 秘書監 摯虞가 칭찬하며 다음과 같이 말하였다. "左丘明은 春秋를 위해 作傳했으나 左傳은 단독으로 유전되었다.『釋例』는 좌전을 위해 만들었으나 그 안에서 밝힌 내용은 左傳에 국한되지 않았다. 그래서 또한 별도로 유전되었다.",『晉書』권34,「杜預傳」, p.1032.

84『晉書』권34,「杜預傳」, p.1032.

85 두예는 직접 遺令을 남겨 密縣의 邢山에 있는 鄭大夫 祭仲 혹은 子産의 무덤같이 검소한 양식으로 薄葬하되 묘역은 洛陽城 동쪽 수양산 남쪽으로, 동쪽으로 二陵에 가까우며, 서쪽으로 宮闕을 바라보는 위치로 하라고 정하였다.『晉書』권34,「杜預傳」, p.1033.

86 潘偉斌,『魏晉南北朝隋陵』, 北京: 中國靑年出版社, 2004, p.186.

표

〈표 1〉『春秋左傳補疏』본문 일람표

典據 ①: 楊伯峻, 『春秋左傳注』1~4, 北京: 中華書局, 1990(제2판) 面數.
典據 ②: 焦循, 『春秋左傳補疏』, 『續修四庫全書』권124의 面數.
* 注: '經'은『춘추』경문에 대한 주석, '傳'은『좌전』전문에 대한 주석임.
* 義理 분석 항목은 제1부〈표 3〉참조.

항목 번호	권 수	시기	典據 ①	典據 ②	구분	注	내용 요약
1	권1	隱公 1	10	442	地理考證 1	傳	'郎 魯邑'
2		隱公 1	17-18	442	名物訓詁 1	傳	'蜚 負蠜也' 負蠜의 의미
3		隱公 2	22	443	地理考證 2	經	'潛 魯地'
4		隱公 4	35	443	地理考證 3	經	'濮 陳地水名'
5		隱公 6	51	443	字意訓詁 1	傳	'薿 至也'
6		隱公 9	66	443	字意訓詁 2	傳	'逞 解也'
7		隱公 11	79	443	文意解說 1	傳	隱公 鍾巫祭를 올린 배경
8		桓公 2	83	444	義理分析 1	經	제1부〈표 3〉참조
9		桓公 2	86	448	名物訓詁 2	傳	'越席 結草'
10		桓公 5	106	448	義理分析 2	傳	제1부〈표 3〉참조
11		桓公 7	118	448	地理考證 4	經	穀國의 위치
12		桓公 15	141	449	義理分析 3	經	제1부〈표 3〉참조
13		桓公 15	143	449	義理分析 4	傳	제1부〈표 3〉참조
14		桓公 16	145	449	義理分析 5	經	제1부〈표 3〉참조
15		桓公 16	145	450	文意解說 2	傳	'夷姜 宣公之庶母也 上淫曰烝'
16	권2	莊公 4	165	451	文意解說 3	傳	紀侯가 紀季에게 國을 내어준 일에 대하여 (賈逵보다 杜預의 주석을 높게 평가)
17		莊公 6	168	451	字意訓詁 3	傳	'衷 節適也'
18		莊公 12	190	451	義理分析 6	經	제1부〈표 3〉참조
19		莊公 22	220	452	字意訓詁 4	傳	'翹翹 遠貌'

20		莊公 27	236	452	文意解說 4	傳	'上之使民 以義禮讓哀樂爲本'의 의미
21		莊公 32	253	452	字意訓詁 5	傳	'投蓋'에 대하여
22		閔公 1	259	453	文意解說 5	傳	'言雖去猶有令名'의 의미
23		閔公 2	271	453	字意訓詁 6	傳	'阻'
24		閔公 2	272	453	字意訓詁 7	傳	'寒'
25		僖公 4	289	453	字意訓詁 8	傳	'風'
26		僖公 4	291	453	地理考證 5	傳	'昭王時 漢非楚境': 楚國의 지리
27		僖公 4	295	455	字意訓詁 9	傳	'豕也'
28		僖公 5	310	455	文意解說 6	傳	'天策燉燉'
29		僖公 10	332	455	義理分析 7	經	제1부〈표3〉참조
30		僖公 15	356	456	字意訓詁 10	傳	'輅'
31		僖公 22	396	456	文意解說 7	傳	'不如赦楚 勿與戰'
32		僖公 25	436	456	字意訓詁 11	傳	'徑'
33		僖公 26	437	456	地理考證 6	經	'鄾'地名 考證: 杜注의 정확성 인정
34		僖公 27	444	456	文意解說 8	傳	'貫三人耳'
35		僖公 28	459	456	字意訓詁 12	傳	'鹽'
36		僖公 28	459	456	字意訓詁 13	傳	'柔之'에 대한 考證. 杜注에는 '腦所以柔物'로 注解. 왜 腦가 柔物인지에 대하여 醫學的인 知識을 원용한 補注를 달았는데, '未知何謂'라 함. 신중한 비판 태도
37		僖公 37	491	457	字意訓詁 14	傳	'嫠'
38		文公 2	524	457	字意訓詁 15	傳	'齊'
39		文公 6	550	457	字意訓詁 16	傳	'抒'
40		文公 7	557	457	名物訓詁 3	傳	'葛藟' 식물에 대한 해박한 설명
41		文公 10	577	458	字意訓詁 17	傳	'盂' 군대 陳法에 대하여
42		文公 12	590	458	字意訓詁 18	傳	'在'
43		文公 14	606	458	文意解說 9	傳	簒位한 齊 懿公에게 그의 형 子元이 '公'이라고 끝내 부르지 않고 '夫己氏'라고 부른 이유에 대하여 焦循은 '6번째 아들'이란 뜻으로 보았고, 양보쥔은 '失之穿鑿'이라고 비판. 두예는 '某甲'이라고 해석.

44		文公 15	609	459	字意訓詁 19	傳	'魯人'의 의미(服虔: 魯鈍人; 杜預: 魯國人) 服虔 지지.
45		文公 16	622	459	義理分析 8	傳	제1부〈표 3〉참조
46		文公 17	626	460	字意訓詁 20	傳	'鹿死 不擇音'에서 '音' 의미
47	권3	宣公 2	650 663	461	義理分析 9	經	제1부〈표 3〉참조
48		宣公 4	676 678	461	義理分析 10	經	제1부〈표 3〉참조
49		宣公 4	678	462	義理分析 11	傳	제1부〈표 3〉참조
50		宣公 4	678	462	義理分析 12	傳	제1부〈표 3〉참조
51		宣公 4	683	465	名物訓詁 4	傳	'鬪穀於菟'의 來源에 대하여
52		宣公 6	688	465	字意訓詁 21	傳	'貫'
53		宣公 12	727	465	文意解說 10	傳	易經의 '臨' 卦에 대하여
54		宣公 12	734	465	文意解說 11	傳	'靡旌'
55		宣公 12	735	466	文意解說 12	傳	'旣免'
56		宣公 12	741	466	字意訓詁 22	傳	'戶'
57		宣公 12	742	466	文意解說 13	傳	'重獲'
58		宣公 12	749	466	名物訓詁 5	傳	溼의 증상을 막는 '麥麴·山鞠'에 대해 本草學의 지식으로 설명
59		宣公 15	762	467	地理考證 7	傳	'黎國'
60		宣公 18	779	468	字意訓詁 23	傳	'壇'
61	권4	成公 2	786	469	字意訓詁 24	傳	'髆'
62		成公 2	791	469	字意訓詁 25	傳	'桀'
63		成公 2	792	469	文意解說 14		'左幷轡右援枹而鼓'에 대한 설명
64		成公 2	795	469	文意解說 15	傳	'三入三出'에 대하여 杜預 '三次俱入晉軍'으로 해석. 두예의 견해를 따름.
65		成公 3	816	470	名物訓詁 6	傳	'褚'
66		成公 14	870	470	文意解說 16	傳	'盡而不汚'
67		成公 16	879	470	地理考證 8	傳	'鳴雁'의 地名 고증. 두예 고증에 대한 비판
68		成公 16	885	470	文意解說 17	傳	전쟁의 筮: '南國蹙 射其元王 中厥目'에 대하여
69		成公 16	887	471	文意解說 18	傳	'免冑而趨走' 상황에 대한 해설

70		成公16	888	471	字意訓詁 26	傳	'諜'
71		成公17	897	471	文意解說 19	傳	士燮의 자살 여부에 관한 杜注 비판
72		成公17	899	471	名物訓詁 7	傳	'葵'(해바라기)에 대하여. 杜預가 풀이한 해바라기의 속성에 대하여 비판
73		成公17	904	472	義理分析 13	傳	제1부〈표3〉참조
74		襄公10	973	473	地理考證 9	經	'相楚地' 相地에 대하여
75		襄公11	989	474	字意訓詁 27	傳	'年'
76		襄公11	991	474	字意訓詁 28	傳	'淳'
77		襄公11	993	474	文意解說 20	傳	'便蕃左右' 詩經 구절 해석
78		襄公14	1006	474	字意訓詁 29	傳	'掎'
79		襄公15	1021-2	475	字意訓詁 30	傳	'間'
80		襄公18	1040	475	字意訓詁 31	傳	'枚'
81		襄公19	1046	476	名物訓詁 8	傳	'癉疽'(악성 부스럼)에 대하여
82		襄公25	1096	476	文意解說 21	傳	'夫從風隕'의 易卦 해석
83		襄公25	1098	477	文意解說 22	傳	'臣不徒求祿'
84		襄公25	1098	477	義理分析 14	傳	제1부〈표3〉참조
85		襄公25	1099	477	字意訓詁 32	傳	'縛'
86		襄公25	1100	477	義理分析 15	傳	제1부〈표3〉참조
87		襄公25	1102	477	字意訓詁 33	傳	'突'
88		襄公25	1102	477	字意訓詁 34	傳	'舍'
89		襄公25	1108	477	文意解說 23	傳	'行無越思 … 如農之有畔'
90		襄公25	1113	478	字意訓詁 35	傳	'領'
91		襄公27	1132	478	文意解說 24	傳	'食言者 不病'
92		襄公30	1171	478	文意解說 25	傳	'臣生之歲 正月甲子朔 四百有四十五甲子矣'에 대하여
93		襄公30	1174	479	文意解說 26	傳	'譆譆出出'
94		襄公31	1189	479	字意訓詁 36	傳	'買朱鉬'
95	권5	昭公1	1202	480	字意訓詁 37	傳	'醮' '餕'
96		昭公1	1206	480	字意訓詁 38	傳	'汚'
97		昭公1	1212	480	文意解說 27	傳	'抑子南 夫也'
98		昭公1	1220	480	字意訓詁 39	傳	'湫'
99		昭公1	1222	480	文意解說 28	傳	'女 陽物'에 대한 醫學的 해석

100		昭公 1	1222	481	文意解說 29	傳	'晦淫惑疾'의 醫學的 이치에 대하여
101		昭公 3	1236	481	字意訓詁 40	傳	'踊'
102		昭公 3	1242	481	字意訓詁 41	傳	'種種'
103		昭公 3	1244	481	地理考證 10	傳	楚'雲夢'
104		昭公 5	1264	482	文意解說 30	傳	'明夷于飛'의 易卦에 대하여
105		昭公 5	1265	482	文意解說 31	傳	'純離爲牛'卦와 관련 해석
106		昭公 7	1283	482	名物訓詁 9	傳	'芋尹'
107		昭公 9	1310	482	文意解說 32	傳	'火水妃也'에 대하여
108		昭公 10	1316	483	名物訓詁 10	傳	'靈姑銔'(齊 桓公의 龍旗)
109		昭公 10	1320	483	字意訓詁 42	傳	'夫人'
110		昭公 11	1323	483	字意訓詁 43	傳	'惑'
111		昭公 11	1324	483	字意訓詁 44	傳	'僚'
112		昭公 11	1324	483	字意訓詁 45	傳	'字'
113		昭公 12	1336	484	字意訓詁 46	傳	'攸'
114		昭公 13	1348	484	地理考證 11	傳	'豫章' 焦循 고증의 전형
115		昭公 15	1369	485	文意解說 33	傳	'然而前知 其爲人之異也'
116		昭公 15	1371	485	文意解說 34	傳	'拜戎不服'
117		昭公 17	1388	485	字意訓詁 47	傳	'扈'
118		昭公 17	1392	485	字意訓詁 48	傳	'蠰'
119		昭公 18	1397	485	文意解說 35	傳	'攝首'
120		昭公 20	1415	485	名物訓詁 11	傳	'痁 瘧疾' 病名에 대하여
121		昭公 24	1452	486	文意解說 36	傳	'王定而獻之'
122		昭公 25	1466	486	文意解說 37	傳	'昭子齊於其寢'
123		昭公 26	1473	487	字意訓詁 49	傳	'甚口'
124		昭公 27	1486	487	字意訓詁 50	傳	'蒸'
125		昭公 31	1514	487	文意解說 38	傳	天文占의 '讁'에 대하여
126		昭公 32	1520	489	文意解說 39	傳	'雷乘乾曰大壯'易掛 해석
127		定公 9	1574	489	文意解說 40	傳	東郭書의 讓登에 대하여
128		哀公 3	1621	489	字意訓詁 51	傳	방언 '鬱攸'의 의미

의리 분석: 15, 명물 훈고: 11, 자의 훈고: 51, 문의 해설: 40, 지리 고증: 11, / 합계: 128 항목

〈표 2〉 魏晉·南朝 政變 일람표

연월	시기		주동자	대상	결과
249.1	曹魏	齊王	太傅 司馬懿	輔政 曹爽	司馬懿 권력 장악
254.2		齊王	齊王 曹芳	輔政 司馬師	齊王 폐위, 高貴鄕公 옹립
260.5		高貴鄕公	高貴鄕公 曹髦	輔政 司馬昭	貴鄕公 폐위, 元帝 즉위
253.10	吳	會稽王	輔政 孫峻	太傅 諸葛恪	孫峻 권력 장악
258.10		會稽王	輔政 孫綝	會稽王 孫亮	孫亮 폐위, 景帝 孫休 옹립
258.12		景帝	景帝	輔政 孫綝	皇帝 親政
291.3	西晉	惠帝	賈后와 親王	輔政 楊駿	賈后 권력 장악
300.4		惠帝	趙王倫	賈后	趙王倫 권력 장악
322.1	東晉	元帝	大將軍 王敦	元帝·劉隗	王敦 권력 장악
324.6		明帝	明帝	王敦	明帝 정권 장악
327.10		成帝	豫州刺史 蘇峻	輔政 庾亮	진압
371.11		廢帝	大司馬 桓溫		西海公 폐위, 簡文帝 옹립
398.6		安帝	兗州刺史 王恭	王國寶, 司馬道子	劉牢之 배반으로 패함
402.2		安帝	荊州 桓玄	司馬元顯	桓玄 簒位
404.2			劉裕	桓玄	劉裕 禪讓
424.5	宋	少帝	輔政 徐羨之 等	少帝 측근	少帝 폐위, 文帝 옹립
453.2		文帝	皇太子 劉劭	文帝	文帝 시해, 孝武帝 劉駿에게 피살
454.2		武帝	南郡王 義宣	孝武帝	梁山에서 大敗
465.11		前廢帝	湘東王 彧	廢帝	廢帝 시해, 明帝 즉위
466.1		明帝	晉安王子勳	明帝	稱制했지만 패배
474.5		後廢帝	桂陽王休範	阮佃夫 宰相權	蕭道成이 진압
476.7		後廢帝	建平王景素		蕭道成이 진압
477.7		後廢帝	中領軍 蕭道成	後廢帝	後廢帝 시해, 順帝 옹립
477.12		順帝	荊州刺史 沈攸之	輔政 蕭道成	실패
493.7	齊	鬱林王	西昌侯 蕭鸞	鬱林王 세력	鬱林王 시해, 明帝 즉위
499.12		東昏侯	江州刺史 陳顯達	東昏侯	실패
500.		東昏侯	平西將軍 崔慧卿	東昏侯	실패
500.12		東昏侯	雍州刺史 蕭衍	東昏侯 세력	東昏侯 축출, 蕭衍 禪讓
548.8	梁	武帝	河南王 侯景	武帝	後景 簡文帝 옹립
555.7		貞陽侯	司空 陳霸先	王僧辯 세력	敬帝 옹립, 陳霸先 禪讓
568.11	陳	臨海王	輔政 揚州刺史 安成王頊	輔政 劉師知	臨海王 폐위, 安成王 頊 즉위
582.3		後主	揚州刺史 始興王 叔陵	長沙王 叔堅	叔堅의 將帥 蕭摩訶에게 패함

〈표 3〉 후한과 후한 말~서진 초기 자연재해

① 후한의 재해

재해 종류	지진	수해	가뭄	황재	기근	전염병	한해	풍해	화재	계
발생 횟수	75	59	48	34	31	19	18	15	4	303
비중(%)	25	19	16	12	10	6	6	5	1	100

② 후한 말~서진 초기(190~278)의 재해

재해 종류	수해 水·雨·溢	가뭄 旱·不雨	한해 寒·雪·霜	근 饑·凶	풍해 風	전염병 疫	황재 蝗·螟	지진 震·山崩	화재 災	계
발생 횟수	41	22	16	16	12	12	9	7	1	136
비중(%)	30	16	12	12	9	9	6	5	1	100

〈표 4〉 후한 말~서진 초(190~280)의 남북 간 전쟁

황제	연도	개전국	계절	개요
후한 헌제	건안 17(212) 18(213)	한	겨울	10월부터 2월까지 조조 남정. 전장은 濡水口 조조 40만, 손권 7만 동원
	건안 19(214)	한	가을	7월 출정, 10월 합비에서 귀환, 12월 경사 도착 10만 동원
	건안 20(215)	오	여름	8월 손권 10만으로 합비 공격. 10여 일 후 철군
	건안 21(216) 22(217)	한	겨울	10월 조조 出兵, 11월 譙 도착, 1월 居巢 주둔. 2월 濡須塢 공격. 3월 귀환
	건안 24(219)	오	여름	7월 손권 합비 공격 8월 樊城 전투, 큰 비로 한수 범람
조위 문제	황초 3(222) 황초 4(223)	위	겨울	9월 曹休, 張遼 등 지휘 아래 오 정벌 10월 문제 참가 1월 江陵 장악, 2월 유수오 공격, 철수
	황초 5(224)	위	가을	8월 문제 수군으로 친히 정벌, 壽春 도착 9월 廣陵 도착, 장강 물이 불어나 철수
	황초 6(225)	위	가을	5월 출병, 8월 수군으로 회수 도착 10월 광릉 도착. 추위로 양자강이 얼어붙어 철수 황초 7년(226) 1월 귀환
	황초 7(226)	오	여름	8월 오 군대 江夏郡 공격
명제	태화 2(228)	위	여름	5월 위 군대 세 갈래로 오 정벌 8월 조휴 廬江군 石亭에서 대패
	태화 4(230)	오	겨울	12월 합비 新城 공격
	태화 7(233)	오	겨울	12월 오 군대 신성 포위, 六安 공격 실패
	청룡 2(234)	오	여름	5월 오군 10만 신성, 강하, 광릉 진격 7월 위 수군 정벌
제왕 방	정시 2(241)	오	여름	4월 오군 4갈래 공격. 芍陂 터뜨려 수공 6월 사마의가 구원, 오군 철수
	정시 7(246)	오	봄	2월 柤中 공격하여 수천 명 죽이고 사로잡음
	가평 2(250)	위	겨울	12월 3개 방면으로 오 정벌
	가평 4(252)	위	겨울	12월 南郡, 武昌, 東興 세 방면으로 오 정벌 추위로 위 군대 대패
	가평 5(253)	오	여름	3월 오 20만 징발하여 5월 신성 포위 7월 큰 더위, 전염병으로 오 군대 철수
고귀향공	감로 2(257)		여름 겨울	5월 제갈탄 반란, 오군도 개입. 7월 위군 수춘 포위 감로 3(258) 2월 수춘 함락
원제	경원 5(264)	위	봄	4월 위 수군 바닷길로 句章 공격

서진 무제	泰始 4(268)	오	겨울	10월 손오, 서진의 강하, 양양, 작피 공격
	泰始 6(270)	오	겨울	1월 오국이 공격
	태시 7(271)	오	겨울	1월 오 군대 수춘 공격
	태시 8(272)	오	겨울	10월 오의 西陵督이 서진에 항복하자 공격 12월 서진 응전, 격퇴
	태시 10(274)	진	가을	9월 서진 오의 槠里城 공격. 오는 강하 공격
	함녕 1(275)	오	여름	6월 오 강하성 공격
	함녕 3(277)	오	겨울	12월 오 강하와 汝南 공격
	함녕 4(278)	진	가을	10월 睆城 공격, 큰 피해 야기
	함녕 5(279)	진	겨울	11월 오를 전면 공격 280년 2월 건업 공격, 3월 손호 항복, 오 멸망

〈표 5〉 후한 말~서진 초(190~280) 전염병 발생과 발병 배경

황제	연도	발병 배경	근거자료
후한 헌제	건안 13. 9(208)	적벽대전에서 위군 기근 역병으로 다수 사망	『삼국지』 54-1262
	건안 20(215)	10만 오군 합비성 포위, 전염병으로 후퇴	『삼국지』 55-1295
	건안 22(217)	대규모 전염병 발생 조식 「說疫氣」 저술	『후한서』 17-3351
	건안 2(219)	오국 대규모 전염병 형주 지역 조세 면제	『삼국지』 47-1121
조위 문제	황초 4. 2(223)	위군 강릉 포위, 대규모 전염병으로 회군	『자치통감』 70-2212
	황초 4. 3(223)	宛縣과 許昌 대규모 전염병 발생	『삼국지』 2-82
명제	청룡 2. 4(234)	여름~겨울 대규모 전염병 발생 명제 친정, 오국 병사들 질병 발생	『자치통감』 72-2294
	청룡 3. 1(235)	정월 조위 경사 지역 대규모 전염병 발생	『삼국지』 3-104
제왕 방	정시 3(242)	오국 대규모 전염병 발생	『삼국지』 47-1145
	가평 5. 4(253)	오군 신성 포위, 병자가 태반	『자치통감』 76-2407
서진 무제	태시 10(274)	오국 272~274 매년 대규모 전염병 발생	『삼국지』 48-1170
	함녕 1(275) 함녕 2. 1(276)	서진 수도 대규모 전염병으로 10만 명 사망 276년 정월 전염병 창궐로 廢朝	『진서』 3-65

〈표 6〉 군주에 대한 평가를 담은 '전언'

	시기	대상	'傳言'의 내용	襃貶
①	은공 1	鄭莊公	동생의 잘못을 조장하여 '失敎'했다고 말한 것이다.	○
②	은공 7	凡伯	범백이 戎의 공격을 받게 된 이유를 말한 것이다.	○
③	장공 10	譚國 군주	멀리 내다보지 못해 멸망을 자초하였음을 말한 것이다.	○
④	장공 21	周惠王	周王이 편벽하였음을 말한 것이다.	○
⑤	민공 2	衛懿公	민심을 잃은 지 오래여서 패전하였음을 말한 것이다.	○
⑥	민공 2	齊桓公 衛文公	齊桓公이 패자가 되고 衛國이 부흥한 이유를 말한 것이다.	●
⑦	희공 1	楚成王	초왕이 패자가 될 만한 遠略이 없었음을 말한 것이다.	○
⑧	문공 4	晉襄公	문공을 계승할 수 있어 제후들이 복종하였음을 말한 것이다.	●
⑨	문공 14	楚莊王	왕이 유약하고 국내가 혼란하여 晉과 경쟁하지 못했음을 말한 것이다.	○
⑩	성공 17	晉厲公	여공이 무도한 탓에 賢臣이 근심하고 일찍 죽기를 바랐음을 말한 것이다.	○
⑪	성공 17	晉厲公	여공이 무도한 탓에 대신들보다 부인이 먼저 활을 쏘게 했음을 말한 것이다.	○
⑫	성공 18	晉悼公	새 임금이 다소의 재능이 있어 스스로 굳건히 할 수 있었음을 말한 것이다.	●
⑬	양공 4	晉悼公	晉侯가 훌륭한 계책을 채용할 수 있었음을 말한 것이다.	●
⑭	양공 14	周靈王	(혼인의 상대에게 寵命을 내렸으니) 왕실이 유공자에게 寵命을 내리지 않았음을 말한다.	○
⑮	양공 25	齊莊公	장공이 양성한 사람들은 國士가 아닌 자로, 난이 발생하자 그들이 모두 피살되었음을 말한 것이다.	○
⑯	양공 26	衛獻公	위후가 대신들을 안정시키고 화합시키지 못했음을 말한 것이다.	○
⑰	양공 26	宋平公	군주가 昏闇하고 左師가 아첨하여 태자가 죄 없이 죽게 되었음을 말한 것이다.	○
⑱	소공 7	楚靈王	영왕이 信이 없어 제 命에 죽지 못할 것임을 말한 것이다.	○
⑲	소공 9	楚靈王	영왕이 백성들을 불안하게 만들었음을 말한 것이다.	○
⑳	소공 11	楚靈王	초왕이 無道하였음을 말한 것이다.	○
㉑	소공 13	楚平王	초 평왕이 능히 국가를 보유할 수 있는 이유를 말한 것이다.	●
㉒	소공 19	楚平王	초 평왕이 霸主가 될 수 없는 이유를 말한 것이다.	○
㉓	소공 31	魯昭公	군주가 힘이 약하여 스스로 결정하지 못하였음을 말한 것이다.	○
㉔	정공 13	齊景公	齊侯가 경박한 탓에 성공을 거둘 수 없음을 말한 것이다.	○
㉕	애공 8	齊悼公	齊侯가 무도한 탓에 결국 그도 제 명에 죽지 못할 것임을 말한 것이다.	○
㉖	애공 13	吳夫差	오왕이 군사들과 배고픔과 갈증을 함께 나누지 않았기 때문에 결국 망했음을 말한 것이다.	○

* ○는 폄책, ●은 포양의 내용임을 가리킨다.

〈표 7〉 신하에 대한 평가를 담은 '전언'

시기	대상	'傳言'의 내용	襃貶
희공 28	叔武 · 甯武	숙무의 현함과 영무의 충성으로 衛侯를 복위시킬 수 있었음을 말한 것이다.	○
선공 11	叔孫敖	숙손오가 백성을 잘 부릴 수 있었음을 말한 것이다.	○
성공 3	荀罃	荀罃의 현함에 대하여 말한 것이다.	○
양공 2	荀罃	荀罃이 좋은 계책을 사용할 수 있었음을 말한 것이다.	○
양공 3	孟獻子	孟獻子가 맹주를 굳게 섬길 수 있었음을 말한 것이다.	○
양공 9	子展	子展이 信을 지킬 수 있었음을 말한 것이다.	○
양공 13	子囊	子囊의 선함에 대하여 말한 것이다.	○
양공 14	季札	季札의 양보와 吳에서 형제간에 왕위가 전해졌음을 말한 것이다.	○
양공 15	孟獻子	맹헌자가 형에게 우애하였고 솔직하였음을 말한 것이다.	○
양공 15	鄭人	鄭나라에 謀士가 있었음을 말한 것이다.	○
양공 22	穆叔	穆叔이 사람들을 잘 계도할 수 있었음을 말한 것이다.	○
양공 22	子産	子産의 말 덕에 大國의 토벌을 면하였음을 말한 것이다.	○
양공 25	蔿掩	(司馬 蔿掩의 통치로) 초나라가 흥성하게 된 이유에 대하여 말한 것이다.	○
양공 26	聲子	聲子의 말로 伍擧가 돌아오고 그 후손이 다시 관직에 나갈 수 있게 되었음을 말한 것이다.	○
양공 31	子皮	子産의 정치는 子皮의 힘에 의한 것임을 말한 것이다.	○
소공 1	荀吳	荀吳가 좋은 계책을 잘 사용할 수 있었음을 말한 것이다.	○
소공 3	叔弓	叔弓에게 禮가 있었음을 말한 것이다.	○
소공 6	叔向	叔向이 禮를 알고 있음을 말한 것이다.	○
소공 7	子産	子産이 올바르고, 작은 일에 구애되지 않았음을 말한 것이다.	○
소공 7	子産	子産이 해박하고 기민하였음을 말한 것이다.	○
소공 13	子産	子産이 법도에 맞게 준비하고, 大叔이 좋은 것을 따랐음을 말한 것이다.	○
소공 13	子産	子産이 매사에 大叔보다 민첩하였음을 말한 것이다.	○
소공 16	子産	子産이 禮를 알고, 韓宣子는 과오를 고칠 수 있었음을 말한 것이다.	○
소공 17	吳光	吳의 公子光에게 모략이 있었음을 말한 것이다.	○
소공 18	子産	子産에게 미리 준비가 있었음을 말한 것이다.	○
소공 19	子産	子産의 지혜에 대하여 말한 것이다.	○
소공 29	蔡墨	蔡墨이 사물에 해박하였음을 말한 것이다.	○
소공 30	大叔	大叔의 민첩함에 대하여 말한 것이다.	○
정공 4	司馬戌	司馬戌가 忠, 壯하였음을 말한 것이다.	○
정공 6	陽虎	三桓의 힘이 쇠미해지고 陪臣이 권력을 장악하여 정공 8년에 陽虎의 반란이 일어났음을 말한 것이다.	●

* ○는 폄책, ●은 포양하는 내용임을 가리킨다.

〈표 8〉 천하, 국가, 가문의 흥망에 대한 평가를 담은 '전언'

시기	대상	'傳言'의 내용
희공 2	齊	寺人 貂가 군사 기물을 누설하여 齊가 혼란에 빠졌음을 말한 것이다.
문공 16	楚	초나라는 謀臣이 있기 때문에 興盛할 수 있었음을 말한 것이다.
선공 3	穆氏	穆氏가 정국에서 흥성한 것은 天이 도왔기 때문이라고 말한 것이다.
선공 12	楚	초 장왕에게 禮가 있어 국가가 마침내 흥성하였음을 말한 것이다.
선공 12	蕭	[蕭가 망한 것이] 蕭人에게 나라를 지키려는 마음이 없었기 때문임을 말한 것이다.
선공 17	天下	晉이 사신에게 禮를 지킬 수 없었기 때문에 諸侯들이 딴 마음을 품게 되었음을 말한 것이다.
성공 2	晉	晉의 將帥들이 지극히 겸양하였기 때문에 능히 齊를 이길 수 있었음을 말한 것이다.
성공 11	郤氏	晉의 郤犨가 음탕하고 방종하여 결국 망하게 되었음을 말한 것이다.
성공 11	郤氏	郤至가 지극히 탐욕하여 결국 망하게 되었음을 말한 것이다.
양공 7	魯 季氏	권력이 공실을 떠나고 季氏가 강성해진 이유를 말한 것이다.
양공 13	晉	[장수들이 서로 자리를 양보한 것이] 晉이 흥성하게 된 원인이라고 말한 것이다.
양공 25	楚	[治國의 禮를 지킨 司馬 蒍掩의 정책이] 楚가 흥성하게 된 원인이라고 말한 것이다.
양공 26	晉	[晉 平公이 정치의 도리를 상실하여] 晉이 쇠퇴하게 되었음을 말한 것이다.
양공 26	天下	周室이 쇠미하여 諸侯들이 禮를 행하지 않았으나 오직 韓起만이 과거와 같았음을 말한 것이다.
양공 27	天下	趙文子가 賢하여 晉 平公이 失政했어도 조문자의 賢함 때문에 諸侯들이 여전히 화목하였음을 말한 것이다.
양공 27	楚	초나라가 능히 賢人을 등용하였음을 말한 것이다.
양공 29	周	周의 세력이 쇠퇴하여 晉과 楚보다 지위가 낮아졌음을 말한 것이다.
양공 30	晉	[신료들이 군주를 잘 보좌] 晉이 강하고, 諸侯들을 잃지 않은 이유에 대하여 말한 것이다.
양공 30	鄭	[子産의 정치] 鄭國이 흥성한 이유를 말한 것이다.
소공 3	齊, 晉, 陳氏	[齊 晏嬰의 일화] 齊와 晉이 쇠미하여 賢臣이 근심하고, 陳氏가 흥성하게 된 원인을 말한 것이다.
소공 5	楚	楚가 강성하자 諸侯國에서 楚의 사신들을 畏敬하였음을 말한 것이다.
소공 11	陳氏	[齊의 내란, 陳桓子의 겸양과 권력 장악] 陳氏가 흥성하게 된 원인을 말한 것이다.
소공 12	晉	[晉과 齊 사신들이 연회에서 서로 자기 군주를 추대함] 晉이 쇠약해졌음을 말한 것이다.

소공 12	原, 甘族	〔甘國 내부의 분쟁〕周室이 쇠하자 原族과 甘族도 쇠미해졌음을 말한 것이다.
소공 21	晉	〔齊가 徐國을 공격〕〔覇者의 국가인〕晉이 쇠약해졌음을 말한 것이다.
소공 28	魏氏	〔魏獻子가 뇌물을 사양함〕魏氏가 흥성하게 된 원인을 말한 것이다.
정공 4	晉	〔晉이 소국에게 재화를 요구하고 예법을 따르지 않음〕晉이 無禮하여 마침내 쇠약해졌음을 말한 것이다.
정공 4	趙氏	〔趙簡子가 問喪을 가서 적절하게 말함〕趙簡子가 능히 善言을 할 줄 알아서 흥성하게 되었음을 말한 것이다.
정공 5	楚	〔초 소왕이 子西의 도움으로 돌아감〕昭王이 復國할 수 있었던 것은 賢臣이 있었기 때문임을 말한 것이다.
정공 6	楚	〔子西가 수도를 옮기고 나라를 안정시킴〕楚는 子西에 의지하여 안정되었음을 말한 것이다.
정공 9	鄭	〔정국이 竹刑을 사용함〕子然이 大叔을 이어 執政이 되었기에 鄭國이 쇠약해졌음을 말한 것이다.
정공 9	齊	〔전투 중 齊의 지휘관들이 서로 양보하여〕齊의 군대가 화합하였기에 승리할 수 있었음을 말한 것이다.
정공 14	天下	〔楚가 頓國을 滅한 것은〕小國이 事大하지 않기에 망했음을 말한 것이다.
정공 15	天下	〔楚가 胡國을 멸한 것은〕小國이 事大하지 않았기에 망했음을 말한 것이다.
애공 1	吳	〔吳가 잦은 전쟁으로 피폐해짐〕吳는 덕을 닦지 않고 원한을 갚고자 했기에 망했음을 말한 것이다.
애공 14	陳氏	陳氏가 힘써 施惠를 베풀었음을 말한다. 〔그가 권력을 잡은 것이 당연함〕

中文目次

前言

序論

第1部　檢討焦循的杜預批判: 以《春秋左傳補疏》爲中心

Ⅰ. 焦循的經學觀

Ⅱ.《春秋左傳補疏》的序文

Ⅲ. 檢討義理項目

Ⅳ. 春秋時代的'爲政'與曹魏時代的'輔政'

第2部　杜預的價值觀和作爲官員的行跡

第1章　父親杜恕的影響: 以《體論》爲中心

Ⅰ. 杜恕與杜預

Ⅱ. 杜恕與司馬懿

Ⅲ.《體論》的組成及其內容

Ⅳ.《體論》的論理和曹魏的政治

Ⅴ. 杜恕對杜預學問的影響

第2章　作爲官員的杜預: 以咸寧4年(278)的災害對策爲中心

Ⅰ. 278年發生的水害與杜預的對策

Ⅱ. 泗陂爭論與水害的原因

Ⅲ. 後漢末~曹魏時期的水利開發和西晉的災害

Ⅳ. 災害對策中的政治立場

結論

附錄
  杜預年譜
  表

對杜預春秋學的新理解

基於輔政體制論的觀點看杜預學問

金錫佑

本書的目的是在魏晉時代的歷史背景下理解杜預的春秋學。清代焦循認為杜預為使自己的不忠、不孝合理化，歪曲了《春秋》解釋。不僅如此，焦循還認為杜預春秋學之所以流行，在於'亂臣賊子'出沒於魏晉南北朝隋唐時代的政治狀況。他的主張不僅得到了清代學者們的支持，而且在今天也沒有失去影響力。如此焦循的主張是否妥當呢?

為了討論此問題，首先要理解魏晉時代的政治狀況以及杜預學問的特徵。在杜預的時代, 政治的名分與實際之間的距離很遠。從公元249年司馬懿發動政變掌控了權力, 到公元265年西晉王朝正式建立，曹魏王朝雖然存在，但國家權力卻掌握在司馬懿、司馬師、司馬昭三位輔政大臣手中。如此輔政大臣代皇帝行事國家權力, 漢王朝以來長期反復的權力形態。在學界將此種權力結構稱為'輔政體制'。受先帝委任的'輔政'大臣以將軍之名分開設幕府，獨自組建政府，同時利用'領尚書事'之職位，控制國家權力。[1] 提出輔政體制論的金翰奎教授認為"魏晉兩代200年間的輔政存續長達110年，意味著此時期是"輔政"來說明的最具代表性的時期。"[2] 照此邏輯來看，曹魏時期的司馬氏輔政並非是不法的狀況，而是一般的現狀。那麼當時杜預與司馬氏聯手被認為反逆行為的可能性並不大。而且他沒有理由為了維

---

1 金翰奎,「漢代 및 魏晉南北朝時代의 輔政」,「漢代 및 魏晉南北朝時代의 輔政體制」,『古代東亞細亞幕府體制研究』, 首爾: 一潮閣, 1997.

2 金翰奎, 同上書, p.169.

護自己的立身處世而故意歪曲解釋《春秋》。這樣看來，焦循對杜預的批評可以說是忽略了當時的歷史狀況。本書是從輔政體制的觀點來理解杜預的學問。如此便可發現一直以來未受到關注的新的論點。

第一部將集中分析焦循的《春秋左傳補疏》。

焦循持有獨特的經學觀。清代經學家們主要以考證、訓詁的方法研究經典，但焦循注重解明經典的義理。他認為，沒有義理追究的經學便不是經學。焦循將所有的精力放在探究杜預要主張的義理是什麼。焦循認為杜預《春秋左氏傳》注釋是為了修飾與司馬氏集團勾結之變節行為，他的主張出現在《春秋左傳補疏》正文128條之中的15個義理項目。

但是，如果逐條審度他的主張，可發現具備充分的客觀的根據條項並不存在。所有條項的論理不過是焦循主觀推斷。倒可觀察到的是被焦循神化的專制君主的政治理念。然而，焦循的主張中，一點值得關注。春秋時代的政治主要是由臣下的"為政"構成。當然，在杜預的注釋中也多有提及此部分。焦循則指出杜預的相關注釋有擁護曹魏時代司馬氏輔政之意圖。他始終將春秋時代的"為政"等同於曹魏時代的輔政。由此可見，就理解杜預注釋的政治社會意義，輔政是其核心問題。

第二部將探討了杜預的價值觀及其作為官員的事蹟。

第一章討論對青年期的杜預影響頗深的周邊人。杜預的叔父杜寬與祖父杜畿擢用的樂詳均是左傳學者。因此，學者們認為兩人對杜預的影響很大。與其相比，沒有人談到杜預父親杜恕的影響。杜恕的人生軌跡與兒子杜預頗為相似。杜恕作為曹魏政府的官僚，對現實政治積極發言。他所撰寫的上奏文數篇流傳至今。此外，他不參與特定的政派，蔑視"浮華"集團，堅守作為官僚、學者應具備的原則。從此方面來看，不禁讓人聯想到西晉時代杜預的人生。鑑於此，可以看出杜預從父親杜恕受到的影響很大。反之，左傳學者杜寬與樂詳與現實政治無關，他們過着與杜預完全不同的人生。晚年的杜恕在流配地撰寫了《體論》等著作。杜恕主張了萬物的"本體"是禮，並提出"本體"的內容，即君主與臣下須遵守的道德規範以及言、行、政治、法、用兵等各方面須遵守的禮的規範。杜恕的本體論可能受當時流行的玄學體用論影響，同時在《左傳》的基礎上形成的。也許，杜預的"傳文主義"的《左傳》研究法正是從這種杜恕的研究方法發展而來的。可以說杜預的人生及學問均受到父親杜恕的深刻的影響。另外，對於杜恕被司馬懿殺的說法，也提出了質疑。

第二章探討了繼承杜恕哲學的杜預是怎樣一位官員。為此，分析了杜預在度支尚書時提出的防災減災政策。西晉時期在東南淮水流域發生了很多水災。為了防止這種水災，杜預主張破壞曹魏時期以來修建的陂、塘等蓄水設施。陂、塘抽水，老百姓可以捕魚吃，陂、塘區可以開墾成耕地。但是他的主張受到國家與豪強集團的極力反對。國家為了保持水軍移動的水運網需要水庫。豪強集團要維持壟斷陂、塘的經濟利益。與其相比，杜預認為抗災保民生是最重要的目的。在杜預這些主張中，我們找不到焦循所說的那種邪惡的陰謀家。

第三部將從新的角度探討杜預學問的歷史性。

第一章探討杜預的"諒闇短喪制"與"書弒例"。大多學者認為杜預的這兩主張是出於他的政治目的。"諒闇短喪制"是指，新登基的君主在結束對父母的葬禮後，可以脫掉喪服觀看國事的禮制。日人學者渡邊義浩認為杜預的這主張是為了擁戴西晉武帝的弟弟司馬攸為皇帝。然而，如深入分析《左傳》的本文以及杜預注釋，可發現如渡邊義浩所提出的陰謀論是難以證明的。"諒闇短喪制"與《左傳》的歷史事實相符，也在文章內部上不存在邏輯矛盾。再者禮的本質是追人民的福利，"諒闇短喪制"是符合這種禮的本質。

"書弒例"則引發了更多的爭議。如果君主本身無道而自取弒害，《春秋》稱君主的名，如果臣子無道而發生弒害，則稱臣子的名，這種書法叫做"書弒例"。焦循認為，杜預為使司馬氏弒害皇帝正當化，提出此義例。但仔細查看《左傳》本文以及杜預的注釋，便可知焦循的主張難以成立。雖然稱臣子的名字，實際上君主無道的情況也多次。如果要強調君主的無道，使君主弒害正當化，這些事例就不會出現。杜預對書法與史實之間存在差異的記事逐一注釋，以試圖保持《左傳》解釋的一貫性。

如果想瞭解杜預注釋的政治社會意義，一定要關注《春秋左氏傳序》中的第二個問答。此問答展現出杜預從三個方面有與漢代學者截然不同的春秋觀。其一，對《春秋》結尾處出現的"獲麟"的解釋。漢代學者認為孔子完成《春秋》之後，天感應於此，故而送來祥瑞之動物麒麟。他們稱呼孔子是神聖的"素王"。杜預則不同，他將孔子視為平凡的士大夫，主張孔子受到麒麟登場的感動繼而著寫了《春秋》。

其二，杜預對《春秋》為何從隱公條寫起尤其感興趣。在杜預之前的學者並未關注此問題。杜預認為處於攝政地位的隱公是治理國家的賢君，因此《春秋》便是從隱公時期開始。他強調《春秋》是從攝政、輔政的統治開始。其三，漢代學者認為《春秋》的理想是"黜周王魯"，由此來證明漢王朝的革命正當性。但杜預認為重視過去傳統的"興周"理念是《春秋》的理想。

杜預將魏晉時代的歷史境況投射到自己的學問之中。在魏晉時代，隨着貴族掌握權力，支配社會，士大夫的責任意識也被強調。孔子像的變化是這變化的投影。經過輔政政治新興王朝出現的現狀反復出現，輔政作為王朝的起點受到重視。杜預之所以主張《春秋》開始於殷公攝政,也是源於這樣的時代狀況。不僅如此，頻繁的王朝更迭可能使士大夫重視傳統的維護。杜預之所以主張"興周"的理想，也是基於同樣的歷史背景。以上推論如無大錯，我們可以從與焦循完全不同的角度來談談杜預春秋學的歷史性。

第二章分析了杜預注釋對隱公條的記事, 突出了杜預注釋的特點。調查《文淵閣四庫全書》"春秋類"115卷如何解釋《春秋》的開始。主要是宋元學者談到這個問題，他們跟杜預提出了完全不同的主張。他們把隱公的治世看作是亂世的開端，主張攝政統治才是混亂的根源。他們遵從孟子的主張，孟子言繼治世之經典《詩》消亡，亂世之經典《春秋》隨後登場。此主張與美化隱公為賢君的杜預主張是截然相反的。宋代以後，君主獨裁政治開始，同時隱公賢君論逐漸消失，由此來看，杜預春秋觀的時代性顯而易見。他的主張只適用於輔政體制持續的後漢末魏晉至隋唐時代。在個別注釋中可發現有似的特徵。在對隱公條記事的註釋中, 杜預始終擁護隱公。甚至對於《左傳》對隱公的貶責分明的記事, 杜預也倒掛了偏袒隱公的註釋。

有關《春秋》開始"的討論讓人聯想到在西晉時代爭議不斷的晉史"斷限"問題。此問題是對晉朝史敘述的開端究竟應如何設定的爭論。現行24史之中《三國志》、《晉書》、《魏書》、《北齊書》、《周書》等均將輔政時期視作王朝的開始。斷限的爭論是輔政體制時期遺留下來的問題。其中西晉時期斷限論爭最為激烈。斷限爭論是圍繞在事實和名分中更重視什麼而展開的爭論。從司馬懿政變以後開始西晉史的主張是強調事實的, 相反, 從泰始1年西晉王朝開建以後開始的主張強調了名分。司馬氏的天下實際上是從司馬懿的輔政統治開始的, 因此, 斷限的追溯實際上成了符合歷史事實的敘述。主張晉史斷限的追溯的學者們與重視《春秋》開始"的杜預，可能都一致認為應該敘述歷史的事實。

第四部將通過三篇文章討論杜預的學問對歷史學發展產生的影響。

第一章介紹《春秋左氏傳序》的第一個問答。杜預在這問答里闡述了如何從歷史事實當中尋找真理。杜預受《周易》哲學的影響，認為正如《周易》的卦、爻包容了天下之事，說明歷史事實的《左傳》文章也起同樣的作用。普遍真理"通過"個別的歷史事實得以揭示。杜預的這種看法成為史學獨立的哲學基礎。

第二章介紹杜預注釋的三種類型。首先，注釋中有"他皆放此"的表述，這可以說是所有注釋的凡例。通過這些表述類型，杜預說，包含豐富歷史事實的《左傳》比單純的檔案《春秋》更重要。其次，注釋中有"A為B傳/張本/起本"的表述類型。通過這些注釋，杜預說明了事實之間的因果關係、預言和結果。最後是以"傳言"開頭的注釋類型。杜預通過這種表述對歷史事實進行簡要的論評，主要內容是輔佐君主的臣下對國家的興盛起到重要作用。

如上所述，杜預通過《春秋左氏傳序》與"他皆放此"的注釋闡明了研究歷史事實的方法，並通過"A為B傳/張本/起本"的注釋解析事實間的關係，還借"傳言"之表述建構了添加簡略史評的注釋體系。從這些特徵來看，杜預遠遠脫離了既往的經學研究的傳統。他的學問在當時歷史學從經學分離獨立的過程中發揮了重要作用。

第三章探討了杜預注釋與漢代注釋之間的關係。杜預評價自己對《春秋》的解析是有獨創性的，然而，清代學者們主張了杜預注釋不過是抄襲或竊取了漢代的注釋。對於此問題，至今爭論不休。賈逵·、服虔的注釋代表漢代《左傳》注釋，與杜預的注釋作對比，可發現在文義理解的層面存在諸多差異。杜預所建構的新文義主要出自對事實關係的深入理解。杜預不盲目相信《左傳》記錄，想從邏輯上把握"事實"的真相。杜預所主張的《左傳》中心主義，並不是無條件相信《左傳》記錄，而是重視其中的"事實"。與漢代注釋間的差異便在於此。不僅如此，在君臣關係、華夷觀、災異觀等方面也存在巨大的觀念差異。可以說漢代注釋與杜預注釋之間的相異點遠遠大於類似點。

總而言之，只有理解杜預生活過的魏晉時代的歷史情況，才能理解杜預的學問。他生活在一個輔政政治影響巨大的時代，那對他的學問也會產生很大的影響。他強調"《春秋》開始"的問題也正是體現了這一點。這種態度是與從歷史事實當中尋找真理的杜預春秋學的特徵相關聯的。此特徵促使他的春秋學能夠跨越經學的境界，促進史學發展。鑒於杜預的學問與輔政體制的關係，焦循對杜預所作出的苛刻評價是有必要修訂的。

참고문헌

---

1. 일차 자료(출간 연도순)

『文淵閣四庫全書』經部, 「春秋類」.

(淸) 焦循, 『春秋左傳補疏』, 『續修四庫全書』 卷124(淸 道光6年 半九書塾刻 六經補疏本 影印).

『史記』, 北京: 中華書局, 1959.

『漢書』, 北京: 中華書局, 1959.

『後漢書』, 北京: 中華書局, 1959.

『三國志』, 北京: 中華書局, 1959.

『晉書』, 北京: 中華書局, 1959.

『南齊書』, 北京: 中華書局, 1959.

『南史』, 北京: 中華書局, 1959.

『北史』, 北京: 中華書局, 1959.

『隋書』, 北京: 中華書局, 1959.

『淸史稿』, 北京: 中華書局, 1959.

『新唐書』, 北京: 中華書局, 1959.

『資治通鑑』, 北京: 中華書局, 1959.

(淸) 王夫之, 『讀通鑑論』, 北京: 中華書局, 1975.

(淸) 劉文淇 撰, 『春秋左氏傳舊注疏證』, 京都: 中文出版社, 1979.

楊伯峻, 『春秋左傳注』, 北京: 中華書局, 1981.

熊公哲 註譯, 『荀子今註今譯』, 臺北: 臺灣商務印書館, 1984.

賴炎元 註譯, 『春秋繁露今注今譯』, 臺北: 臺灣商務印書館, 1984.

(淸) 顧炎武 著, (淸) 黃汝成 集釋, 『日知錄集釋』, 石家莊: 花山文藝出版社, 1990.

程元敏, 『春秋左氏經傳集解序疏證』, 臺北: 臺灣學生書局, 1991.

(唐) 杜佑 撰, 『通典』, 北京: 中華書局, 1992.

(漢) 童仲舒 著, 蘇輿 撰, 鍾哲 點校, 『春秋繁露義證』, 北京: 中華書局, 1992.

(南朝宋) 劉義慶 著, 余嘉錫 箋疏, 『世說新語箋疏』, 上海: 上海古籍出版社, 1993.

(唐) 林寶 撰, 岑仲勉 校記, 『元和姓纂』, 北京: 中華書局, 1994.

(宋) 李昉 等 撰, 『太平御覽』, 北京: 中華書局, 1994.

(淸) 嚴可均 校輯, 『全上古三代秦漢三國六朝文』 2, 北京: 中華書局, 1995.

興膳宏·川合康三, 『隋書經籍志詳攷』, 東京: 汲古書院, 1995.

(淸) 鍾文烝, 『春秋穀梁經傳補注』, 北京: 中華書局, 1996.

(宋) 司馬光 編著, (元) 胡省音 注, 『資治通鑑』, 北京: 中華書局, 1997.

(唐) 劉知幾 著, 姚松·朱恒夫 譯注, 『史通全譯』, 貴陽: 貴州人民出版社, 1997(포기룡 통
    석, 이윤화 옮김, 『사통통석』 1~4, 서울: 소명출판, 2012).

(淸) 萬斯大, 『魏方鎭年表』, 『二十五史補編』 2, 北京: 中華書局, 1998.

(淸) 萬斯同, 『晉將相大臣年表』, 『二十五史補編』 卷 3, 北京: 中華書局, 1998.

(淸) 孫星衍 撰, 『尙書今古文注疏』, 北京: 中華書局, 1998.

(北魏) 酈道元, 『水經注疏』, 南京: 江蘇古籍出版社, 1999.

陳連慶, 『晉書食貨志校注·魏書食貨志校注』, 長春: 東北師範大學出版社, 1999.

十三經注疏 整理委員會, 『十三經注疏 整理本 春秋左傳正義』, 北京: 北京大學出版社,

2000.

──────────, 『十三經注疏 整理本 春秋公羊傳注疏』, 北京: 北京大學出版社,
2000.

──────────, 『十三經注疏 整理本 毛詩正義』, 北京: 北京大學出版社, 2000.

──────────, 『十三經注疏 整理本 周易正義』, 北京: 北京大學出版社, 2000.

──────────, 『十三經注疏 整理本 尙書正義』, 北京: 北京大學出版社, 2000.

──────────, 『十三經注疏 整理本 春秋穀梁傳注疏』, 北京: 北京大學出版社,
2000.

──────────, 『十三經注疏 整理本 孟子注疏』, 北京: 北京大學出版社,
2000.

鄭太鉉 譯註, 『譯註 春秋左氏傳』 1~8, 서울: 傳統文化硏究會, 2001~2013.

承載 撰, 『春秋穀梁傳譯注』, 上海: 上海古籍出版社, 2004.

吳靜安 撰, 『春秋左氏傳舊注疏證續』 1~4, 長春: 東北師範大學出版社, 2004.

(唐) 徐堅 等著, 『初學記』, 北京: 中華書局, 2005.

(魏) 曹植, 「說疫氣」, 韓格平 主編, 『魏晉全書』 1, 長春: 吉林文史出版社, 2006.

(魏) 杜恕, 『體論』, 韓格平 主編, 『魏晉全書』 2, 長春: 吉林文史出版社, 2006.

竹添光鴻, 『左氏會箋』, 成都: 巴蜀書社, 2008.

2. 이차 자료(가나다 순)

① 저서

金錫佑, 『자연재해와 유교국가: 漢代의 災害와 荒政 硏究』, 서울: 일조각, 2006.

金翰奎, 『古代東亞細亞幕府體制硏究』, 서울: 一潮閣, 1997.

檀國大學校東洋學硏究所, 『漢韓大辭典』, 서울: 檀國大學校出版部, 1999~2008.

劉節 지음, 辛太甲 옮김, 『中國史學史講義』, 서울: 신서원, 2000.

J.R. 맥닐 지음, 홍욱희 옮김, 『20세기 환경의 역사』, 서울: 에코리브르, 2008.

高敏, 『魏晉南北朝經濟史』 上·下, 上海: 上海人民出版社, 1996.

郭克煜 等著, 『魯國史』, 北京: 人民出版社, 1994.

瞿林東, 『中國史學史綱』, 北京: 北京出版社, 1999.

邱敏, 『六朝史學』, 南京: 南京出版社, 2003.

金毓黻, 『中國史學史』, 石家庄: 河北教育出版社, 2000.

臺灣三軍大學 編, 『中國戰爭史』 第5冊, 北京: 軍事譯文出版社, 1983.

戴維, 『春秋學史』, 長沙: 湖南教育出版社, 2004.

逯耀東, 『魏晉史學的思想與社會基礎』, 北京: 中華書局, 2006.

賴貴三, 『焦循年譜新編』, 臺北: 里仁書局, 1984.

萬繩楠, 『魏晉南北朝史論稿』, 合肥: 安徽教育出版社, 1983.

———, 『魏晉南北朝文化史』, 合肥: 黃山書社, 1989.

蒙文通, 『經史抉原』, 成都: 巴蜀書社, 1995.

方朝暉 編著, 陳光林 主編, 『春秋左傳人物譜』 上·下, 濟南: 齊魯書社, 2001.

潘偉斌, 『魏晉南北朝隋陵』, 北京: 中國青年出版社, 2004.

卜風賢, 『周秦漢晉時期農業災害和農業減災方略研究』, 北京: 中國社會科學出版社, 2006.

史爲樂 主編, 『中國歷史地名大辭典』 上·下, 北京: 中國社會科學出版社, 2005.

沈玉成·劉寧, 『春秋左傳學史稿』, 南京: 江蘇古籍出版社, 1992.

沈秋雄, 『三國兩晉南北朝春秋左傳學佚書考』, 臺北: 國立編譯館, 2000.

余大吉, 『中國軍事通史 第7卷 三國軍事史』, 北京: 軍事科學出版社, 1998.

葉政欣, 『春秋左氏傳杜注釋例』, 臺北: 嘉新水泥公司文化基金會, 1966.

———, 『杜預及其春秋左氏學』, 臺北: 文津出版社, 1989.

吳闓生 撰, 白兆麟 校注, 『左傳微』 卷1, 合肥: 黃山書社, 1995.

吳文治, 『中國文學史大事年表』, 合肥: 黃山書社, 1996.

王仲犖, 『魏晉南北朝史』, 上海: 上海人民出版社, 1979.

王志平, 『中國學術史—三國兩晉南北朝卷』, 南昌: 江西教育出版社, 2001.

王曉毅, 『儒釋道與魏晉玄學形成』, 北京: 中華書局, 2003.

姚漢源, 『中國水利發展史』, 上海: 上海人民出版社, 2005.

劉乃和 主編,『晉書辭典』, 濟南: 山東敎育出版社, 2000.

陸侃如,『中古文學繫年』, 北京: 人民文學出版社, 1998(1版 1985).

李傳印,『魏晉南北朝時期史學與政治的關係』, 武漢: 華中科技大學出版社, 2004.

張濤,『秦漢易學思想硏究』, 北京: 中華書局, 2005.

蔣福亞,『魏晉南北朝社會經濟史』, 天津: 天津古籍出版社, 2005.

張舜徽 主編,『三國志辭典』, 濟南: 山東敎育出版社, 1992.

程南洲 撰,『東漢時代之春秋左氏學』, 上海: 華東師範大學出版社, 2011.

鄭欣,『魏晉南北朝史探索』, 濟南: 山東大學出版社, 1989.

曹文柱,『中國社會通史: 秦漢魏晉南北朝卷』, 太原: 山西敎育出版社, 1996.

趙伯雄,『春秋學史』, 濟南: 山東敎育出版社, 2004.

(淸) 皮錫瑞 著, 周予同 注釋,『經學歷史』, 北京: 中華書局, 2004.

郝潤華,『六朝史籍與史學』, 北京: 中華書局, 2005.

韓國盤,『中國古代法制史硏究』, 北京: 人民出版社, 1993.

黃朴民,『中國軍事通史 第2卷 春秋軍事史』, 北京: 軍事科學出版社, 1998.

加賀榮治,『中國古典解釋史 魏晉篇』, 東京: 勁草書房, 1964.

鎌田正,『左傳の成立と其の展開』, 東京: 大修館書店, 1963.

宮崎市定,『九品官人法の硏究』, 京都: 同朋舍, 1956.

吉川忠夫,『六朝精神史硏究』, 京都: 同朋社, 1984.

渡邊義浩,『西晉「儒敎國家」と貴族制』, 東京: 汲古書院, 2010.

野間文史,『春秋學—公羊傳と穀梁傳』, 東京: 硏文出版, 2001.

————,『春秋左氏傳—その構成と基軸』, 東京: 硏文出版, 2010.

佐久間吉也,『魏晉南北朝水利史硏究』, 東京: 開明書院, 1980.

朱淵淸 著, 高木智見 譯,『中國出土文獻の世界—新發見と學術の歷史』, 東京: 創文社,
    2006.

川勝義雄,『史學論集』, 東京: 朝日新聞社, 1973.

平勢隆郎,『春秋と左傳』, 東京: 中央公論新社, 2003.

② 논문

金錫佑, 「杜預 左傳學의 政治的 배경—焦循의 『春秋左傳補疏』를 중심으로」, 『中國史 研究』31, 2004.

──, 「杜預의 『春秋左氏傳序』와 史의 분리」, 『中國學報』54, 2006.

──, 「魏晉時期 杜預의 年譜稿」, 『中國史研究』41, 2006.

──, 「전쟁과 재해: 『晉書』 「食貨志」에 보이는 杜預의 재해 대책을 중심으로」, 『東洋 史學研究』99, 2007.

──, 「『春秋』와 晉史의 斷限—杜預의 『春秋左氏經傳集解』 隱公條 해설을 중심으 로」, 『歷史學報』198, 2008.

──, 「杜恕의 『體論』을 통해 본 청년기 杜預와 家學」, 『中國史研究』68, 2010.

──, 「禮學에서 史學으로—王肅과 杜預 학문의 비교를 중심으로」, 『中國史研究』 86, 2013.

──, 「'諒闇短喪制'와 '書弑例'를 통해 본 杜預의 禮論」, 『역사와 경계』90, 2014.

──, 「西晉 시기 杜預 『左傳』 주석의 몇 가지 형식과 그의 정치적 이상」, 『東洋史學 研究』130, 2015.

──, 「西晉 시기 杜預의 春秋學과 史書에 기초한 經典 해석의 實例」, 『中國學報』74, 2015.

──, 「賈·服注와 비교를 통해 본 杜預 『左傳』 주석의 특징」, 『中國古中世史研究』 43, 2017.

金羨珉, 「兩漢 이후 皇帝 短喪制의 확립과 官人三年服喪의 入律」, 『東洋史學研究』98, 2007.

金正植, 「唐前期 官人 父母喪의 확립과 그 성격—心喪, 解官을 중심으로—」, 『中國古 中世史研究』28, 2012.

魯迅 저, 노신문학회 편역, 「魏晉시대의 風度, 문장과 약·술 사이의 관계」, 『노신선집』 2, 서울: 여강출판사, 2004.

朴漢濟, 「後漢末·魏晉時代 士大夫의 政治的 指向과 人物評論—'魏晉人'의 形成過程 과 관련하여—」, 『歷史學報』143, 1994.

劉家和, 「淸代의 『左傳』 연구」, 『제15회 東洋學國際學術會議論文集』, 1995.

윤휘탁,「중국문화혁명 시기의 역사 인식과 影射史學」,『韓國史市民講座』21, 1997.

曺秉漢,「章學誠 儒敎史學의 基本槪念과 그 政治的 의미」,『歷史學報』103, 1984.

─────,「乾嘉 考證學派의 體制統合 理念과 漢·宋 折衷思潮─阮元·焦循·凌廷堪의 古學과 實學─」,『明淸史硏究』3, 1994.

洪承賢,「中國 古代 禮制 연구의 경향과 과제─특히 喪服禮를 중심으로─」,『中國史 硏究』36, 2005.

洪廷妸,「魏晉南朝時代 荊州의 河道와 江陵의 地域 內 位相」,『東洋史學硏究』98, 2007.

葛兆光,「晉代史學淺論」,『北京大學學報』1981-2.

葛志懿,「左傳"君子曰"與儒家君子之學」,『河北學刊』30-6, 2010.

高國抗,「魏晉南北朝時期史學的巨大發展」,『暨南學報』1984-3.

高木智見,「關於春秋時代的軍禮」,『日本中靑年學者論中國史』上古秦漢卷, 上海: 上海 古籍出版社, 1995(原載,『名古屋大學東洋史硏究報告』2, 1986).

高敏,「試論魏晉南北朝時期史學的興盛」,『史學史硏究』1993-3.

孔毅,「禮與杜恕『體論』」,『重慶師範大學學報(哲社版)』2007-3.

郭灿輝,「魏晉時期淮北平原的水土治理─對西晉杜預一篇奏疏的探討」,『安徽農業科 學』36, 2008.

瞿林東,「3章 史學的多途發展」,『中國史學史綱』, 北京: 北京出版社, 1999.

─────,「史的含意與史學及史學史意識」,『中國史學的理論遺産』, 北京: 北京師範大學 出版社, 2005.

金毓黻,「5章 漢以後之史官制度」,『中國史學史』, 石家庄: 河北敎育出版社, 2000.

單永蓮,「小議隱公"攝政"」,『商丘職業技術學院學報』31, 2007-4.

段秋關,「西晉法律家杜預」,『西北政法學院學報』1984-2.

唐嘉弘,「略論夏商周帝王的稱號及國家政體」,『歷史硏究』1985-4.

唐長孺,「魏晉才性論的政治意義」,『魏晉南北朝史論叢』, 北京: 生活·讀書·新知三聯書 店, 1955.

陶賢都,「魏晉禪代與司馬氏霸府」,『遼寧大學學報(哲史版)』32-4, 2004. 7.

黎虎 主篇,「杜預」,『中國通史8 中古時代 魏晉南北朝』, 上海: 上海人民出版社, 1995.

黎虎,「魏晉南北朝時期的農業」,『魏晉南北朝史論』, 北京: 學苑出版社, 1999.

逯耀東,「經史分途與史學評論的萌芽」,『魏晉史學的思想與社會基礎』, 北京: 中華書局, 2006.

文慧科,「論杜預政治上的改弦更張」,『許昌師專學報』2001-6.

方韜,「杜預春秋經傳集解研究綜述」,『湖北師範學院學報(哲史版)』30, 2010.

龐天佑,「門閥士族與魏晉南北朝時期的史學」,『浙江師範學院學報』1994-2.

──,「論晉代的史學與政治」,『湖南文理學院學報(社會科學版)』29-4, 2004.

尙志邁,「杜預其人」,『張家口師專學報(社科版)』1995-3.

薛瑞澤,「六朝時期疫病流行及社會救助」,『江蘇社會科學 歷史學研究』2004-2.

孫麗,「兩晉十六國時期疫情淺析」,『山東教育學院學報』102, 2004-2.

宋正海 等,「中國歷史大疫及其發生規律」,『中國古代自然災異群發期』, 合肥: 安徽教育出版社, 2002.

實厚,「薦杜預羊祜獻新謀」,『領導科學』1987-4.

楊博文,「杜預和春秋左氏經傳集解」,『江西社會科學』1988.4.

楊普羅 · 王三北,「春秋何以始自隱公新解」,『西北師大學報(社會科學版)』32-2, 1995.

楊世文,「經學的轉折: 啖助, 趙匡, 陸淳的新春秋學」,『孔子研究』1996-3.

──,「啖助學派通論」,『中國史研究』1996-3.

楊耀坤,「有關司馬懿政變的幾個問題」,『四川大學學報』1985-3.

呂謙擧,「兩晉六朝的史學」,『中國史學史論文選集』1, 臺北: 華世出版社, 1979.

余英時,「漢晉之際士之新自覺與新思潮」,『中國知識人之史的考察』, 桂林: 廣西師範大學出版社, 2004.

閻韜 撰,「焦循」, 趙宗正 等 編『中國古代著名哲學家評傳(明淸部分)』續篇 4, 濟南: 齊魯書社, 1982.

吳懷祺,「漢魏易學的變化與史學」,『易學與史學』, 北京: 中國書店, 2004.

王國維,「漢魏博士考」, 傅傑 編校,『王國維論學集』, 昆明: 雲南人民出版社, 2008.

王貴民,「春秋"弑君"考」,『紀念顧頡剛學術論文集(上)』, 成都: 巴蜀書社, 1990.

王炳慶,「三國後期鄧艾屯田開鑿考略」,『東南學術』1999-3.

王樹民,「『春秋經』何以托始于魯隱公」,『河北師範學報』1994-1.

王永平,「略論魏明帝曹睿之奢淫及其危害」,『江漢論壇』2007-7.

王曉毅,「論曹魏太和"浮華案"」,『史學月刊』1996-2.

─────,「鍾會─名法世家向玄學轉化的典型」,『中國史研究』1997-2.

─────,「魏晉玄學研究的回顧與瞻望」,『哲學研究』2000-2.

劉家和,「從清儒的臧否中看『左傳』杜注」,『史學, 經學與思想』, 北京: 北京師範大學出版
　　社, 2005.

柳春新,「魏明帝的'權法之治'及失誤」,『許昌師專學報(社科版)』17-3, 1998.

劉澤華,「戰國百家爭鳴與君主專制主義理論的發展」,『學術月刊』1986. 12.

李鄂榮,「杜預的地殼變動思想與試驗」,『中國地質』1986-12.

李迪,「略論杜預的科學技術工作」,『內蒙古師範大學學報(自然科學版)』, 2003-3.

李秋芳,「試論杜預的農業貢獻」,『農業考古』, 2006-1.

日知,「從『春秋』'稱人'之例再論亞洲古代民主政治」,『歷史研究』1981-3.

林校生,「杜恕傅玄與魏晉的儒學人生論」,『華僑大學學報(哲社版)』1998-4.

張高評,「焦循『春秋左傳補疏』芻議」,『春秋書法與左傳學史』, 上海: 上海古籍出版社,
　　2005.

張軍,「曹魏時期司馬氏霸府的形成與機構設置考論」,『蘭州大學學報(社科版)』2004-4.

張美莉,「魏晉疫情特點簡論」,『商丘職業技術學院學報』4-1, 2005.

張瑞龍,「從經注與史注的變奏看裴松之『三國志注』的學術地位」,『史學月刊』2004-6.

章義和,「魏晉南北朝時期蝗災述論」,『許昌學院學報』2005-1.

張風喈,「商周政體初探」,『社會科學戰線』1982, 3.

張海明,「玄學及其影響的再評價」,『中國文化研究』16期, 1997年 夏.

張煥君,「從鄭玄王肅的喪期之爭看經典與社會的互動」,『清華大學學報』21, 2006.

張曉彤,「西晉的軍事謀略家杜預」,『軍事歷史』1992-6.

張興兆,「水利的反面與後面」,『陝西水利』2005-6.

錢穆,「經學與史學」, 張越 篇,『史學史讀本』, 北京: 北京大學出版社, 2006(原載, 香港
　　『民主評論』3卷 20期, 1953. 10. 5.; 杜維運·黃進興 主編,『中國史學史論文選集』, 臺
　　北: 華世出版社, 1976).

鄭達炘,「西晉的興造之臣─杜預」,『福建師範大學學報 哲學社會科學版』1987-4.

鄭欣·楊希珍,「論司馬懿」,『史學月刊』1981-6.

趙克堯,「論魏晉南北朝的塢壁」,『漢唐史論集』, 上海: 復旦大學出版社, 1993.

曹道衡·沈玉成,「杜預爲司馬氏婿」,『中古文學史料叢考』, 北京: 中華書局, 2003.

晁岳佩,「杜預『禮經』說駁議」,『山東師大學報(社會科學版)』1996-2.

(淸) 趙翼,「杜預注左傳」,『陔餘叢考』卷2, 石家庄: 河北人民出版社, 2003.

朱本源,「詩亡然後春秋作論」,『史學理論研究』1992-2.

周予同,「治經與治史」,『周予同 經學史論著選』, 上海: 上海人民出版社, 1983.

周一良,「曹氏司馬氏之鬪爭」,『魏晉南北朝史札記』, 北京: 中華書局, 1985.

―――,「魏晉南北朝史學發展的特點」,『魏晉南北朝史論集』, 北京: 北京大學出版社,
    1997.

―――,「魏晉南北朝史學與王朝禪代」,『魏晉南北朝史論集』, 北京: 北京大學出版社,
    1997.

陳金鳳·王芙蓉,「兩晉疫病及相關問題研究」,『許昌學院學報』2005-3.

陳德弟,「魏晉南北朝興旺的傭書業及其作用」,『歷史教學』492, 2004.

陳明恩,「魏晉南北朝『春秋』學初探―以史籍所錄『春秋』類著作爲例―」,『經學研究論
    叢』9, 臺北: 臺灣學生書局, 2001.

陳寅恪,「書世說新語文學類鍾會撰四本論始畢條後」,『金明館叢稿初編』,『陳寅恪先生
    文集』(一), 臺北: 里仁書局, 1981.

浦衛忠,「杜預的『春秋左傳集解』」, 姜廣輝 主編,『中國經學思想史』第2卷, 北京: 中國社
    會科學出版社, 2003.

何玆全,「西周春秋時期的國家形式」,『歷史研究』1989-5.

何晉,「『左傳』賈服注與杜注比較研究」,『國學研究』4, 北京: 北京大學出版社, 1997.

夏平,「焦循詆毀杜預及其『春秋經傳集解』辨」,『急就二集』, 香港: 中華書局, 1978.

郝鐵川,「論西周春秋的國家政體」,『史學月刊』1986. 6.

許道勛·沈莉華 整理注釋,「周予同論經史關係之演變」,『復旦學報』社科版, 1998. 1.

赫兆豊,「杜預生平事迹新考－對〈中古文學繫年〉相關條目的商榷」,『中南大學學報(社
    科版)』20-2, 2014.

胡寶國,「經史之學」,『漢唐間史學的發展』, 北京: 商務印書館, 2003.

洪廷彦,「試論杜預的"左傳癖"」,『中國歷史博物館館刊』1999-2.

―――,「魏晉南北朝淮河流域的水利和旱澇災害」,『文史知識』1993-4.

葭森健介,「魏晉革命前夜の政界―曹爽政權と州大中正設置問題」,『史學雜誌』95-1, 1986.

久富木成大,「杜預の春秋學とその世界」,『金澤大學敎養部論集』,1979.

吉川忠夫,「社會と思想」, 谷川道雄 等,『魏晉南北朝隋唐時代史の基本問題』, 東京: 汲古 書店, 1997.

渡邊義浩,「三國時代における「文學」の政治的宣揚―六朝貴族制形成史の視點か ら―」,『東洋史研究』, 54-3, 1995.

―――,「史の自立」,『三國政權の構造と「名士」』, 東京: 汲古書院, 2004.

藤川正數,「諒闇心喪の制について」,『魏晉時代について喪服禮の研究』, 東京: 敬文社, 1960.

西嶋定生,「中國における歷史意識」,『岩波講座 世界歷史』30, 1971.

水上雅晴,「戴震と焦循の一貫說―乾嘉期おける時代思潮の變遷―」,『東方學』88, 1994.

神谷成三,「左傳注解史上に於ける杜預と劉炫」,『漢學會雜誌』2-1・2, 1934.

影山輝國,「漢代における災異と政治―宰相の災異責任を中心に」,『史學雜誌』1990-8.

宇野精一,「春秋始於隱公論」,『三松學舍創立百十周年記念論文集』, 1987.

伊藤敏雄,「正始の政變をめぐって―曹爽政權の人的構成を中心に―」,『中國史にお ける亂の構圖』, 東京: 雄山閣出版, 1986.

佐藤達郎,「曹魏文明帝期の政界と名族層の動向―陳羣・司馬懿を中心に―」,『東洋史 研究』52-1, 1993.

重澤俊郎,「文獻目錄を通して見た六朝の歷史意識」,『東洋史研究』18-1, 1959.

찾아보기

두예 춘추학에 대한 새로운 이해
'보정체제'의 관점에서 본 두예 학문

1판 1쇄 펴낸날 2019년 2월 15일

지은이 l 김석우
펴낸이 l 김시연

펴낸곳 l (주)일조각
등록 l 1953년 9월 3일 제300-1953-1호(구 : 제1-298호)
주소 l 03176 서울시 종로구 경희궁길 39
전화 l 02-734-3545 / 02-733-8811(편집부)
          02-733-5430 / 02-733-5431(영업부)
팩스 l 02-735-9994(편집부) / 02-738-5857(영업부)
이메일 l ilchokak@hanmail.net
홈페이지 l www.ilchokak.co.kr

ISBN 978-89-337-0754-8 93910
값 32,000원

* 저자와 협의하여 인지를 생략합니다.

* 이 도서의 국립중앙도서관 출판예정도서목록(CIP)은 서지정보유통지원시스템 홈페이지(http://seoji.nl.go.kr)와
국가자료공동목록시스템(http://www.nl.go.kr/kolisnet)에서 이용하실 수 있습니다.
(CIP제어번호 : CIP2019002502)